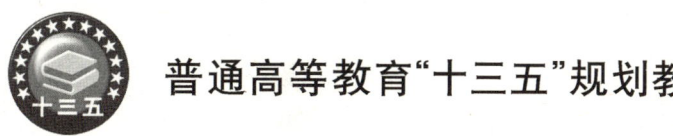 普通高等教育"十三五"规划教材

新编税务会计

（第二版）

TAXATION ACCOUNTING

主　编／徐　严　宫风杰

副主编／郑蕊蕊　赵丹丹　杜阳阳　崔旭蕾

立信会计出版社

LIXIN ACCOUNTING PUBLISHING HOUSE

图书在版编目(CIP)数据

新编税务会计 / 徐严,宫风杰主编. —2 版. —上海:
立信会计出版社,2020.1
ISBN 978 - 7 - 5429 - 6336 - 9

Ⅰ. ①新… Ⅱ. ①徐… ②宫… Ⅲ. ①税务会计—高
等学校—教材 Ⅳ. ①F810.42

中国版本图书馆 CIP 数据核字(2020)第 001613 号

策划编辑　　　赵志梅
责任编辑　　　赵志梅
封面设计　　　南房间

新编税务会计(第二版)

出版发行	立信会计出版社			
地　址	上海市中山西路 2230 号		邮政编码	200235
电　话	(021)64411389		传　真	(021)64411325
网　址	www.lixinaph.com		电子邮箱	lixinaph2019@126.com
网上书店	http://lixin.jd.com		http://lxkjcbs.tmall.com	
经　销	各地新华书店			
印　刷	浙江临安曙光印务有限公司			
开　本	787 毫米×1092 毫米	1/16		
印　张	23			
字　数	561 千字			
版　次	2020 年 1 月第 2 版			
印　次	2020 年 1 月第 1 次			
印　数	1—2100			
书　号	ISBN 978 - 7 - 5429 - 6336 - 9/F			
定　价	49.00 元			

如有印订差错,请与本社联系调换

第二版前言

《新编税务会计》(第一版)自出版以来,秉承服务会计职业教育和满足就业、创业需求的宗旨,重视职业能力养成,力求产教融合,实现理实一体化,逐步得到了广大师生的认可。2019年,税收新政策、会计新准则不断出台,为国家不断出台的税收优惠政策鼓掌叫好的同时也担心如此高频次的政策调整,我们的学生将如何应对即将面临的就业、创业? 因而全面研读新政策、新准则,及时调整教材内容成为当务之急。

第二版教材紧紧围绕职业岗位需求,以职业能力养成为主线,校企共同努力,进行基于工作过程的课程开发与设计;在课程内容设计上,充分遵循职业能力养成规律,由易到难,将教、学、做融为一体,并配备了丰富的课程资源库,使真实的纳税申报、会计处理等工作任务及其过程在整个课程内容、教学环节中得到体现,实现课程的岗位性、实践性、开放性和规律性有机融合。

第二版教材主要具有以下变化:

1. 追踪税法变化,重构课程体系,增强课程内容的时效性。本版教材以截至2019年12月的税收政策和会计制度为依据,如《企业会计准则第14号——收入》《企业会计准则第22号——金融工具确认和计量》《中华人民共和国资源税法》《中华人民共和国耕地占用税法》等在相关章节进行了较为详细的阐述。本版教材的修订始终坚持把"工学结合"与"任务驱动"放在第一位,通过团队的努力,重构课程项目体系,增加课程容量,实现学生课程满足度的提高。

2. 校企合作,配备了丰富的教学资源。通过与厦门科云信息科技有限公司深度合作,打造产学合作平台,搭建课程资源库,通过视频、课件、文档等实现业财融合,虚实结合,构建端对端全业务场景,真实再现税务局网上申报系统税费的申报和缴纳,增值税专用发票的勾选认证、发票开具,使学生对开票系统、税务局网上认证系统、税务局网上申报系统、自然人税收管理系统能够熟练操作。

3. 科技赋能,灵活运用云课堂教学。以"职教云(智慧职教)"为平台搭建网络课程,进行课程设计,通过创立教学班,进行线上、线下交流互动,开展立体化全方位课堂教学;创建课程题库,通过作业、考试进行全方位考核,在实践教学中以成果为导向持续改进,提高师资水平,改善教学条件,增强课程合理性和课程有效性,尽可能提高教学满意度,共融共生、美美与共。

4. 德育素养,全方位潜心育人。第二版教材坚持德技双精,以立德、树人、培才、育匠为培养目标,重视学生正确思想品德和优秀职业素养的养成。在每个项目教学设计中,在注重知识目标和能力目标的同时,融入素养目标。通过知识拓展、案例解析、专项技能训练,给学生更深层次的启迪。

从第二版教材内容的深度和广度来看,第二版教材可适合本科院校、高职院校会计、审计、财务管理等专业作为教学教材,也可以作为会计继续教育、会计初中级职业资格考试的学习指导用书,对企业事业从事税务管理、财务管理的工作者也有一定的参考价值。

第二版教材由徐严设计编写体系并定稿,徐严、宫风杰担任主编,郑蕊蕊、赵丹丹、杜阳阳、崔旭蕾担任副主编,伟浩建设集团财务副总李秀花、山东紫洹税务师事务所主任黄传华任财税专家顾问,厦门科云信息科技有限公司经理陈祥桥任实训专家顾问,具体分工如下:项目一、项目十一由徐严编写;项目二、项目四由宫风杰编写;项目三、项目五由赵丹丹编写;项目六、项目八由郑蕊蕊编写;项目七由崔旭蕾编写;项目九、项目十由杜阳阳编写。

第二版教材在编写出版过程中,得到了合作企业的鼎力相助和立信会计出版社的大力支持,吸取了用书高校教师的宝贵意见,在此,一并表示衷心的感谢。

职教云网址:https://zjy2.icve.com.cn/

云课堂-智慧职教:2020 授课教师交流班(扫班级二维码)

云课堂-智慧职教:学生班级由授课老师创建

索要课课程资源:请与编者联系 QQ:519361285

所有意见和建议:请发往 519361285@QQ.com

班级二维码

编 者

2020 年 1 月

目　　录

项目一　税务会计岗前准备 ………………………………………………… 1
　　任务一　税收与税务会计认知 ………………………………………… 2
　　任务二　税务登记与发票管理 ……………………………………… 21
　　任务三　纳税申报与税款缴纳 ……………………………………… 35

项目二　增值税会计 ……………………………………………………… 49
　　任务一　增值税基础认知 …………………………………………… 50
　　任务二　增值税的计算及申报 ……………………………………… 67
　　任务三　增值税的会计核算 ………………………………………… 96

项目三　消费税会计核算 ………………………………………………… 134
　　任务一　消费税基础认知 …………………………………………… 135
　　任务二　消费税的计算及申报 ……………………………………… 141
　　任务三　消费税的会计核算 ………………………………………… 147

项目四　关税会计 ………………………………………………………… 160
　　任务一　关税基础认知 ……………………………………………… 160
　　任务二　关税的计算及申报 ………………………………………… 171
　　任务三　关税的会计核算 …………………………………………… 176

项目五　企业所得税会计 ………………………………………………… 185
　　任务一　企业所得税基础认知 ……………………………………… 186
　　任务二　企业所得税的计算及申报 ………………………………… 194
　　任务三　企业所得税的会计核算 …………………………………… 207

项目六　个人所得税会计 ………………………………………………… 220
　　任务一　个人所得税基础认知 ……………………………………… 221
　　任务二　个人所得税的计算及申报 ………………………………… 228
　　任务三　个人所得税的会计核算 …………………………………… 246

项目七　土地增值税会计 ·· 256

　　任务一　土地增值税基础认知 ·· 257

　　任务二　土地增值税的计算及申报 ·· 260

　　任务三　土地增值税的会计核算 ·· 270

项目八　财产税和行为税类会计 ·· 276

　　任务一　房产税会计 ·· 277

　　任务二　车船税会计 ·· 280

　　任务三　印花税会计 ·· 285

　　任务四　契税会计 ·· 291

项目九　农业税类会计 ·· 298

　　任务一　烟叶税会计 ·· 299

　　任务二　耕地占用税会计 ·· 302

项目十　资源和环境保护税类会计 ·· 310

　　任务一　资源税会计 ·· 311

　　任务二　城镇土地使用税会计 ·· 321

　　任务三　环境保护税会计 ·· 326

项目十一　特定目的税类会计 ·· 338

　　任务一　城市维护建设税会计 ·· 339

　　任务二　船舶吨税会计 ·· 345

　　任务三　车辆购置税会计 ·· 350

主要参考文献 ·· 361

项目一　税务会计岗前准备

知识目标

● 了解税收的含义及特征、我国目前的税收体系
● 理解税务登记的类型、发票领购
● 掌握税务会计的含义、税务会计与财务会计的区别

能力目标

● 能进行税务登记
● 能进行发票领购及发票开具
● 能办理纳税申报与税款缴纳

素养目标

● 树立正确的世界观、人生观和价值观
● 培养良好的品德,提升税务会计人员自身职业素养
● 构建兼顾社会和个人双重意义的税务会计职业理想

项目全景

```
              税务会计岗前准备
   ┌─────────────────┼─────────────────┐
税收与税务会计认知      税务登记与发票管理     纳税申报与税款缴纳
─认识税收            ─认识税务登记          ─纳税申报
─认识税收制度         ─税务登记             ─税款征缴
─认识税制要素         ─发票管理
─认识税务会计的概念、特点和内容
─认识税务会计的基本前提和基本职能
─认识税务会计的原则
─认识税务会计的任务、目标和作用
─税务会计与财务会计的关系
```

◇ **项目提示**:税务会计是融税收法规和会计核算为一体的一门专业会计。"税务会计"课程将税收、会计内容紧密联系在一起,是一门实用技能型课程。本项目主要学习税收、税务会计等相关理论。通过本项目的学习,我们能够对我国现行税种、税务会计的概念和特点等有比较全面的理解,能够对税务登记、发票管理、纳税申报和税款征缴等工作环节有比较详细的认知。

任务一　税收与税务会计认知

任务情境

【资料1-1】　伴随中国不断深入的经济体制改革和不断完善的现代企业制度,债权结构和多元化的股权结构代替了单一政府投资的格局,政府迫切要求通过税收政策、货币政策等手段来对企业各项经济活动进行宏观调控。企业如何维护自身的权益,合法、合理地规避风险是其面临的主要问题,原先那种不分财务会计和税务会计的企业已无法适应企业经济活动管理的需要。随着我国会计制度改革与国际会计制度逐步接轨,遵循会计准则的财务会计与新税法两者之间的差距呈扩大趋势,一些大型企业或集团总部都设立了专业的涉税职能部门。

【资料1-2】　当前我国税收征管体制日趋透明化和规范化,企业偷税漏税违规的惩罚力度也在加大,税收问题成为企业日常经营活动中的重要内容之一,但是并非所有企业都拥有精通税务法规的人员,对税法一知半解,账目混乱,往往会造成漏税。一方面企业要节省税收开支,另一方面要杜绝因为"无知"而带来的疏忽性漏税,所以,企业需要一批精通税法又熟悉财务的会计人员。

任务要求　请根据上述资料内容结合自己对税务会计人员的认识,在查阅资料的基础上,讨论税务会计师在企业管理工作中的意义。

任务指导

一、认识税收

(一)税收的产生

国家一经形成,它就同时存在以下两个方面的需要:首先,是一部分人脱离生产领域,进入到国家公共部门,从事公共事务管理,而这部分人的生存需要必须得到保障;其次,是全体国民的公共需求,如为防止或抵抗外来侵犯所采取的武装措施、为共同的信仰所进行的祭祀等。

国家需要可以归结为国家职能的要求,国家职能是国家存在的基本依据,否则国家将没有存在的意义;而国家需要最终都表现为对物质财富的需求。所有物质需求,国家自身不生产,而是凭借全体国民或传统赋予的权力,对物质财富的生产者和拥有者进行征集取得。国家这种凭借政治权力向社会征集物质财富的行为就是税收。

纵观世界历史的发展过程,由于人类社会长期以来一直以国家的形态存在,因此,最直观地看,税收的存在是由国家的存在决定的。也就是说,税收是与国家相伴而生的,而且税收与国家也是相互依存的。换言之,税收的产生与存在必须以国家为前提,而国家没有税收

则难以生存。正如马克思所指出的那样,"赋税是喂养政府的乳娘"。因此,可以说,国家的历史有多悠久,税收的历史也同样有多悠久,税收如国家一样的古老。

（二）税收的概念

什么是税收？人们因各自所处的时代、社会立场、经济条件、学识水平等方面的差异,对税收这一社会经济现象的理性认识,历来难以达成一致。政治学家把税收视为国家存在的经济体现;经济学家把税收作为一种经济分配方式;财政学家则把税收看成一种财政收入形式;社会学家却把税收定为纳税人对社会的一种应尽义务。

税收又称"赋税""租税""捐税",是国家为了实现其职能,凭借政治权力,按照法律规定,参与社会剩余产品的分配,强制地、无偿地取得财政收入的一种分配关系。

列宁对税收作了这样的解释:"所谓赋税,就是国家不付任何报酬而向居民取得的东西。"

东西方税收学界虽然对税收定义的表述各有不同,但明确而又涵盖其共性的观点是:

——税收的征收主体是政府;

——税收的客体是社会成员,亦即企业、个人等纳税人;

——税收必须借助法律手段强制征收;

——税收是无偿征收的,政府在征收税款时无须作等价交换;

——征税的目的是为了满足社会公共需要,因而其本质特征是有偿的;

——国家以税收方式取得财政收入;

……

当前比较普遍的观点是:税收是国家为了向社会提供公共商品,凭借政治权力,按照法律规定参与国民收入再分配,取得财政收入的一种形式。

1. 税收是国家取得财政收入的一种形式

公共商品一般必须由国家通过财政支出的形式来提供,因此,税收首先体现为国家为提供公共商品而取得的一种财政收入形式。从古到今,国家取得财政收入的形式多种多样,但使用时间最长、运用范围最广、积累财政资金最为有效的,就是税收这种财政收入形式。当今世界上绝大多数国家其财政收入的90%以上都来自各种税收。因此,税收不但是一种财政收入形式,而且是财政收入的最主要的一种形式。

2. 国家征税的目的是为了向社会提供公共商品

国家是一个以履行公共职能为基础的公共权力机构。国家在履行公共职能、满足社会公共需要的过程中,必然要有相应的财力、物力消耗。而国家征税就是保证这种财力、物力需要的基本来源。即国家征税的目的是满足国家提供公共商品的财政需要,同时,国家税收也必须用于满足提供公共商品需要。相应地,非公共商品需要的财政支出一般就不宜采取税收方式来提供。

3. 税收借助于法律形式进行征收

法律是体现国家意志,强制性地调整人们行为的社会规范,它适用于社会生活的方方面面。与其他社会规范调整相比较,法律调整具有强制性、公正性和普遍适用性的特点。由于政府征税涉及社会各阶级、阶层、集团的经济利益,税收负担轻重关系着社会经济发展乃至

社会安定,因而决定了税收征收与调节必须借助于法律形式进行。所谓有税必有法,无法不成税,正是税收区别于其他财政收入形式的一个重要特点。各国政府往往都通过立法和执法程序使税收制度和征管制度法律化,以便把整个税收活动纳入规范、有序的轨道。税收是国家为实现其提供公共商品的职能,而向纳税人征收的财政收入,税收只有通过法律的形式,才能使社会成员在纳税上得到统一。

4. 税收是对国民收入的再分配

税收课征的对象是社会产品,但不是全部社会产品,而只是社会产品扣除补偿生产过程中消耗掉的价值部分的余额,即社会新创造的国民收入。这是因为税收参与国民收入分配,是各种生产要素凭借其所有权在经济领域对国民收入进行初次分配基础上进行的,因此,税收具有国民收入再分配的性质。

(三)税收的基本特征

税收是国家取得财政收入的一种形式,与其他财政收入形式相比较,税收具有三个基本特征,即强制性、无偿性和固定性。

1. 强制性

强制性是指国家凭借政治权力,以法律形式来确定国家作为征税人和社会成员作为纳税人之间的权利和义务关系。税收的强制性是指对于纳税人来说,税收是一种非自愿的,或称为强制的缴纳形式,在国家税法规定的范围内,任何单位和个人都必须依法纳税,否则就要受到法律的制裁。国家征税是通过颁布法律、法令,凭借政治权力强制征收的,任何单位和个人都必须依法缴纳,否则会受到法律的制裁。税收的强制性是国家无偿取得财政收入的可靠保证。

2. 无偿性

无偿性是指国家向纳税人进行的无须偿还的征收,即国家征税以后不再把税款直接还给纳税人,也不向纳税人提供某种相应的服务或某种特许权力。税收的无偿性也是由国家凭借政治权力而建立起来的分配关系这一性质所决定的。以财产权为依据所形成的经济关系,具有自愿、公平、有偿的特征,而税收则是一种超越于上述分配关系的无偿性分配关系。这种无偿分配方式有利于国家把分散的资财集中起来,统一安排使用,有利于国家在一定范围和程度上,改变社会财富分配的不合理状况。

3. 固定性

固定性是指国家在征税前,以法律形式预先规定了征税对象、计税标准以及征收比例或数额,并按照预定标准征收。税收的固定性包括以下两方面的含义:一是对什么征税,征多少税,由谁纳税必须是事先明确的,而不是任意确定的;二是税收活动的标准必须是统一的。即税收征纳,以及其他一切税收关系的处理及其标准是预先以法律形式规定的,具有相对稳定性。

上述税收的三个形式特征是各种社会制度下税收的共性,它们是相互依存、不可分割的统一体,是税收区别于其他财政收入形式的基本标志。只有同时具备以上三个特征的财政收入形式才是税收。

★思考题

国家取得财政收入的形式除了税收之外,还有国有企业利润上缴、国家信用、财政发行、规费收入、罚没收入等。税收与这些财政收入形式的区别是什么?

（四）税收的职能

税收的职能是指税收内在的、固有的职责和功能。税收的职能体现在以下两个方面:首先,税收作为政府提供公共商品,满足社会公共需要的价值补偿所具有的功能;其次,税收作为国家履行职责的政策工具所具有的功能。税收的这种功能可概括为财政收入职能、调节职能、监督管理职能。后三者又可以统称为税收的调节职能。

1. 财政收入职能

税收的财政收入职能,亦称筹集资金或组织收入的职能,也就是税收作为一种分配手段,所具有的从社会经济活动中各个利益主体取得收入,用来满足政府履行公共事务需要的一种能力。它是国家对税收最基本的要求,也是税收最重要的职能目标。因为国家提供的绝大部分公共商品,国家机器运作所需的绝大部分财政资金,通常就来源于税收。所以,为政府活动筹集和提供资金,一直是国家赋予税收最基本的功能和职责。

税收的特点决定了它在筹集资金方面,有着其他收入形式所不具备的优越性。政府征税在组织收入上具有强制性、无偿性、固定性的特征,可以保证政府及时、稳定、可靠地取得收入。而且税收课征不受产权关系、经济性质、地域条件的限制,收入来源充裕,征税范围广泛。正因为如此,税收成为现代各国政府最重要、最有效的筹资手段,在财政收入中占有主要地位。

2. 调节职能

从历史角度看,税收的调节职能是派生职能。政府在运用税收参与国民收入分配,筹集资金的过程中,要决定对什么征税,对什么不征税,是多征税,还是少征税,以及采取何种方式征税。而不同的选择形成不同的税收政策,必然会改变国民收入在政府、社会组织和个人之间,以及在社会的各阶级、阶层、单位和个人之间的分配状况,改变资源在不同行业、地区、企业之间的配置状况,从而引导和调节企业、公民的经济和社会行为。在近现代社会,税收的调节职能不论是在理论、实践方面,还是在广度、深度上都得到了很大的发展。目前,税收政策已经成为各国宏观经济政策的一个重要组成部分,它对社会经济发展的影响越来越大。

因此,税收的调节职能是指税收作为一种分配手段,所具有的能够反作用于社会经济活动,调节各个利益主体的经济利益,影响并调整利益主体行为,进而影响并调整整个社会经济运行的职责和功能。税收的这种调节职能,存在于税收分配的过程之中,它是从税收收入职能基础上派生出来的。税收调节职能还可按调节的对象,进一步分为调节经济运行的职能和调节收入分配的职能,前者又称为税收的经济职能,包括税收的资源配置职能和宏观调控职能,后者又称为税收的社会职能。

3. 监督管理职能

税收对整个社会经济生活具有监督和管理的职能。国家要征税,必然要进行税收管理、

税务检查、税务审计和统计、税源预测和调查等一系列工作。这些工作一方面能够反映有关的经济动态,为国民经济管理提供依据;另一方面能够对经济组织、单位和个人的经济活动进行有效的监督。由于税收是一种无偿性的分配,分配的结果是直接减少纳税人的既得利益,因此税收本身就要求必须具有监督管理功能,以使这种无偿性的分配得以实现。所以,监督管理也是税收内在的一个重要属性,是税收的三大职能之一。税收的监督管理职能在现代具有特别重要的意义。在宏观层次上,税收可为国家提供宏观决策的信息;在微观层次上,税收主要通过其课征过程,对日常税收活动进行有计划的组织、管理、稽查等,指导纳税人正确履行纳税义务,遵守国家税收法律和财经规定。税收监督管理主要表现在税务登记、纳税申报、发货票管理、税源调查、纳税检查,以及对偷税、抗税等违法行为的处理等具体方面。税收的监督管理贯穿于税收活动的全过程。从税收制度的制定到税收收入的入库,都必须体现税收监督管理的职责和功能。否则,国家的财政收入就得不到保障,税收调节经济的职能也难以实现。

二、认识税收制度

(一)税收制度的概念

从法的角度看,税收制度是一国税收法律、法规及各种征税办法的统称,是政府向纳税单位和个人征税的法律依据和工作规程。因此,税收制度与税法的关系极为密切。在现代社会中,任何国家的税收制度都要采取法的形式,税收法律生效要经过法定的立法程序,税收行政法规和各种税收部门规章的制定和颁布也须依法或依授权立法,按法定程序进行。总之,税收法律规范构成了税收制度最基本、最重要的内容。也正是从这个意义上讲,税收制度也就是税收法律制度。

税法是国家制定的用以调整国家与纳税人之间在纳税方面的权利及义务关系的法律文件。它是国家依法征税、纳税人依法纳税的行为准则,其目的是保障国家利益和纳税人的合法权益,维护正常的税收秩序,保证国家的财政收入。税法与税收密不可分,税法是税收的法律表现形式,税收则是税法所确定的具体内容。税收的实质是国家为了行使其职能,取得财政收入的一种方式。国家征税与纳税人纳税在形式上表现为利益分配的关系,但经过法律明确其双方的权利与义务后,这种关系实质上已上升为一种特定的法律关系。

(二)税收制度的分类

现代的税收制度是一个由多税种组成的复合税制体系。各个税种有其各自的特点,在税制结构中的地位和作用是不同的。主体税种的选择是建立合理税制结构的中心环节,辅助税种的搭配、协调也十分重要,各税种之间存在一定的联系和区别。因而有必要对各税种进行必要的分类,以建立合理的税制结构。税收制度一般有下面几种分类方法。

1. 以法律效力为标准的分类

税收制度在法律效力上,分为税收法律、税收行政法规和税收部门规章。

税收法律是由国家最高权力机关,依据法定程序,制定公布的税收法律规范。各国宪法一般规定:"税收立法权属于国会或议会。"我国的税收立法权属于全国人民代表大会(简称全国人大)及其常务委员会(简称全国人大常委会),由它制定颁发的税收法律具有正式的、最高的法律效力。我国已颁布的税收法律主要有《中华人民共和国企业所得税法》《中华人民共和国个人所得税法》《中华人民共和国税收征收管理法》等。

税收行政法规是国家最高行政机关依法或根据国家最高权力机关授权、制定颁布的税收法律规范。这类法规通常采用税收条例、决定、办法、通知、规定等形式。全国人大常委会于1984年通过了《关于授权国务院在经济体制改革和对外开放方面可以制定暂行的规定或者条例的决定》。根据这个决定,国务院先后发布了《中华人民共和国企业所得税法实施条例》和《中华人民共和国税收征收管理法实施细则》等数十个税收行政法规。

税收部门规章是国家财政、税务、海关等职能部门根据授权制定的关于解释税收法律、法规的法律文件,它也是国家税收法律制度的一部分,是税法的一种形式。由于税收法律、法规所规定的大多是征税的原则性条款,因而在税法实施过程中,有必要对税法条款的原则性内容作出符合法律的具体解释,以利于准确、严格地执行税法。这类规章的形式较多,通常以征税规定、通知、办法、复函等形式出现。在我国,税收部门规章的制定颁发权属于财政部、国家税务总局和海关总署。

除此之外,税法体系还包括地方税收法规,以及地方政府制定的征税规章等。

2. 以体系结构为标准的分类

税收制度在体系结构上,分为税收实体法和税收程序法。

税收实体法是确认税收法律关系主体的实质性权利和义务的法律规范。这类规范通常规定法律关系主体应当如何行为,以及不得如何行为。这些权利和义务大多通过有关单项税种的税法及其税法要素既构成单个税种的基本内容,也构成了税收实体法的基本内容。税收实体法是征税机关和纳税人征纳税款的基本法律依据。《中华人民共和国增值税暂行条例》和《中华人民共和国个人所得税法》等,均属于税收实体法。

税收程序法是确定应纳税款征纳执行程序的法律规范。税收程序法所要解决的基本问题包括:纳税人发生纳税义务后,应当如何进行纳税申报、如何缴纳税款或代扣代缴税款;申请减免税的纳税人应当履行哪些法定手续;纳税人对征税机关的征税决定和处罚决定不服时,应当经过哪些程序和何种途径提请税务行政复议或行政诉讼等。税收程序法还要明确税务机关怎样征收税款并组织入库,怎样进行税务检查,运用税收执法权应当具备哪些条件,经过哪些法定程序等。现行《中华人民共和国税收征收管理法》即为税收程序法。

3. 以基本内容为标准的分类

税收制度在基本内容上,分为税收基本法和税收普通法。

税收基本法是税法体系的主体和核心,在税法体系中起到税收母法的作用。其基本内容一般包括:税收制度的性质、税务管理机构、税收立法与管理权限、纳税人的基本权利与义务、税收征收范围(税种)等。

税收普通法是根据税收基本法的原则,对税收基本法所规定的事项分别进行立法并实施的法律,如《中华人民共和国增值税暂行条例》《中华人民共和国个人所得税法》《中华人民共和国税收征收管理法》等。

4. 以征税对象为标准的分类

至2019年11月,我国的税收制度在征税对象上,就实体法而言,大致分为五类。

(1)商品(货物)和劳务税类,包括增值税、消费税、关税,是指对商品(货物)流转额和劳务营业额征收的一种税制。它是我国现行的最大的一类税,主要在生产、流通或者服务业中发挥调节作用。

(2)所得税类,包括企业所得税、个人所得税、土地增值税,主要是在国民收入形成后,对生产经营者的利润和个人的纯收入发挥调节作用。

(3)财产和行为税类。财产税是指对属于纳税人所有的财产或支配的财产的数量或价值额征收的一种税制,我国的现行房产税、契税、车船税属于财产税。行为税是指以某些特定行为及为实现国家特定政策目的而征税的一种税制,我国现行的印花税属于行为税。

(4)资源税和环境保护税类,包括资源税、环境保护税、城镇土地使用税,主要是对开发和利用自然资源差异而形成的级差收入发挥调节作用。

(5)特定目的的税类,包括城市维护建设税、车辆购置税、耕地占用税、船舶吨税、烟叶税,主要是为了达到特定目的,对特定对象和特定行为发挥调节作用。

5. 以其他标准的分类

以计税依据为标准,税收制度可以分为从价税和从量税两大类。从价税一般是指以征税对象及其计税依据的价格或金额为标准,按一定比例税率征收的一种税收。我国现行的增值税、关税等都属于这一类。从量税一般是指以征税对象的重量、容积、面积等为标准,采用固定税额计征的一种税收。我国现行的资源税、车船税等都属于这一类。

以管理权限为标准,税收制度可以分为中央税和地方税以及中央地方共享税。中央税一般是指由中央政府管理并支配其收入的一种税收,如消费税、关税和车辆购置税。地方税一般是指由地方政府管理并支配其收入的一种税收,如房产税、车船税等。中央地方共享税一般是指由中央政府与地方政府共同管理并按一定比例分别支配其收入的一种税收,如增值税、企业所得税等。当前,除个别小税种地方有立法权外,其余税种的立法权均属中央。

三、认识税制要素

税制要素亦称税法要素,是指构成税收法律制度的共同因素。每一种税都有其相应的税收法律制度,尽管各个时期的各个税种有着不同的内容和特点,但构成税制的要素则是相同的。即任何一部税法不仅要规定对什么征税,向谁征税,征多少税,而且还要规定征纳的程序和征管的方法。税法要素一般包括纳税人、征税对象、税率、纳税环节、纳税期限、减税免税和违章处理等,其中纳税人、征税对象、税率是税法的三个最基本要素。

(一)纳税人

纳税人是纳税义务人的简称,亦称纳税主体,是税法规定的直接负有纳税义务的单位和个人,是税款的直接承担者。每一种税都有关于纳税义务人的规定,即解决向谁征税的问题。如果纳税人不履行纳税义务,就应由该行为的直接责任人承担法律责任。所以,纳税人是税法构成的一个基本要素。

国家税法规定直接负有纳税义务的人可以是自然人,也可以是法人。在法律上,自然人是指基于出生而依法在民事上享有权利、承担义务的公民;法人是指依法成立并能独立地行使法定权利和承担法律义务的社会组织。

与纳税人相关的概念是代扣代缴义务人,简称扣缴义务人,是税法上规定的负有扣缴税收义务的单位和个人,他并不一定是纳税义务人,也不发生自身的纳税义务,有可能仅是代行税务机关职责向纳税人扣收税款的中介人。税法规定扣缴义务人的目的,是为了实行源泉控制,保证国家财政收入。一般在收入零星、纳税分散的情况下,采取扣缴义务人的办法。纳税人作为承担纳税义务的纳税主体,与扣缴义务人是两个不同的概念。扣缴义务人直接负有税款的扣缴义务,应当按照规定代扣税款,并按期、足额地缴库。对不履行扣缴义务的,除限令其缴纳所应代扣的税款外,还要加收滞纳金或酌情处以罚款。与纳税人相关的另一个概念是负税人,负税人就是实际负担税款的单位和个人。负税人和纳税人有些情况是一致的,但在有些情况下两者是不一致的。

(二)征税对象

征税对象又称课税对象或征税客体,是指对什么东西征税,即国家征税的标的物。每一种税一般都有其特定的征税对象。因此,征税对象是一种税区别于另一种税的主要标志,每一种税名称的由来以及各种税在性质上的差别,也主要取决于不同的征税对象。

征税对象可以从质和量两方面进行具体化。其质的具体化是征税范围和税目;量的具体化是计税依据和计税单位。

征税范围是指税法规定的征税对象的具体内容范围,是国家征税的界限,凡列入征税范围的都要征税。税目是指税法上规定应征税的具体项目,是征税对象的具体化。税目体现了征税的广度,反映了各税种具体的征税范围。计税依据是指计算应纳税额所依据的标准。一般地说,从价计算的税收以计税金额为计税依据,计税金额是指征税对象的数量乘以计税价格的数额;从量计算的税收以征税对象的重量、容积、体积、面积、数量为计税依据。

(三)税率

税率是指应征税额占课税对象数量的比例,是计算应纳税额的尺度,体现征税的深度。在其他因素不变的情况下,税率的高低直接决定税收负担率的高低,关系到国家财政收入的多少和纳税人负担的轻重,关系到国家和各纳税人之间的经济利益,同时也反映着国家一定时期的财政经济政策。因此,国家在进行税率设计时,应考虑财政需要、不同纳税人或课税对象的税负承受能力,以及一定时期社会经济发展状况等因素,使税率尽可能公平合理、高低适度。

税率的表示方法主要有两种:一是用征收税额的绝对量加以表示,适用于从量计征的税种,这种税率称为定额税率;二是用征收税额的百分比,即相对数加以表示,适用于从价计征的税种,这种类型的税率主要有比例税率和累进税率。比例税率、累进税率和定额税率是税率中最为常用的形式。

1. 比例税率

比例税率是指同一课税对象,无论其数额大小,都按照相同比例征税的税率。采用这种税率,税额随着课税对象数量的增加成比例增加。在具体运用中,比例税率有如下几种形式:

(1)统一比例税率,又称单一比例税率。它是指在一个税种中仅仅规定一个征税比例

的税率。

(2)差别比例税率,是指根据纳税人或课税对象的不同性质,分别规定不同征税比例的税率。这种税率形式在我国税制运用中十分广泛。差别比例税率主要有产品差别比例税率、行业差别比例税率和地区差别比例税率。

产品差别比例税率是指根据不同产品分别规定不同征税比例的税率,一般体现为同种或同类产品同一税率,不同产品不同税率。我国现行关税、消费税等都采用这种税率。

行业差别比例税率是指对不同生产经营行业分别规定不同征税比例的税率,一般体现为同一行业同一税率,不同行业不同税率。我国"营改增"之后,对交通运输服务、建筑服务、金融保险服务、邮政服务、电信服务、有形动产租赁服务、不动产租赁服务等行业分别规定了高低不等的增值税税率。

地区差别比例税率是指对不同地区的同一课税对象分别规定高低不等的征税比例的税率。我国现行城市维护建设税采用这种税率。

(3)幅度比例税率,是指对同一课税对象由税法统一规定一个税率幅度,由各地区在此幅度内具体规定本地区征税比例的税率。

2.累进税率

累进税率又可分为三种,即全额累进税率、超额累进税率和超率累进税率。

(1)全额累进税率是指将课税对象的全部数额都按照其所适用的最高一级征税比例计税的一种累进税率。

(2)超额累进税率是指将课税对象按数额大小划分为若干个等级部分,并分别规定每一等级的税率,当课税对象的数额增加到需要提高一级税率时,仅就超过上一等级的部分,按高一级税率征税的累进税率。换言之,同一课税对象,可能适用几个等级的税率,使得该课税对象的全部应纳税额为多个等级部分应纳税额的合计数。我国现行个人所得税采用这种税率。

(3)超率累进税率是指将课税对象按计税依据的相对比例分为若干个不同的征税级距,相应规定若干个由低到高的不同的适用税率,当计税依据的相对比例由一个征税级距上升到另一个较高的征税级距时,仅就达到上一级距的部分相对应的计税依据按照上升以后的征税级距的适用税率计算征税。我国现行土地增值税采用这种税率。

3.定额税率

定额税率是指按课税对象的计量单位直接规定固定征税数额的税率,故又称为固定税额。在具体使用时,主要有以下几种形式:

(1)地区差别定额税率,是指对同一课税对象按不同地区分别规定不同的单位税额,如我国现行资源税。

(2)幅度定额税率,是指对同一课税对象,由税法统一规定税额幅度,各地区在规定的幅度内自行确定本地区适用税额的定额税率,如我国现行城镇土地使用税。

(3)分类分级定额税率,是指按照课税对象的不同种类和不同等级,分别规定不同征税数额的定额税率,如我国现行车船税。

除了以上三类规范的税率之外,在税制中有时还采用加成征税和加倍征税的税率延伸

形式。所谓加成征税,是指对按法定税率计算的税额加征若干成数税款的计税方法。其中,加征一成也就是加征 10%;所谓加倍征税,是指对按法定税率计算的税额加征若干倍数税款的计税方法。其中,加征一倍也就是加征 100%。一般来说,加成征税和加倍征税是税收调节那些正常税率调节不到的高收入的一项措施。

（四）纳税环节

纳税环节是指对处于运动之中的征税对象选定的应该缴纳税款的环节,一般是指在商品流转过程中应该缴纳税款的环节。依照纳税环节的多少不同,税收制度可分为以下类型:

（1）一次课征制。即在商品流转过程中只选择一个环节课税的制度,如我国曾实行的商品流通税和盐税,以及现行消费税。

（2）多次课征制。即在商品流转过程中选择多个环节课税的制度,如我国现行增值税规定,货物每经过一个流转环节,就应当征一次增值税。

（五）纳税期限

纳税期限是指纳税人发生纳税义务后,向国家缴纳税款的间隔时间。各种税收都需要明确规定缴纳税款的期限,这是由税收固定性决定的,也是税收收入及时性的体现。

（1）按期纳税。即以纳税人发生纳税义务的一定时间作为纳税期限。例如,我国增值税规定以 1 日、3 日、5 日、10 日、15 日或 1 个月为一个纳税期;我国个人所得税通常视纳税人的具体情况,分别规定为按月、按年缴纳等。

（2）按次纳税。即以纳税人发生纳税义务的次数作为纳税期限。例如,我国对个人分次取得的某些收入征收的个人所得税,以及对进口商品征收的关税等,都规定在发生纳税义务后按次缴纳。

（六）减免税

减免税是对某些纳税人或征税对象给予鼓励和照顾的一种特殊规定。减税是指对应纳税额少征一部分税款;免税是指对应纳税额全部免征。它们能够使税收制度按照因地制宜和因事制宜的原则,更好地贯彻国家的税收政策。

税收减免一般在税收法规中列举确定,有的由各级政府根据税法精神和税收管理权限具体规定。

1. 减免税的形式

减免税就其形式而言,一般可分为法定减免、特定减免和临时减免。

（1）法定减免是指各税种的基本立法中列举的减税、免税。每一税种在其基本立法中,一般都列有减免税条款,这类减免税,既有已明确列举减免税项目的,也有只规定减免税的原则和范围的。

（2）特定减免是指根据政治经济情况发展变化和贯彻税收政策的需要,专案规定的减免税。特定减免一般有两种情况:一是在税收的基本立法确定以后,随着政治经济情况的发展变化所作的新的减免税补充规定;二是在税收的基本立法中,不能或不宜一一列举而采取专案规定的形式。以上两种专案规定的减免,通常由国务院或国家主管业务部门,如财政部、国家税务总局、海关总署作出决定。特案减免又分为无期限的和有期限的两种。

（3）临时减免是指在法定减免和特案减免以外的其他减免，主要是照顾纳税人的某些特殊的、暂时的困难而临时批准的一些减免税。由国家主管税务部门或地方政府按照税收管理权限的规定临时批准的减税、免税，通常是定期的减免或一次性的减免。

2. 减免税的内容

减免税的内容多样，一般分为税基式减免、税率式减免和税额减免。

（1）税基式减免是指对具体项目列举减免或对课税对象规定起征点、免征额，以解决普遍性照顾问题。其中，起征点是指对课税对象开始征税的数量界限；免征额是指在课税对象总额中免于征税的数额。税基式减免税是指通过直接缩小计税依据的方式实现的减税、免税，具体包括起征点、免征额、项目扣除、跨期结转等。起征点是指税法规定的征税对象开始征税的数额起点，即征税对象数额未达到起征点的不征税，达到或超过起征点的则就其全部数额征税。免征额是指税法规定的在征税对象全部数额中免予征税的数额，即不论纳税人收入大小，只对减去一定数额后的余额征税。项目扣除是指征税对象总额先扣除某些项目的金额后，以其余额为计税依据计算应纳税额。跨期结转是指将某些费用及损失向后或向前结转，抵销其一部分收益，以缩小税基，实现减免税。

★思考题

假定税法规定的起征点为 200 元，税率为 10%，甲、乙纳税人取得的应税收入分别为 200 和 400 元，则甲、乙分别应纳税多少？

（2）税率式减免是指将原定税率降低一定幅度，征税时按降低后的税率计征所实现的减免税，也是主要用于解决普遍性照顾问题。税率式减免税是指通过直接降低税率的方式来实现的减税、免税，具体包括重新确定税率、选用其他税率和规定零税率。

（3）税额式减免是指对课税对象先按统一规定计算应纳税额，然后减征一定数量的税额而实现的减免税，主要用于解决个别性照顾问题。税额式减免税是指通过直接减少应纳税额的方式实现的减税、免税，具体包括全部免征、减半征收、核定减免率以及核定减征税额等。

（七）纳税地点

纳税地点是税法规定纳税人缴纳税款的地点。不同税种的纳税环节不同，各个纳税人的生产经营方式也不尽一致。因此，税法本着方便征纳，有利于对税款源泉控管的原则，通常要在各税种中明确规定纳税人的具体纳税地点，主要有以下五种形式：

（1）就地纳税。纳税人向自己所在地的主管税务机关申报、纳税。我国大多数纳税人及其征税对象均采取就地纳税方式。

（2）营业行为所在地纳税。纳税人离开主管税务机关管辖的所在地，到外地从事经营活动，如设置分支机构、直接从事自销产品的零售业务、非工业企业委托外地企业加工产品等，其应纳税额应当向营业行为所在地的税务机关缴纳。

（3）外出经营纳税。这是对固定工商业户到外地销售货物纳税地点的规定。这类纳税户到外地销售货物时，凡持有主管税务机关开具的外销证明的，回所在地纳税；凡未按规定

办理外销证明的,其应纳税额向销售地税务机关缴纳。

（4）汇总缴库。纳税人按行业汇总向国家金库所在地纳税。例如,中国铁路运营、民航运输、邮电通信企业的所得税,分别由铁道部、民航总局、邮电部于北京汇总缴纳。

（5）口岸纳税。这是进出口关税的一种常见纳税方式。税法规定,关税的纳税人,除采取集中纳税方式之外,其应纳的进出口税都应向进出口口岸的海关机关缴纳。

（八）违章处理

违章处理是指税务机关对纳税人违反税法的行为采取的处罚性措施。这种处罚是税制中不可缺少的要素,是税收强制性的形式特征在税收制度上的体现。

四、认识税务会计的概念、特点和内容

（一）税务会计的概念

会计和税收是经济领域中两个不同的分支,分别遵循不同的原则,规范不同的对象,服务于不同的目的。财务会计核算必须遵循一般会计原则,其目的在于真实、完整地反映企业的财务状况、经营业绩,以及财务状况变动的全貌,通过会计报表向投资者、债权人、企业管理者以及其他会计报表使用者提供有用的财务信息。为了满足不同的会计报表使用者和社会各方面对财务会计信息的需求,财务会计在对会计要素的确认、计量、记录、报告过程中,必须以会计准则和财务会计制度为基本规范。但是,几乎所有的会计要素都会影响企业的税款支出。为了规范企业和国家之间的税收分配关系,企业则必须按税收法律、法规的规定重新确认、计量会计要素。税法是国家制定的用来调整政府与纳税人之间在征纳税方面的权利与义务的法律规范,是税收征纳双方依法征税、依法纳税的行为准则。它以课税为目的,根据经济合理、公平税负、促进竞争的原则,依据有关的税收法律、法规,确定纳税人在一定时期内应履行的纳税义务。因此,税法又是企业会计行为的另一种规范。由此可见,企业会计行为同时受到会计准则、财务会计制度与国家税收法律、法规两种行为规范的制约。在这种双重制约下,企业会计核算中所适用的会计准则、财务会计制度与国家税收法律、法规规定在计算口径和计算时期等方面的不同,从而产生一定的差异,对于这些差异则需要通过税务会计加以调整,这一现象在所得课税方面表现得尤为明显。

可见,税务会计是为了适应纳税人的需要,或者说纳税人是为了适应纳税的需要从财务会计中分离出来的,介于税收学与会计学之间的一门新兴的边缘学科,是融国家税收法令和会计处理为一体的一种特殊的专业会计,可以说是"税务中的会计、会计中的税务"。

税务会计并非与生俱有,而是社会经济发展到一定阶段的产物。当今会计界已有越来越多的人承认,税务会计已与财务会计、管理会计共同构成了现代会计学科的三大分支。

有人认为税务会计是近代新兴的一门边缘学科,是融税收法令和会计核算为一体的一种特种专业会计。它是以税收法令为准绳,以货币计量为基本形式,运用会计学的理论和方法,连续、系统、全面地对税款的形成、计算和缴纳活动进行核算的一门专业会计（盖地,《税务会计》,立信会计出版社）。

基于以上认识,我们可以这样概括税务会计:税务会计是以现行税法为准绳,以货币为主要计量单位,运用会计的专门方法对纳税单位税基的形成、税款的计算、申报和缴纳等纳

税活动所引起的资金运动进行连续、系统地核算、监督和筹划,使纳税人在不违反税法的前提下达到既依法纳税又合理减轻税负的一门专业会计。它是近代新兴的一门边缘学科,是融税收法规和会计核算为一体的一种特殊的专业会计。

（二）税务会计的特点

税务会计的特点包括法律性、广泛性、统一性、融合性、筹划性和独立性。法律性表现为税务会计要严格按照税收法规和会计法规的规定核算和监督税款的形成、缴纳等行为;广泛性表现为税务会计适用于国民经济各个行业;统一性表现为不同的纳税人所执行的税务会计是相同的;融合性表现为税务会计是融税收法规与会计制度于一体的特种专业会计;筹划性表现为税务会计侧重于合理减少纳税人税负,提高企业经济效益;独立性表现为其会计处理方法与财务会计有所不同,如应纳税所得额的调整、视同销售收入的认定等。

（三）税务会计的内容

税务会计的内容主要包括经营收入的确认、成本费用的计算、经营成果的确定、税额的计算、税款解缴、罚金缴纳和税收减免等业务的会计处理。经营收入是企业单位在生产经营过程中,销售商品或提供劳务所取得的各种收入,成本费用是企业单位在生产经营过程中为取得经营收入而发生的耗费,两者的差额即为经营成果。税务会计在收入确认与成本费用的计算上与财务会计有所不同。

五、认识税务会计的基本前提和基本职能

（一）税务会计的基本前提

税务会计以财务会计为基础,财务会计中的基本前提有些也适用于税务会计,如会计分期、货币计量等。但由于税务会计有自己的特点,其基本前提也应有其特殊性。

1. 纳税主体

纳税主体与财务会计的会计主体有密切联系,但不一定等同。会计主体是财务会计为之服务的特定单位或组织,会计处理的数据和提供的财务信息,被严格限制在一个特定的、独立的或相对独立的经营单位之内,典型的会计主体是企业。纳税主体必须是能够独立承担纳税义务的纳税人。在某些垂直领导的行业,如铁路、银行,由铁道部、各总行集中纳税,其基层单位是会计主体,但不是纳税主体。又如,对稿酬征纳个人所得税时,其纳税人(即稿酬收入者)并非会计主体,而作为扣缴义务人的出版社或杂志社则成为这一纳税事项的会计主体。纳税主体作为代扣(或代收、代付)代缴义务人时,纳税人与负税人是分开的。作为税务会计的一项基本前提,应侧重从会计主体的角度来理解和应用纳税主体。

2. 持续经营

持续经营的前提意味着该企业个体将继续存在足够长的时间以实现其现在的承诺,如预期所得税在将来要继续缴纳。这是所得税税款递延、亏损前溯或后转以及暂时性差异能够存在并且能够使用纳税影响会计法进行所得税跨期摊配的基础所在。以折旧为例,它意味着在缺乏相反证据的时候,人们总是假定该企业将在足够长的时间内为转回暂时性的纳税利益而经营并获得收益。

3. 货币时间价值

随着时间的推移,投入周转使用的资金价值将会发生增值,这种增值的能力或数额,就是货币的时间价值。这一基本前提已经成为税收立法、税收征管的基点,因此,各个税种都明确规定了纳税义务的确认原则、纳税期限、缴库期等。它深刻地揭示了纳税人进行税务筹划的目标之一——纳税最迟,也说明了所得税会计中采用纳税影响会计法进行纳税调整的必要性。

4. 纳税会计期间

纳税会计期间亦称纳税年度,是指纳税人按照税法规定选定的纳税年度,我国的纳税会计期间是指自公历1月1日起至12月31日止。纳税会计期间不等同于纳税期限,如增值税、消费税的纳税期限是日或月。如果纳税人在一个纳税年度的中间开业,或者由于改组、合并、破产关闭等原因,使该纳税年度的实际经营期限不足12个月的,应当以其实际经营期限为一个纳税年度。纳税人清算时,应当以清算期间作为一个纳税年度。各国纳税年度规定的具体起止时间有所不同,一般有日历年度、非日历年度、财政年度和营业年度。纳税人可在税法规定的范围内选择、确定,但必须符合税法规定的采用和改变纳税年度的办法,并且遵循税法中所作出的关于对不同企业组织形式、企业类型的各种限制性规定。

5. 年度会计核算

年度会计核算是税务会计中最基本的前提,即税制是建立在年度会计核算的基础上,而不是建立在某一特定业务的基础上。课税只针对某一特定纳税期间里发生的全部事项的净结果,而不考虑当期事项在后续年度中的可能结果如何,后续事项将在其发生的年度内考虑。比如在"所得税跨期摊配"中应用递延法时,由于强调原始递延税款差异对税额的影响而不强调转回差异对税额的影响,因此,它与未来税率没有关联性。当暂时性差异以后转回时,按暂时性差异产生时递延的同一数额调整所得税费用,从而使税务会计数据具有更多的可稽核性,以揭示税款分配的影响额。

(二)税务会计的基本职能

对纳税人应纳税款的形成、申报、缴纳进行反映和监督。税务会计要对纳税人的纳税义务及其缴纳情况进行记录、计算、汇总,并编制出纳税申报表;税务会计要对纳税人纳税义务及其缴纳情况,进行控制、检查,并对违法行为加以纠正和制裁。这种反映和监督,只能在作为纳税人的企业单位里进行,并由纳税人的会计人员去实施。

六、认识税务会计的原则

税务会计与财务会计密切相关,财务会计中的核算原则,大部分或基本上也都适用于税务会计。但又因税务会计与税法的特定联系,税收理论和立法中的实际支付能力原则、公平税负原则、程序优先于实体原则等,也会非常明显地影响税务会计。税务会计上的特定原则可以归纳如下:

1. 修正的应计制原则

收付实现制(亦称现收现付制)突出地反映了税务会计的重要原则——现金流动原则。该原则是确保纳税人有能力支付应纳税款而使政府获取财政收入的基础。但由于现金制不符合财务会计准则的规定,一般只适用于个人和不从事商品购销业务的中小企业的纳税申报。目前,大多数国家的税务当局都接受应计制原则。当应计制原则被用于税务会计时,与财务会计的应计制存在某些差异:第一,必须考虑支付能力原则,使得纳税人在最有能力支付时支付税款;第二,确定性的需要,使得收入和费用的实际实现具有确定性;第三,保护政府财政税收收入。例如,在收入的确认上,应计制的税务会计由于在一定程度上被支付能力原则所覆盖而包含着一定的收付实现制的方法,而在费用的扣除上,财务会计采用稳健性原则列入的某些估计、预计费用,在税务会计中是不能够被接受的,后者强调"该经济行为已经发生"的限制条件,从而起到保护政府税收收入的目的。在美国税制中,有一条著名的定律,即克拉尼斯基定律。其含义是:如果纳税人的财务会计方法致使收益立即得到确认,而费用永远得不到确认,税务当局可能会因所得税目的允许采用这种会计方法;如果纳税人的财务会计方法致使收益永远得不到确认,而费用立即得到确认,税务当局可能会因所得税目的不允许采用这种会计方法。由此可见,目前世界上大多数国家都采用修正的权责发生制原则。

2. 与财务会计日常核算方法相一致原则

由于税务会计与财务会计的密切关系,税务会计一般应遵循各项财务会计准则。只有当某一事项按会计准则、制度在财务会计报告日确认以后,才能确认该事项按税法规定确认的应纳税款;依据会计准则、制度在财务会计报告日尚未确认的事项可能影响到当日已确认的其他事项的最终应纳税款,但只有在根据会计准则、制度确认导致征税效应的事项之后,才能确认这些征税效应,这就是"与日常核算方法相一致"的原则。具体包含:

(1) 对于已在财务报表中确认的全部事项的当期或递延税款,应确认为当期或递延所得税负债或资产;

(2) 根据现行税法的规定计量某一事项的当期或递延应纳税款,以确定当期或未来年份应付或应退还的所得税金额;

(3) 为确认和计量递延所得税负债或资产,不预期未来年份赚取的收益或发生的费用的应纳税款或已颁布税法或税率变更的未来执行情况。

3. 划分营业收益与资本收益原则

这两种收益具有不同的来源和担负着不同的纳税责任,在税务会计中应严格区分。营业收益是指企业通过其经常性的主要经营活动而获得的收入,其内容包括主营业务收入和其他业务收入两个部分,其税额的课征标准一般按正常税率计征。资本收益是指在出售或交换税法规定的资本资产时所得的利益(如投资收益、出售或交换有价证券的收益等),一般包括纳税人除应收款项、存货、经营中使用的地产和应折旧资产、某些政府债券,以及除文学和其他艺术作品的版权以外的资产。资本收益的课税标准具有许多不同于营业收益的特殊规定。因此,为了正确地计算所得税负债和所得税费用,就应该有划分两种收益的原则和具体的划分标准。这一原则在美、英等国的所得税会计中有非常详尽的规定,我国在这方面有待明确。

4. 配比原则

配比原则是财务会计的一般规范。将其应用于所得税会计,便成为支持"所得税跨期摊配"的重要指导思想。将所得税视为一种费用的观点意味着,如果所得税符合确认与计量这

两个标准,则应计会计对于费用就是适宜的。应用应计会计和与之相联系的配比原则,就意味着要根据该会计期间内为会计目的所报告的收入和费用来确定所得税费用,而不考虑为纳税目的所确认的收入和费用的时间性。也就是说,所得税费用与导致纳税义务的税前会计收益相配比(在同期报告),而不管税款支付的时间性。这样,由于所得税费用随同相关的会计收益在同一期间确认,从配比原则的两个特征——时间一致性和因果性来看,所得税的跨期摊配方法也符合收入与费用的配比原则。

5. 确定性原则

确定性原则是指在所得税会计处理过程中,按所得税法的规定,在纳税收入和费用的实际实现上应具有确定性的特点,这一原则具体体现在递延法的处理中。在递延法下,当初的所得税税率是可确证的,递延所得税是产生暂时性差异的历史交易事项造成的结果。按当初税率报告递延所得税,符合会计是以历史成本为基础报告绝大部分经济事项的特点,提高了会计信息的可信性。这一原则也用于所得税的税前扣除,凡税前扣除的费用,其金额必须是确定的。

6. 可预知性原则

可预知性原则是支持并规范债务法的原则。债务法关于递延所得税资产或递延所得税负债的确认模式,是基于这样的前提:根据会计准则编制的资产负债表,所报告的资产和负债金额将分别收回或清偿。因此,未来年份应税收益只在逆转差异的限度内才被认可,即未来年份的应税收益仅仅受本年暂时性差异的影响,而不预期未来年份赚取的收益或发生的费用。将可预知性原则应用于所得税会计处理,提高了对企业未来现金流量、流动性和财务弹性的预测价值。因此,在该原则下,支持并规范的债务法被越来越广泛地采用。

7. 税款支付能力原则

税款支付能力与纳税能力有所不同。纳税能力是指纳税人应以合理的标准确定其计税基数。有同等计税基数的纳税人应负担同一税种的同等税款。因此,纳税能力体现的是合理负税原则。与企业的其他费用支出有所不同,税款支付全部对应现金的流出,因此,在考虑纳税能力的同时,更应该考虑税款的支付能力。税务会计在确认、计量和记录收入、收益、成本、费用时,应选择保证税款支付能力的会计方法。

七、认识税务会计的任务、目标和作用

(一)税务会计的任务

税务会计的任务是双方面的,既要以税法为标准,促使纳税人认真履行纳税义务,又要在税法允许的范围内,保护纳税人的合法利益。具体包括:按照国家税法规定核算纳税人各税种的税款;正确编制、报送会计报表和纳税申报表;进行纳税人税务活动的分析,保证正确执行税法,维护企业的利益。

(二)税务会计的目标

税务会计的目标是纳税人通过税务会计所要达到的目的。不同的使用者有不同的要求:企业经营者,要求得到准确、及时的纳税信息以保证企业的正常运转,并为经营决策提供依据;企业资产所有者和债权人要求得到税务资金运转的信息,以最大限度利用货币的时间

价值;税务管理部门要求了解纳税人的税收计缴情况,以进行监督调控,保证国家财政收入的实现。

（三）税务会计的作用

有利于纳税人贯彻税法,保证财政收入,发挥税法作用;督促纳税人认真履行义务;促进企业正确处理分配关系;维护纳税人的合法权益等。

八、税务会计与财务会计的关系

（一）联系

理论上税务会计与财务会计的目标不同,是两个不同的学科。但税务会计作为一项实质性的工作并不是独立存在的,而是企业会计的一个专门领域,与财务会计相伴而存。它不要求企业在财务会计的凭证、账簿、报表之外,再设一套会计凭证、账簿,而从会计机构的设置来看,中小企业也可以不专门设置税务会计机构和专职人员。因为对现代会计的要求,也应具备多重功能,诸如财务功能、税务功能、管理功能、成本分析功能、经济效益分析功能等,这些功能形成不同的衡量尺度。企业只需要一套完整的会计账表,平时只以一种尺度(财务会计尺度)进行会计处理,若需要时,再依其他尺度作调整,以发挥其多种功能,满足不同需要。税务会计资料来源于财务会计,它对财务会计与现行税法不符的事项或出于税务筹划目的需要调整的事项,按税务会计方法计算、调整,并作调整会计分录,再融于财务会计账簿或报告之中。

世界各国的税法都不同程度地吸收会计的概念和方法,计算税金的程序也大多数要模拟会计方法,计算依据一般都必须以会计记录为基础,可以说,税法借用了会计技术才得以实施,税法因采用了会计方法才日趋成熟。另外,税法对会计的影响也是普遍的,它使会计实务的处理更加规范化;它影响会计对某些会计方法的选择,促使会计的重心由计算资产的盘存转向计算收入,由重视资产负债表转向重视利润表;它也使会计人员的业务范围不断扩大。税收与会计相互影响、相互制约、相互促进,税务会计与财务会计也是如此。

（二）区别

税务会计虽与财务会计存在着紧密联系,但又有区别,表现为如下几个方面。

1. 目标不同

财务会计所提供的信息,除了为综合部门及外界有关经济利益者服务外,还为企业本身的生产经营服务;税务会计则要按现行税法和缴纳办法计算应纳税款,正确履行纳税义务,充分享受纳税人的权利。

2. 对象不同

企业财务会计核算和监督的对象是企业经货币计量的全部经济事项,包括资金的投入、循环、周转、退出等过程;而税务会计核算和监督的对象只是与计税有关的经济事项,即与计税有关的资金运动。这就是说,原来在财务会计中有关税款的核算、申报、解缴的内容,划归税务会计,并由税务会计作为核心内容分门别类地阐述,企业财务会计只是对这部分内容作必要的提示即可。

3. 核算基础、处理依据不同

财务会计根据公认的会计准则和企业自己制定的核算办法对经济事项进行核算和反

映,它力求客观公允地反映经济业务和资金运动。税务会计不仅要遵循一般会计原则,更要严格按现行税法的要求进行会计处理,具有强制性和统一性。会计处理一般有两种:一种是收付实现制,另一种是权责发生制,财务会计应该遵循权责发生制原则,强调收入是否实际发生,以及收入与费用相配比。会计上确认的收入不等于企业增加的现金流入量,会计上确认的费用不意味着企业的现金流出量,企业各期的会计利润也不代表当期可支配的净现金资源;税务会计由于体现了税收强制征收的特性,不强调在主体上以权责发生制为依据来确定企业的应纳税所得额,税务会计在规定各项目的征收细则时,表现为权责发生制与现金收付制并用。

4.范围不同

税务会计按税法规定的要求,有选择地对相关经济业务进行核算,反映的是纳税人履行纳税义务的概况。财务会计则要对每一笔经济业务进行记录,反映整个企业财务状况、经营成果和资金流转情况。

总之,财务会计和税务会计既有一定的区别,也是相互联系的。目前,世界各国都在努力缩小或试图消除财务会计与税务会计的差异,但两者的差异不能立即消失,财务会计与税务会计的差异是客观存在的,我们应该辩证地看待,不必要求某一方削足适履去适合对方,而应该各自遵循自身的规律,在理论上不断创新,在方法上不断完善,使两者科学、健康地发展。

任务处理

任务情境中的问题你解决了吗?

(各小组讨论,小组推荐代表发言,其他小组提问,小组答辩,提交实训报告册,小组代表和教师进行点评打分)

专项技能训练

一、职业判断能力训练

1. 税收是国家取得财政收入的基本形式。   (   )

2. 主管税务机关因发现纳税人不按规定使用减免税款的,税务机关无权停止减免。
                                                                              (   )

3. 增值税的税率是比例税率。   (   )

4. 价内税是指税金不包含在商品销售价格或劳务销售价格中的税。   (   )

5. 增值税纳税人分为境内纳税人和境外纳税人。   (   )

6. 零税率就是免税。   (   )

7. 凡代垫运费,一律并入货物收入中征收增值税。   (   )

8. 单位聘用的员工为本单位提供修理修配劳务不征增值税。   (   )

9. 增值税应纳税额为销项税额减进项税额。   (   )

10. 税率是税收制度的核心要素。 （　　）

二、职业选择能力训练

1. 目前,我国财政收入的（　　）左右是通过税收取得的。

A. 5%　　　　　　B. 85%　　　　　　C. 75%　　　　　　D. 80%

2. 在一个法制健全的国家,纳税既是公民的一种义务也是公民无法逃避的一种（　　）。

A. 权利　　　　　B. 民事权利　　　　C. 责任　　　　　D. 民事义务

3. 国家征税与纳税人在纳税形式上表现为（　　）,但经法律明确其双方的权利与义务后,这种关系实质上已上升为一种特定的法律关系。

A. 利益共享的关系　　　　　　　　B. 利益分配的关系
C. 财产共享的关系　　　　　　　　D. 财产分配的关系

4. 定额税率又称固定税额,是按征税对象的计量单位直接规定应缴纳税额的税率形式。由于采用定额税率的税收只与课税对象的实物单位挂钩,所以它的负担不会随着商品的价格水平或人们的收入水平的提高而（　　）。

A. 增加　　　　　B. 减少　　　　　　C. 改变　　　　　D. 不变

5. 对于费用扣除,各国的做法不尽相同,有的国家规定纳税人要按费用类别据实扣除,有的国家则规定有扣除额纳税人的费用标准,扣除不需要实报实销,统一按该标准进行扣除,还有的国家允许纳税人在上述两种办法之间自由选择。我国采用的是（　　）。

A. 按标准进行扣除的办法　　　　　B. 按费用类别据实扣除
C. 允许纳税人在两种办法之间自由选择　　D. 采用其他的方法扣除

6. 居民纳税人是指在中国境内有住所或者无住所而在中国境内居住满1年的个人负有（　　）应就其来源于中国境内和境外的全部所得缴纳个人所得税。

A. 有限纳税义务　　B. 无限纳税义务　　C. 全部纳税义务　　D. 部分纳税义务

7. 个人独资企业的投资者以（　　）生产经营所得为应纳税所得额。

A. 一部分　　　　B. 全部　　　　　　C. 大部分　　　　　D. 少部分

8. 财产转让所得以转让财产的收入额减除财产原值和（　　）后的余额为应纳税所得额。

A. 全部费用　　　B. 所有费用　　　　C. 合理费用　　　　D. 其他费用

9. 在计算劳务报酬所得时如果属于同一事项连续取得收入的以（　　）内取得的收入为一次。

A. 1个月　　　　B. 2个月　　　　　C. 3个月　　　　　　D. 每个月

10. 稿酬所得以每次出版、发表取得的收入为一次。同一作品再版取得的所得应视为（　　）稿酬所得计征个人所得税。

A. 同次　　　　　B. 另一次　　　　　C. 1个月内　　　　　D. 其他

三、职业描述能力训练

1. 何谓税务会计? 其特点有哪些?

2. 简述税务会计与财务会计的关系。

任务二　税务登记与发票管理

任务情境

【资料1-3】 2020年6月10日,你和王佳妮大学毕业以后,成立山东科英电子有限公司,经济南市工商管理部门批准注册成立,统一社会信用代码为20203702037656776788,主营业务为计算机、打印机等电子产品的生产。公司注册地址和经营地址为济南市高新区经九路120号,邮政编码为210061,联系电话为0531-87686423。公司注册资本为500万元,其中你本人投资300万元,王佳投资200万元,该公司经营期限为长期。该公司法人代表为你本人,财务负责人为王佳妮,办税员为王晓。自然人王佳妮身份证证件号码为370502200003150632,地址为青岛市李沧区夏庄路105号。

任务要求　你去实体办税服务厅办理税务登记,填写税务登记表,见表1-1。

表1-1

税务登记表

(适用单位纳税人)

填表日期:

纳税人名称			纳税人识别号		
登记注册类型			批准设立机关		
组织机构代码			批准设立证明或文件号		
开业(设立)日期		生产经营期限	证照名称		证照号码
注册地址			邮政编码	联系电话	
生产经营地址			邮政编码	联系电话	
核算方式	请选择对应项目打"√" □独立核算 □非独立核算		从业人数 ___ 其中外籍人数 ___		
单位性质	请选择对应项目打"√" □企业 □事业单位 □社会团体 □民办非企业单位 □其他				
网站网址			国标行业	□□ □□ □□ □□	
适用会计制度	请选择对应项目打"√" □企业会计制度 □小企业会计制度 □金融企业会计制度 □行政事业单位会计制度				
经营范围		请将法定代表人(负责人)身份证件复印件粘贴在此处。			

（续表）

项目 内容 联系人	姓　名	身份证件		固定电话	移动电话	电子邮箱
		种类	号码			
法定代表人(负责人)						
财务负责人						
办税人						

税务代理人名称	纳税人识别号	联系电话	电子邮箱

注册资本或投资总额	币种	金额	币种	金额	币种	金额

投资方名称	投资方 经济性质	投资 比例	证件种类	证件号码	国籍或地址

自然人投资比例		外资投资比例		国有投资比例	
分支机构名称		注册地址		纳税人识别号	

总机构名称		纳税人识别号	
注册地址		经营范围	
法定代表人姓名		联系电话	注册地址邮政编码	

代扣代缴代收代缴 税款业务情况	代扣代缴、代收代缴税款业务内容	代扣代缴、代收代缴税种

附报资料：

经办人签章：	法定代表人(负责人)签章：	纳税人公章：
___年___月___日	___年___月___日	___年___月___日

以下由税务机关填写：

纳税人所处街乡				隶属关系	
国税主管税务局		国税主管税务所(科)		是否属于国税、地税共管户	
地税主管税务局		地税主管税务所(科)			
经办人(签章)： 国税经办人：_____ 地税经办人：_____ 受理日期： ___年___月___日		国家税务登记机关 (税务登记专用章)： 核准日期： ___年___月___日 国税主管税务机关：		地方税务登记机关 (税务登记专用章)： 核准日期： ___年___月___日 地税主管税务机关：	
国税核发《税务登记证副本》数量： 本 发证日期：_____年___月___日					
地税核发《税务登记证副本》数量： 本 发证日期：_____年___月___日					

国家税务总局监制

【表单说明】

一、本表适用于各类单位纳税人填用。

二、从事生产、经营的纳税人应当自领取营业执照，或者自有关部门批准设立之日起30日内，或者自纳税义务发生之日起30日内，到税务机关领取税务登记表，填写完整后提交税务机关，办理税务登记。

三、办理税务登记应当出示、提供以下证件资料(所提供资料原件用于税务机关审核，复印件留存税务机关)：

1. 营业执照副本或其他核准执业证件原件及其复印件。

2. 注册地址及生产、经营地址证明(产权证、租赁协议)原件及其复印件；如为自有房产，请提供产权证或买卖契约等合法的产权证明原件及其复印件；如为租赁的场所，请提供租赁协议原件及其复印件，出租人为自然人的还须提供产权证明的复印件；如生产、经营地址与注册地址不一致，请分别提供相应证明。

3. 公司章程复印件。

4. 有权机关出具的验资报告或评估报告原件及其复印件。

5. 法定代表人(负责人)居民身份证、护照或其他证明身份的合法证件原件及其复印件；复印件分别粘贴在税务登记表的相应位置上。

6. 纳税人跨县(市)设立的分支机构办理税务登记时，还须提供总机构的税务登记证副本复印件。

7. 改组改制企业还须提供有关改组改制的批文原件及其复印件。

8. 税务机关要求提供的其他证件资料。

四、纳税人应向税务机关申报办理税务登记。完整、真实、准确、按时地填写此表。

五、使用碳素或蓝墨水的钢笔填写本表。

六、本表一式二份。税务机关留存一份，退回纳税人一份(纳税人应妥善保管，验换证时需携带查验)。

七、纳税人在新办或者换发税务登记时应报送房产、土地和车船有关证件，包括房屋产

权证、土地使用证、机动车行驶证等证件的复印件。

八、表中有关栏目的填写说明：

1. "纳税人名称"栏：指《企业法人营业执照》或《营业执照》或有关核准执业证书上的"名称"。

2. "身份证件名称"栏：一般填写"居民身份证"，如无身份证，则填写"军官证""士兵证""护照"等有效身份证件。

3. "注册地址"栏：指工商营业执照或其他有关核准开业证照上的地址。

4. "生产经营地址"栏：填办理税务登记的机构生产经营地地址。

5. "国籍或地址"栏：外国投资者填国籍，中国投资者填地址。

6. "登记注册类型"栏：即经济类型，按营业执照的内容填写；不需要领取营业执照的，选择"非企业单位"或者"港、澳、台商企业常驻代表机构及其他""外国企业"；如为分支机构，按总机构的经济类型填写。

分类标准：

110 国有企业	120 集体企业	130 股份合作企业
141 国有联营企业	142 集体联营企业	143 国有与集体联营企业
149 其他联营企业	151 国有独资公司	159 其他有限责任公司
160 股份有限公司	171 私营独资企业	172 私营合伙企业
173 私营有限责任公司	174 私营股份有限公司	190 其他企业

210 合资经营企业（港或澳、台资）　　220 合作经营企业（港或澳、台资）

230 港、澳、台商独资经营企业　　　　240 港、澳、台商独资股份有限公司

310 中外合资经营企业　　　　　　　　320 中外合作经营企业

330 外资企业　　　　　　　　　　　　340 外商投资股份有限公司

400 港、澳、台商企业常驻代表机构及其他　　500 外国企业

600 非企业单位

7. "投资方经济性质"栏：单位投资的，按其登记注册类型填写；个人投资的，填写自然人。

8. "证件种类"栏：单位投资的，填写其组织机构代码证；个人投资的，填写其身份证件名称。

9. "国标行业"栏：按纳税人从事生产经营行业的主次顺序填写，其中第一个行业填写纳税人的主行业。

国民经济行业分类标准（GB/T 4754—2017）：

A—农、林、牧、渔业

01—农业　02—林业　03—畜牧业　04—渔业　05—农、林、牧、渔专业及辅助性活动

B—采矿业

06—煤炭开采和洗选业　07—石油和天然气开采业　08—黑色金属矿采选业

09—有色金属矿采选业　10—非金属矿采选业　　11—开采专业及辅助性活动

12—其他采矿业

C—制造业

13—农副食品加工业　　　　　　　　14—食品制造业

15—酒、饮料和精制茶制造业　　　　16—烟草制品业

17—纺织业　　　　　　　　　　　　18—纺织服装、服饰业

19—皮革、毛皮、羽毛及其制品和制鞋业　　20—木材加工和木、竹、藤、棕、草制品业

21—家具制造业　　　　　　　　　　22—造纸和纸制品业

23—印刷和记录媒介复制业　　　　　24—文教、工美、体育和娱乐用品制造业

25—石油、煤炭及其他燃料加工业　　26—化学原料和化学制品制造业

27—医药制造业　　　　　　　　　　28—化学纤维制造业

29—橡胶和塑料制品业　　　　　　　30—非金属矿物制品业

31—黑色金属冶炼和压延加工业　　　32—有色金属冶炼和压延加工业

33—金属制品业　　　　　　　　　　34—通用设备制造业

35—专用设备制造业　　　　　　　　36—汽车制造业

37—铁路、船舶、航空航天和其他运输设备制造业　　38—电气机械和器材制造业

39—计算机、通信和其他电子设备制造业　　40—仪器仪表制造业

41—其他制造业　　　　　　　　　　42—废弃资源综合利用业

43—金属制品、机械和设备修理业

D—电力、热力、燃气及水生产和供应业

44—电力、热力生产和供应业　　　　45—燃气生产和供应业

46—水的生产和供应业

E—建筑业

47—房屋建筑业　　　　　　　　　　48—土木工程建筑业

49—建筑安装业　　　　　　　　　　50—建筑装饰、装修和其他建筑业

F—批发和零售业

51—批发业　　　　　　　　　　　　52—零售业

G—交通运输、仓储和邮政业

53—铁路运输业　　　　　　　　　　54—道路运输业

55—水上运输业　　　　　　　　　　56—航空运输业

57—管道运输业　　　　　　　　　　58—多式联运和运输代理业

59—装卸搬运和仓储业　　　　　　　60—邮政业

H—住宿和餐饮业

61—住宿业　　　　　　　　　　　　62—餐饮业

I—信息传输、软件和信息技术服务业

63—电信、广播电视和卫星传输服务　　64—互联网和相关服务

65—软件和信息技术服务业

J—金融业

66—货币金融服务　　　　　　　　　67—资本市场服务

68—保险业　　　　　　　　　69—其他金融业

K—房地产业

70—房地产业

L—租赁和商务服务业

71—租赁业　　　　　　　　　72—商务服务业

M—科学研究和技术服务业

73—研究和试验发展　　　　　74—专业技术服务业

75—科技推广和应用服务业

N—水利、环境和公共设施管理业

76—水利管理业　　　　　　　77—生态保护和环境治理业

78—公共设施管理业　　　　　79—土地管理业

O—居民服务、修理和其他服务业

80—居民服务业　　　　　　　81—机动车、电子产品和日用产品修理业

82—其他服务业

P—教育

83—教育

Q—卫生和社会工作

84—卫生　　　　　　　　　　85—社会工作

R—文化、体育和娱乐业

86—新闻和出版业　　　　　　87—广播、电视、电影和录音制作业

88—文化艺术业　　　　　　　89—体育

90—娱乐业

S—公共管理、社会保障和社会组织

91—中国共产党机关　　　　　92—国家机构

93—人民政协、民主党派　　　94—社会保障

95—群众团体、社会团体和其他成员组织　96—基层群众自治组织及其他组织

T—国际组织

97—国际组织

　任务指导

一、认识税务登记

税务登记又称纳税登记,是指税务机关根据《中华人民共和国税收征收管理法》规定,对纳税人的生产经营活动进行登记管理的一项法定制度。它是税务机关对纳税人税收管理的首要环节和基础工作,它的意义在于:有利于税务机关了解纳税人的基本情况,掌握税源,加强征收与管理,防止漏管漏征,建立税务机关与纳税人之间正常的工作联系,强化税收政策和法规的宣传,增强纳税意识等。

根据《中华人民共和国税收征收管理法》和国家税务总局印发的《税务登记管理办法》，税务登记具体包括设立税务登记，变更、注销税务登记，停业、复业登记和外出经营报验登记四类法定税务登记。

二、税务登记

(一)设立税务登记

1. 设立税务登记的对象

根据有关规定，设立税务登记的纳税人分为以下两类：

(1) 领取营业执照从事生产、经营的纳税人。

① 企业，即从事生产经营的单位或组织，包括国有、集体、私营企业、中外合资合作企业、外商投资企业，以及各种联营、联合、股份制企业等。

② 企业在外地设立的分支机构和从事生产、经营的场所。

③ 个体工商户。

④ 从事生产、经营的事业单位。

(2) 其他纳税人。即前款规定以外的纳税人，除国家机关、个人和无固定生产、经营场所的流动性农村小商贩外，也应该按照规定办理税务登记。

2. 设立税务登记的时间和地点

(1) 企业在外地设立的分支机构和从事生产、经营的场所，个体工商户和从事生产、经营的事业单位(以下统称从事生产、经营的纳税人)向生产、经营所在地税务机关申报办理税务登记。

① 从事生产、经营的纳税人领工商营业执照的，应当自领取工商营业执照、有关部门批准设立、或纳税义务发生之日起30日内申报办理税务登记，税务机关发放税务登记证及副本。

② 有独立的生产经营权、在财务上独立核算并定期向发包人或出租人上缴承包费或租金的承包承租人，应当自承包承租合同签订之日起30日内，向其承包承租业务发生税务机关申报办理税务登记，税务机关发放临时税务登记证及副本。

③ 境外企业在中国境内承包建筑、安装、装配、勘探工程和提供劳务的，应当自项目合同或协议签订之日起30日内，向项目所在地税务机关申报办理税务登记，税务机关发放临时税务登记证及副本。

(2) 上述规定以外的其他纳税人，除国家机关、个人和无固定生产、经营场所的流动性农村小商贩外，均应自纳税义务发生之日起30日内，向纳税义务发生地税务机关申报办理税务登记，税务机关发放税务登记证及副本。

(3) 扣缴义务人比照设立登记，扣缴义务人应当自扣缴义务发生之日起30日内，向所在地的主管税务机关申报办理扣缴税款登记，领取扣缴税款登记证件。

3. 设立税务登记的内容

(1) 单位名称、法定代表人或者业主姓名及其居民身份证、护照或者其他合法证件的号码。

(2) 住所、经营地点。

（3）登记类型。

（4）核算方式。

（5）生产经营方式。

（6）生产经营范围。

（7）注册资金（资本）、投资总额。

（8）生产经营期限。

（9）财务负责人、联系电话。

（10）国家税务总局确定的其他有关事项。

4. 设立税务登记的程序

（1）税务登记的申请。办理税务登记是为了建立正常的征纳秩序，是纳税人履行纳税义务的第一步。为此，纳税人必须严格按照规定的期限，向当地主管税务机关及时申报办理税务登记手续，实事求是地填写《税务登记表》。

（2）纳税人办理税务登记时应报送提供的资料。

① 营业执照或其他核准执业证件。

② 有关合同、章程、协议书。

③ 组织机构统一代码证书。

④ 法定代表人（负责人）或业主居民身份证、护照或者其他证明身份的合法证件。

⑤ 税务机关需要的其他需要的资料、证件，其他需要的资料、证件由纳税人所在省、自治区、直辖市税务机关确定。

（3）税务登记证的核发。

税务机关对纳税人填报的税务登记表、提供的证件和资料，应当在收到申报的当日审核完毕；证件、资料齐全，税务登记表填写内容符合规定的，税务机关应当日办理并发放税务登记证件。

根据国家税务总局《关于落实"三证合一"登记制度改革的通知》，2015年10月1日起，新设立企业、农民专业合作社领取由工商行政管理部门核发加载法人和其他组织统一社会信用代码的营业执照后，无须再次进行税务登记，不再领取税务登记证。企业办理涉税事宜时，在完成补充信息采集后，凭加载统一代码的营业执照，可代替税务登记证使用。

> **★知识拓展**
>
> "三证合一"登记制度改革，即工商营业执照、组织机构代码证、税务登记证实行"三证合一"，由"三证联办"和"一证三码"逐渐发展为"一证一码"。"三证联办"是指工商、质检、税务部门实现三证联办同发，"一证三码"是三部门向市场主体发放"三证"功能三个代码的证照。

（二）变更、注销税务登记

1. 变更税务登记

变更税务登记是纳税人税务登记内容发生变化时向原税务登记机关申报办理变更税务

登记手续。

（1）纳税人已在工商行政管理机关办理变更登记的，应当自工商行政管理机关变更登记之日起 30 日内，向原税务登记机关如实提供下列证件、资料，申报办理变更税务登记：

① 工商登记变更表及工商营业执照。

② 纳税人变更登记内容的有关证明文件。

③ 税务机关发放的原税务登记证件（登记证正本、副本和登记表等）。

④ 其他有关资料。

（2）按照规定不需要在工商行政管理机关办理变更登记，或者其变更登记的内容与工商登记内容无关的，应当自税务登记内容实际发生变化之日起 30 日内，或者自有关机关批准或者宣布变更之日起 30 日内，持下列证件到税务登记机关申报办理变更税务登记：

① 纳税人变更登记内容的有关证明文件。

② 税务机关发放的原税务登记证件（登记证正本、副本和税务登记表等）。

③ 其他有关资料。

（3）纳税人提交的有关变更登记的证件、资料齐全的，应如实填写税务登记变更表，经税务机关审核，符合规定的，税务机关应当当日办理；不符合规定的，税务机关应通知其补正。

2. 注销税务登记

注销税务登记是指纳税人由于法定的原因终止纳税义务时，向原税务机关申请办理的取消税务登记的手续。办理注销税务登记后，该当事人不再接受原税务机关管理。

（1）纳税人发生解散、破产、撤销以及其他情形，依法终止纳税义务的，应当在向工商行政管理机关或者其他机关办理注销登记前，持有关证件和资料向原税务登记机关申报办理注销税务登记；按规定不需要在工商行政管理机关或者其他机关办理注册登记的，应当自有关机关批准或者宣告终止之日起 15 日内，持有关证件和资料向原税务登记机关申报办理注销税务登记。

（2）纳税人被工商行政管理机关吊销营业执照或者被其他机关予以撤销登记的，应当自营业执照被吊销或者被撤销登记之日起 15 日内，向原税务登记机关申报办理注销税务登记。

（3）纳税人因住所、经营地点变动，涉及改变税务登记机关的，应当在向工商行政管理机关或者其他机关申请办理变更、注销登记前，或者住所、经营地点变动前，持有关证件和资料，向原税务登记机关申报办理注销税务登记，并自注销税务登记之日起 30 日内向迁达地税务机关申报办理税务登记。

（4）境外企业在中国境内承包建筑、安装、装配、勘探工程和提供劳务的，应当在项目完工、离开中国前 15 日内，持有关证件和资料，向原税务登记机关申报办理注销税务登记。

（5）纳税人办理注销税务登记前，应当向税务机关提交相关证明文件和资料，结清应纳税款、多退（免）税款、滞纳金和罚款，缴销发票、税务登记证件和其他税务证件，经税务机关核准后，办理注销税务登记手续。

（6）优化办理企业税务注销程序。根据国家税务总局关于进一步优化办理企业税务注

销程序的通知(税总发〔2018〕149号),优化营商环境、深化"放管服"改革要求,进一步优化办理企业税务注销程序。

自2018年10月1日起,对向市场监管部门申请简易注销的纳税人,符合下列情形之一的,可免予到税务机关办理清税证明,直接向市场监管部门申请办理注销登记:

① 未办理过涉税事宜的。

② 办理过涉税事宜但未领用发票、无欠税(滞纳金)及罚款的。

自2018年10月1日起,对向市场监管部门申请一般注销的纳税人,税务机关在为其办理税务注销时,进一步落实限时办结规定。对未处于税务检查状态、无欠税(滞纳金)及罚款、已缴销增值税专用发票及税控专用设备,且符合下列情形之一的纳税人,优化即时办结服务,采取"承诺制"容缺办理,即纳税人在办理税务注销时,若资料不齐,可在其作出承诺后,税务机关即时出具清税文书。

① 纳税信用级别为A级和B级的纳税人。

② 控股母公司纳税信用级别为A级的M级纳税人。

③ 省级人民政府引进人才或经省级以上行业协会等机构认定的行业领军人才等创办的企业。

④ 未纳入纳税信用级别评价的定期定额个体工商户。

⑤ 未达到增值税纳税起征点的纳税人。

纳税人应按承诺的时限补齐资料并办结相关事项。若未履行承诺的,税务机关将对其法定代表人、财务负责人纳入纳税信用D级管理。

(三)停业、复业登记

(1)实行定期定额征收方式的个体工商户需要停业的,应当在停业前向税务机关申报办理停业登记。纳税人的停业期限不得超过1年。

(2)纳税人在申报办理停业登记时,应如实填写停业复业报告书,说明停业理由、停业期限、停业前的纳税情况和发票的领、用、存情况,并结清应纳税款、滞纳金、罚款,税务机关应收存其税务登记证件及副本、发票领购簿、未使用完的发票和其他税务证件。

(3)纳税人停业期间发生纳税义务的,应当依法申报缴纳税款。

(4)纳税人应当于恢复生产经营之前,向税务机关申报办理复业登记、如实填写停业复业报告书,领回并启用税务登记证件、发票领购薄及其停业前领购的发票。

(5)纳税人停业期满不能及时恢复生产、经营的,应当在停业期满前向税务机关办理延长停业登记。

(四)外出经营报验登记

(1)纳税人跨省级税务机关管辖区域(以下简称跨省)经营的,应当在外出生产经营以前,持税务登记证向主管税务机关申请开具《外出经营活动税收管理证明》(以下简称《外管证》)。

纳税人在省税务机关管辖区域内跨县(市)经营的,是否开具《外管证》由省级税务机关自行确定。

（2）税务机关按照一地一证的原则核发《外管证》，《外管证》有效期限一般为 30 日，最长不得超过 180 天；但建筑安装行业项目合同期限超过 180 天的，按照合同期限确定有效期限。

（3）纳税人应当在《外管证》注明地进行生产经营前向当地税务机关报验登记，并提交税务登记证件副本和《外管证》。

（4）纳税人应当在《外管证》有效期届满后 10 日内，持《外管证》回原税务登记地税务机关办理《外管证》的缴销手续。

三、发票管理

（一）发票的领购

税务机关是发票的主管机关，负责发票的印制、领购、开具、取得、保管、缴销的管理和监督。在全国范围内统一式样的发票，由国家税务总局确定。在省、自治区、直辖市范围内统一式样的发票，由省、自治区、直辖市税务局（以下简称省税务局）确定。专票由国务院税务主管部门指定的企业印制，其他发票，由省、自治区、直辖市税务局指定企业印制，未经规定的税务机关指定，不得印制发票。

1. 依法办理税务登记的单位和个人发票领购管理

企业在领取税务登记证后，可以申请领用发票。企业提出购票申请时，提供经办人身份证明、税务登记证件或其他有关证明，以及财务印章或发票专用章的印模，向主管税务机关办理发票领购手续。

2. 临时使用发票的单位和个人发票领购管理

需要临时使用发票的单位和个人，可以凭购销商品、提供或者接受服务以及从事其他经营活动的书面证明、经办人身份证明，直接向税务机关申请办理。

3. 外出跨省从事经营活动的单位和个人发票领购管理

临时到本省、自治区、直辖市以外从事经营活动的单位和个人，应凭所在地税务机关的证明，向经营地税务机关申请领购经营地发票。固定业户（指增值税一般纳税人）临时到外省、市销售货物的，必须向经营地税务机关出示《外管证》回原地纳税，需要向购货方开具增值税专用发票的，亦回原地补开。对未持《外管证》的，经营地税务机关按 3% 的征收率征税。对擅自携票外出，在经营地开具专用发票的，经营地主管税务机关根据发票管理的有关规定予以处罚并将其携带的增值税专用发票逐联注明"违章使用作废"字样。

4. 外来跨省从事经营活动的单位和个人发票领购管理

对外省、自治区、直辖市来本辖区从事临时经营活动的单位和个人，持《外管证》，向经营地税务机关办理报验登记，向经营地税务机关申请领购经营地的发票，税务机关可以要求其提供保证人或者根据所领购发票的票面限额及数量缴纳不超过 1 万元的保证金，并限期缴销发票。确因业务量小、开票频度低的，可以申请经营地税务机关代开。

（二）发票的开具、使用、取得的管理

（1）销售商品、提供服务以及从事其他经营活动的单位和个人，对外发生经营业务收取款项，收款方应向付款方开具发票；特殊情况下由付款方向收款方开具发票。

（2）所有单位和从事生产、经营活动的个人在购买商品、接受服务以及从事其他经营活动支付款项时，应当向收款方取得发票。取得发票时，不得要求变更品名和金额。

（3）不符合规定的发票，不得作为财务报销凭证，任何单位和个人有权拒收。

（4）发票不得跨省、直辖市、自治区使用。发票限于领购单位和个人在本省、自治区、直辖市内开具。发票领购单位未经批准不得跨规定使用区域携带、邮寄、运输空白发票，禁止携带、邮寄或运输空白发票出入境。

（5）开具发票应当按照规定的时限、顺序，逐栏、全部联次一次性如实开具，并加盖单位财务印章或者发票专用章。

（6）任何单位和个人不得转借、转让、代开发票；未经税务机关批准，不得拆本使用发票；不得自行扩大专业发票使用范围。

（7）开具发票的单位和个人应当建立发票使用登记制度，设置发票登记簿，并定期向主管税务机关报告发票使用情况。

（8）开具发票后，若发生销货退回需开红字发票的，必须收回原发票并注明"作废"字样或取得对方有效证明；若发生销售折让的，必须在收回原发票并注明"作废"字样后重新开具销售发票或取得对方有效证明后开具红字发票。

（9）开具发票的单位和个人应当在办理变更或者注销税务登记的同时，办理发票和发票领购簿的变更、缴销手续。

（三）增值税电子普通发票的推广与应用

2015年11月26日，国家税务总局《关于推行通过增值税电子发票系统开具的增值税普通发票有关问题的公告》规定：增值税电子普通发票的开票方和受票方需要纸质发票的，可以自行打印增值税电子普通发票的版式文件，其法律效力、基本用途、基本使用规定等与税务机关监制的增值税普通发票相同。

（四）小规模自行开具增值税专用发票

2019年3月1日起，将小规模纳税人自行开具增值税专用发票试点范围由住宿业，鉴证咨询业，建筑业，工业，信息传输、软件和信息技术服务业，扩大至租赁和商务服务业，科学研究和技术服务业，居民服务、修理和其他服务业。上述8个行业小规模纳税人发生增值税应税行为，需要开具增值税专用发票的，可以自愿使用增值税发票管理系统自行开具。

由于小规模纳税人自2019年1月1日起免税范围扩大至月度10万元季度30万元，所以，结合财税〔2019〕13号和国家税务总局公告2019年第4号政策，上述8个行业尚未自行开具增值税专用发票和新成立的企业，月销售额超过10万元或季销售额超过30万元的，可以根据需要，自行开具增值税专用发票。

2020年2月1日起，增值税小规模纳税人（其他个人除外）发生增值税应税行为，需要开具增值税专用发票的，可以自愿使用增值税发票管理系统自行开具。选择自行开具增值税专用发票的小规模纳税人，税务机关不再为其代开增值税专用发票。

增值税小规模纳税人应当就开具增值税专用发票的销售额计算增值税应纳税额，并在规定的纳税申报期内向主管税务机关申报缴纳。在填写增值税纳税申报表时，应当将当期

开具增值税专用发票的销售额,按照3%和5%的征收率,分别填写在增值税纳税申报表(小规模纳税人适用)第2栏和第5栏"税务机关代开的增值税专用发票不含税销售额"的"本期数"相应栏次中。

★思考题

乘滴滴取得的增值税电子普通发票,可以抵扣进项税吗?

◇提示:据财政部、税务总局、海关总署公告2019年第39号文第六条,纳税人购进国内旅客运输服务,其进项税额允许从销项税额中抵扣。纳税人未取得增值税专用发票,取得增值税电子普通发票的,按发票上注明的税额确定进项税额。

 **任务处理**

任务情境中的问题你解决了吗?

(各小组讨论,小组推荐代表发言,其他小组提问,小组答辩,提交实训报告册,小组代表和教师进行点评打分)

 **专项技能训练**

一、职业判断能力训练

甲厂系由乙公司和丙商场共同投资的食品生产企业。因经营情况变化,经投资双方协商,丙商场将其持有甲厂的全部股权转让给乙公司,并签订转让协议,于2020年4月18日向产权转移中心和工商行政管理部门办理了相关的登记手续。甲厂投资主体变化后,请判断下列有关各方税务登记的说法是否正确。

1. 甲厂、乙公司和丙商场分别办理变更税务登记。　　　　　　　　　　　　(　　)

2. 甲厂应办理变更税务登记;乙公司和丙商场不需要办理任何税务登记手续。(　　)

3. 甲厂应先办注销税务登记,再办设立税务登记;乙公司和丙商场分别办理变更税务登记。　　　　　　　　　　　　　　　　　　　　　　　　　　　　　(　　)

4. 甲厂应先办注销税务登记,再办设立税务登记;乙公司和丙商场不需要办理任何税务登记手续。　　　　　　　　　　　　　　　　　　　　　　　　　　(　　)

二、职业选择能力训练

1. 根据税收《征收管理法》的有关规定,除不需要发给税务登记证件的外,纳税人办理下列事项时,不需要持税务登记证的是(　　　)。

A. 开立银行账户　　　　　　　　　B. 申请办理延期申报、延期缴纳税款

C. 办理工商登记　　　　　　　　　D. 申请减税、免税、退税

2. 根据我国《税收征收管理法》和《税务登记管理办法》的有关规定,下列各项中,应当进行税务登记的有(　　　)。

A. 从事生产经营的事业单位

B. 企业在境内其他城市设立的分支机构

C. 企业在本地设立的非独立核算的分支机构

D. 有来源于中国境内所得但未在中国境内设立机构、场所的非居民企业

3. 下列情形中,纳税人应当注销税务登记的是( )。

A. 纳税人改变生产经营方式的

B. 纳税人被工商行政管理部门吊销营业执照的

C. 纳税人改变名称的

D. 纳税人改变住所和经营地点未涉及改变原主管税务机关的

4. 下列关于税务登记时限的表述中,正确的是( )。

A. 从事生产经营的纳税人,应当自领取营业执照之日起 10 日内办理税务登记

B. 从事生产经营以外的纳税人,应当自纳税义务发生之日起 15 日内办理税务登记

C. 税务登记内容发生变化的,应当自变更营业执照之日起 20 日内办理变更税务登记

D. 境外企业在中国境内提供劳务的,应当自项目合同签订之日起 30 日内办理税务登记

三、职业描述能力训练

1. 四类法定税务登记包括哪些?

2. 设立税务登记的内容有哪些?

四、职业操作能力训练

任务情境 沿用【资料1-3】,2020 年 12 月 10 日,山东科英电子有限公司为了适应业务发展,全面进军高科技领域,公司管理层进行了内部工作调整,同时高薪招聘具有税务师会计师双专业技术资格的李杨,担任公司财务经理,负责财务和税务工作。2020 年 12 月 20 日,该公司向主管税务机关办理变更税务登记。

任务要求 你去实体办税服务厅办理税务变更登记,填写税务变更登记表,见表 1-2。

表 1-2

变更税务登记表

纳税人名称		纳税人识别号		
变更登记事项				
序号	变更项目	变更前内容	变更后内容	批准机关名称及文件

（续表）

送缴证件情况：
纳税人
经办人：　　　　法定代表人（负责人）：　　　　纳税人（签章） 　　年　月　日　　　　　　　年　月　日　　　　　　年　月　日
经办税务机关审核意见：
经办人：　　　　　　　　　　负责人：　　　　　　　　　　税务机关（签章） 　　年　月　日　　　　　　　　　年　月　日　　　　　　　　年　月　日

【表单说明】

一、本表适用于各类纳税人变更税务登记填用。

二、报送此表时还应附送如下资料：

（一）税务登记变更内容与工商行政管理部门登记变更内容一致的应提交：

1. 工商执照及工商变更登记表复印件；

2. 纳税人变更登记内容的决议及有关证明文件；

3. 主管税务机关发放的原税务登记证件（税务登记证正、副本和税务登记表等）；

4. 主管税务机关需要的其他资料。

（二）变更税务登记内容与工商行政管理部门登记内容无关的应提交：

1. 纳税人变更登记内容的决议及有关证明、资料；

2. 主管税务机关需要的其他资料。

三、变更项目：填需要变更的税务登记项目。

四、变更前内容：填变更税务登记前的登记内容。

五、变更后内容：填变更的登记内容。

六、批准机关名称及文件：凡需要经过批准才能变更的项目须填写此项。

七、本表一式二份，税务机关一份，纳税人一份。

任务三　纳税申报与税款缴纳

 **任务情境**

【资料1-4】　张琳和李丹大学毕业以后，自主创业合伙开办了一家智能玩具厂，专门生产智能玩具。根据需要，他们选定厂址后，购置了一批新型的生产设备，招聘了30名技术工

人和管理人员。该企业专设一个财务部,核算和监督企业生产经营活动所产生的会计信息。企业为了提高涉税业务的规范申报和准确核算,准备招聘一名具有专业知识和技能的税务会计人员充实财务部。

任务要求 假如你被聘任,你该如何办理纳税申报? 如何进行税款缴纳?

**任务指导**

一、纳税申报

纳税申报是指纳税人按照税法规定的期限和内容向税务机关提交有关纳税事项书面报告的法律行为,是纳税人履行纳税义务、承担法律责任的主要依据,是税务机关税收管理信息的主要来源和税务管理的一项重要制度。

(一)纳税申报的对象

纳税申报的对象就是指谁应当办理纳税申报,它主要包括以下内容。

1. 应当正常履行纳税义务的纳税人

在正常情况下,纳税人必须按税收法律、行政法规规定的申报期限和申报内容如实办理纳税申报。

2. 应当履行扣缴税款义务的扣缴义务人

扣缴义务人必须依照法律、行政法规的规定或者税务机关依照法律、行政法规的规定确定的申报期限、申报内容如实报送代扣代缴、代收代缴税款报告表以及税务机关根据实际需要要求扣缴义务人报送的其他有关资料。

3. 享受减免税待遇的纳税人

纳税人享受减免税待遇的,在减免税期间也应当按照规定办理纳税申报手续,填报纳税申报表,以便于进行减免税的统计与管理。

(二)纳税申报的内容

纳税申报的内容主要包括两个方面:一是纳税申报表或者代扣代缴、代收代缴税款报告表;二是与纳税申报有关的资料或证件。纳税人和扣缴义务人在填报纳税申报表或代扣代缴、代收代缴税款报告时,应将税种、税目、应纳税项目或者应代扣代缴、代扣代收税款项目,适用税率或单位税额,计税依据,扣除项目及标准,应纳税额或应代扣、代收税款,税款所属期限等内容逐项填写清楚。

纳税人办理纳税申报时,要报送如下资料:

(1)纳税申报表。它是由税务机关统一负责印制的由纳税人进行纳税申报的书面报告,其内容因纳税依据、计税环节、计算方法的不同而有所区别。

(2)财务会计报表。它是根据会计账簿记录及其他有关反映生产、经营情况的资料,按照规定的指标体系、格式和序列编制的,用来反映企业、事业单位或其他经济组织在一定的时期内经营活动情况或预算执行情况结果的报告文件。不同纳税人由于其生产经营的内容不同,所使用的财务会计报表不一样,需向税务机关报送的种类也不相同。

（3）其他纳税资料。比如，与纳税有关的经济合同、协议书，固定工商业户外出经营税收管理证明，境内外公证机关出具的有关证件，个人工资及收入证明等。

扣缴义务人纳税申报时，要报送的如下资料：

（1）代扣代缴、代收代缴税款报告表。

（2）其他有关资料。其他有关资料通常包括：代扣代缴、代收代缴税款的合法凭证，与代扣代缴、代收代缴税款有关的经济合同、协议书、公司章程等。

（三）纳税申报的期限

在发生纳税义务后，纳税人、扣缴义务人必须按照法律、行政法规的规定或者税务机关依据法律、行政法规的规定确定的应纳或应缴税款的期限，到税务机关办理纳税申报。申报期限有两种：一种是法律、行政法规明确规定的；另一种是税务机关按照法律、行政法规的规定，结合纳税人生产经营的实际情况及其所应缴纳的税种等相关问题予以确定的。

1. 各税种的申报期限

纳税期限是根据各个税种的特点确定的，各个税种的纳税期限因其征收对象、计税环节的不同而不尽相同，同一税种可以因为纳税人的经营情况不同、财务会计核算不同、应纳税额大小不等，申报期限也不一样，可以分为按期申报纳税和按次申报纳税。按期纳税申报是以纳税人发生纳税义务的一定期间为纳税申报期限，不能按期纳税申报的，实行按次申报纳税。例如，所得税纳税期限为"月"和"季"；申报期限及缴纳期限为"月后15日"和"季后15日"，全年汇缴申报期限及缴纳期限为"年度终了后45日（各地一般予以延长）"；印花税纳税期限为"次"，汇总缴纳的也可按"月"，申报及缴纳期限为"月后10日"。

2. 申报期限的顺延

纳税人、扣缴义务人如遇国家法定的公休假日，可以顺延。公休假日指元旦、春节、"五一"国际劳动节、国庆节以及双休日。

3. 延期办理纳税申报

根据我国现行《税收征收管理法》第27条规定，"纳税人、扣缴义务人不能按期办理纳税申报或者报送代扣代缴、代收代缴税款报告表的，经税务机关核准，可以延期申报。经核准延期办理前款规定的申报、报送事项的，应当在纳税期内按照上期实际缴纳的税额或者税务机关核定的税额预缴税款，并在核准的延期内办理税款结算。"

需要注意的是，纳税人在纳税期限内，无论有无应税收入、所得及其他应税项目，均须在规定的申报期限内，持纳税申报表、财务会计报表及其他纳税资料，向税务机关办理纳税申报；扣缴义务人在扣缴税款期内无论有无代扣、代收税款，均须在规定的期限内，持代扣代缴、代收代缴税款报告表及其他有关资料，向税务机关办理扣缴税款报告。

（四）纳税申报的方式

1. 直接申报

直接申报是指纳税人自行到税务机关办理纳税申报。这是一种传统申报的方式。

2. 邮寄申报

邮寄申报是指纳税人采取邮寄方式办理纳税申报的，应当使用统一的纳税申报特快专

递专用信封,并以邮政部门收据作为申报凭据。邮寄申报以寄出的邮戳日期为实际申报日期。

3. 数据电文申报

数据电文申报是指税务机关确定的电话语音、电子数据交换和网络传输等电子方式。例如,目前纳税人的网上申报,就是数据电文申报方式的一种形式。纳税人采取电子方式办理纳税申报的,应当按照税务机关规定的期限和要求保存有关资料,并定期书面报送主管税务机关。纳税人、扣缴义务人采取数据电文方式办理纳税申报的,其申报日期以税务机关计算机网络系统收到该数据电文的时间为准。

除上述方式外,实行定期定额缴纳税款的纳税人,可以实行简易申报、简并征期等申报纳税方式。简易申报是指实行定期定额缴纳税款的纳税人在法律、行政法规规定的期限内或税务机关依据法规的规定确定的期限内缴纳税款的,税务机关可以视同申报。简并征期是指实行定期定额缴纳税款的纳税人,经税务机关批准,可以采取将申报期限合并为按季、半年、年的方式缴纳税款。

(五)延期申报管理

延期申报指纳税人、扣缴义务人经主管税务机关批准,推迟向税务机关报送纳税申报表和有关纳税资料的行为。纳税申报是纳税人必须履行的一项法定手续,没有特殊情况,纳税人必须根据税务机关核定的申报期限按期申报纳税。

1. 延期申报的核准

基于不可抗力法定原因,不能在规定的期限内办理纳税申报,经县以上税务机关核准,可以延期申报。

2. 延期申报期内税款的缴纳

延期申报不等于延期纳税。经核准延期办理纳税申报的,应当在纳税期内按照上期实际缴纳的税额或者税务机关核定的税额预缴税款,并在核准的延期内办理纳税结算。

二、税款征缴

(一)税款征收方式

1. 查账征收

查账征收是指税务机关按照纳税人提供的账表所反映的经营情况,依照适用税率计算缴纳税款的方式。这种方式一般适用于财务会计制度较为健全,能够认真履行纳税义务的纳税单位。

2. 查定征收

查定征收是指税务机关根据纳税人的从业人员、生产设备、采用原材料等因素,对其产制的应税产品查实核定产量、销售额并据以征收税款的方式。这种方式一般适用于账册不够健全,但是能够控制原材料或进销货的纳税单位。

3. 查验征收

查验征收是指税务机关对纳税人应税商品,通过查验数量,按市场一般销售单价计算其销售收入并据以征税的方式。这种方式一般适用于经营品种比较单一,经营地点、时间和商品来源不固定的纳税单位。

4. 定期定额征收

定期定额征收是指税务机关通过典型调查,逐户确定营业额和所得额并据以征税的方式。这种方式一般适用于无完整考核依据的小型纳税单位。

5. 委托代征税款

定期定额征收是指税务机关通过典型调查,逐户确定营业额和所得额并据以征税的方式。这种方式一般适用于无完整考核依据的小型纳税单位。

6. 邮寄纳税

邮寄纳税是一种新的纳税方式。这种方式主要适用于那些有能力按期纳税,但采用其他方式纳税又不方便的纳税人。

7. 其他方式

其他方式包括利用网络申报、用 IC 卡纳税等方式。

(二)税款缴纳方式

纳税人应当按照主管税务机关确定的征收方式缴纳税款。

1. 自核自缴

生产经营规模较大,财务制度健全,会计核算准确,一贯依法纳税的企业,经主管税务机关批准,企业依照税法规定,自行计算应纳税款,自行填写、审核纳税申报表,自行填写税收缴款书,到开户银行解缴应纳税款,并按规定向主管税务机关办理纳税申报并报送纳税资料和财务会计报表。

2. 申报核实缴纳

生产经营正常,财务制度基本健全,账册、凭证完整,会计核算较准确的企业依照税法规定计算应纳税款,自行填写纳税申报表,按照规定向主管税务机关办理纳税申报,并报送纳税资料和财务会计报表。经主管税务机关审核,并填开税收缴款书,纳税人按规定期限到开户银行缴纳税款。

3. 申报查定缴纳

即财务制度不够健全,账簿凭证不完备的固定业户,应当如实向主管税务机关办理纳税申报并提供其生产能力、原材料、能源消耗情况及生产经营情况等,经主管税务机关审查测定或实地查验后,填开税收缴款书或者完税证,纳税人按规定期限到开户银行或者税务机关缴纳税款。

4. 定额申报缴纳

生产经营规模较小,确无建账能力或者账证不健全,不能提供准确纳税资料的固定业户,按照税务机关核定的营业(销售)额和征收率,按规定期限向主管税务机关申报缴纳税款。

5. 转账缴纳

纳税人及扣缴义务人根据税务机关填制的缴款书通过开户银行转账缴纳税款的方式。

6. 银税一体化缴纳

税务机关在税款征收工作中利用现代计算机网络技术,与有关银行、国库联网后,进行

纳税人应纳税款的划解,以方便和简化纳税人的缴税手续,提高税款划解的效率。该征税方法具体分为以下三类:

(1)预储账户缴税。预储账户缴税是指纳税人在指定银行开设税款预储账户,按期提前储入税款,并在规定的期限内由税务机关通知银行直接划解税款的方式。

(2)支票缴税。支票缴税需在税务机关、银行、国库三家实现计算机联网后方可实施。该缴税方式不要求纳税人开立税款指定银行,只需纳税人在其任意资金账户按期提前储入当期应纳税款,并在规定的期限将缴税支票交由税务机关通过国库用倒交换方式划解税款,纳税人不再到银行划款缴纳税款。

(3)税务、国库、银行联网实时缴税。实时缴税需在税务机关、银行、国库三家实现计算机联网后方可实施。该缴税方式不要求纳税人开立税款指定银行账户,只需纳税人在其任意资金账户按期提前储入当期应纳税款,并在规定的期限内由税务机关通过国库直接划解税款,纳税人不再到银行划款。

7. 现金缴纳

现金缴纳是指纳税人用现金缴纳税款的一种方式。

8. 委托代征缴纳

委托代征缴纳是委托代征单位按照税务机关规定的代征范围和要求,以税务机关的名义向纳税人征收零散税款的方式。

(三)延期缴纳税款

依据我国《税收征收管理法》第三十一条第二款规定,纳税人因有特殊困难,不能按期缴纳税款的,经省、自治区、直辖市国家税务局批准,可以延期缴纳税款,但是最长不得超过 3 个月。

特殊困难的主要内容包括:一是因不可抗力,导致您发生较大损失,正常生产经营活动受到较大影响的;二是当期货币资金在扣除应付职工工资、社会保险费后,不足以缴纳税款的。

(四)税款的追征与退还

1. 税款的追征

(1)税务机关责任。我国《税收征收管理法》第五十二条规定,因税务机关责任,致使纳税人、扣缴义务人未缴或者少缴税款的,税务机关在 3 年内可要求纳税人、扣缴义务人补缴税款,但是不得加收滞纳金。

(2)纳税人、扣缴义务人责任。因纳税人、扣缴义务人计算等失误,未缴或者少缴税款的,税务机关在 3 年内可以追征税款、滞纳金;有特殊情况的追征期可以延长到 5 年。所称特殊情况,是指纳税人或者扣缴义务人因计算错误等失误,未缴或者少缴,未扣或者少扣,未收或者少收税款,累计数额在 10 万元以上的。对偷税、抗税、骗税的,税务机关追征其未缴或者少缴的税款、滞纳金或者所骗取的税款,不受此款规定期限的限制。

2. 税款的退还

《征管法》第五十一条规定,纳税人超过应纳税额缴纳的税款,税务机关发现后应当立即退还;纳税人自结算缴纳税款之日起 3 年内发现的,可以向税务机关要求退还多缴的税款并

加算银行同期存款利息,税务机关及时查实后应当立即退还;涉及从国库中退库的,依照法律、行政法规中有关国库管理的规定退还。

(1) 退还的方式有:

① 税务机关发现后立即退还。

② 纳税人发现后申请退还。

(2) 退还的时限有:

① 纳税人发现的,可以自结算缴纳税款之日起 3 年内要求退还。

② 税务机关发现的多缴税款,我国《税收征收管理法》没有规定多长时间内可以退还。法律没有规定期限的,推定为无限期。因此,税务机关发现的多缴税款,无论多长时间,都应当退还给纳税人。

③ 对纳税人超过应纳税额缴纳的税款,无论是税务机关发现的,还是纳税人发现后提出退还申请的,税务机关经核实后都应当立即办理退还手续,不应当拖延。《税收征收管理法实施细则》第七十八条规定,税务机关发现纳税人多缴税款的,应当自发现之日起 10 日内办理退还手续;纳税人发现多缴税款,要求退还的,税务机关应当自接到纳税人退还申请之日起 30 日内查实并办理退还手续。

(五) 税款征收措施

1. 纳税担保

纳税担保是指经税务机关同意或确认,纳税人或其他自然人、法人、经济组织以保证、抵押、质押的方式,为纳税人应当缴纳的税款及滞纳金提供担保的行为。

(1) 纳税保证。担保范围包括税款、滞纳金和实现税款、滞纳金的费用。适用纳税担保的情形有:

① 税务机关有根据认为从事生产、经营的纳税人有逃避纳税义务行为,在规定的纳税期之前经责令其限期缴纳应纳税款,在限期内发现纳税人有明显的转移、隐匿其应纳税的商品、货物以及其他财产或者应纳税收入的迹象,责成纳税人提供纳税担保的。

② 欠缴税款、滞纳金的纳税人或者其法定代表人需要出境的。

③ 纳税人同税务机关在纳税上发生争议而未缴清税款,需要申请行政复议的。

④ 税收法律、行政法规规定可以提供纳税担保的其他情形。

(2) 纳税抵押。纳税人或纳税担保人不转移对可抵押财产的占有,将该财产作为税款及滞纳金的担保。纳税人逾期未缴清税款及滞纳金的,税务机关有权依法处置该财产以抵缴税款及滞纳金。

(3) 纳税质押。纳税质押经税务机关同意,纳税人或纳税担保人将其动产或权利凭证移交税务机关占有,将该动产或权利凭证作为税款及滞纳金的担保;纳税质押分为动产质押(现金以及其他除不动产以外的财产提供的质押)和权利质押(汇票、支票、本票、债券、存款单等权利凭证提供的质押)。

2. 税务检查

(1) 税务检查的权利。

① 查账权。检查纳税人的账簿、记账凭证、报表和有关资料,检查扣缴义务人代扣代缴

税款账簿、记账凭证和有关资料。因检查需要时，经县以上税务局(分局)局长批准，可以将纳税人、扣缴义务人以前会计年度的账簿、记账凭证、报表和其他有关资料调回税务机关检查。税务机关调取资料必须向纳税人、扣缴义务人开付清单，并在3个月内完整退还。

② 场地检查权。税务机关有权到纳税人的生产、经营场所和货物存放地检查，但不得进入纳税人生活区进行检查。

③ 责成提供资料权。责成纳税人、扣缴义务人提供与纳税或代扣代缴、代收代缴税款有关的文件、证明材料和有关资料。

④ 询问权。询问纳税人、扣缴义务人与纳税或代扣代缴、代收代缴税款有关的问题和情况。

⑤ 在交通要道和邮政企业的查证权。到车站、码头、机场、邮政企业及其分支机构检查纳税人托运、邮寄、应税商品、货物或者其他财产的有关单据凭证和资料。

⑥ 查询存款账户权。经县以上税务局(分局)局长批准，凭全国统一格式的检查存款账户许可证明，查询从事生产、经营的纳税人、扣缴义务人在银行或者其他金融机构的存款账户。

(2) 采取税收保全措施或强制执行措施。

① 税收保全措施。我国《税收征收管理法》第三十八条规定，税务机关有根据认为从事生产、经营的纳税人有逃避纳税义务行为的，可以在规定的纳税期之前，责令限期缴纳应纳税款；在限期内发现纳税人有明显的转移、隐匿其应纳税的商品、货物以及其他财产或者应纳税收入迹象的，税务机关可以责成纳税人提供纳税担保。如果纳税人不能提供纳税担保，经县级以上税务局(分局)局长批准，税务机关可以采取税收保全措施：一是书面通知纳税人开户银行或者其他金融机构冻结纳税人的金额相当于应纳税款的存款。二是扣押、查封纳税人的价值相当于应纳税款的商品、货物或者其他财产。税务机关采取税收保全措施的期限一般不得超过6个月；重大案件需要延长的，应当报国家税务总局批准。

② 税收强制执行措施。我国《税收征收管理法》第四十条规定，从事生产、经营的纳税人、扣缴义务人未按照规定的期限缴纳或者解缴税款，纳税担保人未按照规定的期限缴纳所担保的税款，由税务机关责令限期缴纳，逾期仍未缴纳的，经县级以上税务局(分局)局长批准，税务机关可以采取强制执行措施：一是书面通知其开户银行或者其他金融机构从存款中扣缴税款；二是扣押、查封、依法拍卖或者变卖其价值相当于应纳税款的商品、货物或者其他财产，以拍卖或者变卖所得抵缴税款。

(3) 税务机关调查税务违法案件时，对与案件有关的情况和资料，可以记录、录音、录像、照相和复制。

 **任务处理**

任务情境中的问题你解决了吗？

(各小组讨论，小组推荐代表发言，其他小组提问，小组答辩，提交实训报告册，小组代表和教师进行点评打分)

专项技能训练

一、职业判断能力训练

1. 扣缴人不得采取邮寄申报的方式。　　　　　　　　　　　　　　（　　）

2. 纳税人在纳税期内没有应纳税款的,不必办理纳税申报。　　　　（　　）

3. 实行定期定额缴纳税款的纳税人可以实行简易申报、简并征期等申报纳税方式。（　　）

4. 主管税务机关根据纳税人实际情况及其所纳税种确定的纳税申报期限不具有法律效力。　　　　　　　　　　　　　　　　　　　　　　　　　　　　　　（　　）

二、职业选择能力训练

1. 根据我国《税收征收管理法》的规定,下列属于纳税申报对象的有(　　)。

A. 代收代缴义务人

B. 享受减税的纳税人

C. 享受免税的纳税人

D. 纳税期内没有应纳税款的纳税人

2. 下列纳税申报方式中,符合我国《税收征收管理法》规定的有(　　)。

A. 直接申报　　　　B. 网上申报　　　　C. 邮寄申报　　　　D. 口头申报

3. 纳税人不能按照税法规定的纳税期限缴纳税款,(　　),不足以缴纳税款的,可申请延期纳税。

A. 当期银行存款在扣除应付职工工资、社会保险费后

B. 当期货币资金在扣除应付职工工资、社会保险费后

C. 当期货币资金在扣除银行存款及各项上缴款项后

D. 当期货币资金在扣除应付职工工资和应计提的盈余公积以后

4. 因纳税人、扣缴义务人计算错误等失误,未缴或者少缴税款的,税务机关在3年内可以追征税款、滞纳金;有特殊情况的,追征期可以延长到(　　)。

A. 5年　　　　　　B. 7年　　　　　　C. 10年　　　　　　D. 无限期

三、职业描述能力训练

1. 税款征收的方式有哪些?

2. 税款缴纳的方式有哪些?

项目总结

　　本项目主要学习税收、税务会计和税收征收管理基础知识。税收基础知识主要包括税收产生、概念、特征、税收制度和税制要素等;税务会计基础知识主要包括税务会计的概念、特点、基本前提、原则、任务和与财务会计的关系等;税收征收管理知识主要包括税务登记、发票管理、纳税申报和税款缴纳等。

 综合考核

一、职业单项选择能力考核

1. 区分不同税种的主要标志是（   ）。

   A. 纳税义务人　　　B. 课税对象　　　C. 税率　　　D. 税目

2. 下列选项中，属于税基式减免的是（   ）。

   A. 全部免征　　　B. 减半征收　　　C. 零税率　　　D. 免征额

3. 税务会计区别于其他专业会计的主要标志是（   ）。

   A. 法律性　　　B. 专业性　　　C. 融合性　　　D. 筹划性

4. 下列各项中，不属于纳税申报方式的是（   ）。

   A. 直接申报　　　B. 网上申报　　　C. 邮寄申报　　　D. 口头申报

5. 纳税人被工商行政管理机关吊销营业执照的，应当自营业执照被吊销之日起（   ）日内，向原税务登记机关办理注销税务登记。

   A. 10　　　B. 15　　　C. 30　　　D. 45

6. （   ）是指对商品（货物）流转额和劳务营业额征收的一种税制，属于商品（货物）和劳务税类。

   A. 资源税　　　B. 车船税　　　C. 印花税　　　D. 关税

7. 下列各项中，适用我国《税收征收管理法》征收的是（   ）。

   A. 城建税
   B. 教育费附加
   C. 关税
   D. 海关代征的进口环节消费税

8. 税务机关采取税收保全措施和税收强制执行措施都需要经（   ）批准。

   A. 国家税务总局
   B. 财政部
   C. 省级人民政府
   D. 县级以上税务局（分局）局长

9. 下列关于延期缴纳税款制度的表述中，不正确的是（   ）。

   A. 批准延期内免予加收滞纳金

   B. 延期缴纳的同一笔税款不得滚动审批

   C. 延期缴纳税款的期限最长不得超过3个月

   D. 延期缴纳税款必须经县级及以上税务机关批准

10. 纳税人超过应纳税额缴纳的税款，税务机关发现后应当立即退还；纳税人自结算缴纳税款之日起（   ）年内发现的，可以向税务机关要求退还多缴的税款，并加算银行同期存款利息，税务机关及时查实后应立即退还。

    A. 1　　　B. 3　　　C. 5　　　D. 10

二、职业多项选择能力考核

1. 税务会计的原则有（   ）。

   A. 权责发生制与收付实现制结合的原则　　　B. 配比原则

   C. 划分营业性收益和资本性收益原则　　　D. 税款支付能力原则

   E. 历史性原则

2. 税率是税收政策的核心要素,下列关于税率的表述中,正确的有(　　)。

A. 定额税率与课税对象价值量大小成正比

B. 在累进税率条件下,边际税率低于平均税率

C. 速算扣除数是为解决全额累进税率计算税款复杂而引入的

D. 超倍累进税率的计税基数是绝对数时,超倍累进税率实际上是超额累进税率

E. 相对于全额累进税率而言,超额累进税率的计算方法复杂,但累进程度比较缓和

3. 纳税期限是纳税人向国家缴纳税款的法定期限。下列关于纳税期限的表述中,正确的有(　　)。

A. 不同性质的税种,其纳税期限不同

B. 我国现行税法中的纳税期限只有按期纳税一种形式

C. 车辆购置税、耕地占用税采用按次纳税办法

D. 我国个人所得税实行按季征收的纳税期限

E. 房产税实行按年计算分期缴纳的纳税期限

4. 下列税种中,采用比例税率征收的有(　　)。

A. 企业所得税

B. 增值税

C. 城镇土地使用税

D. 城市维护建设税

E. 个人所得税

5. 除按规定不需要发给税务登记证件的外,纳税人办理下列事项时,必须持有税务登记证件的有(　　)。

A. 开立银行账户

B. 申请办理延期申报、延期缴纳税款

C. 领购发票

D. 办理停业、歇业

E. 申请开具外出经营活动税收管理证明

6. 自 2018 年 10 月 1 日起,对向市场监管部门申请简易注销的纳税人,可免予到税务机关办理清税证明,直接向市场监管部门申请办理注销登记的情形有(　　)。

A. 未办理过涉税事宜的

B. 办理过涉税事宜但未领用发票、无欠税(滞纳金)及罚款的

C. 纳税信用级别为 A 级和 B 级的纳税人

D. 未纳入纳税信用级别评价的定期定额个体工商户

E. 未达到增值税纳税起征点的纳税人

7. 资源税和环境保护税类包括(　　),主要是对开发和利用自然资源差异而形成的级差收入发挥调节作用。

A. 资源税　　　　　B. 环境保护税　　C. 城镇土地使用税　　D. 土地增值税

E. 房产税

8. 下列有关税款征收方式的表述中,正确的有(　　)。

A. 定期定额征收方式一般适用于无完整考核依据的小型纳税单位

B. 查验征收方式一般适用于小额、零散税源的征收

C. 查账征收方式一般适用于财务会计制度较为健全,能够认真履行纳税义务的纳税

单位

D. 邮寄纳税适用于有能力按期纳税,但采用其他方式纳税又不方便的纳税人

E. 委托代征税款一般适用于无完整考核依据的小型纳税单位

9. 根据《征管法》的规定,下列关于税收强制执行措施的说法中,正确的有( )。

A. 仅适用于从事生产、经营的纳税人

B. 必须发生在责令限期缴纳税款期满之后

C. 采取税收强制执行措施必须坚持告诫在先的原则

D. 税务机关采取税收强制执行措施时,必须坚持告诫在先的原则

E. 税收强制执行措施须经县级以上税务局(分局)局长批准

10. 根据《征管法》的有关规定,下列各项中,不得作为纳税保证人的有( )。

A. 学校

B. 医院

C. 无民事行为能力的自然人

D. 纳税信誉等级被评为 D 级的单位

E. 合伙企业

 项目评价

"税务会计"课程项目过程性考核用表

项目:税务会计岗前准备   考核形式:过程性考核

序号	小组 (成员)	出勤(10%)	任务处理 (20%)	专项技能 训练(30%)	综合考核 (40%)	项目成绩 (100分)

注:上述考核形式可根据考核要求自行设计,下同。

 知识拓展

避税港英属维尔京群岛

英属维尔京群岛与开曼群岛、百慕大群岛并称为三大离岸避税天堂。在世界地图上,英属维尔京只是加勒比海上的一个小点,但这个仅有153平方公里的弹丸之地却汇集了35万家公司。有人做过计算,这个小岛平均每个居民拥有近20家企业,一个篮球场的面积上就有1家公司。英属维尔京群岛自然资源稀缺、经济基础薄弱,为发展当地经济,该岛政府1984年通过了《国际商业公司法》,允许外国企业在本地设立"离岸公司",并提供极为优惠的政策:在当地设立的公司除每年缴纳营业执照续牌费外,免交所有当地税项;公司无注册资本最低限制,任何货币都可作为资本注册;注册公司只需一位股东和董事,公司人员中也不必有当地居民;无须申报管理者资料,账目和年报也不必公开。在英属维尔京注册的公司中约有1万多家与中国有关。有的实际上就是民营企业,通过在此注册摇身变为外资公司,得以享受国家对外资企业的税收优惠;还有一些读者耳熟能详的著名企业通过在此注册达

到海外上市的目的;此外,一些中国台湾企业为摆脱当局阻挠,先把资金转移到在英属维尔京注册的离岸公司,再绕道流入祖国大陆。

但是,由于这些离岸金融中心没有外汇管制,保密程度高,资金转移不受任何限制,所以也成为国际洗钱活动最猖獗的地方。据估计,每年大约有 5 000 亿到 1.5 万亿美元的资金通过洗钱改头换面。在"9·11"事件后,一些人士批评这些地方为恐怖分子帮了大忙。2000年 6 月 26 日,经合组织发布题为《认定和消除有害税收行为的进程》的报告,将 35 个国家和地区列入了避税地黑名单,英属维尔京群岛榜上有名。在国际压力下,英属维尔京最近对公司法进行了修改,自 2001 年开始,英属维尔京群岛当局成立了一个独立的金融服务委员会,对该地的金融服务业加以管制。新规则的变化主要有两处:一是将股票无记名制度取消,无记名股票必须由托管机构集中保管,公司必须把最终受益人的资料提供给官方;二是如果政府认为某个公司或账户涉嫌洗黑钱,当地最高法院发出搜查令后,离岸公司的资料必须公开。这个著名的"避税天堂"正面临着注册企业流失的威胁。

(来源:百度文库高等教育专区 https://wenku.baidu.com/)

"黑名单"令违法者"悬崖勒马"

"不在规定的时限内接受处罚,缴纳税款、滞纳金和罚款,企业将被列入税收违法'黑名单',接受多部门的联合惩戒。以后,不仅贷不了款,还会限制乘坐高铁、飞机,高消费和出境,连出国旅游都不行。你自己掂量掂量,划不划得来?"近日,在安徽省,国家税务总局宣城市税务局稽查局办案人员在查处一起隐瞒销售收入逃避缴纳税款案件时约谈了被执行人老陆,向他宣讲上了税收违法"黑名单"的严重后果。

"想不到逾期不缴纳税款会上'黑名单',而且后果这么严重。做生意最重要的是信誉,为了逃避欠缴税款,企业信用被影响,实在不划算。"本来想着以公司经营困难为借口缓缴税款的老陆在税务人员的提醒后,思前想后觉得承受不起被列入"黑名单"并被联合惩戒的后果,多方筹款,在规定的期限内将欠缴的 700 余万税款、滞纳金和罚款缴纳入库。

之所以会出现上面的情景,还要从对老陆公司的检查说起。税务局稽查局的执法人员在对老陆公司进行检查时,发现该公司涉及多起关于买卖合同纠纷的民事诉讼案件,而这些交易信息在企业提供的财务资料中均未体现。检查人员敏锐地意识到,其中藏有猫腻。按照这条线索,检查人员顺藤摸瓜,通过外调收集相关资料,形成完整的证据链,查实了老陆的涉税违法事实。在铁的证据面前,老陆承认他的公司在 2013 年至 2017 年期间采取隐瞒销售收入的方式逃避缴纳税款,涉案金额高达 2 100 余万元。

2018 年 10 月,宣城市税务局稽查局依法对老陆的企业下达了《税务处理决定书》和《税务处罚决定书》,作出补缴税款、滞纳金、罚款合计 700 余万元的决定。

接到处罚决定后,心存侥幸心理的老陆本想以公司经营困难为借口继续与执法人员"拖延",试图逃避缴纳税款,但在税务人员宣讲被列入税收违法"黑名单"的严重后果后,老陆幡然悔悟,悬崖勒马,通过各种方式筹集资金补缴 700 余万元税款、滞纳金和罚款,企业免于因税收违法被曝光及联合惩戒。老陆表示,经过这次惨痛的教训以后不会再犯糊涂,只有诚实经营,依法纳税,方可持续经营,基业长青。

点评：税收违法"黑名单"和联合惩戒制度的实施，增加了纳税人的违法成本，消除了违法纳税人企图采取拖延等手段逃避缴纳税款的侥幸心理，促使税款及时足额入库。同时，信用修复机制也给企业提供了自我救赎的机会，刚柔并济推动税法执行。

（来源：国家税务总局网站 http://www.chinatax.gov.cn）

项目二　增值税会计

- 熟悉增值税纳税人、扣缴义务人的规定
- 熟悉增值税税率及征收率的规定
- 熟悉增值税免税项目的规定
- 熟悉进口货物增值税应纳税额的计算
- 熟悉增值税纳税检查的方法
- 熟悉纳税义务发生时间、纳税期限和纳税地点
- 掌握增值税一般纳税人和小规模纳税人认定标准
- 掌握增值税征税范围的一般规定和特殊规定
- 掌握增值税销项税额的计算
- 掌握准予从销项税额中抵扣的进项税额、不得从销项税额中抵扣的进项税额及进项税额转出的规定
- 掌握增值税一般纳税人应纳税额的计算方法
- 掌握小规模纳税人应纳税额的计算方法
- 掌握免、抵、退税的计算方法
- 掌握增值税一般纳税人的会计核算方法及账务处理
- 掌握小规模纳税人的会计核算方法及账务处理
- 掌握增值税错账调整的账务处理

能力目标

- 能够准确判断哪些业务应缴纳增值税
- 能够准确进行增值税一般纳税人应纳税额的计算和账务处理
- 能够准确进行增值税小规模纳税人应纳税额的计算和账务处理
- 能够准确进行出口退税额的计算和会计处理,熟练办理出口退税业务
- 能够准确而完整地填制增值税一般纳税人纳税申报表和附表,及时进行纳税申报
- 能够准确而完整地填制增值税小规模纳税人纳税申报表,及时进行纳税申报

素养目标

- 恪守爱岗敬业、诚实守信、客观公正、坚持准则的会计职业操守
- 养成既认真负责、精益求精,又积极主动、富有创造性的会计工作态度

● 解决企业税务会计人员在业务水平、职业道德、协调关系等方面存在的种种问题,提高税务会计人员的素质,提高企业和国家税收的公平和效率

项目全景

```
                        增值税会计
      ┌──────────────────┼──────────────────┐
  增值税基础认知         增值税的计算及申报        增值税的会计核算
 ─认识增值税的概念、特点和发展历程  ─增值税一般纳税人应纳税额的计算  ─增值税一般纳税人的会计核算
 ─认识增值税的纳税人和扣缴义务人   ─销项税额的计算          ─小规模纳税人的会计核算
 ─认识增值税的征收范围        ─进项税额的计算          ─增值税检查调账
 ─认识增值税税率和征收率       ─一般计税方法应纳税额的计算
                     ─简易计税方法应纳税额的计算
                     ─进口货物应纳税额的计算
                     ─出口货物退税的计算
                     ─认识纳税申报
```

◇ **项目提示**:增值税是我国第一大税种,在世界上被普遍采用。2018 年前 7 个月,我国全国税收 10.8 万亿元,其中企业增值税收入 38 902 亿元,占税收收入总额的36.02%。下面,我们将从增值税的概念开始,全面学习认识增值税的征收范围、税额计算、会计核算和纳税申报等。

任务一　增值税基础认知

 **任务情境**

【资料 2-1】 位于市区的山东航空公司为增值税一般纳税人,具备国际运输资质。该公司 2019 年 12 月经营业务如下:

(1) 取得航空培训含税收入 57.72 万元。

(2) 取得航空摄影含税收入 222.6 万元。

(3) 将配备有机组人员的国产大飞机承租给国内某小型航空公司使用,租期为半年,租金按月支付,本月收取租金收入 199.8 万元。

(4) 将另一架国产大飞机在约定的时间内出租给他人使用,不配备机组人员,租期为半年,租金按月支付,本月收取租金收入 245.7 万元。

(5) 本月逾期票证收入 30 万元。

(6) 取得中央财政补贴收入 20 万元。

(7) 根据国家指令无偿提供航空运输服务,经测算相当于同期等值的市场票价 100 万元。

(8) 国内运送旅客,按售票统计取得价税合计金额 5 000 万元,其中含代收的机场建设费 500 万元。运送旅客至境外,按售票统计取得价税合计金额 300 万元。

（9）向境外某航空公司提供湿租服务,取得租金收入 360 万元。

（10）代收转付航空意外保险费 200 万元,代收机场建设费(民航发展基金)266.4 万元,代收转付其他航空公司客票款 199.8 万元。

（11）出租飞机广告位取得含增值税收入 299.52 万元,同时收取延期付款违约金 4.68 万元。

（其他相关资料:企业当期通过认证可抵扣的进项税额为 348 万元,计算保留两位小数。）

任务要求 根据上述资料,在查阅相关资料的基础上,完成下列任务:

（1）指出上述业务中适用零税率的业务并简要说理由。

（2）简要说明上述业务(6)和业务(7)的税务处理规定。

（3）计算上述业务中交通运输服务的销项税额。

（4）计算上述业务中现代服务的销项税额。

（5）计算该企业 12 月份应缴的增值税额。

任务指导

一、认识增值税的概念、特点和发展历程

（一）增值税与增值额概念

增值税是以商品和劳务在流转过程中产生的增值额作为征税对象而征收的一种流转税。

增值税是我国现行流转税中最主要的一个税种。把握增值税及其计税原理,必须先理解什么是增值额。概括地说,增值额可以看作是价差,即因提供应税商品或劳务而取得的收入价格(不包括该商品或劳务的购买者应付的增值税在内)与该项商品或劳务的外购成本价格(不包括为这些外购项目所支付的增值税)之间的差额。增值额可以从不同角度加以理解。

1. 从经济学理论上看

任何一种商品或劳务的价值均由 C、V、M 三部分构成。而商品或劳务价值扣除 C 以后的部分,即为该商品或劳务的新增价值 $V+M$。其中,V 为劳动力的补偿价值,M 为剩余产品价值。

2. 从一个企业商品生产经营的全过程分析

增值额是指该企业商品或劳务的销售额扣除外购商品或劳务金额,即扣除非增值项目金额之后的余额。众所周知,一个企业或生产经营者要从事任何一种商品或劳务的生产,都必须事先进行投资,购买投入物品,如原材料、燃料、动力、包装物品、低值易耗品、机器设备、土地和建筑物等,然后支付工资使工人们对投入物品进行加工,形成最终产品或劳务予以出售,取得商品或劳务的销售额,并核算商品或劳务的利润。企业的销售额减去外购投入物品金额,剩下的部分,即为商品或劳务的增值额。从企业核算的角度看,这个增值额一般由工

资和利润两部分构成(暂不考虑其他增值性因素)。因此,增值额=工资+利润,或增值额=产出-投入。也就是说,增值税的征税对象或税基不是商品或劳务的销售额,而是以商品或劳务的销售额(产出)减掉外购商品或劳务金额(投入)后的增值额(工资+利润)。

从一个商品生产经营的全过程而言,增值额则相当于该商品在制造和流通过程中的商品总值。从计税原理而言,增值税是对商品生产和流通中各环节的新增价值或商品附加值进行征税,所以称为"增值税"。

(二)增值税的特点

增值税之所以能够在世界上众多国家推广,是因为其可以有效地防止商品在流转过程中的重复征税问题,并使其具备如下特点:

(1)保持税收中性。根据增值税的计税原理,流转额中的非增值因素已经在计税时被扣除,因此,对于同一商品而言,无论流转环节的多与少,只要增值额相同,税负就相同,不会影响商品的生产结构、组织结构和产品结构。

(2)普遍征收。从增值税的征税范围看,对从事商品生产经营和劳务提供的所有单位和个人,在商品和劳务的各个流通环节向纳税人普遍征收。

(3)税收负担由商品最终消费者承担。增值税虽然是向纳税人征收的,但是纳税人在销售商品的过程中会通过价格杠杆将税收负担转嫁给其他人,只要商品实现销售,该税收负担最后会由最终消费者承担。

(4)实行税款抵扣制度。在计算纳税人应纳税款的过程中,要扣除商品在以前生产经营环节已负担的增值税款,这样可以避免重复征税。世界各国普遍实行凭购货发票抵扣制度。

(5)实行比例税率。世界上实行增值税制度的国家,普遍实行比例税制,以贯彻征收简便易行的原则。按照税收中性原则,对增值税的征收应该采用单一比例税率。但是各国会因为本身经济和社会情况的不同而对不同的商品采取不同的税率。比例税率一般分为基本税率和优惠税率(即低税率)。

(6)实行价外税制度。在计算应纳增值税时,作为计税依据的销售额中是不含增值税款的。这样有利于形成均衡的生产价格,并有利于税收负担的转嫁。

(三)增值税的发展历程

(1)法国是世界上最早推行增值税的国家。1946年,法国财政官员莫里斯·劳莱提出用增值税代替营业税的设想。1948年,法国正式采用增值税税制。1953年,美国的密歇根州为解决财政赤字也决定开征增值税。1954年,法国将增值税扩展到商业批发阶段,对原来的毛所得形态的增值税转变为目前各国争相采用的消费形态。1967—1973年,欧洲共同体成员国相继实行增值税,后来陆续被其他一些国家采用。

(2)我国的增值税是在1997年引进的,在产品税的基础上进行试点。因此,当时虽然被称为增值税,但实际上是对产品税的一种改良,试点范围不大。

(3)1984年,完成试点,并结合第二步"利改税",正式颁布《中华人民共和国增值税条例(草案)》,自1994年10月1日起试行,标志着我国正式确定实行增值税。

（4）1993年年底正式出台的《中华人民共和国增值税暂行条例》（国务院令第134号）规定,在中华人民共和国境内销售货物或者提供加工、修理修配劳务以及进口货物的单位和个人,为增值税的纳税义务人,自1994年1月1日起施行。我国《增值税暂行条例》确定了"应纳税额＝当期销项税额－当期进项税额"的基本计算制度,并延续至今。当时,我国增值税采用生产型增值税。

（5）2009年1月1日出台的《财政部国家税务总局关于全国实施增值税转型改革若干问题的通知》（财税〔2008〕170号）,在全国范围内实施增值税由生产型向消费型的转型。

（6）经国务院批准,自2012年1月1日起,在上海市开展交通运输业和部分现代服务业营业税改征增值税试点。自此开始,通过扩大试点范围、扩大行业范围等步骤,我国在税制改革上又走入营业税改征增值税的道路。

（7）2016年3月18日,国务院常务会议部署全面推开营业税改征增值税试点,自2016年5月1日实施,此次营业税改征增值税范围扩大到建筑业、房地产业、金融业和生活服务业。至此,营业税全部改征增值税,营业税退出了历史舞台。

（8）2019年3月5日上午,李克强总理代表国务院在十三届全国人大二次会议上作《政府工作报告》,指出要实施更大规模的减税,并提出了2019年深化增值税改革的具体安排和工作要求。2019年4月1日起,将制造业等行业现行16％的增值税税率降至13％,将交通运输业、建筑业等行业现行10％的增值税税率降至9％,保持6％一档的税率不变,继续向推进税率三档并两档、税制简化方向迈进。

（9）2019年3月20日,财政部、税务总局和海关总署联合发布《关于深化增值税改革有关政策的公告》（财政部　税务总局　海关总署公告2019年第39号）,进一步规范四方面问题:一是增值税税率怎么降,二是扩大进项税抵扣范围,三是试行增值税期末留抵税额退税制度,四是税率调整前未开具增值税发票的增值税应税销售行为,需要在4月1日之后补开增值税发票的,应当按照原适用税率补开。

二、认识增值税的纳税人和扣缴义务人

（一）基本规定

1. 纳税义务人

在中华人民共和国境内销售货物、劳务、服务、无形资产、不动产的单位和个人,为增值税纳税义务人。单位是指企业和行政单位、事业单位、军事单位、社会团体及其他单位。个人是指个体工商户及其他个人。在境内销售或进口货物、提供应税劳务的单位租赁或者承包给其他单位或者个人经营的承租人或承包人为纳税人。

2. 扣缴义务人

中华人民共和国境外的单位或个人在境内提供应税劳务和应税服务,而在境内未设有经营机构的,其应纳税款以其代理人为扣缴义务人;没有代理人的,以购买者或接受者为扣缴义务人。

（二）增值税一般纳税人和小规模纳税人的划分

由于增值税实行凭增值税专用发票抵扣税款的制度,客观上要求增值税纳税人会计核

算健全,并能够准确核算销项税额、进项税额和应纳税额。但目前我国众多小企业和个人的会计核算水平参差不齐,还不具备增值税专用发票抵扣税款的条件,为了既简化增值税的计算和征收,也有利于减少税收征管漏洞,严格增值税的征收管理,据 2018 年 2 月 1 日实行的《增值税一般纳税人登记管理办法》(国家税务总局制定)和相关增值税法将增值税纳税人按会计核算水平和经营规模规模分为小规模纳税人和增值税一般纳税人两类纳税人,分别采取不同的登记管理办法。

1. 小规模纳税人认定规定

小规模纳税人是指年应征增值税销售额在规定标准以下,并且会计核算不健全,不能按规定报送有关税务资料的增值税纳税人。

(1) 增值税一般纳税人与小规模纳税人的划分标准(见表 2-1)。

表 2-1

增值税一般纳税人与小规模纳税人的划分标准

一般规定	自 2018 年 5 月 1 日起,小规模纳税人的标准调整为年应征增值税销售额≤500 万元	
特殊规定	非企业性单位,不经常发生应税行为的单位和个体工商户	按政策规定,可以选择按小规模纳税人纳税
	年应税销售额超过规定标准的其他个人(自然人)	不得办理增值税一般纳税人登记
	年应税销售额未超过规定标准的纳税人,会计核算健全,能够提供准确税务资料的,可以向主管税务机关办理一般纳税人登记	

(2) 年应税销售额的确定。

① 纳税人在连续不超过 12 个月或 4 个季度的经营期内累计应征增值税销售额,包括纳税申报销售额、稽查查补销售额、纳税评估调整销售额。

② 应税行为有扣除项目的,其应税行为年应税销售额按未扣除之前的销售额计算。

③ 纳税人偶然发生的销售无形资产、转让不动产的销售额,不计入应税行为年应税销售额。

(3) 小规模纳税人增值税专用发票的管理。

国家税务总局 2019 年 8 月 13 日发布《国家税务总局关于实施第二批便民办税缴费新举措的通知》(税总函〔2019〕243 号),文件规定,全面推行小规模纳税人自行开具增值税专用发票。税务总局进一步扩大小规模纳税人自行开具增值税专用发票范围,小规模纳税人(其他个人除外)发生增值税应税行为、需要开具增值税专用发票的,可以自愿使用增值税发票管理系统自行开具。但是,小规模纳税人销售其取得的不动产,需要开具增值税专用发票的,应当按照有关规定向税务机关申请代开。

2. 增值税一般纳税人的认定规定

增值税一般纳税人是指会计核算健全,年应征增值税销售额(以下简称年应税销售额),超过财政部、国家税务总局规定的小规模纳税人标准的企业和企业性单位(以下简称企业),应当向主管税务机关办理增值税一般纳税人登记。

(1) 登记时限规定。

① 纳税人在年应税销售额超过规定标准的月份(或季度)的所属申报期结束后 15 日内

按规定办理相关手续。

② 未按规定时限办理的，主管税务机关应当在规定时限结束后 5 日内制作《税务事项通知书》，告知纳税人应当在 5 日内向主管税务机关办理相关手续。

③ 逾期仍不办理的，次月起按销售额依照增值税税率计算应纳税额，不得抵扣进项税额，直至纳税人办理相关手续为止（惩罚性措施）。

（2）办理增值税一般纳税人登记的程序。

① 符合增值税一般纳税人认定标准的企业，均应依照《增值税一般纳税人申请认定办法》向其企业所在地主管税务机关申请办理增值税一般纳税人认定手续。增值税一般纳税人总分支机构不在同一县（市）的，应分别向其机构所在地主管税务机关申请办理增值税一般纳税人认定手续。

② 符合增值税一般纳税人认定标准的企业，申请办理增值税一般纳税人认定手续，应向税务机关提出申请报告，并提供营业执照、税务登记证件，有关合同、章程、协议书，银行账号证明及税务机关要求提供的其他有关证件、资料。

③ 符合增值税一般纳税人认定标准的企业，如实填报《增值税一般纳税人登记表》，明确固定生产经营场所等信息。

④ 符合增值税一般纳税人认定标准的企业，填报内容与税务登记信息一致的，主管税务机关当场登记；不一致的或不符合填列要求的，税务机关应当当场告知需要补正的内容。

（3）增值税一般纳税人生效之日。

纳税人办理登记的当月 1 日或者次月 1 日，由纳税人在办理登记手续时自行选择。

（4）除另有规定外，纳税人登记为增值税一般纳税人之后，不得转为小规模纳税人。

三、认识增值税的征收范围

（一）征税范围的一般规定

据现行《中华人民共和国增值税暂行条例》《增值税暂行条例实施细则》及营改增相关规定，增值税征税范围为在中华人民共和国境内销售货物、销售劳务、销售服务、销售无形资产、销售不动产以及进口货物，包括货物的生产、批发、零售和进口四个环节。

1. 销售或进口货物

货物是指有形动产，包括电力、热力、气体在内。销售货物是指有偿转让货物的所有权。进口货物是指经过关境进入我国境内的货物。我国税法规定，凡进入我国国境或关境的货物，在报关进口环节，除了依法缴纳关税之外，还必须缴纳增值税。

2. 销售劳务

劳务是指加工、修理、修配劳务。加工是指受托方加工货物，即由委托方提供原料及主要材料，受托方按照委托方的要求制造货物并收取加工费的业务。经加工形成的货物，其所有权仍归委托方。修理、修配是指受托方对损伤或丧失功能的货物进行修复，使其恢复原状和功能的业务。

单位和个人凡在我国境内提供上述劳务，即应税劳务的发生地在我国境内，则不论受托方是以货币形式收取加工费，还是从委托方取得货物或其他经济利益，都视作有偿销售行

为,征收增值税。但是,单位或个体经营者聘用的员工为本单位或雇主提供的加工、修理修配劳务,不在征税之列。

3. 销售服务

服务包括提供交通运输服务、邮政服务、电信服务、建筑服务、金融服务、现代服务、生活服务。具体征税范围如下。

(1)交通运输服务。

① 陆路运输服务。即通过陆路(地上或地下)运送货物或者旅客的运输业务活动,包括铁路运输、公路运输、缆车运输、索道运输及其他陆路运输。

② 水路运输服务。即通过江、河、湖、川等天然、人工水道或者海洋航道运输货物或者旅客的运输业务活动。远洋运输的程租、期租业务属于水路运输服务。

> ★知识拓展
>
> 程租、期租业务是指运输企业提供运输工具并配备操作人员完成运输任务的业务。光租、干租是指运输企业只提供租赁运输工具不配备操作人员的租赁业务。已售票但客户逾期未消费取得的运输逾期票证收入,应按照"交通运输服务"缴纳增值税。

③ 航空运输服务。即通过空中航线运送货物或者旅客的运输业务活动。湿租业务是指航空运输企业将配备机组人员的飞机租给他人使用一定期限、承租期内听候承租方调遣的业务。航空运输的湿租业务,属于航空运输服务。

④ 管道运输服务。即通过管道设施输送气体、液体、固体物质的运输业务活动。

无运输工具承运业务,按照交通运输服务缴纳增值税。

(2)邮政服务。

① 邮政普遍服务。即函件、包裹等邮件寄递,以及邮票发行、报刊发行和邮政汇兑等业务活动。

② 邮政特殊服务。即义务兵平常信函、机要通信、盲人读物和革命烈士遗物的寄递等业务活动。

③ 其他邮政服务。即邮册等邮品销售、邮政代理等业务活动。

(3)电信服务。

① 基础电信服务。即利用固网、移动网、互联网提供语音通话服务的业务活动。

② 增值电信服务。即利用固网、移动网、互联网、卫星、有线电视网络提供短信和彩信服务、电子数据和信息的传输及应用服务、互联网接入服务等业务活动。卫星电视信号落地转接服务,按照增值电信服务缴纳增值税。

(4)建筑服务。

① 工程服务。即新建、改建各种建筑物、构筑物的工程作业。出租建筑设备并配备操作人员属此项;工程勘察、建筑设计、工程监理等不属于此项。

② 安装服务。即固话、有线电视、宽带、水、电、燃气、暖气等经营者向用户收取的安装费、初装费、开户费、扩容费。

③ 修缮服务。即对建筑物进行修补、加固、养护、改善,使之恢复原来的使用价值或者延长其使用期限的工程作业。

④ 装饰服务。即对建筑物、构筑物进行装饰装修,使之美观或者具有特定用途的工程作业。物业服务企业为业主提供的装修服务,按照"建筑服务"缴纳增值税。

⑤ 其他建筑服务。即上列之外的各种工程作业服务,如钻井(打井)、拆除建筑物、平整土地、园林绿化;纳税人将建筑施工设备出租给他人使用并配备操作人,按照"建筑服务"缴纳增值税。

(5)金融服务。

① 贷款服务。即将资金贷与他人使用而取得利息收入的业务活动。各种占用、拆借资金取得的收入,以及融资性售后回租、罚息、票据贴现、转贷等业务取得的利息,以货币资金投资收取的固定利润或者保底利润,按此项征税。融资租赁属于现代服务,不按此征税。

② 直接收费金融服务。即为货币资金融通及其他金融业务提供相关服务并且收取费用的业务活动。它包括提供货币兑换、账户管理、电子银行、信用卡、信用证、财务担保、资产管理、信托管理、基金管理、金融交易场所管理、资金结算、资金清算、金融支付等服务。

③ 保险服务。即投保人根据合同约定,向保险支付人支付保险费,保险人对与合同约定的可能发生的事故因其发生所造成的财产损失承担赔偿保险金责任,或者当被保险人死亡、伤残、疾病或者达到合同约定的年龄、期限等条件是承担给付保险金责任的商业保险行为。它包括人身保险服务和财产保险服务。

④ 金融商品转让。即转让外汇、有价证券、非货物期货等的所有权的业务活动。个人从事金融商品转让业务,免征增值税。

(6)现代服务。

① 研发和技术服务。它包括研发服务、合同能源管理服务、工程勘察勘探服务、专业技术服务(如气象服务等)。

② 信息技术服务。即利用计算机、通信网络等技术对信息进行生产、收集、处理、加工、储备、运输、检索和利用,并提供信息服务的业务活动,包括软件服务、电路设计及测试服务、信息系统服务、业务流程管理服务和信息系统增值服务。

③ 文化创意服务。它包括设计服务、知识产权服务、广告服务和会议展览服务。宾馆、旅馆、旅社、度假村和其他经营性住宿场所提供会议场地及配套服务的活动,按照"会议展览服务"缴纳增值税。

④ 物流辅助服务。它包括航空服务、港口码头服务、货运客运场站服务、打捞救助服务、装卸搬运服务、仓储服务、收派服务。

⑤ 租赁服务。租赁服务在形式上包括融资租赁和经营租赁服务业务。租赁服务范围上包括动产、不动产。经营租赁中包含:远洋运输的光租业务、航空运输的干租业务;将不动产或飞机、车辆等动产的广告位出租给其他单位或个人用于发布广告;车辆停放服务、道路通行服务(包括过路费、过桥费、过闸费等)按照不动产经营"租赁服务"缴纳增值税。

⑥ 鉴证咨询服务。它包括认证服务、鉴证服务和咨询服务。比如,技术咨询、会计鉴证、税务鉴证、法律鉴证、工程监理、资产评估、环境评估、房地产土地评估、建筑图纸审核、医

疗事故鉴定等。

⑦ 广播影视服务。它包括广播影视节目（作品）的制作服务、发行服务、播映（含放映）服务。

⑧ 商务辅助服务。它包括企业管理服务、经纪代理服务、人力资源服务（如劳务派遣）、安全保护服务（如武装守护押运服务）。比如，金融代理、知识产权代理、货物运输代理、代理报关、法律代理、房地产中介、婚姻中介、代理记账、拍卖等。

⑨ 其他。比如，纳税人为客户办理退票而向客户收取的退票费、手续费等收入；纳税人对安装运行后的电梯提供的维护保养服务，按照"其他现代服务"缴纳增值税。

（7）生活服务。

① 文化体育服务。它包括文化服务、体育服务、文艺创作、文艺表演、文化比赛、组织科技活动、提供游览场所等，也包括纳税人在游览场所经营索道、摆渡车、电瓶车、游船等取得的收入。

② 教育医疗服务。它包括教育服务和医疗服务。教育服务，是指提供学历教育服务、非学历教育服务、教育辅助服务的业务活动。医疗服务是指提供医学检查、诊断、治疗、康复、预防、保健、接生、计划生育防疫等方面的服务。

③ 旅游娱乐服务。旅游服务是指根据旅游者的要求，组织安排交通、游览、住宿、餐饮、购物、文娱、商务等服务；娱乐服务是指为娱乐活动同时提供场所和服务的业务。

④ 餐饮住宿服务。即提供餐饮服务的纳税人销售的外卖食品，按照"餐饮服务"缴纳增值税。

⑤ 居民日常服务。即主要为满足居民个人及其家庭日常生活需要提供的服务，包括市容市政管理、家政、婚庆、养老、殡葬、护理、美容美发、按摩、桑拿、沐浴、洗染、摄影扩印等服务。

⑥ 其他生活服务。即除文化体育服务、教育医疗服务、旅游娱乐服务、餐饮住宿服务和居民日常服务之外的生活服务。比如，纳税人提供植物养护服务，按照"其他生活服务"缴纳增值税。

4. 销售无形资产

销售无形资产是指转让无形资产所有权或者使用权的业务活动。无形资产是指不具实物形态，但能带来经济利益的资产，包括技术、商标、著作权、商誉、自然资源使用权和其他权益性无形资产。

5. 销售不动产

销售不动产是指转让不动产所有权的业务活动。不动产是指不能移动或者移动后会引起性质、形状改变的财产，包括建筑物、构筑物等。

6. 非经营收入的界定

销售服务、无形资产或者不动产，是指有偿提供服务、有偿转让无形资产或者不动产，但属于下列非经营活动的情形除外：

（1）行政单位收取的同时满足以下条件的政府性基金或者行政事业性收费。

① 由国务院或者财政部批准设立的政府性基金，由国务院或者省级人民政府及其财政、价格主管部门批准设立的行政事业性收费。

② 收取时开具省级以上(含省级)财政部门监(印)制的财政票据。

③ 所收款项全额上缴财政。

(2) 单位或者个体工商户聘用的员工为本单位或者雇主提供取得工资的服务。

(3) 单位或者个体工商户为聘用的员工提供服务。

(4) 财政部和国家税务总局规定的其他情形。

7. 境内销售服务、无形资产或者不动产的界定

销售服务、无形资产或者不动产,是指在中国境内提供服务、有偿转让无形资产或者不动产,下列情形不属于在境内提供服务、有偿转让无形资产或者不动产:

(1) 境外单位或者个人向境内单位或者个人销售完全在境外发生的服务。

(2) 境外单位或者个人向境内单位或者个人销售完全在境外使用的无形资产。

(3) 境外单位或者个人向境内单位或者个人出租完全在境外使用的有形动产。

(4) 财政部和国家税务总局规定的其他情形。

(二) 征税范围的特殊规定

(1) 货物期货(包括商品期货和贵金属期货),应当征收增值税,在期货的实物交割环节纳税。

(2) 银行销售金银的业务,应当征收增值税。

(3) 典当业的死当物品销售业务和寄售业代委托人销售货物的业务,应当征收增值税。

(4) 集邮商品(如邮票、首日封、邮折等)的生产、调拨,以及邮政部门以外的单位和个人销售的既有商品,均征增值税。

(三) 征税范围的特殊行为

1. 视同发生应税销售行为

单位或者个体工商户的下列行为,视同发生应税销售行为:

(1) 将货物交付其他单位或个人代销。

(2) 销售代销货物。

(3) 设有两个以上机构并实行统一核算的纳税人,将货物从一个机构移送至其他机构用于销售,但相关机构设在同一县(市)的除外。

(4) 将自产或委托加工的货物用于非应税项目。

(5) 将自产或委托加工的货物用于集体福利或个人消费。

(6) 将自产、委托加工或购买的货物作为投资,提供给其他单位或个体工商户。

(7) 将自产、委托加上或购买的货物分配给股东或投资者。

(8) 将自产、委托加工或购买的货物无偿赠送他人。

(9) 单位或个体工商户向其他单位或者个人无偿销售应税服务、无偿转让无形资产或不动产,但用于公益事业或者以社会公众为对象的除外。

(10) 财政部和国家税务总局规定的其他情形。

上述 10 种行为确定为视同销售行为,均要征收增值税。其确定的目的有三个:一是保证增值税税款抵扣制度的实施,不致因上述行为而造成税款抵扣环节的中断;二是避免

因发生上述行为而造成应税销售行为之间税收负担不平衡的矛盾,防止逃避纳税;三是体现增值税计算的配比原则。即购进货物已经在购进环节实施了进项税额抵扣,这些购进货物应该产生相应的销售额,同时就应该产生相应的销项税额。

2. 混合销售行为

一项销售行为如果既涉及货物又涉及服务,为混合销售。从事货物的生产、批发或者零售的单位和个体工商户的混合销售行为,按照销售货物缴纳增值税;其他单位和个体工商户的混合销售行为,按照销售服务缴纳增值税。

上述从事货物的生产、批发或者零售的单位和个体工商户,包括以从事货物的生产、批发或者零售为主,并兼营销售服务的单位和个体工商户在内。

混合销售行为成立的行为标准有两点:一是销售行为必须是一项;二是该行为必须既涉及应税销售服务又涉及应税销售货物。货物是指增值税法中规定的有形动产,包括电力、热力和气体;服务是指交通运输服务、建筑服务、金融保险服务、邮政服务、电信服务、现代服务、生活服务等。如果一项销售行为只涉及销售服务,不涉及销售货物,就不是混合销售;反之,如果涉及销售服务和涉及销售货物的行为,不是存在于统一销售行为之中,这种行为也不是混合销售行为。

3. 兼营非应税劳务行为

纳税人销售货物、加工修理修配劳务、服务、无形资产或者不动产适用不同税率或者征收率的,应当分别核算适用不同税率或者征收率的销售额,未分别核算销售额的,按照以下方法适用税率或者征收率:

(1) 兼有不同税率的销售货物、加工修理修配劳务、服务、无形资产或者不动产,从高适用税率。

(2) 兼有不同征收率的销售货物、加工修理修配劳务、服务、无形资产或者不动产,从高适用征收率。

(3) 兼有不同税率和征收率的销售货物、加工修理修配劳务、服务、无形资产或者不动产,从高适用税率。

★思考题

请举例说明,实务工作中如何区分混合销售行为与兼营行为?

(四)不征收增值税的项目

(1) 根据国家指令无偿提供的铁路运输服务、航空运输服务,属于《营业税改征增值税试点实施办法》第十四条规定的用于公益事业的服务。

(2) 存款利息。

(3) 被保险人获得的保险赔付。

(4) 房地产主管部门或者其指定机构、公积金管理中心、开发企业以及物业管理单位代收的住宅专项维修资金。

(5) 纳税人在资产重组过程中,通过合并、分立、出售、置换等方式,将全部或者部分实物资产以及与其相关联的债权负债和劳动力一并转让给其他单位和个人,其中涉及的不动产、土地使用权转让行为。

(6)融资性售后回租业务中,承租方出售资产的行为。

(7)纳税人取得的中央财政补贴。

不征增值税项目本身并不属于增值税的征税范围,所以纳税人发生不征增值税项目,取得收入时不能开具增值税专用发票。但有例外,融资性售后回租业务中承租方出售资产的行为虽然属于不征增值税项目,但很多地区规定,融资性售后回租服务中的承租方收取有形动产价款本金,可以开具普通发票,作为出租方据以差额扣除的合法有效凭证,承租方开具发票不征收增值税。

(五)免征增值税的项目

免征增值税项目是指根据国家税法相关规定,给予某些项目取得收入免予缴纳增值税的税收优惠,对提供应税服务的某个环节或者全部环节直接免征增值税。纳税人用于免征增值税项目的购进货物或者应税服务,进项税额不得抵扣。提供免税应税服务不得开具增值税专用发票。按照试点过渡政策,下列项目免征增值税:

(1)个人转让著作权。

(2)残疾人个人为社会提供的服务。

(3)纳税人提供技术转让、技术开发和与之相关的技术咨询、技术服务。

(4)符合条件的节能服务公司实施合同能源管理项目中提供的应税服务。

(5)中国台湾航运公司从事海峡两岸海上直航业务在大陆取得的运输收入。

(6)中国台湾航空公司、航运公司从事海峡两岸空中直航、海上直航业务在大陆取得的运输收入。

(7)随军家属就业。

(8)军队转业干部就业。

(9)托儿所、幼儿园提供的保育和教育服务。

(10)养老机构提供的养老服务。

(11)残疾人福利机构提供的育养服务。

(12)婚姻介绍服务。

(13)殡葬服务。

(14)医疗机构提供的医疗服务。

(15)从事学历教育的学校提供的教育服务。

(16)学生勤工俭学提供的服务。

(17)农业机耕、排灌、病虫害防治、植物保护、农牧保险以及相关技术培训业务,家禽、牲畜、水生动物的配种和疾病防治。

(18)纪念馆、博物馆、文化馆、文物保护单位管理机构、美术馆、展览馆、书画院、图书馆在自己的场所提供文化体育服务取得的第一道门票收入免征增值税。

(19)寺院、宫观、清真寺和教堂举办文化、宗教活动的门票收入,免征增值税。

(20)个人销售自建自用住房。

（21）国家助学贷款、国债、地方政府债、人民银行对金融机构的贷款、金融同业往来的利息收入。

（22）福利彩票、体育彩票的发行收入。

（23）其他法律法规规定的免税项目

纳税人发生应税行为适用免税、减税规定的，可以放弃免税、减税，按规定缴纳增值税。放弃免税、减税后，36个月内不得再申请免税、减税。

★思考题

请总结说明，不征收增值税的项目和免征增值税的项目区别？

知识链接

残疾人就业增值税优惠政策

对安置残疾人的单位和个体工商户（以下称纳税人），实行由税务机关按纳税人安置残疾人的人数，限额即征即退增值税的办法。

（1）享受税收优惠政策的条件：

① 纳税人（除盲人按摩机构外）月安置的残疾人占在职职工人数的比例不低于25%（含25%），并且安置的残疾人人数不少于10人（含10人）；盲人按摩机构月安置的残疾人占在职职工人数的比例不低于25%（含25%），并且安置的残疾人人数不少于5人（含5人）。

② 依法与安置的每位残疾人签订了1年以上（含1年）的劳动合同或服务协议。

③ 为安置的每位残疾人按月足额缴纳了基本养老保险、基本医疗保险、失业保险、工伤保险和生育保险等社会保险。

④ 通过银行等金融机构向安置的每位残疾人，按月支付了不低于纳税人所在区县适用的经省人民政府批准的月最低工资标准的工资。

（2）增值税优惠政策仅适用于生产销售货物，提供加工、修理修配劳务，以及提供营改增现代服务和生活服务税目（不含文化体育服务和娱乐服务）范围的服务取得的收入之和，占其增值税收入的比例达到50%的纳税人，但不适用于上述纳税人直接销售外购货物（包括商品批发和零售）以及销售委托加工的货物取得的收入。纳税人应当分别核算上述享受税收优惠政策和不得享受税收优惠政策业务的销售额，不能分别核算的，不得享受该政策规定的优惠政策。

（3）如果既适用促进残疾人就业增值税优惠政策，又适用重点群体、退役士兵、随军家属、军转干部等支持就业的增值税优惠政策的，纳税人可自行选择适用的优惠政策，但不能累加执行。一经选定，36个月内不得变更。

（4）残疾人个人提供的加工、修理修配劳务，免征增值税。

（5）纳税人本期应退增值税额按以下公式计算：

本期应退增值税额＝本期所含月份每月应退增值税额之和

月应退增值税额＝纳税人本月安置残疾人员人数×本月月最低工资标准的4倍

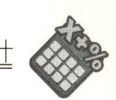

月最低工资标准是指纳税人所在区县(含县级市、旗)适用的经省(含自治区、直辖市、计划单列市)人民政府批准的月最低工资标准。

纳税人本期已缴增值税额小于本期应退税额,不足退还的,可在本年度内以前纳税期已缴增值税额扣除已退增值税额的余额中退还,仍不足退还的,可结转本年度内以后纳税期退还。年度已缴增值税额小于或等于年度应退税额的,退税额为年度已缴增值税额,年度已缴增值税额大于年度应退税额的,退税额为年度应退税额。年度已缴增值税额不足退还的,不得结转以后年度退还。

(6)纳税人新安置的残疾人从签订劳动合同并缴纳社会保险的次月起计算,其他职工从录用的次月起计算;安置的残疾人和其他职工减少的,从减少当月计算。

四、认识增值税税率和征收率

按照增值税规范化的原则,我国增值税采取了四档税率再加征收率的模式。其中,税率适用于增值税一般纳税人,用一般计税法计算税额,征收率适用于小规模纳税人,用简易计税法计算税额。税务机关规定的一些特定应税行为,增值税一般纳税人也可以选择用征收率计算增值税。

(一)13%标准税率

增值税一般纳税人销售或者进口货物,销售加工、修理、修配劳务、有形动产租赁服务,除另有规定外,税率一律为13%。

(二)9%低税率

增值税一般纳税人销售或者进口下列货物,按低税率计征增值税,低税率为9%。

(1)粮食等初级农产品、食用植物油、食用盐。

(2)暖气、冷气、热水、煤气、石油液化气、天然气、沼气、二甲醚、居民用煤炭制品、自来水。

(3)图书、报纸、杂志、音像制品、电子出版物。

(4)饲料、化肥、农药、农机(不包括农机零部件)、农膜。

(5)国务院规定的其他货物。如干姜、姜黄、花椒油、橄榄油、核桃油、杏仁油、葡萄籽油、按照国家标准生产的巴氏杀菌乳和灭菌乳、密集型烤房设备、频振式杀虫灯、自动虫情测报灯、粘虫板、卷帘机、农用挖掘机、养鸡设备系列、养猪设备系列产品、动物骨粒、国内印刷企业承印的经新闻出版主管部门批准印刷且采用国际标准书号编号的境外图书。

纳税人提供交通运输、邮政、基础电信、建筑、不动产租赁服务,销售不动产,转让土地使用权,税率为9%(有形动产租赁适用于13%)。

(三)6%低税率

纳税人销售增值电信服务、金融服务、现代服务、生活服务、销售无形资产(转让土地使用权除外),除(一)(二)(四)另有规定外,税率为6%。

(四)出口、服务、无形资产等零税率

纳税人出口货物,税率为零,但是,国务院另有规定的除外。

中华人民共和国境内(以下称境内)的单位和个人销售的下列服务和无形资产,适用增值税零税率:

(1)国际运输服务。国际运输服务是指:

① 在境内载运旅客或者货物出境。

② 在境外载运旅客或者货物入境。

③ 在境外载运旅客或者货物。

(2)航天运输服务。

(3)向境外单位提供的完全在境外消费的下列服务:

① 研发服务。

② 合同能源管理服务。

③ 设计服务。

④ 广播影视节目(作品)的制作和发行服务。

⑤ 软件服务。

⑥ 电路设计及测试服务。

⑦ 信息系统服务。

⑧ 业务流程管理服务。

⑨ 离岸服务外包业务。离岸服务外包业务包括信息技术外包服务(ITO)、技术性业务流程外包服务(BPO)、技术性知识流程外包服务(KPO),其所涉及的具体业务活动,按照《销售服务、无形资产、不动产注释》相对应的业务活动执行。

⑩ 转让技术。

(4)财政部和国家税务总局规定的其他服务。

(五)征收率

小规模纳税人简易计税适用增值税征收率;增值税一般纳税人发生财政部和国家税务总局规定的特定应税行为,可以选择适用简易计税方法计税,但一经选择,36个月内不得变更,适用增值税征收率。

1. 共有两档:3%和5%

一般情况是3%,除了财政部和国家税务总局另有规定的。

征收率5%的主要有销售不动产,不动产租赁,转让土地使用权,提供劳务派遣服务、安全保护服务、人力资源外包服务选择差额纳税的(货物销售里没有5%征收率)。

2. 两个减按:1.5%和2%

个体工商户和其他个人出租住房,按照5%的征收率减按1.5%计算应纳税额。

销售自己使用过的且为营改增试点之前购入的固定资产、旧货,按照3%征收率减按2%征收。可以放弃减税,按照简易办法依照3%征收率缴纳增值税,并可以开具增值税专用发票。

3. 增值税一般纳税人可选择5%征收率的特定应税行为

(1)出租、销售2016年4月30日前取得的不动产。

(2)增值税一般纳税人将2016年4月30日之前租入的不动产对外转租的,可选择简易办法征税;将5月1日之后租入的不动产对外转租的,不能选择简易办法征税。

（3）提供劳务派遣服务、安全保护服务（含提供武装守护押运服务）选择差额纳税的。

（4）收取试点前开工的一级公路、二级公路、桥、闸通行费。

（5）提供人力资源外包服务。

（6）转让 2016 年 4 月 30 日前取得的土地使用权，以取得的全部价款和价外费用减去取得该土地使用权的原价后的余额为销售额。

（7）2016 年 4 月 30 日前签订的不动产融资租赁合同。

（8）以 2016 年 4 月 30 日前取得的不动产提供的融资租赁服务。

（9）房地产开发企业出租、销售自行开发的房地产老项目。

（10）车辆停放服务、高速公路以外的道路通行服务（包括过路费、过桥费、过闸费等）

4. 增值税一般纳税人可选择 3% 征收率的特定应税行为

（1）销售自产的用微生物、微生物代谢产物、动物毒素、人或动物的血液或组织制成的生物制品。

（2）寄售商店代销寄售物品（包括居民个人寄售的物品在内）。

（3）典当业销售死当物品。

（4）销售自产的县级及县级以下小型水力发电单位生产的电力。

（5）销售自产的自来水。

（6）销售自产的建筑用和生产建筑材料所用的砂、土、石料。

（7）销售自产的以自己采掘的砂、土、石料或其他矿物连续生产的砖、瓦、石灰（不含粘土实心砖、瓦）。

（8）销售自产的商品混凝土（仅限于以水泥为原料生产的水泥混凝土）。

（9）单采血浆站销售非临床用人体血液。

（10）药品经营企业销售生物制品，兽用药品经营企业销售兽用生物制品，销售抗癌罕见病药品。

（11）提供物业管理服务的纳税人，向服务接受方收取的自来水水费，以扣除其对外支付的自来水水费后的余额为销售额，按照简易计税方法依 3% 的征收率计算缴纳增值税。

以上（1）～（11）项为销售货物，以下为销售服务。

（12）经认定的动漫企业为开发动漫产品提供的服务，以及在境内转让动漫版权。

（13）提供城市电影放映服务。

（14）公路经营企业收取试点前开工的高速公路的车辆通行费。

（15）提供非学历教育服务。

（16）提供教育辅助服务。

（17）公共交通运输服务。它包括轮客渡、公交客运、地铁、城市轻轨、出租车、长途客运、班车。

（18）电影放映服务、仓储服务、装卸搬运服务、收派服务和文化体育服务（含纳税人在游览场所经营索道、摆渡车、电瓶车、游船等取得的收入）。

（19）以纳入营改增试点之日前取得的有形动产为标的物提供的经营租赁服务。

（20）纳入营改增试点之日前签订的尚未执行完毕的有形动产租赁合同。

（21）以清包工方式提供、为甲供工程提供的、为建筑工程老项目提供的建筑服务。

（22）建筑工程总承包单位为房屋建筑的地基与基础、主体结构提供工程服务，建设单位自行采购全部或部分钢材、混凝土、砌体材料、预制构件的，适用简易计税方法计税（不是可选择的）。

（23）增值税一般纳税人销售电梯的同时提供安装服务，其安装服务可以按照甲供工程选择适用简易计税方法计税。

（24）增值税一般纳税人销售自产机器设备的同时提供安装服务，应分别核算机器设备和安装服务的销售额，安装服务可以按照甲供工程选择适用简易计税方法计税。

（25）增值税一般纳税人销售外购机器设备的同时提供安装服务，如果已经按照兼营的有关规定，分别核算机器设备和安装服务的销售额，安装服务可以按照甲供工程选择适用简易计税方法计税。

（26）对中国农业银行纳入"三农金融事业部"改革试点的各省、自治区、直辖市、计划单列市分行下辖的县域支行和新疆生产建设兵团分行下辖的县域支行（也称县事业部），提供农户贷款、农村企业和农村各类组织贷款取得的利息收入。

（27）资管产品管理人运营资管产品过程中发生的增值税应税行为，暂适用简易计税方法，按照3%的征收率缴纳增值税。

（28）非企业性单位中的增值税一般纳税人提供的研发和技术服务、信息技术服务、鉴证咨询服务，以及销售技术、著作权等无形资产。

（29）非企业性单位中的增值税一般纳税人提供技术转让、技术开发和与之相关的技术咨询、技术服务。

（30）中国农业发展银行总行及其各分支机构提供涉农贷款取得的利息收入。

（31）农村信用社、村镇银行、农村资金互助社、由银行业机构全资发起设立的贷款公司、法人机构在县（县级市、区、旗）及县以下地区的农村合作银行和农村商业银行提供金融服务收入。

 任务处理

任务情境中的问题你解决了吗？

（各小组讨论，小组推荐代表发言，其他小组提问，小组答辩，提交实训报告册，小组代表和教师进行点评打分）

 专项技能训练

一、职业判断能力训练

1. 美容院销售美容产品的同时提供美容服务，应按照兼营行为缴纳增值税。（　　）

2. 商场销售货物并提供餐饮服务，应按照兼营行为缴纳增值税。（　　）

3. 建材商店销售木地板的同时提供铺装服务，应按照13%的税率缴纳增值税。（　　）

4. 装修公司包工包料提供装修服务,应按照 9% 的税率缴纳增值税。　　　　　　(　　)

5. 将自产摩托车作为福利发给职工应视同销售货物征收增值税。　　　　　　　　(　　)

二、职业选择能力训练

1. 企业发生的下列行为中,需要缴纳增值税的是(　　)。

A. 获得保险赔偿　　　　　　　　　　　B. 取得存款利息

C. 收取包装物租金　　　　　　　　　　D. 取得中央财政补贴

2. 下列行为中,视同销售货物缴纳增值税的是(　　)。

A. 将购进的货物用于集体福利　　　　　B. 将购进的货物用于个人消费

C. 将购进的货物用于对外投资　　　　　D. 将购进的货物用于无偿赠送

3. 以下各项中,应计入增值税一般纳税人确定标准的"年应税销售额"的有(　　)。

A. 免税销售额　　　　　　　　　　　　B. 稽查查补销售额

C. 纳税评估调整销售额　　　　　　　　D. 偶然发生的销售无形资产销售额

4. 根据增值税规定,下列产品中,适用 9% 低税率的是(　　)。

A. 酸奶　　　　　　　　　　　　　　　B. 鱼罐头

C. 茶饮料　　　　　　　　　　　　　　D. 玉米胚芽

5. 下列各项业务所取得的收入中,应按 6% 的税率征收增值税的有(　　)。

A. 搬家业务　　　　　　　　　　　　　B. 植物养护服务

C. 对安装运行后的电梯提供养护服务　　D. 远洋运输公司从事的程租业务

三、职业描述能力训练

1. 举例说明生活必需品类货物的增值税税率。

2. 简述混合销售行为与兼营行为的界定和税务处理。

任务二　增值税的计算及申报

 任务情境

【资料 2-2】　2020 年 6 月,海科为增值税一般纳税人,适用增值税税率 13%,有关生产经营业务如下(假设相关票据均符合税法的规定):

(1) 销售甲产品给某大商场,开具增值税专用发票,取得不含税销售额 80 万元;另外,取得销售甲产品的送货运输费收入 5.65 万元(含增值税价格,与销售货物不能分开)。

(2) 销售乙产品,开具增值税普通发票,取得含税销售额 33.9 万元。

(3) 将试制的一批应税新产品用于本企业厂房装修,装修支出为厂房原值的 15%;成本价为 20 万元,国家税务总局规定的成本利润率为 10%,该新产品无同类产品市场销售价格。

(4) 销售 2014 年 10 月份购进作为固定资产使用过的进口摩托车 5 辆,开具增值税专用发票,上面注明取得销售额每辆 1 万元。

(5) 购进货物取得增值税专用发票,注明支付货款 60 万元,进项税额 7.8 万元,另外支

付购货的运输费用 6 万元(不含税价),取得运输公司开具的增值税专用发票。

(6)向农业生产者购进免税农产品一批,支付收购价 30 万元,支付给运输单位的运费 5 万元(不含税价),取得相关的合法票据。本月下旬将购进的农产品的 20% 用于本企业职工福利。

任务要求

(1)计算销售甲产品的销项税额。

(2)计算销售乙产品的销项税额。

(3)计算自用新产品的销项税额。

(4)计算销售使用过的摩托车销项税额或应纳税额。

(5)计算外购货物应抵扣的进项税额。

(6)计算外购免税农产品应抵扣的进项税额。

(7)计算 6 月份合计应缴纳的增值税额。

 任务指导

一、增值税一般纳税人应纳税额的计算

我国目前对增值税一般纳税人采用的计税方法是国际上通行的购进扣税法,即先按当期销售额和适用税率计算出销项税额(这是对销售全额征税),然后对当期购进项目已经缴纳的税款(所含税款)进行抵扣,从而间接计算出对当期增值额部分的应纳税额。

增值税一般纳税人销售货物或者销售应税劳务的应纳税额,应该等于当期销项税额抵扣当期进项税额后的余额。其计算公式如下:

$$当期应纳税额 = 当期销项税额 - 当期进项税额$$
$$= 当期销售额 \times 适用税率 - 当期进项税额$$

增值税一般纳税人当期应纳税额的多少,取决于当期销项税额和当期进项税额这两个因素。而当期销项税额的确定关键在于确定当期销售额。对当期进项税额的确定在税法中也作了一些具体的规定,在分别确定销项税额和进项税额的情况下,就不难计算出应纳税额。下面就按照这个逻辑进行介绍。

二、销项税额的计算

销项税额是指纳税人销售货物或者销售应税劳务,按照销售额或销售应税劳务收入和规定的税率计算并向购买方收取的增值税税额。销项税额的计算公式为:

$$销项税额 = 销售额 \times 适用税率$$

从销项税额的定义和公式中我们可以知道,它是由购买方在购买货物或者应税劳务支付价款时,一并向销售方支付的税额。对于属于增值税一般纳税人的销售方来说,在没有抵扣其进项税额前,销售方收取的销项税额还不是其应纳增值税额。销项税额的计算取决于销售额和适用税率两个因素。在适用税率既定的前提下,销项税额的大小主要取决于销售

额的大小。增值税适用税率是比较简单的,因而销项税额计算的关键是如何准确确定作为增值税计税依据的销售额。

(一)一般销售方式下的销售额

销售额是指纳税人销售货物或者销售应税劳务向购买方(承受应税劳务也视为购买方)收取的全部价款和价外费用。特别需要强调的是,尽管销项税额也是销售方向购买方收取的,但是增值税采用价外计税方式,用不含税价作为计税依据,因而销售额中不包括向购买方收取的销项税额。

价外费用包括价外向购买方收取的手续费、补贴、基金、集资费、返还利润、奖励费、违约金、滞纳金、延期付款利息、赔偿金、代收款项、代垫款项、包装费、包装物租金、储备费、优质费、运输装卸费以及其他各种性质的价外收费。但下列项目不包括在内。

第一,受托加工应征消费税的消费品所代收代缴的消费税。

第二,同时符合以下条件的代垫运输费用:

(1)承运部门的运输费用发票开具给购买方的。

(2)纳税人将该项发票转交给购买方的。

第三,同时符合以下条件代为收取的政府性基金或者行政事业性收费:

(1)由国务院或者财政部批准设立的政府性基金,由国务院或者省级人民政府及其财政、价格主管部门批准设立的行政事业性收费。

(2)收取时开具省级以上(含省级)财政部门监(印)制的财政票据。

(3)所收款项全额上缴财政。

第四,销售货物的同时代办保险等而向购买方收取的保险费,以及向购买方收取的代购买方缴纳的车辆购置税、车辆牌照费。

凡随同销售货物或提供应税劳务向购买方收取的价外费用,无论其会计制度如何核算,均应并入销售额计算应纳税额。税法规定各种性质的价外收费都要并入销售额计算征税,目的是防止以各种名目的收费减少销售额逃避纳税的现象。上述四项允许不计入价外费用是因为在满足了上述相关条件后可以确认销售方在其中仅仅是代为收取了有关费用,这些价外费用确实没有形成销售方的收入。

应当注意,根据国家税务总局规定,对增值税一般纳税人(包括纳税人自己或代其他部门)向购买方收取的价外费用和逾期包装物押金,应视为含税收入,在征税时换算成不含税收入再并入销售额。

按会计制度规定,由于对价外收费一般都不在"主营业务收入"账户中核算,而在"其他应付款""其他业务收入""营业外收入"等账户中核算。这样,企业在实务中时常出现对价外收费虽在相应账户中作会计核算,但却未核算其销项税额;有的企业则既不按会计核算要求进行收入核算,又不按规定核算销项税额,而是将发生的价外收费直接冲减有关费用账户。这些做法都是逃避纳税的错误行为,要予以纠正,正确核算销项税额。

纳税人以人民币以外的货币结算销售额的,应当折合成人民币计算。

(二)特殊销售方式下的销售额

在销售活动中,为了达到促销的目的,有多种销售方式。不同销售方式下,销售者取

得的销售额会有所不同。对不同销售方式如何确定其计征增值税的销售额,既是纳税人关心的问题,也是税法必须分别予以明确规定的事情。税法对以下几种销售方式分别作了规定。

1. 采取折扣方式销售

折扣销售是指销货方在销售货物或应税劳务时,因购货方购货数量较大等原因而给予购货方的价格优惠(如购买 500 件,销售价格折扣 10%;购买 1 000 件,折扣 20%等)。根据税法规定,纳税人销售货物并向购买方开具增值税专用发票后,由于购货方在一定时期内累计购买货物达到一定数量,或者由于市场价格下降等原因,销货方给予购货方相应的价格优惠或补偿等折扣、折让行为,销货方可按现行《增值税专用发票使用规定》的有关规定开具红字增值税专用发票。这里需要作几点解释:

第一,折扣销售不同于销售折扣。销售折扣是指销货方在销售货物或应税劳务后,为了鼓励购货方及早偿还货款而协议许诺给予购货方的一种折扣优待(如 10 天内付款,货款折扣 2%;20 天内付款,折扣 1%;30 天内全价付款)。销售折扣发生在销货之后,是一种融资性质的理财费用,因此,销售折扣不得从销售额中减除。企业在确定销售额时应把折扣销售与销售折扣严格区分开。另外,销售折扣又不同于销售折让。销售折让是指货物销售后,由于其品种和质量等原因购货方未予退货,但销货方需给予购货方的一种价格折让。销售折让与销售折扣相比较,虽然都是在货物销售后发生的,但因为销售折让是由于货物的品种和质量等原因引起销售额的减少,因此,对销售折让可以折让后的货款为销售额。

第二,折扣销售仅限于货物价格的折扣,如果销货者将自产、委托加工和购买的货物用于实物折扣的,则该实物款额不能从货物销售额中减除,且该实物应按增值税条例"视同销售货物"中的"赠送他人"计算征收增值税。

税法规定,纳税人采取折扣方式销售货物,如果销售额和折扣额在同一张发票的"金额"栏内分别注明的,可按折扣后的销售额征收增值税。未在同一张发票"金额"栏内分别注明折扣额,而仅在发票的"备注"栏注明折扣额的,折扣额不得从销售额中减除。

2. 包装物押金是否计入销售额

包装物是指纳税人包装本单位货物的各种物品。纳税人销售货物时另收取包装物押金,目的是促使购货方及早退回包装物以便周转使用。对包装物的押金是否计入货物销售额呢?

根据税法规定,纳税人为销售货物而出租出借包装物收取的押金,单独记账核算的,时间在 1 年以内,又未过期的,不并入销售额征税,但对因逾期未收回包装物不再退还的押金,应按所包装货物的适用税率计算销项税额。

上述规定中,"逾期"是指按合同约定实际逾期或以 1 年为期限,对收取 1 年以上的押金,无论是否退还均并入销售额征税。当然,在将包装物押金并入销售额征税时,需要先将该押金换算为不含税价,再并入销售额征税。纳税人为销售货物出租出借包装物而收取的押金,无论包装物周转使用期限长短,超过 1 年(含 1 年)以上仍不退还的均并入销售额征税。

另外,包装物押金不应混同于包装物租金,包装物租金在销货时作为价外费用并入销售额计算销项税额。国家税务总局1995年192号文件规定，从1995年6月1日起，对销售除啤酒、黄酒外的其他酒类产品而收取的包装物押金，无论是否返还以及会计上如何核算，均应并入当期销售额征税。对销售啤酒、黄酒所收取的押金，按上述一般押金的规定处理。

3. 视同销售货物行为销售额的确定

本项目"征税范围及纳税义务人"中已列明了单位和个体经营者10种视同销售行为，如将货物交付他人代销，将自产、委托加工或购买的货物无偿赠送他人等。这10种视同销售行为中某些行为由于不是以资金的形式反映出来，会出现无销售额的现象。因此，税法规定，对视同销售征税而无销售额的按下列顺序确定其销售额：

（1）按纳税人最近时期同类货物的平均销售价格确定。

（2）按其他纳税人最近时期同类货物的平均销售价格确定。

（3）按组成计税价格确定。组成计税价格的公式为：

$$组成计税价格＝成本×（1＋成本利润率）$$

征收增值税的货物，同时又征收消费税的，其组成计税价格中应加上消费税额。其组成计税价格公式为：

$$组成计税价格＝成本×（1＋成本利润率）＋消费税额$$

或：

$$组成计税价格＝成本×（1＋成本利润率）÷（1－消费税税率）$$

公式中的成本是指：销售自产货物的为实际生产成本，销售外购货物的为实际采购成本。公式中的成本利润率由国家税务总局确定的。但属于应从价定率征收消费税的货物，其组成计税价格公式中的成本利润率，为国家税务总局确定的成本利润率。

4. 采取以旧换新方式销售

以旧换新是指纳税人在销售自己的货物时，有偿收回旧货物的行为。税法规定，采取以旧换新方式销售货物的，应按新货物的同期销售价格确定销售额，不得扣减旧货物的收购价。

考虑到金银首饰以旧换新业务的特殊性，对金银首饰以旧换新业务，可以按销售方实际收取的不含增值税的全部价款征收增值税。

5. 采取还本销售方式销售

还本销售是指纳税人在销售货物后，到一定期限由销售方一次或分次退还给购货方全部或部分价款，退还的货款即为还本支出。

税法规定，采取还本销售方式销售货物，其销售额就是货物的销售价格，不得从销售额中减除还本支出。

6. 采取以物易物方式销售

以物易物是一种较为特殊的购销活动，是指购销双方不是以货币结算，而是以同等价款的货物相互结算，实现货物购销的一种方式。

税法规定,以物易物双方都应作购销处理,以各自发出的货物核算销售并计算销项税额,以各自收到的货物按规定核算购货额并计算进项税额。

在以物易物活动中,应分别开具合法的票据,如收到货物不能取得相应的增值税专用发票或其他合法票据的,不能抵扣进项税额。

（三）含税销售额的换算

为了符合增值税作为价外税的要求,纳税人在填写进销货及纳税凭证、进行账务处理时,应分项记录不含税销售额、销项税额和进项税额,以正确计算应纳增值税额。然而,在实际工作中,常常会出现增值税一般纳税人将销售货物或者应税劳务采用销售额和销项税额合并定价收取的方法,这样,就会形成含税销售额。我国增值税是价外税,计税依据中不含增值税本身的数额。在计算应纳税额时,如果不将含税销售额换算为不含税销售额,就不符合我国增值税的设计原则,即仍会导致对增值税销项税额本身的重复征税现象,也会影响企业成本核算过程,如果普遍出现以含税销售额作为计税依据的做法会在某种程度上推动物价非正常上涨情况的出现。因此,增值税一般纳税人销售货物或者应税劳务取得的含税销售额在计算销项税额时,必须将其换算为不含税的销售额。对于增值税一般纳税人销售货物或者应税劳务,采用销售额和销项税额合并定价方法的,按下列公式计算销售额:

$$销售额＝含税销售额÷（1＋税率）$$

公式中的税率为销售货物或者应税劳务按我国《增值税暂行条例》中规定所适用的税率。

【案例2-1】 某金店(中国人民银行批准的金银首饰经营单位)为增值税一般纳税人,2020年5月采取"以旧换新"方式向消费者销售金项链20条,每条新项链的零售价格为2 500元。每条旧项链作价1 370元,每条项链取得差价款1 130元;取得首饰修理费2 260元。计算该金店上述业务应纳增值税。

【案例解析】

$$应纳增值税＝[20×1 130÷（1＋13\%）＋2 260÷（1＋13\%）]×13\%$$
$$＝2 860（元）$$

【案例2-2】 某生产企业(增值税一般纳税人),2020年7月销售化工产品取得含税销售额793.26万元,为销售货物出借包装物收取押金15.21万元,原约定3个月内返还;当月没收逾期未退还包装物的押金1.3万元。计算该企业2020年7月上述业务计税销售额。

【案例解析】 到期未收回的包装物押金应价税分离计入销售额。

$$该企业2020年7月上述业务计税销售额＝（793.26＋1.3）÷（1＋13\%）$$
$$＝703.15（万元）$$

三、进项税额的计算

（一）进项税额的概念

增值税进项税额是指纳税人购进货物、劳务、服务、无形资产或者不动产,支付或负担的

增值税额。进项税额是与销项税额相对应的概念,一项销售业务中,销售方收取的销项税额就是购买方支付的进项税额。增值税的应纳税额是销项税额减去进项税额的差额,所以进项税额的多少直接关系纳税人的纳税金额。

需要注意的是,并不是纳税人支付的所有进项税额都可以从销项税额中抵扣。税法对不能抵扣进项税额的项目作了严格的规定。如果违反税法规定,随意抵扣进项税额就将以逃税行为追究法律责任。

(二)准予从销项税额中抵扣的进项税额

增值税实行发票扣税法,根据税法规定,准予从销项税额中抵扣的进项税额,仅限于下列凭证上注明的增值税额:

(1)增值税一般纳税人取得的增值税专用发票(包括增值税专用发票、机动车销售统一发票、收费公路通行费增值税电子普通发票,下同),应在开具之日起360日内办理认证,并在认证通过的次月申报期内,向主管税务机关申报抵扣进项税额。当月认证当月抵扣,不认证不予抵扣进项税额。

2016年3月,对纳税信用A级增值税一般纳税人取消增值税专用发票扫描认证,通过"增值税发票发票选择确认平台",查询、选择、确认用于申报抵扣或者出口退税的增值税发票信息。

2019年10月,增值税发票管理系统2.0版(即增值税发票综合服务平台——企业版)在各省陆续上线运行,增值税发票综合服务平台是原有增值税发票选择确认平台的升级版。系统上线后纳税人开具增值税发票并没有变化,但发票抵扣勾选需登录全新上线的增值税发票综合服务平台操作,免扫描平台停用。

(2)从海关取得的完税凭证上注明的增值税额;增值税一般纳税人进口货物,取得开具的海关完税凭证,应当在开具之日起360天内向主管税务机关申报抵扣,逾期不得抵扣进项税额。

(3)购进农产品进项税额的确定与抵扣。

① 取得增值税专用发票。纳税人批发、零售农产品,销售方未享受免征政策,可开具或申请代开增值税专用发票。如果销售方是增值税一般纳税人,那么开具税率为9%的增值税专用发票,购买方只需按照发票上注明的税额进行抵扣;如果销售方是小规模纳税人,那么可开具或申请代开征税率为3%的增值税专用发票,购买方按照9%的扣除率计算进项税额。

② 取得农产品销售发票。农业生产者销售自产农产品,适用免征增值税政策,销售方无论是增值税一般纳税人还是小规模纳税人,都应开具或代开普通发票。购买方按9%的扣除率计算进项税额。

③ 取得农产品收购发票。收购单位向农业生产者个人收购自产农业免税产品时,考虑到农业生产者个人无法开票的问题,这时由付款方向收款方开具收购发票,收购发票左上角应注明"收购"字样。

④ 取得海关专用缴款书。增值税一般纳税人进口农产品,直接按专用缴款书上的进口增值税额进行抵扣。应自开具之日起360日内向主管税务机关报送《海关完税凭证抵扣清

单》，申请稽核比对。

⑤ 对深加工农产品的特别规定。农产品深加工企业购进用于生产销售或委托受托加工 13％税率货物的农产品可以在生产领用时按 10％扣除率计算进项税额。如果纳税人购进农产品既用于生产销售或委托受托加工 13％税率货物又用于生产销售其他货物服务的，此时应当分别核算用于生产销售或委托受托加工 13％税率货物和其他货物服务的农产品进项税额。未分别核算的，统一以农产品收购发票或销售发票上注明的农产品买价和 9％的扣除率计算进项税额。进项税额计算公式为：

$$进项税额＝买价×扣除率$$

⑥ 不得抵扣的情形。纳税人从批发、零售环节购进适用免征增值税政策的蔬菜、部分鲜活肉蛋而取得的普通发票，不得作为计算抵扣进项税额的凭证。

【案例 2-3】 某企业收购一批免税农产品用于生产 13％税率的货物，在农产品收购发票上注明价款 100 000 元，支付运输公司运送该批货物回厂的含税运费 2 180 元，取得运输增值税专用发票。求该企业此项业务可计算抵扣增值税进项税额。

【案例解析】

该批农产品可计算抵扣进项税额＝100 000×10％＋2 180÷1.09×9％＝10 180(元)

(4) 国内旅客运输服务进项税抵扣。"国内旅客运输服务"限于与本单位签订了劳动合同的员工，以及本单位作为用工单位接受的劳务派遣员工发生的国内旅客运输服务。

① 取得增值税电子普通发票的，为发票上注明的税额。增值税电子普通发票上注明的购买方"名称""纳税人识别号"等信息，应当与实际抵扣税款的纳税人一致，否则不予抵扣。

② 取得注明旅客身份信息的航空运输电子客票行程单的，为按照下列公式计算进项税额：

$$航空旅客运输进项税额＝(票价＋燃油附加费)÷(1＋9％)×9％$$

③ 取得注明旅客身份信息的铁路车票的，为按照下列公式计算的进项税额：

$$铁路旅客运输进项税额＝票面金额÷(1＋9％)×9％$$

④ 取得注明旅客身份信息的公路、水路等其他客票的，按照下列公式计算进项税额：

$$公路、水路等其他旅客运输进项税额＝票面金额÷(1＋3％)×3％$$

(5) 运输费用进项税额的确定与抵扣。增值税一般纳税人外购货物所支付的运输费用，以及增值税一般纳税人销售货物所支付的运输费用(不并入销售额的代垫运费除外)，根据运输增值税专用发票上的进项税额准予扣除。

纳税人取得运输增值税专用发票后，应当自开票之日起 360 天内向主管国家税务局申报抵扣，超过 360 天的不得予以抵扣。

(6) 增值税一般纳税人取得的小规模纳税人由税务机关代开的增值税专用发票，按增值税专用发票注明的税额抵扣进项税额。

（7）接受境外单位或者个人购进劳务、服务、无形资产或者境内的不动产，从税务机关或者扣缴义务人取得的代扣代缴税款的完税凭证上注明的增值税额。

（8）原增值税一般纳税人购进服务、无形资产或者不动产，取得的增值税专用发票上注明的增值税额为进项税额，准予从销项税额中抵扣。

（9）原增值税一般纳税人自用的应征消费税的摩托车、汽车、游艇，其进项税额准予从进项税额中抵扣。

（10）2019年4月1日起，增值税一般纳税人取得符合规定的不动产或者不动产在建工程的进项税额不再分2年抵扣，在购进不动产的当期一次性抵扣进项税额。

取得不动产包括以直接购买、接受捐赠、接收投资入股、自建以及抵债等各种形式取得不动产。

例外规定：房地产开发企业自行开发的房地产项目，融资租入的不动产，以及在施工现场修建的临时建筑物、构筑物，其进项税额不适用上述抵扣的规定。

（三）加计抵减政策

自2019年4月1日至2021年12月31日，允许生产、生活性服务业纳税人按照当期可抵扣进项税额加计10%，抵减应纳税额（简称加计抵减政策）。

所称生产、生活性服务业纳税人，是指提供邮政服务、电信服务、现代服务、生活服务取得的销售额占全部销售额的比重超过50%的纳税人。

（四）不得从销项税额中抵扣的进项税额

原增值税一般纳税人购进服务、无形资产或者不动产，下列项目的进项税额不得从销项税额中抵扣：

（1）用于简易计税方法计税项目、免征增值税项目、集体福利或者个人消费的购进货物、劳务、服务、无形资产和不动产。其中涉及的无形资产、不动产，仅指专用于上述项目的无形资产（不包括其他权益性无形资产）、不动产。

用于集体福利或者个人消费的购进货物或者应税劳务等，是指企业内部设置的供职工使用的食堂、浴室、理发室、宿舍、幼儿园等福利设施及其设备、物品等或者以福利、奖励、津贴等形式发放给职工个人的物品。纳税人的交际应酬消费属于个人消费。

（2）非正常损失的购进货物，以及相关的劳务和交通运输服务。

（3）非正常损失的在产品、产成品所耗用的购进货物（不包括固定资产）、劳务和交通运输服务。

（4）非正常损失的不动产，以及该不动产所耗用的购进货物、设计服务和建筑服务。

（5）非正常损失的不动产在建工程所耗用的购进货物、设计服务和建筑服务。纳税人新建、改建、扩建、修缮、装饰不动产，均属于不动产在建工程。

（6）购进的贷款服务、餐饮服务、居民日常服务和娱乐服务。

（7）财政部和国家税务总局规定的其他情形。例如，纳税人接受贷款服务向贷款方支付的与该笔贷款直接相关的投融资顾问费、手续费、咨询费等费用，其进项税额不得从销项税额中抵扣。

上述第(4)、第(5)点所称货物,是指构成不动产实体的材料和设备,包括建筑装饰材料和给排水、采暖、卫生、通风、照明、通讯、煤气、消防、中央空调、电梯、电气、智能化楼宇设备及配套设施。

非正常损失是指因管理不善造成货物被盗、丢失、霉烂变质,以及因违反法律、法规造成货物或者不动产被依法没收、销毁、拆除的情形。这些非正常损失是由纳税人自身原因造成导致征税对象实体的灭失,其损失应由纳税人自行承担。

(8)增值税一般纳税人发生下列应税行为可以选择适用简易方法计税,不允许抵扣进项税额:

① 公共交通运输服务,包括轮客渡、公交客运、地铁、轨道轻轨、出租车、长途客运、班车。

② 经认定的动漫企业为开发动漫产品提供的动漫脚本编撰、形象设计、背景设计、动画设计、分镜、动画制作、摄制、描线、上色、画面合成、配音、配乐、音效合成、剪辑、字幕制作、压缩转码(面向网络动漫、手机动漫格式适配)服务,以及在境内转让动漫版权(包括动漫品牌、形象或者内容的授权及再授权)。

③ 电影放映服务、仓储服务、装卸搬运服务、收派服务和文化体育服务。

④ 已纳入营改增试点之日前取得的有形动产为标的物提供的经营租赁服务及签订的尚未执行完毕的有形动产租赁合同。

(9)一般计税方法的纳税人,兼营简易计税方法计税项目,免征增值税项目而无法划分不得抵扣的进项税额,按照下列公式计算不得抵扣的进项税额:

$$不得抵扣的进项税额 = 当期无法划分的全部进项税额$$
$$\times(当期简易计税方法计税项目销售额$$
$$+ 免征增值税项目销售额)\div 当期全部销售额$$

主管税务机关可以按照上述公式依据年度数据对不得抵扣的进项税额进行清算。

(10)已抵扣进项税额,发生非正常损失、改变用途、用于简易计税项目、免征增值税、集体福利或个人消费等不得抵扣的情形,应当将该进项税额从当期进项税额中扣减。无法确定该进项税额的,货物、劳务、服务按照当期实际成本和适用税率计算应扣减的进项税额;无法确定该进项税额的固定资产、无形资产按照净值和适用税率计算应扣减的进项税额;无法确定该进项税额的不动产按照已抵扣进项税额和不动产净值率(不动产净值与原值之比)计算应扣减的进项税额。

四、一般计税方法应纳税额的计算

(一)当期销项税额大于当期进项税额为当期应纳税额

当销项税额大于当期认证抵扣的进项税额时,在计算出销项税额和进项税额后就可以得出实际应纳税额。纳税人销售货物、应税劳务及应税服务,其应纳税额为当期销项税额抵扣当期进项税额后的余额。基本计算公式为:

$$应纳税额 = 当期销项税额 - 当期允许抵扣的进项税额$$

（二）当期销项税额小于当期进项税额为当期留抵税额

由于增值税实行购进扣税法，有时企业当期购进的货物很多，在计算应纳税额时会出现当期销项税额小于当期进项税额不足抵扣的情况。根据税法规定进行如下处理。

（1）当期进项税额不足抵扣的部分可以结转下期继续抵扣。

（2）自2019年4月1日起，试行增值税期末留抵税额退税制度，试用的条件和计算公式如下：

① 自2019年4月税款所属期起，连续6个月（按季纳税的，连续两个季度）增量留抵税额均大于零，且第6个月增量留抵税额不低于50万元。

② 增量留抵税额，是指与2019年3月月末相比新增加的期末留抵税额。

③ 纳税人当期允许退还的增量留抵税额，按照以下公式计算：

$$允许退还的增量留抵税额 = 增量留抵税额 \times 进项构成比例 \times 60\%$$

进项构成比例，为2019年4月至申请退税前一税款所属期内已抵扣的增值税专用发票（含税控机动车销售统一发票）、海关进口增值税专用缴款书、解缴税款完税凭证注明的增值税额占同期全部已抵扣进项税额的比重。

（3）自2019年6月1日起，同时符合以下条件的部分先进制造业纳税人，可以自2019年7月及以后纳税申报期向主管税务机关申请退还增量留抵税额：

① 增量留抵税额大于零。

② 纳税信用等级为A级或者B级。

③ 申请退税前36个月未发生骗取留抵退税、出口退税或虚开增值税专用发票情形。

④ 申请退税前36个月未因偷税被税务机关处罚2次及以上。

⑤ 自2019年4月1日起未享受即征即退、先征后返（退）政策。

⑥ 允许退还的增量留抵税额 = 增量留抵税额 × 进项构成比例。

（三）应纳税额的计算举例

【案例2-4】 某企业为增值税一般纳税人，在2020年5月发生如下购销业务：

（1）采购生产原料聚乙烯，取得的增值税专用发票上注明价款为120万元。

（2）采购生产用燃料液化煤气，取得的增值税专用发票上注明价款为75万元。

（3）购买钢材用于基建工程，取得的增值税专用发票注明价款为30万元。

（4）支付运输单位运费，取得的增值税专用发票注明价款20万元；取得保险费普通发票注明价款2万元。

（5）销售产品农用薄膜，开出的增值税专用发票上注明价款180万元。

（6）销售产品塑料制品，开出的增值税专用发票上注明价款230万元。

任务要求 有关发票均在当月通过了认证，请计算该企业当期应纳增值税额。

【案例解析】 （1）进项税额的计算。

采购生产原料聚乙烯、采购生产用燃料液化煤气取得了专用发票可以直接抵扣，但液化煤气的税率为9%；支付的运费，取得增值税专用发票可按运费金额的9%计算扣除，但装卸费、保险费不得计算在内。

进项税额＝120×13％＋75×9％＋20×9％＝24.15(万元)

(2) 销项税额的计算。

销售产品农用薄膜、销售产品塑料制品的税率分别为9％和13％。

销项税额＝180×9％＋230×13％＝46.1(万元)

(3) 当期应纳税额＝46.1－24.15＝21.95(万元)。

【案例2-5】 A电子设备生产企业与B商贸公司均为增值税一般纳税人,2019年12月有关经营业务如下:

(1) A企业从B公司购进生产用原材料和零部件,取得B公司开具的增值税专用发票,注明货款180万元,增值税23.4万元。

(2) B公司从A企业购电脑600台,每台不含税单价0.45万元,取得A企业开具的增值税专用发票,注明货款270万元,增值税35.1万元。

(3) A企业为B公司制作大型电子显示屏,开具了增值税普通发票,取得含税销售额9.04万元,调试费收入2.26万元。制作过程中委托C公司进行专业加工,支付加工费2万元,增值税0.26万元,取得C公司增值税专用发票。

(4) B公司从农民手中购进农产品,收购凭证上注明支付收购货款30万元,支付运输公司的含税运输费3.27万元,取得增值税专用发票。入库后,将收购的农产品40％作为职工福利消费,60％零售给消费者并取得含税收入33.79万元。

(5) B公司销售电脑和其他物品取得含税销售额288.15万元,均开具增值税普通发票。

任务要求 计算A企业与B公司2009年12月应缴纳的增值税。A企业与B公司取得的增值税发票均在当月通过了税务局的认证。

【案例解析】 (1) A企业:

销售电脑销项税额＝35.1(万元)

制作显示屏销项税额＝(9.04＋2.26)÷(1＋13％)×13％＝1.3(万元)

当期应扣除进项税额＝23.4＋0.26＝23.66(万元)

应缴纳的增值税＝当期销项税额－当期进项税额＝35.1＋1.3－23.66＝12.74(万元)

(2) B公司:

销售材料销项税额＝23.4(万元)

销售农产品销项税额＝33.79÷(1＋9％)×9％＝2.79(万元)

销售电脑销项税额＝288.15÷(1＋13％)×13％＝33.15(万元)

销项税额合计＝23.4＋2.79＋33.15＝59.34(万元)

购电脑进项税额＝35.1万元,(A企业与B公司销项税额与进项税额相对应)

购农产品进项税额＝(30×9％＋3.27÷1.09×9％)×60％＝1.782(万元)

应扣除进项税额合计＝35.1＋1.782＝36.882(万元)

应缴纳的增值税＝当期销项税额－当期进项税额＝59.34－36.882＝22.458(万元)

【案例 2-6】　前海商业银行为增值税一般纳税人。2019 年第三季度发生如下经济业务：

(1) 第三季度取得贷款利息收入 1 060 万元,其中加罚利息 60 万元,支付存款利息 250 万元。

(2) 提供票据贴票服务,取得含增值税利息收入 874.5 万元。提供资金结算服务,取得含增值税服务费收入 37.1 万元。提供账户管理服务,取得含增值税服务费收入 12.72 万元。

(3) 7 月 1 日,购买债券支付价款 3 000 万元,9 月 20 日,转让购入的债券取得收入 3 230 万元。第二季度末金融商品转让负差 50 万元。

(4) 取得国家助学贷款利息收入 8 万元。金融同业往来利息收入 45 万元。

(5) 7 月 15 日,购置一处新房产用于建储蓄所,取得增值税专用发票注明增值税额 200 万元。

任务要求　根据上述资料,按照下列顺序计算回答问题,如有计算需计算出合计数。

(1) 计算业务(1)的销项税额。

(2) 分别计算业务(2)中的贷款服务和直接收费金融服务的销项税额。

(3) 计算业务(3)的销项税额。

(4) 计算业务(4)的销项税额。

(5) 计算应缴的增值税额。

【案例解析】　(1) 业务(1)销项税额 $= 1\ 060 \div (1 + 6\%) \times 6\% = 60$(万元)

(2) 业务(2)贷款服务的销项税额 $= 874.5 \div (1 + 6\%) \times 6\% = 49.5$(万元)

业务(2)直接收费金融服务的销项税额 $= (37.1 + 12.72) \div (1 + 6\%) \times 6\% = 2.82$(万元)

业务(2)销项税额合计 $= 49.5 + 2.82 = 52.32$(万元)

(3) 业务(3)销项税额 $= (3\ 230 - 3\ 000 - 50) \div (1 + 6\%) \times 6\% = 10.19$(万元)

(4) 业务(4)销项税额 $= 0$。取得的国家助学贷款利息收入和金融同业往来利息收入免征增值税。

(5) 应缴的增值税额 $= 60 + 52.32 + 10.19 - 200 = -77.49$(万元)(负数为留抵税额)

【案例 2-7】　青年旅游公司为增值税一般纳税人,2019 年 12 月发生以下业务：

(1) 取得旅游费收入共计 680 万元,其中向境外旅游公司支付境外旅游费 63.6 万元,向境内其他单位支付旅游交通费 60 万元,住宿费 24 万元,门票费 21 万元,签证费 1.8 万元。支付本单位导游餐饮住宿费共计 2.2 万元,旅游公司选择按照扣除支付给其他单位相关费用后的余额为计税销售额,并开具增值税普通发票(以上金额均含税)。

(2) 将 2016 年 5 月在公司注册地购入的一套门市房对外出租,购入时进项税额已抵扣,本月一次性收取 3 个月含税租金 12 万元。

(3) 委托装修公司对自用房屋进行装修,取得该装修公司开具的增值税专用发票,注明装修费 50 万元;支付物业费,取得物业公司开具的增值税专用发票注明金额 3 万元。

(4) 将公司一台旅游车转为职工通勤班车,该车购进时已按 16% 税率抵扣进项税额,入账原值 60 万元,已提折旧 40 万元,该车评估价格 14 万元。

已知境外旅游公司在境内未设有经营机构,且没有代理人;本月取得的相关票据均符合

税法规定并在本月认证抵扣。

任务要求 根据上述材料,回答下列问题:

(1)境内旅游公司应代扣代缴境外旅游公司的增值税。

(2)该公司当月实际抵扣的增值税进项税额。

(3)该公司当月应纳增值税。

【案例解析】

(1)应扣缴的增值税=63.6÷(1+6%)×6%=3.6(万元)(适用扣缴计税方法)

(2)不得抵扣的进项税额=固定资产、无形资产或者不动产净值×适用税率=(60-40)×16%=3.2(万元)

当月实际抵扣的增值税进项税额=50×9%+3×6%-3.2=1.48(万元)

(3)旅游公司提供旅游服务销项税额=(680-63.6-60-24-21-1.8)÷(1+6%)×6%=28.85(万元)

旅游公司出租门市房销项税额=12÷(1+9%)×9%=0.990 8(万元)

该公司当月应缴纳增值税=28.85+0.990 8-1.48=28.360 8(万元)

五、简易计税方法应纳税额的计算

(一)简易计税的适用范围和征收率

小规模纳税人一律采用简易计税方法计税,增值税一般纳税人发生特定项目可以选择适用简易计税方法。增值税一般纳税人简易征收项目涵盖多个行业,具体范围如下:

1. 建筑服务

根据财税〔2016〕36号文,建筑业的下列情形可以选择简易征收,按照5%的征收率计算应纳税额:

(1)增值税一般纳税人以清包工方式提供的建筑服务,可以选择适用简易计税方法计税。

(2)增值税一般纳税人为甲供工程提供的建筑服务,可以选择适用简易计税方法计税。

(3)增值税一般纳税人为建筑工程老项目提供的建筑服务,可以选择适用简易计税方法计税。

根据财税〔2017〕58号文,建筑工程总承包单位为房屋建筑的地基与基础、主体结构提供工程服务,建设单位自行采购全部或部分钢材、混凝土、砌体材料、预制构件的,适用简易计税方法计税。

2. 出售不动产

根据财税〔2016〕36号文,下列情形可以选择简易征收,按照5%的征收率计算应纳税额:

(1)增值税一般纳税人销售其2016年4月30日前取得(不含自建)的不动产,可以选择适用简易计税方法,以取得的全部价款和价外费用减去该项不动产购置原价或者取得不动产时作价后的余额为销售额。

(2)增值税一般纳税人销售其2016年4月30日前自建的不动产,可以选择适用简易计税方法,以取得的全部价款和价外费用为销售额。

（3）房地产开发企业中的增值税一般纳税人,销售自行开发的房地产老项目。

3. 物业管理服务中收取的自来水费

根据《国家税务总局关于物业管理服务中收取的自来水水费增值税问题的公告》（国家税务总局公告 2016 年第 54 号）规定:提供物业管理服务的纳税人,向服务接受方收取的自来水水费,以扣除其对外支付的自来水水费后的余额为销售额,按照简易计税方法依 3% 的征收率计算缴纳增值税。

4. 不动产经营租赁

根据财税〔2016〕36 号文,下列情形可以选择简易征收:

（1）增值税一般纳税人出租其 2016 年 4 月 30 日前取得的不动产,可以选择适用简易计税方法,按照 5% 的征收率计算应纳税额。

（2）公路经营企业中的增值税一般纳税人收取试点前开工的高速公路的车辆通行费,可以选择适用简易计税方法,减按 3% 的征收率计算应纳税额。

（3）个人出租住房,应按照 5% 的征收率减按 1.5% 计算应纳税额。

5. 销售使用过的固定资产

根据财税〔2016〕36 号文和财税〔2008〕170 号文规定:

（1）增值税一般纳税人销售自己使用过的、纳入营改增试点之日前取得的固定资产,依照 3% 征收率减按 2% 征收增值税。

（2）增值税一般纳税人销售自己使用过 2008 年 12 月 31 前购进或自制的固定资产（未抵扣进项税额）,依照 3% 征收率减按 2% 征收增值税。

6. 劳务派遣

根据财税〔2016〕47 号规定:增值税一般纳税人提供劳务派遣服务,按照财税〔2016〕36 号的有关规定,可以选择差额纳税,以取得的全部价款和价外费用,扣除代用工单位支付给劳务派遣员工的工资、福利和为其办理社会保险及住房公积金后的余额为销售额,按照简易计税方法依 5% 的征收率计算缴纳增值税。不得开具增值税专用发票,可以开具普通发票。

7. 转让土地使用权

纳税人转让 2016 年 4 月 30 日前取得的土地使用权,可以选择适用简易计税方法,以取得的全部价款和价外费用减去取得该土地使用权的原价后的余额为销售额,按照 5% 的征收率计算缴纳增值税。

8. 不动产融资租赁合同

增值税一般纳税人 2016 年 4 月 30 日前签订的不动产融资租赁合同,或以 2016 年 4 月 30 日前取得的不动产提供的融资租赁服务,可以选择适用简易计税方法,按照 5% 的征收率计算缴纳增值税。

9. 人力资源外包服务

增值税一般纳税人提供人力资源外包服务,可以选择适用简易计税方法,按照 5% 的征收率计算缴纳增值税。

10. 其他可以选择简易计税的情况(按征收率3%)

(1) 公共交通运输服务。

(2) 电影放映服务、仓储服务、装卸搬运服务、收派服务和文化体育服务。

(3) 在2016年4月30日前签订的尚未执行完毕的有形动产租赁合同。

(4) 在2016年4月30日前取得的有形动产为标的物提供的经营租赁服务。

(5) 经认定的动漫企业为开发动漫产品提供的服务。

(6) 县级及县级以下小型水力发电单位生产的电力。

(7) 建筑用和生产建筑材料所用的砂、土、石料。

(8) 以自己采掘的砂、土、石料或其他矿物连续生产的砖、瓦、石灰(不含粘土实心砖、瓦)。

(9) 用微生物、微生物代谢产物、动物毒素、人或动物的血液或组织制成的生物制品。

(10) 商品混凝土(仅限于以水泥为原料生产的水泥混凝土)。

(11) 寄售商店代销寄售物品。

(12) 典当业销售死当物品。

(13) 单采血浆站销售非临床用人体血液。

(14) 经国务院或国务院授权机关批准的免税商店零售的免税品。

(15) 提供的教育辅助服务。

(16) 非企业性单位提供的研发和技术服务、信息技术服务、鉴证咨询服务,以及销售技术、著作权等无形资产。

(17) 药品经营企业(取得食品、药品监督管理部门颁发的《药品经营许可证》获准从事生物制品经营的药品批发和零售企业)销售生物制品。兽用药品经营企业(取得兽医行政管理部门颁发的《兽药经营许可证》,获准从事兽用生物制品经营的兽用药品批发和零售企业)销售兽用生物制品。

(18) 自2018年5月1日起,增值税一般纳税人生产销售和批发、零售抗癌药品,可选择按照简易办法依照3%征收率计算缴纳增值税。

(19) 自2019年3月1日起,增值税一般纳税人生产销售和批发、零售罕见病药品,可选择按照简易办法依照3%征收率计算缴纳增值税。

(二) 简易计税应纳税额的计算

小规模纳税人销售货物或者应税劳务,实行按照销售额和征收率计算应纳税额的简易办法,并不得抵扣进项税额。其应纳税额计算公式为:

$$应纳税额 = 销售额 \times 征收率$$

这里需要解释两点:第一,小规模纳税人取得的销售额与前面讲述的销售额所包含的内容是一致的,都是销售货物或提供应税劳务向购买方收取的全部价款和价外费用,但是不包括按3%的征收率收取的增值税额。第二,小规模纳税人不得抵扣进项税额,这是因为,小规模纳税人会计核算不健全,不能准确核算销项税额和进项税额,不实行按销项税额抵扣进项税额求得应纳税额的税款抵扣制度,而实行简易计税办法;且我国《增值税暂行条例》规定的3%的征收率,是结合增值税13%和9%两档税率的货物或应税劳务的环节税收负担水平而设计的,其税收负担与增值税一般纳税人基本一致,因此不能再抵扣进项税额。

（三）简易计税含税销售额的换算

由于小规模纳税人在销售货物或应税劳务时,一般只能开具普通发票,取得的销售收入均为含税销售额。而根据我国《增值税暂行条例》及其实施细则的规定,小规模纳税人的销售额不包括其应纳税额。为了符合增值税作为价外税的要求,小规模纳税人在计算应纳税额时,必须将含税销售额换算为不含的销售额后才能计算应纳税额。

当小规模纳税人销售货物或者应税劳务采用销售额和应纳税额合并定价方法的,按下列公式计算销售额:

$$销售额＝含税销售额÷（1＋征收率）$$

【案例2-8】 某商店为小规模纳税人,2019年8月取得零售收入总额12.36万元。计算该商店8月应纳增值税额。

【案例解析】 2019年8月取得的不含税销售额＝12.36÷（1＋3％）＝12（万元）

2019年8月应纳增值税额＝12×3％＝0.36（万元）

小规模纳税人因销售货物退回或者折让退还给购买方的销售额,应从发生销售货物退回或者折让当期的销售额中扣减。

六、进口货物应纳税额的计算

进口货物按照组成计税价格和规定的税率,计算进口环节应纳增值税额,不得抵扣任何税额。进口货物的增值税由海关代征。组成计税价格和应纳税额的计算公式为:

$$组成计税价格＝关税完税价格＋关税$$

属于征收消费税的进口货物,还需在组成计税价格中加上消费税。其计算公式为:

$$组成计税价格＝关税完税价格＋关税＋消费税$$
$$应纳税额＝组成计税价格×税率$$

【案例2-9】 前海外贸公司于2020年1月进口货物一批,经海关审定的关税完税价格为60万元。货物报关后,公司按规定缴纳了进口环节的增值税并取得了海关开具的完税凭证。假定该批进口货物在国内全部销售,取得不含税销售额80万元。若货物进口关税税率为10％,增值税税率为13％。计算该批货物进口环节、国内销售环节分别应纳增值税额。

【案例解析】 （1）应缴纳进口关税＝60×10％＝6（万元）

（2）进口环节应纳增值税的组成计税价格＝60＋6＝66（万元）

（3）进口环节应纳增值税额＝66×13％＝8.58（万元）

（4）国内销售环节的销项税额＝80×13％＝10.4（万元）

（5）国内销售环节应纳增值税额＝10.4－8.58＝1.82（万元）

七、出口货物退税的计算

（一）出口货物退（免）税基本政策

世界各国为了鼓励本国货物出口,在遵循WTO基本规则的前提下,一般都采取优惠的

税收政策。有的国家采取对该货物出口前所包含的税金在出口后予以退还的政策(即出口退税),有的国家采取对出口的货物在出口前即予以免税的政策。我国则根据本国的实际,采取出口退税与免税相结合的政策。鉴于我国的出口体制尚不成熟,拥有出口经营权的企业还限于少部分须经国家批准的企业,并且我国生产的某些货物,如稀有金属等还不能满足国内的需要,因此,对某些非生产性企业和国家紧缺的货物则采取限制从事出口业务或限制该货物出口不予出口退(免)税。目前,我国的出口货物税收政策分为以下三种形式。

1. 出口免税并退税

出口免税是指对货物在出口销售环节不征增值税、消费税,这是把货物出口环节与出口前的销售环节都同样视为一个征税环节。出口退税是指对货物在出口前实际承担的税收负担,按规定的退税率计算后予以退还。

2. 出口免税不退税

出口免税与上述第(一)项含义相同。出口不退税是指适用这个政策的出口货物因在前一道生产、销售环节或进口环节是免税的,因此,出口时该货物的价格中本身就不含税,也无须退税。

3. 出口不免税也不退税

出口不免税是指对国家限制或禁止出口的某些货物的出口环节视同内销环节,照常征税;出口不退税是指对这些货物出口不退还出口前其所负担的税款。适用这个政策的主要是税法列举限制或禁止出口的货物,如天然牛黄、麝香等。

(二) 出口货物退(免)税的适用范围

根据《出口货物退(免)税管理办法》规定,可以退(免)税的出口货物一般应具备以下四个条件:

(1) 必须是属于增值税、消费税征税范围的货物。

(2) 必须是报关离境的货物。

(3) 必须是在财务上作销售处理的货物。

(4) 出口货物必须结汇。

下列企业出口满足上述四个条件的货物,除另有规定外,给予免税并退税:

(1) 生产企业自营出口或委托外贸企业代理出口的自产货物。

(2) 有出口经营权的外贸企业收购后直接出口或委托其他外贸企业代理出口的货物。

(3) 特定出口的货物。在出口货物中,有一些虽然不同时具备上述四个条件的货物,但由于这些货物销售方式、消费环节、结算办法的特殊性,以及国际的特殊情况,国家特准退还或免征其增值税和消费税。

下列企业出口的货物,除另有规定外,给予免税,但不予退税:

(1) 属于生产企业的小规模纳税人自营出口或委托外贸企业代理出口的自产货物。

(2) 外贸企业从小规模纳税人购进并持普通发票的货物出口,免税但不予退税。但对出口的抽纱、工艺品、香料油、山货、草柳竹藤制品、渔网渔具、松香、五倍子、生漆、鬃尾、山羊皮、纸制品等,考虑到这些产品大多由小规模纳税人生产、加工、采购,并且其出口比重较大的特殊因素,特准予退税。

（3）外贸企业直接购进国家规定的免税货物（包括免税农产品）出口的，免税但不予退税。

除经批准属于进料加工复出口贸易以外，下列出口货物不免税也不退税：

（1）国家计划外出口的原油。

（2）援外出口货物。

（3）国家禁止出口的货物，包括天然牛黄、麝香、铜及铜基合金、白银等。

（三）出口货物的退税率

出口货物的退税率是出口货物的实际退税额与退税计税依据的比例。2019年3月21日，财政部、税务总局、海关总署联合发布《关于深化增值税改革有关政策的公告》，自2019年4月1日起，增值税一般纳税人发生增值税应税销售行为或者进口货物，原适用16%税率的，税率调整为13%；原适用10%税率的，税率调整为9%；配合税率调整，将适用税率为9%的退税物品（境外旅客购物离境退税物品），退税率调整为8%，其他退税物品适用税率为13%的退税物品，仍维持11%的退税率。即现行出口货物、物品的增值税退税率主要为13%、11%、10%、9%、8%、6%。

（四）出口货物退税的计算

出口货物只有在适用既免税又退税的政策时，才会涉及如何计算退税的问题。我国《出口货物退（免）税管理办法》规定了两种退税计算办法：第一种办法是"免、抵、退"办法，主要适用于自营和委托出口自产货物的生产企业；第二种办法是"先征后退"办法，目前主要用于收购货物出口的外（工）贸企业。

1. 免、抵、退税的计算方法

按照《财政部、国家税务总局关于进一步推进出口货物实行免抵退税办法的通知》（财税〔2002〕7号）规定：自2002年1月1日起，生产企业自营或委托外贸企业代理出口自产货物，除另有规定外，增值税一律实行免、抵、退税管理办法。

实行免、抵、退税管理办法的"免"税，是指对生产企业出口的自产货物，免征本企业生产销售环节增值税；"抵"税，是指生产企业出口自产货物所耗用的原材料、零部件、燃料、动力等所含应予退还的进项税额，抵顶内销货物的应纳税额；"退"税是指生产企业出口的自产货物在当月内应抵顶的进项税额大于应纳税额时，对未抵顶完的部分予以退税。具体计算方法与计算公式为（公式中的价格均为人民币）：

（1）当期应纳税额的计算：

$$
\text{当期应纳税额} = \text{当期内销货物的销项税额} - (\text{当期进项税额} - \text{当期免抵退税不得免征和抵扣税额}) - \text{上期留抵税额}
$$

其中：

$$
\text{当期免抵退税不得免征和抵扣税额} = \text{出口货物离岸价} \times (\text{出口货物征税率} - \text{出口货物退税率}) - \text{免抵退税不得免征和抵扣税额的抵减额}
$$

$$
\text{免抵退税不得免征和抵扣税额抵减额} = \text{免税购进原材料价格} \times (\text{出口货物征税率} - \text{出口货物退税率})
$$

免税购进原材料包括从国内购进免税原材料和进料加工免税进口料件,其中进料加工免税进口料件的价格为组成计税价格。

进料加工免税进口料件的组成计税价格＝货物到岸价＋海关实征关税和消费税

出口货物离岸价以出口发票计算的离岸价为准。出口发票不能如实反映实际离岸价的,企业必须按照实际离岸价向主管国税机关申报,同时主管税务机关有权依照《中华人民共和国税收征收管理法》《中华人民共和国增值税暂行条例》等有关规定予以核定。

如果当期没有免税购进原材料价格,前述公式中的免、抵、退税不得免征和抵扣税额抵减额,以及后面公式中的免、抵、退税额抵减额,就不用计算。

(2) 免抵退税额的计算:

免抵退税额＝出口货物离岸价×出口货物退税率－免抵退税额抵减额

其中:

免抵退税额抵减额＝免税购进原材料价格×出口货物退税率

(3) 当期应退税额和免抵税额的计算:

① 如当期期末留抵税额≤当期免抵退税额,则:

当期应退税额＝当期期末留抵税额

当期免抵税额＝当期免抵退税额－当期应退税额

② 如当期期末留抵税额＞当期免抵退税额,则:

当期应退税额＝当期免抵退税额

当期免抵税额＝0

当期期末留抵税额根据当期增值税纳税申报表中"期末留抵税额"确定。

【案例2-10】 前海自营出口生产企业是增值税一般纳税人,出口货物的征税税率为13％,退税率为9％。2020年3月购进原材料一批,取得的增值税专用发票注明价款200万元,外购货物准予抵扣进项税款26万元,货已入库。上期期末留抵税额3万元。当月内销货物销售额100万元,销项税额13万元。本月出口货物销售折合人民币200万元。

任务要求 计算该企业本期免、抵、退税额,应退税额,免、抵税额。

【案例解析】 当期免、抵、退税不得免征和抵扣税额＝200×(13％－9％)＝8(万元)

应纳增值税额＝100×13％－(26－8)－3＝－8(万元)

出口货物免、抵、退税额＝200×9％＝18(万元)

本例中,当期期末留抵税额8万元小于当期免、抵、退税额18万元,故:

当期应退税额＝当期期末留抵税额＝8(万元)

当期免、抵税额＝18－8＝10(万元)

【案例2-11】 前海自营出口生产企业是增值税一般纳税人,出口货物的征税税率为13％,退税率为9％。2020年3月购进原材料一批,取得的增值税专用发票注明价款200万元,外购货物准予抵扣进项税款26万元,货已入库。当月海关进口料件的组成计税价格100万元,进口手册号分别为C4708230028,海关进口料件的组成计税价格50万元,已按购进法

向税务机关办理了《生产企业进料加工贸易免税证明》。上期期末留抵税额 3 万元。当月内销货物销售额 170 万元，销项税额 22.1 万元。本月出口货物销售折合人民币 130 万元，其中一般贸易出口 100 万元、出口手册号为 C4708230028 项下的货物 30 万元。

任务要求 计算该企业本期免、抵、退税额。

【案例解析】 $\text{免、抵、退税不得免征和抵扣税额抵减额} = \text{免税购进原材料价格} \times \left(\text{出口货物征税率} - \text{出口货物退税率}\right)$

$= 50 \times (13\% - 9\%) = 2(\text{万元})$

$\text{免、抵、退税不得免征和抵扣税额} = \text{当期出口货物离岸价格} \times \text{外汇人民币牌价} \times \left(\text{出口货物征税率} - \text{出口货物退税率}\right)$

$- \text{免、抵、退税不得免征和抵扣税额抵减额} = 130 \times (13\% - 9\%) - 2 = 3.2(\text{万元})$

应纳增值税额 $= 170 \times 13\% - (26 - 3.2) - 3 = -3.7(\text{万元})$

免、抵、退税额抵减额 $= \text{免税购进原材料价格} \times \text{出口货物退税率} = 50 \times 9\% = 4.5(\text{万元})$

出口货物免、抵、退税额 $= 130 \times 9\% - 4.5 = 7.2(\text{万元})$

本例中，当期期末留抵税额 3.7 万元小于当期免、抵、退税额 7.2 万元，故当期应退税额等于当期期末留抵税额 3.7 万元。

当期免、抵税额 = 当期免、抵、退税额 - 当期应退税额 = 7.2 - 3.7 = 3.5(万元)

2. "先征后退"的计算方法

(1) 外贸企业以及实行外贸企业财务制度的工贸企业收购货物出口，其出口销售环节的增值税免征；其收购货物的成本部分，因外贸企业在支付收购货款的同时也支付了生产经营该类商品的企业已纳的增值税款，因此，在货物出口后按收购成本与退税率计算退税退还给外贸企业，征、退税之差计入企业成本。外贸企业出口货物增值税的计算应依据购进出口货物增值税专用发票上所注明的买价和退税率计算。

应退税额 = 外贸企业收购货物不含增值税的购进金额 × 退税率

(2) 外贸企业收购小规模纳税人货物出口增值税的退税规定：凡从小规模纳税人购进持普通发票特准退税的抽纱、工艺品等 12 类出口货物，同样实行销售出口货物的收入免税，并退还出口货物进项税额的办法。由于小规模纳税人使用的是普通发票，必须将合并定价的销售额先换算成不含税价格，然后据以计算出口货物退税。其计算公式为：

应退税额 = [普通发票所列(含增值税)的销售额] ÷ (1 + 征收率) × 退税率

对出口企业购进小规模纳税人特准的 12 类货物出口，提供的普通发票应符合《中华人民共和国发票管理办法》的有关使用规定，否则不予办理退税。

(3) 外贸企业委托生产企业加工出口货物的退税规定：外贸企业委托生产企业加工收回后报关出口的货物，按购进国内原辅材料的增值税专用发票上注明的购进金额，依原辅材料的退税率计算原辅材料应退税额。支付的加工费，凭受托方开具货物的退税率，计算加工费的应退税额。

八、认识纳税申报

（一）增值税纳税义务发生时间

销售货物或者应税劳务，为收讫销售款或者取得索取销售款凭据的当天；先开具发票的，为开具发票的当天。进口货物，为报关进口的当天。扣缴义务发生时间为纳税人增值税纳税义务发生的当天。

其他具体规定如下：

（1）采取直接收款方式销售货物，不论货物是否发出，均为收到销售额或取得索取销售额的凭据，并将提货单交给买方的当天。

（2）采取托收承付和委托银行收款方式销售货物为发出货物并办妥托收手续的当天。

（3）采取赊销和分期收款方式销售货物，为按合同约定的收款日期的当天。无书面合同的或者书面合同没有约定收款日期的，为货物发出或应税服务完成的当天。

（4）采取预收货款方式销售货物，为货物发出的当天，如果生产的产品生产工期超过12个月的大型机械设备、船舶、分机等货物，为收到预收款当天或者合同约定的收款日期当天。

（5）委托其他纳税人代销货物，为收到代销单位销售的代销清单或者收到全部或者部分货款的当天；未收到代销清单及货款的，其纳税义务发生时间为发出代销货物满180天的当天。

（6）销售应税劳务，为提供劳务同时收讫销售额或取得索取销售额的凭据的当天。

（7）纳税人发生视同销售货物行为，为货物移送的当天。

（8）纳税人提供建筑服务、租赁服务采取预收款方式的，其纳税义务发生时间为收到预收款的当天。

（9）纳税人从事金融商品转让的，为金融商品所有权转移的当天。

（10）纳税人发生视同提供应税服务、转让无形资产和不动产，其纳税义务发生时间为服务、无形资产转让完成的当天或者不动产权属变更的当天。

（11）增值税扣缴义务发生时间为纳税人增值税纳税义务发生的当天，扣缴义务的存在是以纳税义务的存在为前提的，为了保证税款及时入库，同时也方便扣缴义务人代扣代缴税款，有必要使扣缴义务发生时间与纳税义务发生时间相衔接。

【案例2-12】 前海运输公司2020年1月4日接受乙企业委托运送一批物资，运费为100万元（不含税），前海运输公司2020年1月6日开始运输，2月2日抵达目的地，期间2020年1月7日收到乙企业运费50万（不含税），2020年1月25日收到运费20万元（不含税），2020年2月10日收到运费30万元（不含税）。

任务要求 计算前海运输公司1月份销售额。

【案例解析】 前海运输公司1月6日开始运输，说明已经开始提供运输劳务，那么对其2020年1月7日收到乙企业运费50万元（不含税），2020年1月25日收到运费20万元（不含税）均根据相关规定将收到款项的当天作为纳税义务发生时间，而不是等到运输劳务提供完成（2月2日抵达目的地），因此前海运输公司1月份销售额为50万元＋20万元＝70万元（不含税）。

【案例2-13】　甲企业2020年2月5日为乙企业提供了一项咨询服务,合同价款200万元(不含税),合同约定2020年2月10日乙企业付款50万元(不含税),但实际到2020年3月7日才付。

任务要求　判断甲企业该项劳务的纳税义务发生时间。

【案例解析】　对这种情况,虽然该企业收到款项的时间在2020年3月7日,但由于其2020年2月5日开始提供咨询劳务,并约定2020年2月10日要付款50万元(不含税),根据相关规定,无论是否收到款项,其50万元(不含税)的纳税义务发生时间为2020年2月10日,而非2020年3月7日。

（二）纳税期限

1. 增值税纳税期限的规定

增值税的纳税期限分别为1日、3日、5日、10日、15日、1个月或者1个季度。

以1个季度为纳税期限的规定仅适用于小规模纳税人。纳税人的具体纳税期限,由主管税务机关根据纳税人应纳税额的大小分别核定;不能按照固定期限纳税的,可以按次纳税。

2. 增值税报缴税款期限的规定

（1）纳税人以1个月或者1个季度为纳税期的,自期满之日起15日内申报纳税;以1日、3日、5日、10日或者15日为一期纳税的,自期满之日起5日内预缴税款,于次月1日起15日内申报纳税并结清上月应纳税款。

（2）纳税人进口货物,应当自海关填发进口增值税专用缴款书之日起15日内缴纳税款。

（三）纳税地点

（1）固定业户应当向其机构所在地的主管税务机关申报纳税。总机构和分支机构不在同一县(市)的,应当分别向各自所在地的主管税务机关申报纳税;经国务院财政、税务主管部门或者其授权的财政、税务机关批准,可以由总机构汇总向总机构所在地的主管税务机关申报纳税。

（2）固定业户到外县(市)销售货物或者提供应税劳务的,应当向其机构所在地的主管税务机关申请开具外出经营活动税收管理证明,并向其机构所在地的主管税务机关申报纳税。未开具证明的,应当向销售地或者劳务发生地的主管税务机关申报纳税;未向销售地或者劳务发生地的主管税务机关申报纳税的,由其机构所在地的主管税务机关补征税款。

（3）非固定业户销售货物或者应税劳务,应当向销售地或者劳务发生地的主管税务机关申报纳税;未向销售地或者劳务发生地的主管税务机关申报纳税的,由其机构所在地或者居住地的主管税务机关补征税款。

（4）进口货物,应当向报关地海关申报纳税。

（5）扣缴义务人应当向其机构所在地或者居住地的主管税务机关申报缴纳其扣缴的税款。

（四）增值税起征点

我国《增值税暂行条例实施细则》和"营改增通知"规定,增值税起征点仅适用于个人,包括个体工商户和其他个人,但不包括登记认定为增值税一般纳税人的个体工商户。即起征点适用于按照小规模纳税的个体工商户和其他个人。纳税人达到增值税起征点的,应全额计算缴纳增值税,不应仅就超过增值税起征点的部分计算缴纳增值税。另外,根据财税〔2019〕13 号规定,自 2019 年 1 月 1 日至 2021 年 12 月 31 日,小规模纳税人发生增值税应税销售行为,合计月销售额未超过 10 万元(以 1 个季度为 1 个纳税期的,季度销售额未超过 30 万元,下同)的,免征增值税。小规模纳税人发生增值税应税销售行为,合计月销售额超过 10 万元,但扣除本期发生的销售不动产的销售额后未超过 10 万元的,其销售货物、劳务、服务、无形资产取得的销售额免征增值税。

(1) 按期纳税的,为月销售额 5 000～20 000 元(含本数)。

(2) 按次纳税的,为每次(日)销售额 300～500 元(含本数)。

起征点的调整由财政部和国家税务总局规定。省、自治区、直辖市财政厅(局)和国家税务局应当在规定的幅度内,根据实际情况确定本地区适用的起征点,并报财政部和国家税务总局备案。

(五)增值税纳税申报表

1. 增值税一般纳税人纳税申报办法

为进一步优化纳税服务,减轻纳税人负担,税务总局对增值税一般纳税人申报资料进行了简化,自 2019 年 5 月 1 日起,一般纳税人在办理纳税申报时,需要填报"一主表四附表",即申报表主表和附列资料(一)(二)(三)(四),《增值税纳税申报表附列资料(五)》和《营改增税负分析测算明细表》不再需要填报。纳税申报资料如下:

(1)"一主表"《增值税纳税申报表(增值税一般纳税人适用)》。增值税纳税申报(以某企业实际填报数字为例,其格式见表 2-2)纳税人不论有无销售额,均应按主管税务机关核定的纳税期限按期填报本表,并于次月 1 日起 15 日内,向当地税务机关申报。

表 2-2

增值税纳税申报表

(适用于增值税一般纳税人)

根据国家法律法规及增值税相关规定制定本表。纳税人不论有无销售额,均应按照税务机关核定的纳税期限填写本表,并向当地税务机关申报。

税款所属时间:自 2020 年 1 月 1 日至 2020 年 1 月 31 日　　　　　　　填表日期:2020 年 2 月 12 日

金额单位:元(列至角分)

纳税人识别号	3 7 0 5 0 1 0 0 0 0 0 0 0 0 1 0 0 0 0 1 X			所属行业		
纳税人名称	×××公司(公章)	法定代表人姓名	×××	注册地址 ×××	经营地址	×××
开户银行及账号	工行香港路支行 3333311111022113		企业登记注册类型	国有企业	电话号码	×××

项目		栏次	一般项目		即征即退项目	
			本月数	本年累计	本月数	本年累计
销售额	(一)按适用税率计税销售额	1	1 052 282.05	1 052 282.05		
	其中:应税货物销售额	2	1 052 282.05	1 052 282.05		
	应税劳务销售额	3				

（续表）

项目		栏次	一般项目		即征即退项目	
			本月数	本年累计	本月数	本年累计
销售额	纳税检查调整的销售额	4				
	（二）按简易办法计税货物销售额	5				
	其中：纳税检查调整的销售额	6				
	（三）免、抵、退办法出口货物销售额	7			—	—
	（四）免税销售额	8			—	—
	其中：免税货物销售额	9			—	—
	免税劳务销售额	10			—	—
税款计算	销项税额	11	178 887.95	178 887.95		
	进项税额	12	104 750.00	104 750.00		
	上期留抵税额	13	0.00	—		
	进项税额转出	14	8 500.00	8 500.00		
	免、抵、退应退税额	15			—	—
	按适用税率计算的纳税检查应补缴税额	16			—	—
	应抵扣税额合计	17＝12＋13－14－15＋16	96 250.00	96 250.00		
	实际抵扣税额	18（如17<11，则为17，否则为11）	96 250.00	96 250.00		
	应纳税额	19＝11－18	82 637.95	82 637.95		
	期末留抵税额	20＝17－18		—		
	简易计税办法计算的应纳税额	21	865.38	865.38		
	按简易计税办法计算的纳税检查应补缴税额	22			—	—
	应纳税额减征额	23				
	应纳税额合计	24＝19＋21－23	83 233.33	83 233.33		
税款缴纳	期初未缴税额（多缴为负数）	25	21 000.00	21 000.00		
	实收出口开具专用缴款书退税额	26			—	—
	本期已缴税额	27＝28＋29＋30＋31	21 000.00	21 000.00		
	（1）分次预缴税额	28		—		—
	（2）出口开具专用缴款书预缴税额	29		—		—
	（3）本期交纳上期应纳税额	30	21 000.00	21 000.00		

（续表）

项目		栏次	一般项目		即征即退项目	
			本月数	本年累计	本月数	本年累计
税款缴纳	（4）本期缴纳欠缴税额	31				
	期末未缴税额(多缴为负数)	$32 = 24 + 25 + 26 - 27$	83 233.33	83 233.33		
	其中:欠缴税额(≥0)	$33 = 25 + 26 - 27$			—	—
	本期应补(退)税额	$34 = 24 - 28 - 29$	83 233.33	—		—
	即征即退实际退税额	35				
	期初未缴查补税额	36			—	—
	本期入库查补税额	37			—	—
	期末未缴查补税额	$38 = 16 + 22 + 36 - 37$			—	—

授权声明	如果你已委托代理人申报,请填写以下资料:
	  为代理一切税务事宜,现授权_____(地址)为本纳税人的代理申报人,任何与本申报表有关的往来文件,都可寄予此人。 授权人签字:
			申报人声明		此纳税申报表是根据《中华人民共和国增值税暂行条例》的规定填报的,我相信它是真实的、可靠的、完整的。
					  声明人签字:	

收到日期:　　　　　　接收人:　　　　　　主管税务机关盖章:

（2）《增值税纳税申报附列资料(一)》(本期销售情况明细)(略)。

（3）《增值税纳税申报附列资料(二)》(本期进项税额明细)(略)。

（4）《增值税纳税申报附列资料(三)》(服务、不动产和无形资产扣除项目明细)(略)。

（5）《增值税纳税申报附列资料(四)》(税额抵减情况表)(略)。

（6）纳税申报的其他附报资料:

① 已开具的增值税专用发票和普通发票存根联。

② 符合抵扣条件并且在本期申报抵扣的增值税专用发票抵扣联(含税空机动车销售统一发票)。

③ 符合抵扣条件并且在本期申报抵扣的海关进口增值税专用缴款书,收购农产品的普通发票复印件。

④ 符合抵扣条件并且在本期申报抵扣的税收完税凭证及其清单,书面合同,付款证明和境外单位的对账单或者发票。

⑤ 已开具的农产品收购凭证的存根联或报查联。

⑥ 纳税人销售服务、不动产和无形资产,在确定销售额时,按照有关规定从取得的全额价款和价外费用中扣除价款的合法凭证及其清单。

⑦ 主管税务机关要求报送的其他资料。

经营规模大的纳税人,如上述附报资料很多,报送确有困难的,经县级国家税务局批准,由主管国家税务机关(以下简称税务机关)派人到企业审核。

2. 小规模纳税人纳税申报办法

（1）《增值税纳税申报表(小规模纳税人适用)》(必填,纳税申报表见表2-3)。

表 2-3

增值税纳税申报表

（适用小规模纳税人）

纳税人名称(公章)：×××前海公司　　　　　　　　　　　金额单位：元(列至角分)

税款所属期：2020 年 01 月 01 日至 2020 年 01 月 31 日　　　　填表日期：2020 年 03 月 12 日

纳税人识别号：| 2 | 4 | 0 | 0 | 0 | 0 | 0 | 0 | 1 | 0 | 1 | 0 | 1 | 0 | 1 | 0 | 0 | 1 | 1 | 1 |

项　目	栏次	本月数		本年累计	
		货物及劳务	服务、不动产和无形资产	货物及劳务	服务、不动产和无形资产
一、计税依据					
（一）应征增值税不含税销售额	1	103 106.80		103 106.80	
其中：税务机关代开的增值税专用发票不含税销售额	2	40 000.00		40 000.00	
税控器具开具的普通发票不含税销售额	3	6 106.80		6 106.80	
（二）销售、出租不动产不含税销售额	4	—		—	
其中：税务机关代开的增值税专用发票不含税销售额	5	—		—	
税控器具开具的普通发票不含税销售额	6	—		—	
（三）销售使用过的固定资产不含税销售额	7				
其中：税控器具开具的普通发票不含税销售额	8				
（四）免税销售额	9				
其中：小微企业免税销售额	10				
未达起征点销售额	11				
其他免税销售额	12				
（五）出口免税货物销售额	13				
其中：税控器具开具的普通发票销售额	14				
二、税款计算					
本期应纳税额	15	3 093.20		3 093.20	
本期应纳税额减征额	16				
本期免税额	17				
其中：小微企业免税额	18				
未达起征点免税额	19				
应纳税额合计	20＝15－16	3 093.20		3 093.20	
本期预缴税额	21			—	
本期应补(退)税额	22＝20－21	3 093.20		—	

纳税人或代理人声明：此纳税申报表是根据国家税收法律的规定填报的，我确定它是真的、可靠的、完整的。	如纳税人填报，由纳税人填写以下各栏：
	办税人员(签章)：　　　　　　　财务负责人(签章)：
	法定代表人(签章)：　　　　　　联系电话：
	如委托代理人填报，由代理人填写以下各栏：
	代理人名称：　　　经办人(签章)：　　　　联系电话： 代理人(公章)：

受理人：　　　　　受理日期：　　年　月　日　　　　受理税务机关(签章)：

本表为 A4 竖式一式二份，纳税人、税务机关各留存一份。

（2）《增值税纳税申报表（小规模纳税人适用）附列资料》（选填），本表由销售服务有扣除项目的纳税人填写，其他小规模纳税人不填报。

（3）《增值税减免税申报明细表》（选填），本表为增值税一般纳税人和小规模纳税人共用表，享受增值税减免税优惠的小规模纳税人需填写本表。发生增值税税控系统专用设备费用、技术维护费以及购置税控收款机费用的小规模纳税人也需填报本表。仅享受月销售额不超过 10 万元（按季纳税 30 万元）免征增值税政策或未达起征点的小规模纳税人不需填本表。

任务处理

任务情境中的问题你解决了吗？

（各小组讨论，小组推荐代表发言，其他小组提问，小组答辩，提交实训报告册，小组代表和教师进行点评打分）

专项技能训练

一、职业判断能力训练

1. 企业采取预收货款方式销售货物的，其纳税义务的发生时间为收到货款当天。（　　）

2. 企业采取预收货款方式销售货物的，其纳税义务的发生时间为货物发出当天。（　　）

3. 纳税人提供租赁服务采取预收款方式的，其纳税义务发生时间为收到预收款当天。

（　　）

4. 先开具发票的，其纳税义务的发生时间为开具发票的当天。（　　）

5. 增值税扣缴义务发生时间为纳税人增值税纳税义务发生的当天。（　　）

二、职业选择能力训练

1. 下列行为在计算增值税销项税额时，应按照差额确定销售额的是（　　）。

A. 商业银行提供贷款服务

B. 转让金融商品

C. 直销员将从直销企业购买的货物销售给消费者

D. 企业逾期未收回的包装物不再退还押金

2. 下列行为中，涉及的进项税额不得从销项税额中抵扣的是（　　）。

A. 将外购的货物用于本单位集体福利

B. 将外购的货物分配给股东和投资者

C. 将外购的货物无偿赠送给其他个人

D. 将外购的货物作为投资提供给其他单位

3. 增值税一般纳税人发生的下列经济业务均取得了增值税专用发票，其注明的增值税额允许从当期销项税额中抵扣的情形是（　　）。

A. 用于交际应酬的外购礼品

B. 购买的办公用品

C. 购买制造车间中央空调系统

D. 从小规模纳税人处购买的用于集体福利的物品

4.《增值税纳税申报表》(适用于增值税一般纳税人)第 14 项"进项税额转出"栏数据,以下(   )不在本栏中反映。

A. 某工业企业已经抵扣进项税额的购进材料因管理不善被盗

B. 某电器公司将外购的油漆粉刷店铺

C. 某电视机厂将上月外购的货物用于交际应酬

D. 某商场将上月外购的商品用于职工集体福利

5. 甲公司为增值税一般纳税人,2019 年 12 月购进国内旅客运输费用,取得的下列票据中,可以作为进项税额抵扣依据的有(   )。

A. 增值税电子普通发票

B. 注名员工身份信息的航空运输电子客票行程单

C. 注名员工身份的铁路车票

D. 注明员工身份信息的公路客票

三、职业描述能力训练

1. 如何确定和抵扣购进农产品进项税额?

2. 列举不得从销项税额中抵扣进项税额的事项?

四、职业操作能力训练

任务情境 十一长假,李杨和父母一起去海南岛旅游。他们在维也纳大酒店办理完入住手续后即开始休闲游,发生支出如下:

(1) 全家入住酒店后来到康体中心,李杨爸爸打保龄球,2 小时共支付了保龄球费用 100 元,另支付饮料费 20 元。妈妈和李杨去游泳,付账时共支付游泳费用 130 元,其中包含为李杨购买游泳圈费用 30 元。

(2) 第二天,全家人去五指山,李杨全家乘坐索道到山顶观光平台,支付了索道费 150 元。山顶上建有抗战纪念馆,李杨全家支付 180 元购买了门票,馆内没有讲解厅,由一研究地方历史的老者讲解抗战英雄事迹,一家人支付了 30 元讲解费。

(3) 全家徒步下山后,李杨爸爸从商务中心花了 60 元买了观光电瓶车家庭套票,全家坐观车回到酒店。

(4) 在旅游区某商店购买旅游纪念品,采取"以旧换新"方式将一条老款金镯子换成了新款的金镯子,李杨妈妈支付差价 600 元。

(5) 晚上李杨全家去当地影院看了一场《复仇者联盟 4》的电影,电影票每张 100 元。

(6) 最后离开酒店支付住宿费共 1 500 元。

任务要求 上述提供服务的纳税人均为增值税一般纳税人。计算回答以下问题:

(1) 计算业务(1)收入应缴纳的增值税。

(2) 计算业务(2)收入应缴纳的增值税。

(3) 计算业务(3)收入应缴纳的增值税。

(4) 计算业务(4)收入应缴纳的增值税。

(5) 计算业务(5)收入应缴纳的增值税。

(6) 计算业务(6)收入应缴纳的增值税。

任务三　增值税的会计核算

任务情境

【资料 2-3】　李杨马上就要大学毕业了,有一天参加前海公司(增值税一般纳税人)的会计招聘会,企业财务经理将下列业务让她进行会计处理:

(1) 前海公司 2019 年 10 月购入 A 商品 100 万元,取得增值税专用发票 13 万元,发票未认证,款项未支付。

(2) 前海公司 2019 年 10 月购入 A 商品 100 万元,取得增值税专用发票 13 万元,发票当月已认证,款项当月支付。

(3) 前海公司 2019 年 10 月从海关进口 B 商品 50 万元,取得海关专用缴款书 6.5 万元,用银行存款支付,相关信息已上传至税务局,尚未取得稽核信息。

(4) 前海公司 2019 年 10 月购入办公房一套,价值 500 万元(不含税),取得增值税专用发票注明的税额 25 万元(销售方简易征税),发票已认证。

(5) 前海公司 2019 年 11 月向美国的甲企业支付一项专利费 106 万元(含税)。

(6) 前海公司 2019 年 12 月购进小麦 5 吨,支付价款 11 000 元(含税),取得增值税专用发票并当月认证通过,当月车间把购进的小麦领出用于生产方便面。

任务要求　假如你是李杨,你该如何进行会计处理?

任务指导

一、增值税一般纳税人的会计核算

(一)账户设置

1. "应交税费——应交增值税"账户

增值税一般纳税人应纳的增值税,在"应交税费"账户下设置"应交增值税"明细账户进行核算,该明细账户专门用来核算纳税人当期发生的增值税的计提缴纳情况,并应分别设置"进项税额""销项税额抵减""已交税金""销项税额""出口退税""进项税额转出""减免税款""出口抵减内销产品应纳税额""转出未交增值税""转出多交增值税"等三级账户。其账户格式如表 2-4 所示。

表 2-4

应交税费——应交增值税

	借　　方						贷　　方					借或贷	余额
合计	进项税额	销项税额抵减	已交税金	减免税款	出口抵减内销产品应纳税额	转出未交增值税	合计	销项税额	出口退税	进项税额转出	转出多交增值税		

在"应交税费——应交增值税"二级账户下,明细项目所记录的内容如下:

(1)"进项税额"项目。记录企业购入货物、接受应税劳务而支付的、并准予从销项税额中抵扣的增值税额;若发生购货退回或者折让,应以红字记入,以示冲销的进项税额。

(2)"销项税额抵减"项目。记录一般纳税人按照现行增值税制度规定因扣减销售额而减少的销项税额,适用于差额征税的业务处理。

(3)"已交税金"项目。记录企业本期应交而实际已交的增值税额。企业已交纳的增值税额,用蓝字登记;退回多交的增值税额用红字登记。

(4)"减免税款"项目。记录企业按规定直接减免的、准予从销项税额中抵扣的增值税额。按规定,直接减免的增值税用蓝字登记,应冲销增值税直接减免的用红字登记。

(5)"出口抵减内销产品应纳税额"项目。记录内资企业及批准设立的外商投资企业直接出口或者委托外贸企业代理出口的货物,按规定的退税率计算的出口货物的进项税额抵减内销产品的应纳税额。

(6)"转出未交增值税"项目。记录企业月末转入"应交税费——未交增值税"的本月应交未交增值税税额。作此转账后,"应交税费——应交增值税"的期末余额不再包括当期应交未交增值税税额。

(7)"销项税额"项目。记录企业销售货物、提供应税劳务所收取的增值税额。若发生销货退回或者折让,应以红字记入。

(8)"出口退税"项目。记录企业出口适用零税率的货物,向海关办理报关出口手续后,凭出口报关单等有关单据,根据国家的出口退税政策,向主管出口退税的税务机关申报办理出口退税而收到退回的税款。若办理退税后,又发生退货或者退关而补交已退税款,则用红字记入。

(9)"进项税额转出"项目。记录企业已抵扣进项税额的货物,在发生非正常损失或改变用途时,不得从销项税额中抵扣而应按规定转出的进项税额。

(10)"转出多交增值税"项目。记录企业月末转入"应交税费——未交增值税"的本月多交增值税税额。作此转账后,"应交税费——应交增值税"期末余额不会包含多交增值税税额。

2."应交税费——未交增值税"账户

为了分别反映企业欠交增值税款和待抵扣增值税情况,企业应在"应交税费"账户下设置"未交增值税"明细账户,核算一般纳税人月度终了从"应交增值税"或"预交增值税"明细

账户转入当月应交未交、多交或预缴的增值税额,以及当月交纳以前期间未交的增值税额。

"应交税费——未交增值税"账户的借方发生额,反映企业上交以前月份未交增值税额和月末自"应交税费——应交增值税"账户转入的当月多交的增值税额。

"应交税费——未交增值税"账户的贷方发生额,反映企业月末自"应交税费——应交增值税"账户转入的当月未交的增值税额。

"应交税费——未交增值税"账户的期末余额如在借方表示企业多交的增值税,如在贷方表示企业未交的增值税。

月份终了,企业应将当月发生的应交增值税自"应交税费——应交增值税(转出未交增值税)"账户转入"应交税费——未交增值税"明细账户。

月份终了,企业将本月多交的增值税自"应交税费——应交增值税(转出多交增值税)"账户转入"应交税费——未交增值税"明细账户。

企业当月上缴上月应交未交的增值税时,借记"应交税费——未交增值税"账户,贷记"银行存款"账户。

3. "应交税费——待抵扣进项税额"账户

"待抵扣进项税额"明细账户用来核算增值税一般纳税人已取得增值税扣税凭证并经税务机关认证,按照现行增值税制度规定准予以后期间从销项税额中抵扣的进项税额。具体包括增值税一般纳税人自2016年5月1日后取得并按固定资产核算的不动产或者2016年5月1日后取得的不动产在建工程,按现行增值税制度规定准予以后期间从销项税额中抵扣的进项税额;实行纳税辅导期管理的增值税一般纳税人取得的尚未交叉稽核比对的增值税扣税凭证上注明或计算的进项税额。

4. "应交税费——预交增值税"账户

"预交增值税"明细账户用来核算增值税一般纳税人转让不动产、提供不动产经营租赁服务、提供建筑服务、采用预收款方式销售自行开发的房地产项目等,以及其他按现行增值税制度规定应预缴的增值税额。

5. "应交税费——待认证进项税额"账户

"待认证进项税额"明细账户用来核算增值税一般纳税人由于未经税务机关认证而不得从当期销项税额中抵扣的进项税额。具体包括:增值税一般纳税人已取得增值税扣税凭证、按照现行增值税制度规定准予从销项税额中抵扣,但尚未经税务机关认证的进项税额;增值税一般纳税人已申请稽核但尚未取得稽核相符结果的海关缴款书进项税额。

6. "应交税费——待转销项税额"账户

"待转销项税额"明细账户用来核算增值税一般纳税人销售货物、加工修理修配劳务、服务、无形资产或不动产,已确认相关收入(或利得)但尚未发生增值税纳税义务而需于以后期间确认为销项税额的增值税额。

7. "应交税费——增值税留抵税额"账户

"增值税留抵税额"明细账户用来核算兼有销售服务、无形资产或者不动产的原增值税一般纳税人,截止到纳入营改增试点之日前的增值税期末留抵税额按照现行增值税制度规定不得从销售服务、无形资产或不动产的销项税额中抵扣的增值税留抵税额。

8. "应交税费——简易计税"账户

"简易计税"明细账户用来核算增值税一般纳税人采用简易计税方法发生的增值税计提、扣减、预缴、缴纳等业务。

9. "应交税费——转让金融商品应交增值税"账户

"转让金融商品应交增值税"明细账户用来核算增值税纳税人转让金融商品发生的增值税额。金融商品实际转让月末,如产生转让收益,则按应纳税额,借记"投资收益"等账户,贷记"应交税费——转让金融商品应交增值税"账户;如产生转让损失,则按可结转下月抵扣税额,借记"应交税费——转让金融商品应交增值税"账户,贷记"投资收益"等账户。缴纳增值税时,应借记"应交税费——转让金融商品应交增值税"账户,贷记"银行存款"账户。年末,本账户如有借方余额,则借记"投资收益"等账户,贷记"应交税费——转让金融商品应交增值税"账户。

10. "应交税费——代扣代交增值税"账户

"代扣代交增值税"明细账户用来核算纳税人购进在境内未设经营机构的境外单位或个人在境内的应税行为代扣代缴的增值税。

小规模纳税人只需在"应交税费"账户下设置"应交增值税"明细账户,不需要设置上述专栏及除"转让金融商品应交增值税""代扣代交增值税"外的明细账户。

"应交税费"账户下的"应交增值税""未交增值税""待抵扣进项税额""待认证进项税额""增值税留抵税额"等明细账户期末借方余额应根据情况,在资产负债表中的"其他流动资产"或"其他非流动资产"项目列示;"应交税费——待转销项税额"等账户期末贷方余额应根据情况,在资产负债表中的"其他流动负债"或"其他非流动负债"项目列示;"应交税费"账户下的"未交增值税""简易计税""转让金融商品应交增值税""代扣代交增值税"等用来期末贷方余额应在资产负债表中的"应交税费"项目列示。

(二)增值税一般纳税人进项税额的会计核算

1. 采购等业务进项税额允许抵扣的账务处理

增值税一般纳税人购进货物、加工修理修配劳务、服务、无形资产或不动产,按应计入相关成本费用或资产的金额,借记"在途物资"或"原材料""库存商品""生产成本""无形资产""固定资产""管理费用"等账户,按当月已认证的可抵扣增值税额,借记"应交税费——应交增值税(进项税额)"账户,按当月未认证的可抵扣增值税额,借记"应交税费——待认证进项税额"账户,按应付或实际支付的金额,贷记"应付账款""应付票据""银行存款"等账户。发生退货的,如原增值税专用发票已作认证,应根据税务机关开具的红字增值税专用发票作相反的会计分录;如原增值税专用发票未作认证,应将发票退回并作相反的会计分录。

【案例2-14】　前海机械厂是增值税一般纳税人,于2020年2月2日购进一批材料,增值税专用发票上注明的价款为20 000元,增值税进项税额为2 600元,材料当天即验收入库,货款尚未支付,当月购进材料的增值税专用发票已认证可抵扣。另用现金支付含税运费1 090元,取得运费增值税专用发票,该发票当月未认证。请进行应纳税额的计算和会计处理。

【案例解析】 企业根据上述资料计算运费未认证可抵扣的进项税额为＝1 090÷1.09×9%＝90(元)

全部可抵扣进项税额＝90＋2 600＝2 690(元)

应计入材料成本的运费＝1 090－90＝1 000(元)

材料入账成本＝1 000＋20 000＝21 000(元)

企业的账务处理如下:

借:原材料	21 000
应交税费——应交增值税(进项税额)	2 600
应交税费——待认证进项税额	90
贷:应付账款	22 600
库存现金	1 090

2. 货物等已验收入库但尚未取得增值税扣税凭证的账务处理

增值税一般纳税人购进的货物等已到达并验收入库,但尚未收到增值税扣税凭证并未付款的,应在月末按货物清单或相关合同协议上的价格暂估入账,不需要将增值税的进项税额暂估入账。下月月初,用红字冲销原暂估入账金额,待取得相关增值税扣税凭证并经认证后,按应计入相关成本费用或资产的金额,借记"原材料""库存商品""固定资产""无形资产"等账户,按可抵扣的增值税额,借记"应交税费——应交增值税(进项税额)"账户,按应付金额,贷记"应付账款"等账户。

3. 购买方作为扣缴义务人的账务处理

按照现行增值税制度规定,境外单位或个人在境内发生应税行为,在境内未设有经营机构的,以购买方为增值税扣缴义务人。境内增值税一般纳税人购进服务、无形资产或不动产,按应计入相关成本费用或资产的金额,借记"生产成本""无形资产""固定资产""管理费用"等账户,按可抵扣的增值税额,借记"应交税费——进项税额"账户(小规模纳税人应借记相关成本费用或资产账户),按应付或实际支付的金额,贷记"应付账款"等账户,按应代扣代缴的增值税额,贷记"应交税费——代扣代交增值税"账户。实际缴纳代扣代缴增值税时,按代扣代缴的增值税额,借记"应交税费——代扣代交增值税"账户,贷记"银行存款"账户。

【案例2-15】 2020年2月,因设备改造,中石化琴岛化工股份公司购买日本大同化工公司"离子电力焊接(PPW)技术管(PIT)"产品,日方未在中国境内设有经营机构的,取得海关进口增值税专用缴款书(已进行比对申报抵扣),列明价款外币折合人民币820 000元,增值税额106 600元。另外接受日方技术服务,费用10 600元,以上费用均已电汇支付。请计算代扣代缴的增值税并进行会计核算。

【案例解析】 境外单位或者个人在境内提供应税服务,在境内未设有经营机构的,应扣缴税额＝接受方支付的价款÷(1＋税率)×税率。提供技术服务的税率为6%。

应扣缴税额＝10 600÷(1＋6%)×6%＝600(元)

产品安装完毕后,正确的账务处理是:

```
借：固定资产                                                    820 000
    应交税费——应交增值税(进项税额)                          106 600
    贷：银行存款                                              820 000
        应交税费——代扣代交增值税                            106 600
```

确认技术服务费，正确的账务处理是：

```
借：管理费用                                                    10 600
    贷：银行存款                                                10 000
        应交税费——代扣代交增值税                                600
```

实际缴纳代扣代缴增值税，正确的账务处理是：

```
借：应交税费——代扣代交增值税                                106 600
    贷：银行存款                                              106 600
```

4. 购入免税农产品的账务处理

购进免税农业产品，按购进农产品收购发票或者销售发票的农产品的买价和规定的扣除率(10%或9%)计算的进项税额，借记"应交税费——应交增值税(进项税额)"账户，按买价减去按规定计算的进项税额后的差额，借记"在途物资""原材料""库存商品"等账户，按应付或实际支付的金额贷记"银行存款""应付账款"等账户。

【案例2-16】 前海食品公司为增值税一般纳税人，向农业生产者收购免税农产品，实际支付的买价为15 000元，收购的农产品已经验收入库，用于生产税率为13%的食品，款项已经支付。假定公司采用实际成本进行日常材料核算。

【案例解析】 甲公司的账务处理如下：

$$进项税额＝15\ 000×10\%＝1\ 500(元)$$

```
借：原材料                                                      13 500
    应交税费——应交增值税(进项税额)                            1 500
    贷：银行存款                                                15 000
```

5. 接受投资投入货物的账务处理

企业接受投资者投入的货物时，取得相关增值税扣税凭证并经认证后，按投资双方确定的价值，借记"原材料""库存商品"等账户，按增值税专用发票上注明的增值税额，借记"应交税费——应交增值税(进项税额)"账户，按其在注册资本中所占的份额，贷记"实收资本"或"股本"账户，按其差额，贷记"资本公积"账户。

6. 接受捐赠货物的账务处理

企业接受捐赠，取得相关增值税扣税凭证并经认证后，按照增值税专用发票上注明的增值税额，借记"应交税费——应交增值税(进项税额)"账户，按照确认的捐赠货物的价值，借记"原材料""库存商品""固定资产"等账户，按照接受捐赠的非货币性资产的公允价值，贷记"营业外收入"账户。

【案例2-17】 A企业接受B企业捐赠的设备一台，收到的增值税专用发票上注明的设备价款为100 000元，增值税额为13 000元。

【案例解析】 A 企业正确的账务处理是:

借:固定资产　　　　　　　　　　　　　　　　　　　　100 000
　　应交税费——应交增值税(进项税额)　　　　　　　13 000
　　贷:营业外收入　　　　　　　　　　　　　　　　　　　113 000

(三)增值税一般纳税人进项税额转出的会计核算

增值税一般纳税人购进货物、加工修理修配劳务、服务、无形资产或不动产,用于简易计税方法计税项目、免征增值税项目、集体福利、个人消费或非正常损失等,其进项税额按照现行增值税制度规定不得从销项税额中抵扣的,取得增值税专用发票时,应借记相关成本费用或资产账户,借记"应交税费——待认证进项税额"账户,贷记"银行存款""应付账款"等账户,经税务机关认证后,应借记相关成本费用或资产账户,贷记"应交税费——应交增值税(进项税额转出)"账户。

1. 用于简易计税方法计税项目、免征增值税项目、集体福利、个人消费

一般情况下,购进货物、加工修理修配劳务、服务、无形资产或不动产支付的进项税额要作为销项税额的抵扣项目,但如果将应税货物改变用途用于简易计税方法计税项目、免征增值税项目、集体福利、个人消费就必须将进项税额转出,借记"在建工程""应付职工薪酬""应交税费——待认证进项税额"等账户,贷记"应交税费——应交增值税(进项税额转出)"等账户。

【案例 2-18】 甲公司为生产产品购买 500 000 元的原材料,形成 65 000 元的进项税额,取得增值税专用发票并已认证可抵扣,因为工程需要将这批原材料用于工程建设。另用电汇支付含税运费 10 900 元,进项税额 900 元,取得运费增值税专用发票,该发票当月未认证。请进行应纳税额计算和会计处理。

【案例解析】 计入在建工程的运费 = 10 900 - 900 = 10 000(元)

账务处理如下:

借:在建工程　　　　　　　　　　　　　　　　　　　　575 000
　　应交税费——待认证进项税额　　　　　　　　　　　900
　　贷:原材料　　　　　　　　　　　　　　　　　　　　500 000
　　　　应交税费——应交增值税(进项税转出)　　　　　65 000
　　　　银行存款　　　　　　　　　　　　　　　　　　　10 900

2. 非正产损失购进货物、应税劳务、服务、无形资产或不动产

因发生非正常损失或改变用途等,原已计入进项税额、待抵扣进项税额或待认证进项税额,但按现行增值税制度规定不得从销项税额中抵扣的,借记"待处理财产损溢""应付职工薪酬""固定资产""无形资产"等账户,贷记"应交税费——应交增值税(进项税额转出)""应交税费——待抵扣进项税额"或"应交税费——待认证进项税额"账户;原不得抵扣且未抵扣进项税额的固定资产、无形资产等,因改变用途等用于允许抵扣进项税额的应税项目的,应按允许抵扣的进项税额,借记"应交税费——应交增值税(进项税额)"账户,贷记"库存商品""固定资产""无形资产"等账户。固定资产、无形资产等经上述调整后,应按调整后的账面价

值在剩余尚可使用寿命内计提折旧或摊销。

【案例2-19】 某企业8月份由于仓库倒塌毁损产品一批,已知损失产品账面价值为80 000元,当期总的生产成本为420 000元,其中耗用外购材料、低值易耗品等价值为300 000元,外购货物均适用13%的税率,取得增值税专用发票并已认证可抵扣。

【案例解析】 损失产品成本中所耗外购货物的购进额＝300 000×(80 000÷420 000)＝57 144(元)

应转出进项税额＝57 144×13%＝7 428.72(元)

会计处理如下:

借:待处理财产损溢——待处理流动资产损溢　　　　　　　　　　　　87 428.72

　　贷:库存商品　　　　　　　　　　　　　　　　　　　　　　　　80 000.00

　　　应交税费——应交增值税(进项税额转出)　　　　　　　　　　　7 428.72

(四)增值税一般纳税人销项税额的会计核算

1. 常见销售业务的会计核算

企业将商品控制权转移给客户,可能是在某一时点发生,也可能是在某一时段内发生。企业应根据实际情况,区别判断确认收入,在某一时点履行,企业应当综合分析控制权转移的迹象,判断其转移时点确认收入;在某一时段内履行,企业应当选取恰当的方法来确定履约进度确认收入。

据《企业会计准则第14号——收入》企业应设置"合同资产""合同负债""主营业务收入""合同履约成本"等账户核算企业与客户之间因合同产生的收入及相关成本费用。企业因转让商品收到的预收款使用新收入准则进行会计处理,因而不再使用"预收账款"账户及"递延收益"账户。现就与项目相关的主要账户介绍如下:

"合同资产"是资产类账户,是指企业已向客户转让商品而有权收取对价的权利。企业在客户实际支付合同对价或在该对价到期应付之前,已经向客户转让了商品的,应当按因已转让商品而有权收取的对价金额,借记本账户或"应收账款"账户,贷记"主营业务收入""其他业务收入""应交税费——应交增值税(销项税额)"等账户;企业取得无条件收款权时,借记"应收账款"等账户,贷记本账户。"合同资产"账户借方余额,反映企业意向客户转让商品而有权收取的对价金额。

"合同负债"是负债类账户,是指企业已收或应收客户对价而应向客户转让商品的义务,如企业在转让承诺的商品之前已收取的款项。按照已收或应收的金额,借记"银行存款""应收账款""应收票据"等账户,贷记"合同负债""应交税费——待转销项税额"账户;企业向客户转让相关商品时,借记本账户,贷记"主营业务收入""其他业务收入""应交税费——应交增值税(销项税额)"等账户。"合同负债"账户贷方余额,反映企业在向客户转让商品之前,已经收到的合同对价或已经取得的无条件收取合同对价权利的金额。

第一,合同各方履约义务在某一时点完成。

对于在某一时点履行的履约义务,企业应当在客户取得相关商品控制权时点确认收入。

(1)会计确认收入或利得与增值税纳税义务发生在同期。

企业销售货物、加工修理修配劳务、服务、无形资产或不动产,应当按应收或已收的金额,借记"应收账款""应收票据""银行存款"等账户,按取得的收入金额,贷记"主营业务收入""其他业务收入""固定资产清理""工程结算"等账户,按现行增值税制度规定计算的销项税额(或采用简易计税方法计算的应纳增值税额),贷记"应交税费——应交增值税(销项税额)"或"应交税费——简易计税"账户(小规模纳税人应贷记"应交税费——应交增值税"账户)。如果企业采用价税合并定价销售时,应将价税分离后,再进行账务处理。发生销售退回的,应根据按规定开具的红字增值税专用发票作相反的会计分录。

【案例 2-20】 A 企业于 4 月 20 日向 B 企业销售商品一批,该批商品成本为 60 000 元,增值税专用发票上注明售价 100 000 元,增值税 13 000 元,当天就办好了托收承付手续。假定该销售商品收入符合收入确认条件。

【案例解析】 A 企业应作如下账务处理:

借:应收账款——B 企业		113 000
贷:主营业务收入		100 000
应交税费——应交增值税(销项税额)		13 000
借:主营业务成本		60 000
贷:库存商品		60 000

(2) 会计确认收入或利得早于增值税纳税义务发生。

按照国家统一的会计制度确认收入或利得的时点早于按照增值税制度确认增值税纳税义务发生时点的,应将相关销项税额记入"应交税费——待转销项税额"账户,待实际发生纳税义务时再转入"应交税费——应交增值税(销项税额)"或"应交税费——简易计税"账户。

【案例 2-21】 前海投资公司 2019 年 1 月 1 日在公开市场按照面值购入 A 股份公司发行的 3 年期债券 100 张,债券每张价值 1 000 元。债券约定付息利率 10%,2019 年、2020 年 12 月 31 日各付息一次,2021 年 12 月 31 日付息一次同时支付本金。甲公司持有至到期,划分为以摊余成本计量的金融资产。假定甲公司为增值税一般纳税人,投资收益不要求按照实际利率计算,进行相关会计核算。

【案例解析】 会计处理按照权责发生制原则应分年度确认投资收益,而增值税纳税义务却是在约定的付息时产生。

公司 2019 年购进债券时正确的会计处理如下:

借:债券投资——成本		100 000
贷:银行存款		100 000

公司 2019 年 6 月 30 日计提利息时正确的会计处理如下:

借:债券投资——应计利息		5 000
贷:投资收益(5 000÷1.06)		4 716.98
应交税费——待转销项税额(5 000×6%÷1.06)		283.02

公司 2019 年 12 月 31 日计提利息时正确的会计处理如下:

借：债券投资——应计利息　　　　　　　　　　　　　　　　　　　5 000
　　贷：投资收益(5 000÷1.06)　　　　　　　　　　　　　　　　　　　4 716.98
　　　　应交税费——应交增值税(销项税额)(5 000×6%÷1.06)　　　283.02

同时,"待转销项税额"明细账户金额转入"应交增值税(销项税额)"明细账户,正确的会计处理如下:

借：应交税费——待转销项税额　　　　　　　　　　　　　　　　　283.02
　　贷：应交税费——应交增值税(销项税额)　　　　　　　　　　　283.02

公司2019年12月31日收到利息时正确的会计处理如下:

借：银行存款　　　　　　　　　　　　　　　　　　　　　　　　　10 000
　　贷：债券投资——应计利息　　　　　　　　　　　　　　　　　　10 000

以后各期的会计分录与上面一致,不再赘述。

(3)会计确认收入或利得晚于增值税纳税义务发生。

按照增值税制度确认增值税纳税义务发生时点早于按照国家统一的会计制度确认收入或利得的时点的,应将相关销项税额记入"应交税费——应交增值税(销项税额)"账户,同时,借记"应收账款"或"银行存款"账户,贷记"合同负债"或"应交税费——简易计税"等账户,按照国家统一的会计制度确认收入或利得时,应按扣除增值税销项税额后的金额确认收入。

【案例2-22】　前海投资公司于2020年1月23日收到甲公司预付货款113 00元。按合同约定乙公司为甲公司开具了增值税专用发票,价款10 000元,税额1 300元,价税合计11 300元。因春节放假,合同约定乙公司应在2020年2月13日前向甲公司发货。

【案例解析】　虽然是预收货款,但是先开具了增值税专用发票,就先发生了增值税纳税义务。

2020年1月确认增值税纳税义务正确的会计处理如下:

借：银行存款　　　　　　　　　　　　　　　　　　　　　　　　　11 300
　　贷：合同负债　　　　　　　　　　　　　　　　　　　　　　　　10 000
　　　　应交税费——应交增值税(销项税额)　　　　　　　　　　　 1 300

2020年2月发货后正确的会计处理如下:

借：合同负债　　　　　　　　　　　　　　　　　　　　　　　　　10 000
　　贷：主营业务收入　　　　　　　　　　　　　　　　　　　　　　10 000

【案例2-23】　前海投资公司将一幢2019年4月30日前取得房产对外进行经营出租,选择的简易征收方式。于2019年12月25日收到2020年上半年房租105 000元,并向承租方开具了增值税专用发票。

【案例解析】　2019年12月收到房租正确的会计处理如下:

借：银行存款　　　　　　　　　　　　　　　　　　　　　　　　　105 000
　　贷：合同负债　　　　　　　　　　　　　　　　　　　　　　　　100 000
　　　　应交税费——简易计税　　　　　　　　　　　　　　　　　　 5 000

2020年6月年确认上半年租赁收入正确的会计处理如下：

借：合同负债　　　　　　　　　　　　　　　　　　　　　　　　　100 000
　　贷：其他业务收入　　　　　　　　　　　　　　　　　　　　　　　100 000

第二,合同各方履约义务在某一时段完成。

对于在某一时段内履行的履约义务,企业应当在该段时间内按照履约进度确认收入,但是,履约进度不能合理确定的除外。企业应当考虑商品的性质,采用产出法或投入法确定恰当的履约进度,并且在确定履约进度时,应当扣除那些控制权尚未转移给客户的商品。企业按照履约进度确认收入时,通常应当在资产负债表日按照合同的交易价格总额乘以履约进度扣除以前会计期间累计已确认的收入后的金额,确认为当期收入。

(1) 企业履约义务在先,客户履约义务在后。

对于企业合同履约有先后顺序的,企业履约在先向客户提供货物或服务,企业应按照收入准则要求和履约进度确认收入,按照税法规定确定增值税纳税义务。企业向客户提供货物或服务时,发生相关销项税额记入"应交税费——应交增值税(销项税额)"账户,同时,借记"合同资产"账户,贷记"主营业务收入""其他业务收入"等账户。

【案例2-24】　2020年3月1日,前海公司与客户签订合同,向其销售A、B两种商品,A商品的单独售价为6 000元,B商品的单独售价为24 000元,合同价款为25 000元。合同约定,A商品于合同开始日交付,B商品在1个月之后交付,只有当两项商品全部交付之后,甲公司才有权收取25 000元的合同对价。假定A商品和B商品分别构成单项履约义务,其控制权在交付时转移给客户。售价、合同价款为不含税售价,增值税税率为13%。

【案例解析】　分摊至A商品的合同价款=[6 000÷(6 000+24 000)]×25 000=5 000(元)

分摊至B商品的合同价款=[24 000(6 000+24 000)]×25 000=20 000(元)

前海公司的账务处理如下：

交付A商品时：

借：合同资产　　　　　　　　　　　　　　　　　　　　　　　　　5 650
　　贷：主营业务收入　　　　　　　　　　　　　　　　　　　　　　　5 000
　　　　应交税费——应交增值税(销项税额)　　　　　　　　　　　　　650

交付B商品时：

借：应收账款　　　　　　　　　　　　　　　　　　　　　　　　　28 250
　　贷：合同资产　　　　　　　　　　　　　　　　　　　　　　　　　5 650
　　　　主营业务收入　　　　　　　　　　　　　　　　　　　　　　　20 000
　　　　应交税费——应交增值税(销项税额)　　　　　　　　　　　　　2 600

(2) 企业履约义务在后,客户履约义务在先。

对于企业合同履约有先后顺序的,客户履约在先向企业交付定金或预付款,企业应按照收入准则要求和履约进度确认收入,按照税法规定确定增值税纳税义务。客户向企业交付定金或预付款时,相关待发生的销项税额记入"应交税费——待转销项税额"账户的贷方,同

时,借记"库存现金""银行存款"账户,贷记"合同负债"账户。

【案例2-25】 前海公司经营连锁面包店。2020年,甲公司向客户销售5 000张储值卡,每张卡的面值为200元,总额为100万元。客户可在公司经营的任何一家门店使用该储值卡进行消费。根据历史经验,公司预期客户购买的储值卡中将有大约相当于储值卡面值金额5%的部分不会被消费。截至2020年12月31日,客户使用该储值卡消费的金额为400 000元。

前海公司为增值税一般纳税人,在客户使用该储值卡消费时发生增值税纳税义务。公司预期将有权获得与客户未行使的合同权利相关的金额为50 000元,该金额应当按照客户行使合同权利的模式按比例确认为收入。

【案例解析】 前海公司在2020年销售的储值卡应当确认的收入金额=(400 000+50 000×400 000÷950 000)÷(1+13%)=372 613(元)

前海公司在2020年销售的储值卡应当确认的销项税额=400 000÷(1+13%)×13%=46 018(元)

前海公司的销售储值卡的账务处理为:

借:库存现金	1 000 000
贷:合同负债	884 956
应交税费——待转销项税额	115 044

根据储值卡的消费金额确认收入,同时将对应的待转销项税额确认为销项税额:

借:合同负债	372 613
应交税费——待转销项税额	46 018
贷:主营业务收入	372 613
应交税费——应交增值税(销项税额)	46 048

2. 特殊业务的会计核算

1) 折扣销售、销售折扣和销售折让方式销售货物或服务

(1) 折扣销售。纳税人发生应税行为,将价款和折扣额在同一张发票的"金额"栏内分别注明的,以折扣后的价款为销售额;未在同一张发票上分别注明的,以价款为销售额,不得扣减折扣额。

注意:折扣销售仅限于货物价格的折扣,如果销货者将自产、委托加工和购买的货物用于实物折扣的,则该实物款额不能从货物销售额中减除,且该实物应按我国《增值税暂行条例》"视同销售货物"中的"赠送他人"计算征收增值税。

(2) 销售折扣。销售折扣又称现金折扣,是指纳税人发生应税行为后,为了鼓励购货方及早偿还货款,而协议许诺给予购货方的一种折扣优待(如10天内付款,货款折扣2%;20天内付款,折扣1%;30天内全价付款)。现金折扣在纳税人发生应税行为之后,是一种融资性质的理财费用,因此,计算增值税时销售折扣不得从销售额中减除。应当按照实际销售金额确定收入,并计算增值税销项税额,现金折扣在实际发生时计入财务费用。

(3) 销售折让。销售折让是指纳税人发生应税行为后,由于其品种、质量等原因购货方未予退货,但销货方需给予购货方的一种价格折让。销售折让与销售折扣相比较,虽然都是

在纳税人发生应税行为后发生的,但销售折让是由于品种和质量引起销售额的减少。对于销售折让,企业应分别不同情况进行处理:已确认收入的销售折让,通常应当在发生时据红字增值税专用发票冲减当期收入,但是,已确认收入的销售折让属于资产负债表日后事项的,应当按照有关资产负债表日后事项的相关规定进行处理。

【案例 2-26】 2020 年 2 月 12 日,乐天百货公司采取分期收款方式向客户销售电脑 10 台,不含税售价 800 000 元,分两次收款,电脑进价 420 000 元。公司规定的现金折扣条件为 "2/10,1/20,n/30"。款项分两次支付,支付比例各占 50%,客户于本月 20 日电汇了第一期货款。请根据相关增值税专用发票、出库单和电汇凭证进行会计核算。

【案例解析】 销售折扣发生在销货之后,是一种融资性质的理财费用,因此,销售折扣不得从销售额中减除。

$$销项税额 = 400\ 000 \times 13\% = 52\ 000(元)$$

发出商品时:

借:发出商品——电脑	420 000
贷:库存商品——电脑	420 000

第一次收取 50% 货款时:

借:银行存款	442 960
财务费用	9 040
贷:应交税费——应交增值税(销项税额)	52 000
主营业务收入	400 000

提前付款,应享受的现金折扣为 9 040 元(452 000×2%)。同时结转成本。

借:主营业务成本	210 000
贷:发出商品	210 000

2) 销售退回

纳税人发生应税行为,开具增值税专用发票后,发生开票有误或者销售折让、中止、退回等情形的,应当按照国家税务总局的规定开具红字增值税专用发票。销售方应根据红字专用发票开具的增值税额从发生退回当期的销项税额中扣减;购货方应根据红字专用发票开具的增值税额从发生退回当期的进项税额中扣减。

对于销售退回,企业应分别不同情况进行会计处理:

① 对于未确认收入的售出商品发生销售退回的,企业应按已记入"发出商品"账户的商品成本金额,借记"库存商品"账户,贷记"发出商品"账户。

② 对于已确认收入的售出商品发生退回的,企业一般应在发生时冲减当期销售商品收入,同时冲减当期销售商品成本。如该项销售退回已发生现金折扣的,应同时调整相关财务费用的金额;如该项销售退回允许扣减增值税额的,应同时调整"应交税费——应交增值税(销项税额)"账户的相应金额。

③ 已确认收入的售出商品发生的销售退回属于资产负债表日后事项的,应当按照有关

资产负债表日后事项的相关规定进行会计处理。

发生销售退回或服务中止发生在当期的,借记"应交税费——应交增值税(销项税额)""主营业务收入""其他业务收入"等账户,贷记"应收账款""应收票据""银行存款"等账户。

3)以旧换新方式销售货物

采取以旧换新方式销售货物的,应按新货物的同期销售价格确定销售额,不得扣减旧货物的收购价格;对金银首饰以旧换新业务,可以按销售方实际收取的不含增值税的全部价款征收增值税。

在会计处理上,按扣除回收旧货物应收或实收价税合计,借记"银行存款""应收账款""应收票据"账户,按回收的旧货物价款,借记"原材料"账户,按新货物正常对外销售不含税价款计提增值税销项税额,贷记"应交税费——应交增值税(销项税额)"账户。

【案例 2-27】 乐天班百货公司(增值税一般纳税人,增值税税率为 13%)在促销活动中,推出以旧换新销售电视机业务,共销售电视机 400 台,每台电视机销售含税价为 3 390 元,采取以旧换新方式回收一台电视机并支付货款 300 元后,每台电视机实收价款为 3 090 元。

【案例解析】 该公司的账务处理如下:

电视机不含税销售收入 = 3 390 ÷ (1 + 13%) × 400 = 1 200 000(元)

销项税额 = 1 200 000 × 13% = 156 000(元)

借:银行存款		1 236 000
原材料		120 000
贷:主营业务收入		1 200 000
应交税费——应交增值税(销项税额)		156 000

4)还本方式销售货物

还本销售是指销货方按与购货方达成的协议或合同,在货物销售给购货方后的指定时间一次或分次将购货方原购进货物时所支付的款项返还给购货方的促销行为。采取还本销售方式销售货物,其销售额就是货物的销售价格,不得从销售额中减除还本支出。

5)采取以物易物方式销售货物

以物易物是一种较为特殊的购销活动,是指购销双方不是以货币结算,而是以同等价款的货物相互结算,实现货物购销的一种方式。以物易物双方都应作购销处理,以各自发出的货物核算销售额并计算销项税额,以各自收到的货物按规定核算购货额并计算进项税额。

6)出租出借包装物押金

销售货物收取的包装物押金,如果单独记账核算,时间在 1 年以内且未过期的,不并入销售额征税。因逾期(1 年为限)未收回包装物且不再退还的押金,应并入销售额征税。

逾期包装物押金为含税收入,需换算成不含税价再并入销售额,征税税率为所包装货物适用税率。啤酒、黄酒以外的其他酒类产品收取的押金,无论是否逾期,销售时一律并入销售额征税。啤酒、黄酒及其他货物包装物按是否逾期处理。合同规定 1 年以内,超过企业规定期限,没返还包装物,单独核算者,作销售处理,计算增值税。合同规定超过 1 年,1 年以上没返还包装物,即逾期,一般作销售处理,计算增值税。

纳税人无论是单独出售包装物还是随货出售单独计价包装物,都应在反映包装物销售收入的同时,反映包装物的销项税额,借记"应收账款""银行存款"等账户,贷记"其他业务收入""应交税费——应交增值税(销项税额)"账户。如果出租出借包装物收取的逾期 1 年未退的押金、逾期未收回,出租出借包装物没收的押金以及加收的押金,都应作为计税销售额反映包装物押金的销项税额,借记"其他应付款——存入保证金"账户,贷记"应交税费——应交增值税(销项税额)"账户。

【案例 2-28】 乐天百货公司 10 月份销售 B 产品一批,增值税专用发票上注明价款 92 000元,增值税额 11 960 元;另收取包装物押金 6 780 元,包装物的回收期限为 1 个月;款项均以银行存款收讫。11 月份回收包装物的价值 3 390 元,其余的因逾期而将押金予以没收。

【案例解析】 销售 B 产品时:

借:银行存款   103 960

 贷:主营业务收入   92 000

  应交税费——应交增值税(销项税额)   11 960

10 月份收取包装物押金时:

借:银行存款   6 780

 贷:其他应付款——存入保证金   6 780

11 月份退回以及没收包装物押金时:

$$应确认销售额 = (6\ 780 - 3\ 390) \div (1 + 13\%) = 3\ 000(元)$$

$$应计销项税额 = 3\ 000 \times 13\% = 390(元)$$

借:其他应付款——存入保证金   6 780

 贷:其他业务收入   3 000

  应交税费——应交增值税(销项税额)   390

  银行存款   3 390

7) 视同销售货物

视同销售行为在会计处理上,应当区分其是否形成会计销售进行不同的处理。对于形成会计销售的行为,能同时满足收入确认的五个条件,就应该确认收入,如将货物交付他人代销;将自产产品发放给职工作为福利、对外投资、向投资者分配股利等,应当确认其销售收入。对于不形成会计销售的行为,不能同时满足收入确认和计量的五个步骤,就不能确认收入,一般按成本转账,不作销售处理。比如,将自产、委托加工的货物用于基本建设、无偿赠送他人等。注意:视同销售行为不论是否形成会计销售,都应按规定的计税价格计算应纳增值税。

纳税人发生应税行为价格明显偏低或者偏高且不具有合理商业目的的,或者发生视同销售行为而无销售额的,主管税务机关有权按照下列顺序确定销售额:

(1) 按照纳税人最近时期销售应税行为的平均价格确定。

（2）按照其他纳税人最近时期销售应税行为的平均价格确定。

（3）按照组成计税价格确定。

不具有合理商业目的，是指以谋取税收利益为主要目的，通过人为安排，减少、免除、推迟缴纳增值税税款，或者增加退还增值税税款。组成计税价格的公式为：

$$组成计税价格＝成本×（1＋成本利润率）$$

公式中的成本是指：销售自产货物的为实际生产成本，销售外购货物的为实际采购成本，提供应税服务成本。公式中的成本利润率为10％。如果是属于应征消费税的货物，其组成计税价格中应加计消费税额，成本利润率按消费税有关规定加以确定。成本利润率由国家税务总局确定。

【案例2-29】 永泰公司自行生产一批产品，产品的成本为6 000元，计税价格为10 000元，假定该产品的增值税税率为13％。公司将若该批产品分别用于在建工程、对外投资、对外捐赠、职工福利、广告宣传，应如何进行会计处理？

【案例解析】 企业将这批产品用于在建工程：

借：在建工程　　　　　　　　　　　　　　　　　　　　　　　　　　　7 300
　　贷：库存商品　　　　　　　　　　　　　　　　　　　　　　　　　　6 000
　　　　应交税费——应交增值税（销项税额）　　　　　　　　　　　　　1 300

若企业将这批产品用于投资：

借：长期股权投资　　　　　　　　　　　　　　　　　　　　　　　　　11 300
　　贷：主营业务收入　　　　　　　　　　　　　　　　　　　　　　　　10 000
　　　　应交税费——应交增值税（销项税额）　　　　　　　　　　　　　1 300
借：主营业务成本　　　　　　　　　　　　　　　　　　　　　　　　　6 000
　　贷：库存商品　　　　　　　　　　　　　　　　　　　　　　　　　　6 000

若企业将这批产品用于对外捐赠：

借：营业外支出　　　　　　　　　　　　　　　　　　　　　　　　　　7 300
　　贷：库存商品　　　　　　　　　　　　　　　　　　　　　　　　　　6 000
　　　　应交税费——应交增值税（销项税额）　　　　　　　　　　　　　1 300

若企业将这批产品用于发放职工福利：

借：应付职工薪酬　　　　　　　　　　　　　　　　　　　　　　　　　11 300
　　贷：主营业务收入　　　　　　　　　　　　　　　　　　　　　　　　10 000
　　　　应交税费——应交增值税（销项税额）　　　　　　　　　　　　　1 300
借：主营业务成本　　　　　　　　　　　　　　　　　　　　　　　　　6 000
　　贷：库存商品　　　　　　　　　　　　　　　　　　　　　　　　　　6 000

若企业将这批产品用于广告宣传：

借：销售费用　　　　　　　　　　　　　　　　　　　　　　　　　　　6 000
　　贷：库存商品　　　　　　　　　　　　　　　　　　　　　　　　　　6 000

★知识拓展

　　财会字〔1997〕26号文规定,企业将自己生产的产品用于在建工程、管理部门、非生产性机构、捐赠、赞助、集资、广告、样品、职工福利奖励等方面,是一种内部结转关系,不存在销售行为,不符合销售成立的标准。

　　8)销售使用过的固定资产增值税的核算

　　纳税人出售自己使用过的购进时已抵扣增值税进项税额的固定资产,按照适用税率征收增值税,应当按应收或已收的金额,借记"应收账款""应收票据""银行存款"等账户,按取得的收入金额,贷记"固定资产清理""应交税费——应交增值税(销项税额)"账户。

$$销售额＝含税销售额÷(1＋13\%)$$
$$销项税额＝销售额×13\%$$

　　纳税人出售自己使用过的购进时未抵扣增值税进项税额的固定资产,按3%征收率减按2%征收增值税,应当按应收或已收的金额,借记"应收账款""应收票据""银行存款"等账户,按取得的收入金额,贷记"固定资产清理""应交税费——简易计税"账户。

$$销售额＝含税销售额÷(1＋3\%)$$
$$应纳税额＝销售额×2\%$$

　　9)金融业增值税的核算

　　贷款服务,以提供贷款服务取得的全部利息及利息性质的收入为销售额。

　　直接收费金融服务,以提供直接收费金融服务收取的手续费、佣金、酬金、管理费、服务费、经手费、开户费、过户费、结算费、转托管费等各类费用为销售额。

　　金融商品转让,按照卖出价扣除买入价后的余额为销售额。转让金融商品出现的正负差,按盈亏相抵后的余额为销售额。若相抵后出现负差,可结转下一纳税期与下期转让金融商品销售额相抵,但年末仍出现负差的,不得转入下一个会计年度。金融商品的买入价,可以选择按照加权平均法或者移动加权平均法进行核算,选择后36个月内不得变更。金融商品转让,不得开具增值税专用发票。

　　经纪代理服务,以取得的全部价款和价外费用,扣除向委托方收取并代为支付的政府性基金或者行政事业性收费后的余额为销售额。向委托方收取的政府性基金或者行政事业性收费不得开具增值税专用发票,可以开具普通发票。

　　【案例2-30】　前海商业银行向当地乐天光伏公司发放贷款,2020年第一季度含税贷款利息106 000元,季末收到利息,同时该季度付出该企业含税存款利息支出3 600元。若该银行适用6%的增值税税率,则银行怎样对该业务进行会计处理。

　　【案例解析】　贷款利息产生的销项税额＝106 000÷(1＋6%)×6%＝6 000(元)

　　利息支出产生的进项税额＝63 600÷(1＋6%)×6%＝3 600(元)

　　应编制会计分录为:

　　当取得贷款利息收入时:

借：应收利息——乐天光伏应收利息户　　　　　　　　　　　　　　106 000

　　贷：利息收入——短期贷款利息收入　　　　　　　　　　　　　100 000

　　　　应交税费——应交增值税（销项税额）　　　　　　　　　　　　6 000

同时，借：吸收存款——单位活期存款（乐天光伏）　　　　　　　　　106 000

　　　　贷：应收利息——乐天光伏应收利息户　　　　　　　　　　　106 000

当付出利息支出时：

借：利息支出——乐天光伏活期存款利息支出户　　　　　　　　　　　60 000

　　应交税费——应交增值税（进项税额）　　　　　　　　　　　　　　3 600

　　贷：应付利息——乐天光伏活期存款应付利息户　　　　　　　　　　33 600

10）生活服务业增值税的核算

（1）航空运输企业的销售额，不包括代收的机场建设费和代售其他航空运输企业客票而代收转付的价款。

（2）纳税人中的增值税一般纳税人提供客运场站服务，以其取得的全部价款和价外费用，扣除支付给承运方运费后的余额为销售额。

（3）纳税人提供旅游服务，可以选择以取得的全部价款和价外费用，扣除向旅游服务购买方收取并支付给其他单位或者个人的住宿费、餐饮费、交通费、签证费、门票费和支付给其他接团旅游企业的旅游费用后的余额为销售额。选择上述办法计算的纳税人，向旅游服务购买方收取并支付的上述费用，不得开具增值税专用发票，可以开具普通发票。

【案例 2-31】 长春旅游公司为增值税一般纳税人，9 月组织 1 060 人的旅游团去某地旅游，每人收取的旅游费为 6 000 元（含税销售额）。旅行中该旅游公司为每人支付交通费 1 500 元，住宿费 1 200 元，餐费 700 元，门票等费用 600 元。

【案例解析】 长春旅游公司的会计处理如下：

该旅游公司增值税应税销售额＝1 060×（6 000－1 500－1 200－700－600）÷（1＋6％）

　　　　　　　　　　　　　＝2 000 000（元）

该旅游公司应纳增值税销项税额＝2 000 000×6％＝120 000（元）

借：库存现金　　　　　　　　　　　　　　　　　　　　　　　　2 120 000

　　贷：主营业务收入　　　　　　　　　　　　　　　　　　　　2 000 000

　　　　应交税费——应交增值税（销项税额）　　　　　　　　　　　120 000

11）提供建筑服务增值税的核算

增值税一般纳税人跨县（市）提供建筑服务，适用一般计税方法计税的，应以取得的全部价款和价外费用为销售额计算应纳税额。纳税人应以取得的全部价款和价外费用扣除支付的分包款后的余额，按照 2％ 的预征率在建筑服务发生地预缴税款后，向机构所在地主管税务机关进行纳税申报。其计算公式为：

应预缴税款＝（全部价款和价外费用－支付的分包款）÷（1＋9％）×2％

纳税人取得的全部价款和价外费用扣除支付的分包款后的余额为负数的，可结转下次

预缴税款时继续扣除。纳税人应按照工程项目分别计算应预缴税款,分别预缴,设置"应交税费——预缴增值税"账户核算。

【案例2-32】 长安建筑公司为增值税一般纳税人,跨县承建一项住宅工程建设,取得工程价款8 880万元,其中1 250万元的装修工程对外承包,并已支付给转包的装修公司。若该建筑公司服务发生地预征率为2%,计算应预缴的增值税。

【案例解析】 长安建筑公司的会计处理如下:

$$应预缴税款 = (8\ 880 - 1\ 250) \div (1 + 9\%) \times 2\% = 140(万元)$$

借:应交税费——预缴增值税　　　　　　　　　　　　　　　　　　1 400 000
　　贷:银行存款　　　　　　　　　　　　　　　　　　　　　　　　　　1 400 000

12)非房地产企业销售不动产增值税的核算

纳税人转让其取得的不动产,包括以直接购买、接受捐赠、接受投资入股、自建以及抵债等各种形式取得的不动产,不包括房地产开发企业销售自行开发的房地产项目。增值税一般纳税人销售其2016年4月30日前取得(不含自建)的不动产,可以选择适用简易计税方法,以取得的全部价款和价外费用减去该项不动产购置原价或者取得不动产时的作价后的余额为销售额,按照5%的征收率计算应纳税额。纳税人应按照上述计税方法在不动产所在地预缴税款后,向机构所在地主管税务机关进行纳税申报。按照以下公式计算应预缴税款:

$$应预缴税款 = \left(\begin{array}{c}全部价款和\\价外费用\end{array} - \begin{array}{c}不动产购置原价或者\\取得不动产时的作价\end{array}\right) \div (1 + 5\%) \times 5\%$$

增值税一般纳税人销售其2016年4月30日前自建的不动产,可以选择适用简易计税方法,以取得的全部价款和价外费用为销售额,按照5%的征收率计算应纳税额。纳税人应按照上述计税方法在不动产所在地预缴税款后,向机构所在地主管税务机关进行纳税申报。按照以下公式计算应预缴税款:

$$应预缴税款 = 全部价款和价外费用 \div (1 + 5\%) \times 5\%$$

纳税人销售不动产应通过"固定资产清理"账户核算,按规定收取的增值税额,贷记"应交税费——应交增值税(销项税额)"账户,按发生的净损益记入"营业外支出"或"营业外收入"账户。

【案例2-33】 甲市前海公司为增值税一般纳税人,2020年12月销售位于乙市的写字楼,并于当月办妥了相关产权转移手续。该写字楼于2014年12月购置并投入使用,根据有关原始凭证确认投入使用前发生的成本为5 355万元,销售写字楼取得含税收入11 655万元。在销售过程中共发生其他税费1 000万元,已用银行存款缴纳。投入使用时,该公司预计该写字楼可使用50年,按平均年限法计提折旧,无残值。计算增值税时,该公司选择了简易计税方法。

【案例解析】 应纳增值税 = (11 655 - 5 355) ÷ (1 + 5%) × 5% = 300(万元)
　　　　　　　预缴税款 = 300(万元)

预缴税款时:

借：应交税费——预缴增值税　　　　　　　　　　　　　　　　　　3 000 000

　　贷：银行存款　　　　　　　　　　　　　　　　　　　　　　　　　3 000 000

借：应交税费——未交增值税　　　　　　　　　　　　　　　　　　　300 000

　　贷：应交税费——预缴增值税　　　　　　　　　　　　　　　　　3 000 000

固定资产转入清理时：

借：固定资产清理　　　　　　　　　　　　　　　　　　　　　　　57 124 000

　　累计折旧(53 550 000÷50×6)　　　　　　　　　　　　　　　　6 426 000

　　贷：固定资产　　　　　　　　　　　　　　　　　　　　　　　53 550 000

　　　　银行存款　　　　　　　　　　　　　　　　　　　　　　　10 000 000

结转损益时：

借：银行存款　　　　　　　　　　　　　　　　　　　　　　　　116 550 000

　　贷：固定资产清理　　　　　　　　　　　　　　　　　　　　　57 124 000

　　　　应交税费——简易计税　　　　　　　　　　　　　　　　　3 000 000

　　　　营业外收入——处置非货币性资产利得　　　　　　　　　56 426 000

13）房地产开发企业销售自行开发的房地产项目增值税的核算

自行开发是指在依法取得土地使用权的土地上进行基础设施和房屋建设。房地产开发企业以接盘等形式购入未完工的房地产项目继续开发后,以自己的名义立项销售的,属于销售自行开发的房地产项目。

（1）房地产开发企业中的增值税一般纳税人销售其开发的房地产项目（选择适用简易计税方法的房地产老项目除外）,以取得的全部价款和价外费用,扣除受让土地时向政府部门支付的土地价款后的余额为销售额。其计算公式为：

$$销售额＝(全部价款和价外费用－当期允许扣除的土地价款)÷(1＋9\%)$$

$$\genfrac{}{}{0pt}{}{当期允许扣除}{的土地价款}＝\left(\genfrac{}{}{0pt}{}{当期销售房地产}{项目建筑面积}÷\genfrac{}{}{0pt}{}{房地产项目可供}{销售建筑面积}\right)×\genfrac{}{}{0pt}{}{支付的}{土地价款}$$

当期销售房地产项目建筑面积是指当期进行纳税申报的增值税销售额对应的建筑面积。房地产项目可供销售建筑面积是指房地产项目可以出售的总建筑面积,不包括销售房地产项目时未单独作价结算的配套公共设施的建筑面积。支付的土地价款是指向政府、土地管理部门或受政府委托收取土地价款的单位直接支付的土地价款。

（2）增值税一般纳税人采取预收款方式销售自行开发的房地产项目,应在收到预收款时按照3%的预征率预缴增值税。房地产开发企业中的增值税一般纳税人销售房地产老项目,以及增值税一般纳税人出租其2016年4月30日前取得的不动产,适用一般计税方法计税的,应以取得的全部价款和价外费用,按照3%的预征率在不动产所在地预缴税款后,向机构所在地主管税务机关进行纳税申报。其计算公式为：

$$应预缴税款＝预收款÷(1＋9\%)×3\%$$

房地产老项目是指《建筑工程施工许可证》注明的合同开工日期在2016年4月30日前的房地产项目。

纳税人按照规定从全部价款和价外费用中扣除的价款,应当取得符合法律、行政法规和国家税务总局规定的有效凭证,否则不得扣除。

纳税人销售不动产应缴纳增值税,按照确认的收入和按规定收取的增值税额,借记"银行存款""应收账款"等账户,按照按规定收取的增值税额,贷记"应交税费——应交增值税(销项税额)"账户,按确认的收入,贷记"主营业务收入"账户。

【案例2-34】 甲市前海房地产公司(增值税一般纳税人)自行开发了某房地产项目,施工许可证注明的开工日期是2018年5月1日。2020年5月,该公司销售该项目的一批房产,共取得含税收入3 150万元,同时办妥了房产产权转移手续。根据有关凭证可知,这批房产对应的土地价款为930万元。

【案例解析】 (1)简易计税法会计业务的处理。纳税人销售房地产老项目,选择适用简易计税方法计税的,要以取得的全部价款和价外费用为销售额(不得扣除对应的土地价款),按照5%的征收率计税,因此:

$$应纳增值税＝3\,150÷(1＋5\%)×5\%＝150(万元)$$

会计分录为:

借:银行存款		31 500 000
贷:主营业务收入		30 000 000
应交税费——简易计税		1 500 000

(2)一般计税方法会计业务的处理。纳税人选择适用一般计税方法计税的,要以取得的全部价款和价外费用扣除当期销售房地产项目对应的土地价款后的余额为销售额,按照9%的税率计税,因此:

$$销项税额＝(3\,150－930)÷(1＋9\%)×9\%＝183.302\,8(万元)$$

其会计分录为:

借:银行存款		31 500 000
贷:主营业务收入		29 666 972
应交税费——应交增值税(销项税额)		1 833 028

14)提供不动产经营租赁服务

纳税人以经营租赁方式出租其取得的不动产,包括以直接购买、接受捐赠、接受投资入股、自建以及抵债等各种形式取得的不动产,不包括提供道路通行服务。纳税人出租不动产适用一般计税方法计税的,按照以下公式计算应预缴税款:

$$应预缴税款＝含税销售额÷(1＋9\%)×3\%$$

纳税人以经营租赁方式将土地出租给他人使用,按照不动产经营租赁服务缴纳增值税。

收到出租赁押金时,借记"银行存款"账户,贷记"其他应付款——单位或个人(租赁押金)"账户;收到租赁款全款时,借记"银行存款"账户,贷记"其他业务收入——租赁收入""应交税费——应交增值税(销项税额)"账户。

15）提供电信服务

纳税人销售电信服务时,附带赠送用户识别卡、电信终端等货物或者电信服务的,应将其取得的全部价款和价外费用进行分别核算,按各自适用的税率计算缴纳增值税。

（1）提供基础电信服务。电信企业提供语音通话服务等基础电信服务,增值税税率为9%。

【案例2-35】 2020年1月,某市移动分公司提供语音通话服务,取得含税收入1 000万元;出租、出售带宽、波长等取得含税收入800万元。另外,该分公司当月支付基础电信业务的相关费用300万元,税率为9%,且取得增值税专用发票。计算该月的增值税并进行会计处理。

【案例解析】 提供语音通话服务的业务活动及出租或者出售带宽、波长等业务活动,属于提供"基础电信服务",适用9%的增值税税率。

$$应纳增值税销项税额 = (1\ 000 + 800) \div (1 + 9\%) \times 9\% = 148.62（万元）$$

会计处理如下（单位:万元,下同）:

借:银行存款　　　　　　　　　　　　　　　　　　　　　1 800.00
　　贷:主营业务收入——基础电信服务　　　　　　　　　　1 651.38
　　　　应交税费——应交增值税（销项税额）　　　　　　　　148.62

该分公司支付基础电信业务的相关费用300万元,则:

$$可抵扣增值税进项税额 = 300 \div (1 + 9\%) \times 9\% = 24.77（万元）$$

借:主营业务成本——基础电信服务　　　　　　　　　　　　275.23
　　应交税费——应交增值税（进项税额）　　　　　　　　　　24.77
　　贷:银行存款　　　　　　　　　　　　　　　　　　　　300.00

该公司1月应申报缴纳基础电信业务的增值税为 = 148.62 - 24.77 = 123.85（万元）

（2）提供增值电信服务。纳税人利用固网、移动网、卫星、互联网、有线电视网络,提供短信和彩信服务、电子数据和信息的传输及应用服务、互联网接入服务等业务活动,属于提供"增值电信服务",按照6%的税率计算缴纳增值税。

【案例2-36】 某市移动分公司2020年2月,利用卫星、互联网提供短信和彩信服务,取得含税收入600万元;提供互联网接入服务,取得含税收入500万元;提供电子数据的传输服务,取得含税收入200万元。另外,提供WLAN无线上网服务的同时,还附带赠送本地上网时长,取得全部价款和价外费用共计120万元。另该分公司当月支付增值电信业务的相关费用280万元,税率为6%,且取得增值税专用发票。

【案例解析】 提供短信和彩信服务、互联网接入服务以及电子数据的传输服务等增值电信业务活动,应按6%的税率计算缴纳增值税。

$$应纳增值税销项税额 = (600 + 500 + 200 + 120) \div (1 + 6\%) \times 6\% = 80.38（万元）$$

会计处理如下（单位:万元,下同）:

借：银行存款   1 420.00

  贷：主营业务收入——增值电信服务   1 339.62

    应交税费——应交增值税(销项税额)   80.38

支付增值电信业务的相关费用280万元,则:

$$可抵扣增值税进项税额 = 280 \div (1 + 6\%) \times 6\% = 15.85(万元)$$

借：主营业务成本——增值电信服务   264.15

  应交税费——应交增值税(进项税额)   15.85

  贷：银行存款   280.00

该公司2月份应申报缴纳增值电信业务的增值税为 $= 80.38 - 15.85 = 64.53(万元)$

(五)混合销售行为和兼营销售行为销项税额的核算

1. 混合销售行为的会计核算

一项销售行为如果既涉及服务又涉及货物,为混合销售。从事货物的生产、批发或者零售的单位和个体工商户的混合销售行为,按照销售货物缴纳增值税;其他单位和个体工商户的混合销售行为,按照销售服务缴纳增值税。

从事货物的生产、批发或者零售的单位和个体工商户,包括以从事货物的生产、批发或者零售为主,并兼营销售服务的单位和个体工商户在内。在会计处理上,借记"银行存款""库存现金""应收账款"等账户,贷记"主营业务收入""其他业务收入""应交税费——应交增值税(销项税额)"账户。

【案例2-37】 2020年2月10日,乐天机械设备公司销售自产设备并负责上门安装,对外开具专用发票,内列设备价款290 000元,增值税额37 700元,设备安装费25 000元,增值税额3 250元,价款总计36 8550,款项收到并已存入银行。

【案例解析】 会计处理如下:

借：银行存款   355 950

  贷：主营业务收入   290 000

    其他业务收入   25 000

    应交税费——应交增值税(销项税额)   40 950

2. 兼营销售行为的会计核算

纳税人兼营销售货物、劳务、服务、无形资产或者不动产,适用不同税率或者征收率的,应当分别核算适用不同税率或者征收率的销售额;未分别核算的,从高适用税率。

【案例2-38】 2019年10月11日,乐天百货公司向顾客销售电脑10台,含税售价56 500元,公司用自备车辆送货上门运费1 130元,属兼营不同税率的销售货物、应税服务的,未单独核算,从高适用税率,计算该项业务增值税销项税额。

【案例解析】 将含税销售额和运费换算为不含税销售额:

$$应税销售额 = (56\ 500 + 1\ 130) \div (1 + 13\%) = 51\ 000(元)$$

$$销项税额 = 51\ 000 \times 13\% = 6\ 630(元)$$

借：银行存款　　　　　　　　　　　　　　　　　　　　　　　　　57 630
　　贷：主营业务收入　　　　　　　　　　　　　　　　　　　　　　50 000
　　　　其他业务收入　　　　　　　　　　　　　　　　　　　　　　1 000
　　　　应交税费——应交增值税(销项税额)　　　　　　　　　　　6 630

（六）增值税出口退税的会计核算

1. 外贸企业出口退税的会计核算

外贸企业出口退税，在货物出口后按照收购金额和退税率计算退税额，征、退税之差，计入企业成本。按规定计算出当期应退税额时，借记"应收出口退税"账户，贷记"应交税费——应交增值税(出口退税)"账户；计算不予退还的增值税额时，借记"主营业务成本"账户，贷记"应交税费——应交增值税(进项税额转出)"账户，实际收到退回的税款，借记"银行存款"账户，贷记"应收出口退税"账户。

【案例2-39】　甲外贸公司有进出口经营权，本期该公司从海信电器公司购进一批彩电用于出口，取得增值税专用发票，内列彩电货款100万元，增值税税额13万元，款项以银行汇票支付。该批彩电本期全部出口，离岸价为15万美元，当日市场汇率为1美元＝8.2元人民币，申请退税的单证齐全，家电的退税率为9％。

【案例解析】　申报出口退税时：

$$应退增值税额＝1\ 000\ 000×9\%＝90\ 000(元)$$
$$出口货物不予退还的税额＝1\ 000\ 000×(13\%－9\%)＝40\ 000(元)$$

确认应退税款时，甲公司的会计处理如下：

借：应收出口退税　　　　　　　　　　　　　　　　　　　　　　　90 000
　　贷：应交税费——应交增值税(出口退税)　　　　　　　　　　90 000
借：主营业务成本　　　　　　　　　　　　　　　　　　　　　　　40 000
　　贷：应交税费——应交增值税(进项税额转出)　　　　　　　　40 000

收到退税款时，甲外贸公司的会计处理如下：

借：银行存款　　　　　　　　　　　　　　　　　　　　　　　　　90 000
　　贷：应收出口退税　　　　　　　　　　　　　　　　　　　　　90 000

2. 生产企业出口退税的会计核算

生产企业直接出口和委托外贸企业代理出口的货物，在出口环节免征增值税，并按照规定的退税率计算出口货物的当期免、抵、退不得免抵税额(进项税额转出)，当期免、抵、退税额(出口退税)，当期免、抵税额(出口抵减内销产品应纳税额)，然后根据公式计算出实际退税额。企业按照规定的退税率计算出口货物的当期免抵退不得免抵税额，借记"主营业务成本"账户，贷记"应交税费——应交增值税(进项税额转出)"账户，按照计算的当期免抵税额，借记"应交税费——应交增值税(出口抵减内销产品应纳税额)"账户，贷记"应交税费——应交增值税(出口退税)"账户，按照未抵顶完的税额，借记"应收出口退税"账户，贷记"应交税费——应交增值税(出口退税)"账户。收到退回的税款时，借记"银行存款"账户，贷记"应收

出口退税"账户。

【案例2-40】 乙公司为有进出口经营权的生产企业,本期内销产品不含税价款为2 000万元,出口销售产品折合人民币1 000万元,本期购入货物进项税额为250万元,期初未交增值税借方余额为140万元,企业适用的增值税税率为13%,出口退税率为9%,申请退税单证齐全。

【案例解析】 会计处理如下:

内销产品销项税额 = 2 000 × 13% = 260(万元)

当期不予免抵税额 = 1 000 × (13% − 9%) = 40(万元)

当期应纳税额 = 260 − (250 − 40) − 140 = −90(万元)

当期免抵退税 = 1 000 × 13% = 130(万元)

当期期末留抵税额90万元小于当期免抵退税额130万元。

当期免抵税额 = 130 − 90 = 40(万元)

当期应退税额 = 90(万元)

结转当期不予免抵税额时:

借:主营业务成本   40

  贷:应交税费——应交增值税(进项税额转出)   40

申报退税时:

借:应交税费——应交增值税(出口抵减内销产品应纳税额)   40

  应收出口退税   90

  贷:应交税费——应交增值税(出口退税)   130

收到退税款时:

借:银行存款   90

  贷:应收出口退税   90

(七)缴纳增值税的会计核算

对于企业预缴、上缴当月应纳税额的会计处理,借记"应交税费——应交增值税(已交税金)"账户,贷记"银行存款"账户。

月份终了时,将当月欠缴税款从"应交税费——应交增值税(转出未交增值税)"账户转入"应交税费——未交增值税"账户。因此,如果是缴纳以前月份欠缴税款,应借记"应交税费——未交增值税"账户,贷记"银行存款"账户。

企业预缴增值税时,借记"应交税费——预交增值税"账户,贷记"银行存款"账户。月末,企业应将"预交增值税"明细账户余额转入"未交增值税"明细账户,借记"应交税费——未交增值税"账户,贷记"应交税费——预交增值税"账户。房地产开发企业等在预缴增值税后,应直至纳税义务发生时方可从"应交税费——预交增值税"账户结转至"应交税费——未交增值税"账户。

【案例2-41】　乐天百货公司2019年10月月末,"应交税费——应交增值税"明细账户各栏目资料如下:进项税额200 000元,销项税额300 000元,进项税额转出6 000元。

【案例解析】　10月月末,应申报缴纳的增值税＝300 000－(200 000－6 000)＝106 000(元)

会计分录如下:

借:应交税费——应交增值税(转出未交增值税)　　　　　　　　　　　　106 000
　　贷:应交税费——未交增值税　　　　　　　　　　　　　　　　　　　　　106 000

11月月初,缴纳10月份增值税时,会计分录如下:

借:应交税费——未交增值税　　　　　　　　　　　　　　　　　　　　　106 000
　　贷:银行存款　　　　　　　　　　　　　　　　　　　　　　　　　　　　106 000

财政部、税务总局和海关总署印发的《关于深化增值税改革有关政策的公告》(财政部税务总局　海关总署公告2019年第39号)规定,自2019年4月1日至2021年12月31日,允许生产、生活性服务业纳税人按照当期可抵扣进项税额加计10%,抵减应纳税额。现就该规定适用《增值税会计处理规定》(财会〔2016〕22号)的有关问题解读如下:生产、生活性服务业纳税人取得资产或接受劳务时,应当按照《增值税会计处理规定》的相关规定对增值税相关业务进行会计处理;实际缴纳增值税时,按应纳税额,借记"应交税费——未交增值税"等账户,按实际纳税金额,贷记"银行存款"账户,按加计抵减的金额,贷记"其他收益"账户。

（八）增值税期末留抵税额的会计核算

纳入营改增试点当月月初,原增值税一般纳税人应按不得从销售服务、无形资产或不动产的销项税额中抵扣的增值税留抵税额,借记"应交税费——增值税留抵税额"账户,贷记"应交税费——应交增值税(进项税额转出)"账户。待以后期间允许抵扣时,按允许抵扣的金额,借记"应交税费——应交增值税(进项税额)"账户,贷记"应交税费——增值税留抵税额"账户。

《关于深化增值税改革有关政策的公告》规定,同时符合自2019年4月1日税款所属期起,连续6个月(按季纳税的,连续两个季度)增量留抵税额均大于零,且第6个月增量留抵税额不低于50万元;申请退税前36个月未发生骗取留抵退税、出口退税或虚开增值税专用发票情形的;申请退税前36个月未因偷税被税务机关处罚两次及以上的;自2019年4月1日起未享受即征即退、先征后返(退)政策的;纳税信用等级为A级或者B级等多个条件的纳税人,可以向主管税务机关申请退还增量留抵税额。增量留抵税额退还计算公式:

$$允许退还的增量留抵税额＝增量留抵税额×进项构成比例×60\%$$

增量留抵税额是指与2019年3月月底相比新增加的期末留抵税额;进项构成比例是2019年4月至申请退税前一税款所属期内已抵扣的增值税专用发票(含税控机动车销售统一发票)、海关进口增值税专用缴款书、解缴税款完税凭证注明的增值税额占同期全部已抵扣进项税额的比重,即"三类票上注明的税额"占"全部已抵扣进项税额"的比重。

退还的增量留抵税额的账务处理较为简单,进项税额留抵在账务上体现为"应交税

费——应交增值税(进项税额)"账户的借方余额,收到退税款对应留抵减少,即借记"银行存款"账户,贷记"应交税费——应交增值税(进项税额)"账户;若账务上已经结转到"应交税费——未交增值税"账户,则收到的退税款,借记"银行存款"账户,贷记"应交税费——未交增值税"账户。

(九) 增值税税控系统专用设备和技术维护费用抵减增值税额的会计核算

按现行增值税制度规定,企业初次购买增值税税控系统专用设备支付的费用以及缴纳的技术维护费允许在增值税应纳税额中全额抵减的,增值税防伪税控系统设备包括金税卡、IC卡、读卡器或金税盘和报税盘;货物运输业增值税专用发票税控系统专用设备包括税控盘和报税盘;机动车销售统一发票税控系统包括税控盘和传输盘。

纳税人初次购买专用设备支付的费用,全额抵减增值税应纳税额,不得申报抵扣进项税额,不足抵减的可结转下期继续抵减;按规定抵减的增值税应纳税额,借记"应交税费——应交增值税(减免税款)"账户(小规模纳税人应借记"应交税费——应交增值税"账户),贷记"管理费用"等账户。

企业发生值税税控系统专用设备技术维护费,按实际支付或应付金额,借记"管理费用"等账户,贷记"银行存款"。按规定抵减增值税应纳税额,借记"应交税费——应交税减免税"账户(小规模纳税人应借记"应交税费——应交增值税"账户),贷记"管理费用"等账户。

(十) 关于小微企业免征增值税的会计核算

小微企业在取得销售收入时,应当按照税法的规定计算应交增值税,并确认为应交税费,贷记"应交税费——应交增值税"账户;在达到增值税制度规定的免征增值税条件时,将有关应交增值税转入当期损益,贷记"营业外收入"账户。

二、小规模纳税人的会计核算

小规模纳税人增值税的核算,通过在"应交税费"账户下设置"应交增值税"明细账户进行,不需要设置有关的专栏。

当小规模纳税人销售物资、服务、无形资产或不动产时,大部分只能开普通发票,反映的销售额为含税销售额,在会计处理时应换算为不含税销售额,按实现的不含税销售额和规定征收率计算收取的增值税额,借记"应收账款""银行存款""应收票据"等账户,按实现的销售收入,贷记"主营业务收入""其他业务收入"等账户,按应纳的增值税额,贷记"应交税费——应交增值税"账户。

小规模纳税人购买物资、服务、无形资产或不动产,取得增值税专用发票上注明的增值税应计入相关成本费用或资产,不通过"应交税费——应交增值税"账户核算。小规模纳税人支付增值税额时,借记"材料采购""原材料""库存商品""周转材料""固定资产""在建工程"等账户,贷记"银行存款""其他货币资金""应付账款"等账户。

小规模纳税人上缴增值税,借记"应交税费——应交增值税"账户,贷记"银行存款"账户。收到退回多交的增值税,作相反的会计分录。

【案例2-42】 某工业企业为小规模纳税人,适用的增值税税率为3%。该企业3月购入原材料,按照增值税专用发票上记载的原材料成本为500 000元,支付的增值税为85 000

元,企业已开出并承兑商业汇票,材料尚未收到。本月销售货物价款 800 000 元,货款暂欠。货物成本为 500 000 元。

【案例解析】　有关账务处理如下:

购入材料时:

借:在途物资　　　　　　　　　　　　　　　　　　　　　585 000
　　贷:应付票据　　　　　　　　　　　　　　　　　　　　　585 000

销售货物时:

$$不含税价格 = 800\ 000 \div (1 + 3\%) = 776\ 699.03(元)$$
$$应交增值税 = 776\ 699.03 \times 3\% = 23\ 300.97(元)$$

借:应收账款　　　　　　　　　　　　　　　　　　　　　800 000
　　贷:主营业务收入　　　　　　　　　　　　　　　　　　776 699.03
　　　　应交税费——应交增值税　　　　　　　　　　　　　23 300.97
借:主营业务成本　　　　　　　　　　　　　　　　　　　500 000
　　贷:库存商品　　　　　　　　　　　　　　　　　　　　500 000

下月月初,缴纳增值税时:

借:应交税费——应交增值税　　　　　　　　　　　　　　23 300.97
　　贷:银行存款　　　　　　　　　　　　　　　　　　　　23 300.97

三、增值税检查调账

增值税检查调账是指将纳税检查过程中税务机关查出的错误纳税问题,依据税法、税务行政法规和财务会计制度、会计准则的规定,调整为正确账项的过程。

1. 增值税检查调账的方法

增值税检查调账的方法一律采用追溯调账法。即对某项交易或事项变更会计政策时,如同该交易或事项初次发生时就开始采用新的会计政策,并以此对相关项目进行调整的方法。

在追溯调账法下,应计算会计政策变更的累计影响数,并调整期初留存收益,会计报表的相关项目也随之调整,为此,追溯调账法应按以下步骤进行:

(1) 计算会计政策变更的累计影响数,会计政策变更的累计影响数是指因变更会计政策所导致的对净损益的累计影响,以及由此导致的对利润分配及未分配利润的累计影响金额。在计算上,会计政策变更累计影响数等于变更后的应有金额与现有金额之间的差额。

(2) 相关的账务调整。

(3) 调整会计报表的相关项目。

(4) 会计报表附注说明。

2. 错账调整的会计处理

对增值税检查时,查出的调增或调减增值税额,应通过"应交税费——增值税检查调整"专门账户进行核算。该账户属于负债性质,用来专门核算在增值税检查中查出的以前各期

应补、应退的增值税额,借方登记检查调减的销项税额、检查调增的进项税额、检查调减的进项税额转出及检查调减的小规模纳税企业应交增值税额,贷方登记检查调增的销项税额、检查调减的进项税额、检查调增的进项税额转出及检查调增的小规模纳税人应交增值税额,余额可能在借方,也可能在贷方,但期末应对其余额按如下办法进行处理:

(1)若余额在借方,全部视同留抵进项税额,按借方余额数,借记"应交税费——应交增值税(进项税额)"账户,贷记"应交税费——增值税检查调整"账户。

(2)若余额在贷方,且"应交税费——应交增值税"账户无余额,按贷方余额数,借记"应交税费——增值税检查调整"账户,贷记"应交税费——未交增值税"账户。

(3)若本账户余额在贷方,"应交税费——应交增值税"账户有借方余额且等于或大于这个贷方余额,按贷方余额数,借记"应交税费——增值税检查调整"账户,贷记"应交税费——应交增值税"账户。

(4)若本账户余额在贷方,"应交税费——应交增值税"账户有借方余额但小于这个贷方余额,应将这两个账户的余额冲出,其差额贷记"应交税费——未交增值税"账户。

对错账调整进行会计处理时应注意:

(1)在财务决算报表编制之前发现增值税纳税错误,调账时,不论是损益性账户还是非损益性账户,一律按正常的会计核算程序采用红字调整法、补充调整法、综合调整法对相关账户予以调整。

(2)本月检查本年以前月份发生的纳税错误,在调账时,凡是涉及损益性账户的,一律用"本年利润"账户进行调整,凡是不涉及损益性账户的,一律按正常会计差错调整相关账户。但涉及增值税的,一律通过"应交税费——增值税检查调整"账户进行调整。

(3)本月检查以前年度发生的纳税错误,在调账时,凡是涉及损益性账户的,一律通过"以前年度损益调整"账户进行调整;凡不涉及损益性账户的,一律按正常会计差错调整相关账户。涉及增值税的,也应通过"应交税费——增值税检查调整"账户进行调整。

【案例2-43】 2020年2月,市税务稽查科对增值税一般纳税人乐天机械设备公司检查时发现,公司上一年不动产在建工程领用生产原材料一批,该批原材料账面成本为400 000元,公司记账为,"借:在建工程400 000,贷:原材料400 000";公司1月份以账面成本为500 000元、市场正常不含税售价为600 000元的产品发放已宣告的现金股利,公司记账为,"借:应付股利500 000,贷:库存商品500 000",公司适用的所得税税率为25%,适用的增值税税率为13%。

【案例解析】 税法规定,纳税人将用于生产产品的原材料用于在建工程的,其进项税额不得抵扣。纳税人新建、改建、扩建、修缮、装饰不动产,均属于不动产在建工程。纳税人将生产产品用于投资、分配股利、发放福利和个人消费视同销售,发生增值税纳税义务。

该公司的账务处理如下:

上一年在建工程领用生产原材料检查后调账如下:

借:在建工程   52 000
    贷:应交税费——增值税检查调整   52 000

同时：

借：以前年度损益调整	5 200	
贷：应交税费——应交城市维护建设税		3 640
——应交教育费附加		1 560

1月产品发放已宣告的现金股利检查后调账如下：

借：应付股利	178 000	
贷：本年利润		100 000
应交税费——增值税检查调整		78 000

同时：

借：本年利润	7 800	
贷：应交税费——应交城市维护建设税		5 460
——应交教育费附加		2 340

任务处理

任务情境中的问题你解决了吗？

（各小组讨论，小组推荐代表发言，其他小组提问，小组答辩，提交实训报告册，小组代表和教师进行点评打分）

专项技能训练

一、职业判断能力训练

1. 采取还本销售方式销售货物，其销售额就是货物的销售价格，不得从销售额中减除还本支出。　　　　　　　　　　　　　　　　　　　　　　　　　　　　（　　）

2. 因逾期（1年为限）未收回包装物不再退还的押金，应并入销售额征税。　（　　）

3. 固定资产车辆租赁收入增值税税率为9％。　　　　　　　　　　　　　（　　）

4. 月末转出多交增值税，贷记"应交税费——未交增值税"账户。　　　　（　　）

5. 差额计税时，允许抵扣的税额，借记"应交税费——应交增值税（销项税额抵减）"账户。
　　　　　　　　　　　　　　　　　　　　　　　　　　　　　　　　　（　　）

二、职业选择能力训练

1. 根据现行增值税的规定，下列项目中，其进项税额不得从销项税额中抵扣的有（　　）。

A. 因自然灾害毁损的库存外购商品

B. 因管理不善被盗的产成品所耗用的外购原材料

C. 职工宿舍楼耗用的外购原材料

D. 生产免税产品接受的劳务

2. 企业发生下列业务,进项税额不可以抵扣的有(　　)。

A. 外购的货物用于个人消费　　　　B. 外购的货物用于集体福利

C. 外购的货物用于捐赠　　　　　　D. 外购的货物用于免征增值税的项目

3. 增值税纳税人销售非酒类货物时另外收取的包装物押金,应计入货物销售额的具体时限有(　　)。

A. 无合同约定的,超过1年时计入

B. 有合同约定的,在不超过合同约定的时间内计入

C. 有合同约定的,合同逾期的时候计入,但合同的期限必须在1年以内

D. 无合同约定的,无论是否返还及会计上如何核算,和收取的货款一并计入

4. 境外单位或个人在境内销售劳务,在境内未设立经营机构的,增值税的扣缴义务人有(　　)。

A. 境内代理人　　　　　　　　　　B. 购买方

C. 境外单位　　　　　　　　　　　D. 商业银行

5. 某生产企业下列项目中,可以抵扣进项税的有(　　)。

A. 外购大型生产设备　　　　　　　B. 购进生产设备修理用零备件

C. 购进职工食堂改造用建筑材料　　D. 外购生产用水、电、气

6. 企业收取的下列款项中,应作为价外费用并入销售额计算增值税销项税额的有(　　)。

A. 商业企业向供货方收取的返还收入

B. 生产企业销售货物时收取的包装物租金

C. 供电企业收取的逾期未退的电费保证金

D. 燃油电厂从政府财政专户取得的发电补贴

7. 境内的单位和个人销售的下列服务和无形资产,适用零税率的有(　　)。

A. 对境内不动产提供的设计服务

B. 提供国际运输服务

C. 向境外单位提供的研发服务

D. 提供的往返我国香港、澳门、台湾的交通运输服务

8. 增值税纳税人中,下列以差额为销售额的有(　　)。

A. 经纪代理服务　　　　　　　　　B. 贷款服务

C. 客运场站服务　　　　　　　　　D. 金融商品转让

9. 跨境电子商务零售进口商品按照货物征收关税,下列企业中,可以作为代收代缴义务人的有(　　)。

A. 物流企业　　　　　　　　　　　B. 电子商务企业

C. 商品生产企业　　　　　　　　　D. 电子商务交易平台企业

10. 增值税一般纳税人发生下列应税行为,可以选择适用简易计税方法计税的有(　　)。

A. 提供的电影放映服务　　　　　　B. 以清包工方式提供的建筑服务

C. 提供的学历教育服务　　　　　D. 提供的人力资源外包服务

三、职业综合实践能力训练

1.【任务资料】前海旅游公司为增值税一般纳税人,选择差额征税方式。该企业本期向旅游服务购买方收取含税价款为53万元(含增值税3万元),应支付给其他接团旅游企业的旅游费用和其他单位的相关费用为42.4万元,其中因允许扣减销售额而减少的销项税额为2.4万元。

【任务要求】

假设该旅游企业采用总额法确认收入,请根据上述经济业务内容,代表前海旅游公司税务会计进行会计处理。

2.【任务资料】前海工业公司为增值税一般纳税人。本期购入一批原材料,增值税专用发票注明的材料价款为120万元,增值税额为20.4万元。

(1) 若材料已入库,货款已经支付。材料入库以后,该企业将该批材料全部用于发放职工福利。

(2) 若材料入库后,该企业将该批材料全部用于办公楼工程建设项目。

【任务要求】

请根据上述业务假设条件,代表前海工业公司税务会计进行会计处理。

 项目总结

本项目主要学习增值税基础知识、增值税计算和申报、增值税的会计核算。增值税基础知识主要包括概念、特点、发展历程、征税范围、税率和征收率等;增值税的计算和申报主要包括应纳税额的计算、销项税额的计算、进项税额的计算、一般计税方法、简易计税方法应纳税额的计算、进出口增值税计算和纳税申报等;增值税的会计核算主要包括一般纳税人、小规模纳税人的会计核算及增值税检查调账。

 综合考核

一、职业单项选择能力考核

1. 我国目前实行增值税采用的类型是(　　)。

A. 消费型增值税　　　B. 收入型增值税　　　C. 生产型增值税　　　D. 积累型增值税

2. 下列混合销售行为中,应当按照13%税率征收增值税的是(　　)。

A. 零售商店销售家具并实行有偿送货上门

B. 电信部门自己销售移动电话并为客户有偿提供电信服务

C. 装潢公司为客户包工包料装修房屋

D. 饭店提供餐饮服务并提供酒水

3. 下列行为中,可以按13%税率征增值税的是(　　)。

A. 邮政部门销售的集邮商品   B. 银行开办的融资租赁业务

C. 典当业的死当物品销售   D. 邮政部门发行报刊

4. 某服装厂受托加工一批演出服装,衣料由某剧团提供,某剧团支付加工费 8 000 元,增值税由( )缴纳。

A. 服装厂   B. 剧团   C. 服装厂代扣代缴   D. 剧团代扣代缴

5. 下列各项收入中,应按13%税率缴纳增值税的是( )。

A. 某电视台广告播映收入   B. 邮政部门邮政储蓄收入

C. 某房地产开发公司销售办公楼收入   D. 某商店销售化妆品收入

6. 增值税一般纳税人销售货物,适用9%税率的是( )。

A. 销售图书   B. 销售钢材   C. 销售化妆品   D. 销售机器设备

7. 某零售企业为增值税一般纳税人,月销售收入为 7 000 元,该企业当月计税销售额为( )元。

A. 25 000   B. 25 884   C. 27 594   D. 35 240

8. 某商场实行还本销售家具,家具现售价 16 500 元,5 年后还本,则增值税的计税销售额是( )元。

A. 16 500   B. 3 300   C. 1 650   D. 0

9. 某单位采取折扣方式销售货物,折扣额单独开发票,增值税销售额的确定是( )。

A. 扣除折扣额的销售额   B. 不扣除折扣额的销售额

C. 折扣额   D. 加上折扣额的销售额

10. 依据增值税的有关规定,纳税人收取的包装物押金允许不并入销售额征税的是( )。

A. 啤酒   B. 白酒   C. 酒精   D. 汽水

11. 下列行为中,属于视同销售,应征收增值税的是( )。

A. 将外购的货物分配给职工   B. 将自产烟丝用于生产卷烟

C. 将自产食油用于职工食堂   D. 将外购的水泥用于基建

12. 下列行为中,应按9%税率征收增值税的是( )。

A. 体育彩票发行收入   B. 福利彩票发行收入

C. 无形资产转让收入   D. 固定资产房屋租赁收入

13. 下列行为中,不属于增值税征税范围的是( )。

A. 歌舞厅销售烟酒饮料   B. 某生产企业销售房屋

C. 供电局销售电力   D. 雇员为雇主修理汽车

14. 下列企业属于增值税一般纳税人,但可按9%征税的是( )。

A. 销售机械设备   B. 销售煤炭   C. 销售服装   D. 销售自来水

15. 某增值税一般纳税人销售使用过的固定资产,按( )征税。

A. 3%   B. 4%   C. 3%减半   D. 4%减半

二、职业多项选择能力考核

1. 企业下列行为中,应视同销售货物计征增值税的有( )。

A. 购进材料用于不动产在建工程　　　　B. 自产货物用于对外捐赠

C. 委托加工货物收回后用于对外投资　　D. 生产的产品用于集体福利

2. 我国现行增值税的征税范围包括(　　　)。

A. 在中国境内销售货物　　　　　　　　B. 在中国境内提供应税劳务

C. 进口货物　　　　　　　　　　　　　D. 境外销售货物

3. 下列销售行为中,征增值税的有(　　　)。

A. 销售机器　　　　B. 销售服装　　　　C. 销售不动产　　　　D. 销售房屋

4. 单位和个人提供的下列劳务,应征增值税的有(　　　)。

A. 汽车的修配　　　　B. 房屋的修理　　　　C. 受托加工的白酒　　　　D. 房屋的装潢

5. 下列行为中,属于视同销售应征增值税的行为有(　　　)。

A. 委托他人代销货物　　　　　　　　　B. 销售代销货物

C. 将自产的货物分给职工做福利　　　　D. 将外购的货物用于非应税项目

6. 下列销货行为中,应征增值税的有(　　　)。

A. 贵金属期货交易　　　　　　　　　　B. 银行销售金银业务

C. 银行融资租赁业务　　　　　　　　　D. 集邮商品的生产

7. 下列货物中,属于增值税免税的有(　　　)。

A. 校办企业销售自产教学用具　　　　　B. 药厂销售避孕药品

C. 用于科学研究的进口仪器、设备　　　D. 机械厂销售农业机械

8. 国际上实行增值税的国家对出口产品大多数采用零税率的做法,其主要作用有(　　　)。

A. 避免出口产品和劳务双重征税

B. 鼓励出口商品以完全不含税价格进入国际市场

C. 限制进口商品

D. 促进实行增值税的国家之间的贸易发展

9. 依据增值税的有关规定,允许抵扣的货物运费金额包括(　　　)。

A. 增值税专用发票注明的运费　　　　　B. 增值税专用发票注明的建设基金

C. 随同运费支付的装卸费　　　　　　　D. 随同运费支付的保险费

10. 某单位外购如下货物,按增值税有关规定不能作为进项税额抵扣的有(　　　)。

A. 外购的动产固定资产　　　　　　　　B. 外购的货物用于免税项目

C. 外购的货物用于集体福利　　　　　　D. 外购的货物用于无偿赠送他人

11. 依据增值税的有关规定,纳税人购进货物允许抵扣的时限有(　　　)。

A. 开具增值税专用发票 360 天内

B. 开具增值税专用发票 180 天内

C. 开具海关进口增值税专用缴款书 360 天内

D. 开具机动车销售统一发票 180 天内

12. 纳税人发生下列行为,主管税务机关有权核定其销售额,确定顺序及方法有(　　　)。

A. 当月同类货物的平均销售价格   B. 当月同类货物的最高销售价格

C. 最近时期同类货物的平均销售价格   D. 组成计税水价格

13. 增值税一般纳税人销售下列货物时,不得开具增值税专用发票的有(   )。

A. 销售报送出口的货物   B. 销售代销货物

C. 直接销售给使用个人的汽车   D. 销售免税货物

14. 下列各项中,应视同销售货物行为征收增值税的是(   )。

A. 将委托加工的货物用于非应税项目   B. 动力设备的安装

C. 销售代销货物   D. 邮政局出售集邮商品

15. 购进货物用于下列项目时,不必将其进项税额从当期进项税额中扣减的是(   )。

A. 用于赠送他人   B. 用于对外投资

C. 用于分配给股东   D. 用于装修房屋

三、职业综合实践能力考核

1.【任务资料】前海工业企业为增值税一般纳税人,取得发票当月均已通过认证,上月留抵税额 12 000 元,2020 年 1 月发生如下经济业务:

(1) 1 月 10 日,购进入库原材料一批,取得增值税专用发票注明的价款为 200 000 元,增值税为 26 000 元,支付铁路部门含税运费 10 900 元,其中运费 8 000 元,建设基金 2 000 元,货款及运费已经电汇付清,收到运费增值税专用发票。

(2) 1 月 15 日,接受某单位投资转让材料一批,取得增值税专用发票,注明价款 100 000 元,增值税 13 000 元。

(3) 1 月 21 日,采取分期收款方式销售货物一批,不含税价款 1 800 000 元,增值税 234 000 元,货物成本 1 000 000 元。合同规定,分 3 次等额收取货款及税款,银行存款代垫铁路运费 8 000 元(运费增值税专用发票开给购货方,并交给购货方),货物已经发出,按合同规定本月收到第一期货款、税款及全部运费,已存入银行并开具增值税专用发票。

(4) 1 月 25 日,对外捐赠产品一批,成本 4 万元,同类产品不含税售价 5 万元,货物已经发出,开具增值税普通发票。

(5) 1 月 26 日,非正常损失产品一批,成本 2 万元,不含税售价 3 万元,该产品中使用已抵扣进项税额的项目占产品成本的比例为 70%,增值税综合税金扣除率为 13%。

(6) 1 月 27 日,把自产产品用于维修厂房,该产品成本为 8 万元,同类产品同期不含税售价为 10 万元。

【任务要求】

(1) 根据上述资料计算该企业 1 月份应纳增值税,编制会计分录填制会计凭证。

(2) 登录国家税务局网站下载并填制 1 月份增值税申报表主表及附表。

2.【任务资料】前海房地产开发企业为增值税一般纳税人,相关资料如下:

(1) 企业 2020 年 5 月,预收房地产大学城项目的预售总价款为 1 410 万元,该项目预计 2021 年 9 月交房。企业按照 5% 的预征税率在不动产所在地预缴税款。

(2) 企业 2020 年 6 月,该企业向购房者交付其认购的另一房地产高新区项目,交房项目总价款为 2 289 万元(其中销项税额为 189 万元,已预缴113.25 万元),购房者已于 2019 年 7

月预付房款且该企业预缴了增值税。

【任务要求】

(1) 根据上述资料(1)计算该企业 5 月份预缴增值税,编制预售房地产项目的会计分录。

(2) 根据上述资料(2)编制企业 6 月份交付房地产项目的会计分录。

四、职业创新思维能力考核

【任务资料】某锅炉生产企业,年含税销售额在 100 万元左右,每年购进含增值税价款的材料大致在 90 万元左右,该企业会计核算制度健全,在向主管税务机关申请纳税人资格时,既可以申请成为适用税率为 13% 的增值税一般纳税人,也可以申请为小规模纳税人。

【任务要求】

请问企业应申请哪种纳税人身份对自己更有利?如果企业每年购进的含税材料大致在 50 万元左右,其他条件相同,又应该作何选择?

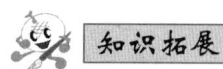
知识拓展

解读 2019 年深化增值税改革中的"1311"

2019 年 3 月 21 日,财政部、税务总局、海关总署联合发布《关于深化增值税改革有关政策的公告》,标志着 2019 年深化增值税改革系列举措进入落地实施环节。围绕深化增值税改革,3 月 21 日税务总局陆续发布 6 个重磅文件,明确改革具体政策、如何执行等事项。这 6 个重磅文件包括 1 个政策文件、3 个征管文件、1 个服务文件和 1 个工作通知。

一、1 个政策文件

《财政部税务总局海关总署关于深化增值税改革有关政策的公告》(财政部税务总局海关总署公告 2019 年第 39 号)这个文件主要告诉你:2019 年深化增值税改革的具体政策规定。归纳起来主要讲了三件事。

(一)明确增值税税率怎么降

从 2019 年 4 月 1 日起,增值税一般纳税人发生增值税应税销售行为或者进口货物,原适用 16% 税率的,税率调整为 13%;原适用 10% 税率的,税率调整为 9%。此外,纳税人购进农产品,原适用 10% 扣除率的,扣除率调整为 9%。纳税人购进用于生产或者委托加工 13% 税率货物的农产品,按照 10% 的扣除率计算进项税额。

适用 16% 税率且出口退税率为 16% 的出口货物劳务,出口退税率调整为 13%;原适用 10% 税率且出口退税率为 10% 的出口货物、跨境应税行为,出口退税率调整为 9%。同时,适用 13% 税率的境外旅客购物离境退税物品,退税率为 11%;适用 9% 税率的境外旅客购物离境退税物品,退税率为 8%。

(二)扩大进项税抵扣范围

将国内旅客运输服务纳入抵扣范围,同时将纳税人取得不动产支付的进项税额由目前分两年抵扣(第一年抵扣 60%,第二年抵扣 40%),改为一次性全额抵扣。此外,自 2019 年 4 月 1 日至 2021 年 12 月 31 日,允许生产、生活性服务业纳税人按照当期可抵扣进项税额加计 10%,抵减应纳税额。

（三）试行增值税期末留抵税额退税制度

自 2019 年 4 月 1 日起，试行增值税期末留抵税额退税制度。符合相关条件的纳税人，可向主管税务机关申请退还增量留抵税额，增量留抵税额为与 2019 年 3 月月底相比新增加的期末留抵税额。

二、3 个征管文件

国家税务总局公告 2019 年第 14 号主要告诉你：《财政部税务总局海关总署关于深化增值税改革有关政策的公告》出台后，纳税人开具发票衔接、不动产一次性抵扣、适用加计抵减政策所需填报资料等问题。比如，2019 年 4 月 1 日降低增值税税率政策实施后，纳税人在增值税税率调整前未开具增值税发票的增值税应税销售行为，需要补开增值税发票的，应当按照原 16％、10％适用税率补开。如果纳税人还存在 2018 年税率调整前未开具增值税发票的应税销售行为，需要补开增值税发票的，可根据《国家税务总局关于统一小规模纳税人标准等若干增值税问题的公告》（国家税务总局公告 2018 年第 18 号）相关规定，按照原 17％、11％适用税率补开。

国家税务总局公告 2019 年第 15 号主要告诉你：配合改革政策，税务部门调整了增值税纳税申报有关事项。修订并重新发布《增值税纳税申报表（增值税一般纳税人适用）》《增值税纳税申报表附列资料（一）》《增值税纳税申报表附列资料（二）》《增值税纳税申报表附列资料（三）》《增值税纳税申报表附列资料（四）》。废止部分申报表附列资料，一是废止原《增值税纳税申报表附列资料（五）》。二是废止原《营改增税负分析测算明细表》。纳税人自 2019 年 5 月 1 日起无须填报上述两张附表。

税总函〔2019〕82 号主要告诉你：根据《财政部税务总局海关总署关于深化增值税改革有关政策的公告》有关退税率调整的规定，国家税务总局编制了 2019B 版出口退税率文库，请各地税务部门按规定执行。

三、1 个服务文件

税总办发〔2019〕34 号关于《2019 年深化增值税改革纳税服务工作方案》的通知。这个文件主要告诉你：税务总局创新集成推出 20 项硬举措，以便利高效的纳税服务，促进纳税人更好享受深化增值税改革政策红利。

比如，简化流程资料。对纳税人办理事项实行资料清单化管理，清单之外资料一律不得要求纳税人报送。税务总局制发《纳税服务规范（3.0 版）》，重点修改与深化增值税改革相关的报送资料、办理流程、纳税人注意事项等内容。

又如：快速响应纳税人诉求意见。通过 12366 纳税服务热线、12366 纳税服务平台、税务网站等渠道，广泛收集纳税人对深化增值税改革政策落实、执法规范、纳税服务、信息化建设、法律救济等方面的意见建议，3 个工作日内整理推送相关业务部门快速处理并反馈，及时响应合理诉求，形成闭环处理机制。

四、1 个工作通知

《国家税务总局关于做好 2019 年深化增值税改革第一阶段"开好票"相关工作的通知》（税总函〔2019〕81 号）。这个文件主要告诉你：税务总局要求各级税务机关要按照"四实四硬"的工作要求，确保完成深化增值税改革第一阶段"开好票"相关工作。

　　比如,要求各地税务机关要在税控开票软件升级补丁下发后及时完成税务局端相关系统升级,提示提醒纳税人尽快完成税控开票软件升级操作。对于无法通过互联网自动升级的纳税人,会同税控服务单位采取线下辅导、上门辅导等方式,帮助纳税人完成升级操作。

　　又如,要求各级税务机关要及时面向纳税人开展政策宣传辅导工作,宣传改革举措、普及政策知识。通过办税服务厅、12366纳税服务热线、电子税务局、"两微一端"等渠道开展政策宣传辅导,做到政策咨询有人答、疑难问题有人解、系统操作有人教。

(来源:国家税务总局网站 http://www.chinatax.gov.cn)

项目三　消费税会计核算

- 熟悉消费税的基本法律规定
- 掌握消费税的减税、免税政策
- 掌握消费税的会计核算

- 能够正确计算消费税的应纳税额
- 能够规范办理消费税的纳税申报
- 能够根据消费税的法律规定，对消费税进行规范的会计核算

- 在工作中，量入为出，适度消费；避免盲从，理性消费；保护环境，绿色消费；勤俭节约，艰苦奋斗
- 树立正确的消费观，有利于经济持续健康快速协调发展；也有助于我们自身的健康成长

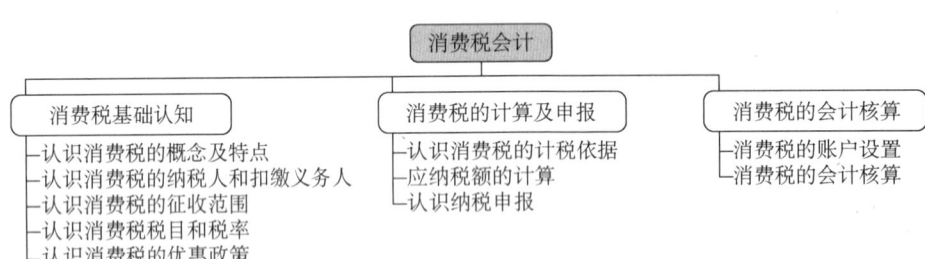

◇ **项目提示**：增值税是对绝大多数货物普遍征收，消费税则是选择少数消费品再征收的一个税种。通过前面的学习，我们知道增值税主要是对货物流转过程实行道道征收，主要介绍了纳税人、计税依据、税收优惠政策等方面，那么消费税是如何征收？如何进行会计核算的呢？

任务一 消费税基础认知

任务情境

【资料3-1】 红星卷烟厂系增值税一般纳税人,主要生产卷烟,其不含增值税的调拨价格为68元/标准条。红星卷烟厂的卷烟销售给批发商之后,批发商以不含增值税的销售价格95元/标准条销售给各大商场,商场最终以含增值税的销售价格150元/标准条将卷烟销售给消费者。

任务要求 请问在卷烟的各个销售环节应该如何缴纳消费税?

【资料3-2】 燕潮酒业有限公司(以下简称燕潮公司)系增值税一般纳税人,主要生产白酒、啤酒、葡萄酒等酒类产品,其白酒对外不含增值税的售价为15元/瓶(每瓶500克),啤酒对外不含增值税的售价为1元/瓶(每瓶500毫升),葡萄酒对外不含增值税的售价为18元/瓶(每瓶750毫升)。

任务要求 (1)上述三类产品是否需要缴纳消费税?

(2)燕潮公司将白酒、啤酒和葡萄酒销售给批发商、零售商之后,批发商、零售商再销售酒类产品是否需要缴纳消费税?

任务指导

一、认识消费税的概念及特点

(一)消费税概念

消费税是对我国境内从事生产、委托加工和进口应税消费品的单位和个人,就其销售额或销售数量,在特定环节征收的一种税。

1993年12月13日国务院颁布的《中华人民共和国消费税暂行条例》,设置了消费税种。我国现行消费税是2008年11月5日国务院第34次常务会议修订通过,自2009年1月1日起施行的《中华人民共和国消费税暂行条例》。

(二)消费税的特点

与其他流转税相比,消费税具有如下特点:

(1)消费税以特定消费品为课税对象。

消费税的征收范围包括15个税目,主要针对某些高档消费品或奢侈品,如贵重首饰及珠宝玉石;某些不可再生的资源类消费品,如木制一次性筷子;某些危害人类健康和社会生态环境的消费品,如烟、酒及酒精、涂料等。

(2)消费税实行单环节计税。

消费税一般在消费品的生产、委托加工和进口环节征税,在以后的批发、零售等流转环

节不再征税。

金银首饰、钻石及钻石饰品、铂金首饰在零售环节征税;自 2009 年 5 月 1 日起,卷烟由原来在生产环节征收消费税调整为在生产环节与批发环节征收消费税,批发环节加征一道从价税。

（3）消费税的计税方法灵活。

根据应税消费品的不同特点,分别采用从价定率征税、从量定额征税和复合计税的办法,从而提高了征税效率。

（4）消费税体现了税收的宏观调控功能。

通过选择某些高档奢侈品课以重税,使高收入者承担更多的税金;对消耗资源类产品征税,引导生产者转变生产方式,努力提高资源利用效率,注重环保,实现经济的可持续发展;对多消费有害健康的产品适用较高的税率,达到调节消费结构的目的。

（5）消费税实行价内征收。

在计算应税消费品应纳的消费税额时,税基中不包括增值税,但包括消费税。

二、认识消费税的纳税人和扣缴义务人

（一）消费税的纳税义务人

在我国境内生产、委托加工和进口应税消费品的单位和个人,为消费税纳税义务人。

（1）从事生产应税消费品的单位和个人,以生产者为纳税人（金银除外）。

（2）从事委托加工应税消费品的,以委托人为纳税人,受托人代缴。

（3）从事进口应税消费品的,以进口单位和个人为纳税人。

（4）在我国境内零售金银首饰、钻石及钻石饰品的单位与个人。

（二）扣缴义务人

受托加工应税消费品的单位和个人为消费税的扣缴义务人。但纳税人若委托个体经营者加工应税消费品,则一律于委托方收回后在委托方所在地缴纳消费税。

三、认识消费税的征收范围

消费税的征税范围概括为生产、委托加工和进口的应税消费品。

（一）生产销售的应税消费品

第一,纳税人将自产自用应税消费品用于下列用途视同销售,纳税。纳税人将自产自用应税消费品用于生产非应税消费品、在建工程、管理部门、非生产机构、提供劳务、馈赠、赞助、集资、广告、样品、职工福利、奖励等方面。

第二,如果纳税人自产自用的应税消费品,用于连续生产应税消费品的,不纳税。连续生产应税消费品,即纳税人将自产自用的应税消费品作为直接材料生产最终应税消费品,自产自用应税消费品构成最终应税消费品的实体。

（二）委托加工应税消费品

委托加工的应税消费品是指由委托方提供原料和主要材料,受托方只收取加工费和代垫部分辅助材料加工的应税消费品。

对于由受托方提供原材料生产的应税消费品,或者受托方先将原材料卖给委托方,然后再接受加工的应税消费品,以及由受托方以委托方名义购进原材料生产的应税消费品,不论在财务上是否作销售处理,都不得作为委托加工应税消费品,而应当按照销售自制应税消费品缴纳消费税。

(三)进口应税消费品

进口的应税消费品,应在进口时,由进口者缴纳消费税,缴纳的消费税应计入进口应税消费税的成本。

(四)零售应税消费品

零售应税消费品主要指金银首饰。

四、认识消费税税目和税率

(一)消费税税目

消费税的征收范围包括了五种类型的产品:

第一类:一些过度消费会对人类健康、社会秩序、生态环境等方面造成危害的特殊消费品,如烟、酒、鞭炮、焰火等。

第二类:奢侈品、非生活必需品,如贵重首饰、化妆品等。

第三类:高能耗及高档消费品,如小轿车、摩托车等。

第四类:不可再生和替代的石油类消费品,如汽油、柴油等。

第五类:具有一定财政意义的产品,如护肤护发品、铅蓄电池、涂料等。

至 2016 年年底我国消费税共设置了 15 个税目,在其中的 3 个税目下又设置了 13 个子目,列举了 25 个征税项目。实行比例税率的有 21 个,实行定额税率的有 4 个。共有 13 个档次的税率,最低 3%,最高 56%[2008 年 9 月 1 日起排气量在 1.0 升(含 1.0 升)以下的乘用车,税率由 3% 下调至 1%]。经国务院批准,财政部、国家税务总局对烟产品消费税政策作了重大调整,甲类香烟的消费税从价税率由原来的 45% 调整至 56%。另外,2009 年 5 月 1 日卷烟批发环节还加征了一道从价税,税率为 5%,2015 年 5 月 10 日起,卷烟批发环节从价税税率由 5% 提高至 11%,并按 0.005 元/支加征从量税。2015 年 2 月 1 日起对电池、涂料征收消费税。

(二)税率

消费税的税率有两种形式:一种是比例税率;另一种是定额税率,即单位税额。消费税税率形式的选择,主要是根据课税对象情况来确定。对一些供求基本平衡,价格差异不大,计量单位规范的消费品,选择计税简单的定额税率,如黄酒、啤酒、成品油等;对一些供求矛盾突出、价格差异较大,计量单位不规范的消费品,选择税价联动的比例税率,如烟、白酒、化妆品、护肤护发品、鞭炮、贵重首饰及珠宝玉石、摩托车、小汽车、电池、涂料等。

在一般情况下,对一种消费品只选择一种税率形式,但为了更好地保全消费税税基,对一些应税消费品,如卷烟、白酒,则采用了定额税率和比例税率双重征收形式。具体适用税率见表 3-1。

表 3-1

消费税税目税率表

税　目	税　率
一、烟	
1. 卷烟	
（1）甲类卷烟［调拨价 70 元(不含增值税)/条以上（含 70 元）］	56%加 0.003 元/支（生产或进口环节）
（2）乙类卷烟［调拨价 70 元(不含增值税)/条以下］	36%加 0.003 元/支（生产或进口环节）
（3）批发环节	11%加 0.005 元/支（批发环节）
2. 雪茄烟	36%（生产环节）
3. 烟丝	30%（生产环节）
二、酒	
1. 白酒	20%加 0.5 元/500 克（或者 500 毫升）
2. 黄酒	240 元/吨
3. 啤酒	
（1）甲类啤酒	250 元/吨
（2）乙类啤酒	220 元/吨
4. 其他酒	10%
三、高档化妆品	15%
四、贵重首饰及珠宝玉石	
1. 金银首饰、铂金首饰和钻石及钻石饰品	5%
2. 其他贵重首饰和珠宝玉石	10%
五、鞭炮、焰火	15%
六、成品油	
1. 无铅汽油	1.52 元/升
2. 柴油	1.20 元/升
3. 航空煤油	1.20 元/升
4. 石脑油	1.52 元/升
5. 溶剂油	1.52 元/升
6. 润滑油	1.52 元/升
7. 燃料油	1.20 元/升
七、摩托车	
1. 气缸容量（排气量，下同）在 250 毫升（含 250 毫升）	3%

（续表）

税　目	税　率
2. 气缸容量在 250 毫升以上的	10%
八、小汽车	
1. 乘用车	
（1）气缸容量（排气量，下同）在 1.0 升（含 1.0 升）以下的	1%
（2）气缸容量在 1.0 升以上至 1.5 升（含 1.5 升）的	3%
（3）气缸容量在 1.5 升以上至 2.0 升（含 2.0 升）的	5%
（4）气缸容量在 2.0 升以上至 2.5 升（含 2.5 升）的	9%
（5）气缸容量在 2.5 升以上至 3.0 升（含 3.0 升）的	12%
（6）气缸容量在 3.0 升以上至 4.0 升（含 4.0 升）的	25%
（7）气缸容量在 4.0 升以上的	40%
2. 中轻型商用客车	5%
3. 超豪华小汽车（零售环节）	10%
九、高尔夫球及球具	10%
十、高档手表	20%
十一、游艇	10%
十二、木制一次性筷子	5%
十三、实木地板	5%
十四、电池	4%（2015 年 2 月 1 日起实施）
无汞原电池、金属氢化物镍蓄电池、锂原电池、锂离子蓄电池、太阳能电池、燃料电池和全钒液流电池	免征
铅蓄电池	4%（2016 年 1 月 1 日起）
十五、涂料	4%
施工状态下挥发性有机物（Volatile Organic Compounds，VOC）含量低于 420 克/升（含）	免征

五、认识消费税的优惠政策

纳税人直接出口应纳消费品，按照其实际出口的应税消费品数量，予以免征消费税。

由出口企业出口和代理出口的应税消费品，给予退税。

其他若干具体规定：

（1）对成品油生产企业生产自用油免征消费税。自 2009 年起，对成品油生产企业在生产成品油过程中，作为燃料、动力及原材料消耗掉的资产成品油，免征消费税。对用于其他用途或直接对外销售的成品油征收消费税。

（2）绝缘油类不征收消费税。

（3）舞台、戏剧、影视演员化妆用的上妆油、卸妆油、油彩，不征收消费税。

（4）体育上用的发令纸、鞭炮引线，不征收消费税。

（5）电动汽车、购进货车或厢式货车改装生产的商务车、卫星通信车等专用汽车不征收消费税。

任务情境中的问题你解决了吗？

（各小组讨论，小组推荐代表发言，其他小组提问，小组答辩，提交实训报告册，教师进行点评打分）

专项技能训练

一、职业选择能力训练

华联商厦销售金银首饰、钻石饰品、烟、酒、服装、手表、食品、饮料等商品，请问哪些商品应该缴纳消费税？

二、职业描述能力训练

1. 消费税的特点有哪些？

2. 消费税的征收范围有哪些？

消费税与增值税的关系

一、消费税与增值税的相同点

对于应交消费税的应税消费品一定也交增值税，并且在某一指定的环节两个税是同时征收的，征消费税与增值税时，两个税的计税依据在从价定率征收的情况下一般是相同的。

二、消费税与增值税的不同点

1. 在征税的范围上不一样

消费税征税范围是15种应税消费品，而增值税征税范围包括在境内发生的所有应税销售行为以及进口货物。

2. 征税环节不一样

消费税征税环节是单一的，增值税每一个流转环节都要交增值税。

3. 消费税和增值税计税方法不同

消费税是从价征收、从量征收、从价从量征收三种计税方法，选择某一种方法时是根据应税消费品选择计税的方法；增值税是根据纳税人选择计税的方法。

4. 两者与价格的关系不同

增值税是价外税，消费税是价内税。

任务二　消费税的计算及申报

任务情境

【资料3-3】　红星卷烟厂系增值税一般纳税人,主要生产卷烟,其不含增值税的调拨价格为68元/标准条,税务机关为其核定的纳税期限为1个月。该厂2020年1月1日未缴的消费税为4 360 000元,于2020年1月10日缴纳到税务机关。2020年1月份的有关业务资料如下:

(1) 月初,库存外购烟丝的买价为300万元。

(2) 1月8日,购入烟丝,不含增值税价款为500万元,取得了增值税专用发票。发票账单和烟丝同时到达企业,该批烟丝已经验收入库。

(3) 1月9日,委托鹏飞烟丝厂加工烟丝一批,原材料成本为100 000元,支付不含增值税的加工费40 000元。鹏飞烟丝厂无同类消费品的销售价格。1月25日,烟丝加工完成并验收入库,加工费用等已经支付,取得鹏飞烟丝厂开具的增值税专用发票一张。收回烟丝后用于生产卷烟。

(4) 1月10日,将本厂生产的200条卷烟作为礼品赠送给客户,其生产成本为5 600元。

(5) 1月22日,以直接收款方式销售卷烟1 000标准箱(5 000万支)。取得不含增值税销售额1 700万元,该批卷烟的销售成本为700万元。

(6) 月末,烟丝存货为200万元。

任务要求　请计算红星卷烟厂2020年1月份应纳的消费税。

任务指导

一、认识消费税的计税依据

(一)消费税的一般计税依据

1. 从价计征消费税的计税依据

从价计征消费税的计税销售额是纳税人销售应税消费品向购买方收取的全部价款和价外费用。消费税中的计税销售额与增值税中确定的销售额通常是一致的。但下列项目不包括在内:

(1) 同时符合以下条件的代垫运输费用:

一是承运部门的运输费用发票开具给购买方的。

二是纳税人将该项发票转交给购买方的。

(2) 应向购买方收取的增值税。若获取的销售额为价税合计数,则需要将其换算为不含税的销售额。换算公式为:

$$计税销售额＝含税销售额÷（1＋增值税税率或征收率）$$

2. 从量计征消费税的计税依据

$$消费税应纳税额＝应税消费品的销售数量×单位税额$$

应税消费品销售数量的确定：

(1) 销售应税消费品的，为应税消费品的销售数量。

(2) 自产自用应税消费品的，为应税消费品的移送使用数量。

(3) 委托加工应税消费品的，为纳税人收回的应税消费品数量。

(4) 进口的应税消费品，为海关核定的应税消费品的进口数量。

实行从量定额办法计算应纳税额的应税消费品，计量单位的换算标准如下：

黄酒 1 吨＝962 升   啤酒 1 吨＝988 升

汽油 1 吨＝1 388 升   柴油 1 吨＝1 176 升

航空煤油 1 吨＝1 246 升   石脑油 1 吨＝1 385 升

溶剂油 1 吨＝1 282 升   润滑油 1 吨＝1 126 升

燃料油 1 吨＝1 015 升

3. 从价从量复合计征消费税的计税依据

从价从量复合计征消费税的计税依据是计税销售额和销售数量。

(二) 消费税的计税依据的特殊规定

(1) 纳税人通过自设非独立核算门市部销售的自产应税消费品，应当按照门市部对外销售额或销售数量征收消费税。

(2) 纳税人用于以物易物方式换取生产资料和消费资料，投资入股、抵偿债务等方面的应税消费品，应当以纳税人同类应税消费品的最高销售价格为依据核算消费税。

二、应纳税额的计算

(一) 消费税应纳税额的一般计算方法

1. 从价计征消费税

其计算公式为：

$$应纳税额＝计税销售额×税率$$

【案例 3-1】 2019 年 9 月 1 日，甲公司向某汽车制造厂（增值税一般纳税人）定购自用汽车一辆，支付货款（含税）241 200 元，另付设计、改装费 30 000 元。求该辆汽车计征消费税的销售额。

【案例解析】 计征消费税的销售额＝（241 200＋30 000）÷（1＋13％）＝240 000（元）

2. 从量计征消费税

其计算公式为：

$$消费税应纳税额＝应税消费品的销售数量×单位税额$$

【案例 3-2】 某炼油厂 2019 年 11 月生产销售含铅汽油 10 000 吨，计算其应纳消费

税额。

【案例解析】　应纳消费税额＝1 388升/吨×10 000吨×1.52元/升＝21 097 600（元）

3. 从价从量复合计征消费税

从价从量复合计征消费税主要适用卷烟、白酒应纳消费税的计算。

消费税应纳税额＝应税销售数量×定额税率＋应税消费品的销售额×适用比例税率

【案例3-3】　某酒厂2019年6月销售自产粮食白酒2 000斤，每斤酒售价45元，连同价值10 000元的包装物一起销售，共取得不含税销售额100 000元。计算本月应纳消费税。

【案例解析】　应纳消费税额＝2 000×0.5＋100 000×20%＝21 000（元）

（二）消费税应纳税额的特殊计算

1. 自产自用应税消费品

自产自用是指纳税人生产应税消费品后，不用于直接对外销售，而是用于自己连续生产应税消费品，或用于其他方面。

自产自用应税消费品若用于连续生产应税消费品，不纳消费税；若用于其他方面，于移送使用时纳消费税。

自产自用应税消费品的计税依据一般为纳税人生产的同类消费品的销售价格：

（1）若当月同类消费品各期销售价格高低不同，应按销售数量加权平均计算。

（2）销售价格明显偏低并无正当理由或无销售价格销售的，不得列入加权平均计算。

（3）如果当月无销售或者当月未完结，应按照同类消费品上月或者最近月份的销售价格计算纳税。

若没有同类消费品销售价格的，按照组成计税价格计算纳税：

（1）实行从价定率办法计算纳税的组成计税价格计算公式为：

$$组成计税价格＝（成本＋利润）÷（1－比例税率）$$

（2）实行复合计税办法计算纳税的组成计税价格计算公式为：

$$组成计税价格＝（成本＋利润＋自产自用数量×定额税率）÷（1－比例税率）$$

【案例3-4】　某日用化妆品厂为增值税一般纳税人，将自产的一批高档化妆品用于职工福利，该批高档化妆品的生产成本为6 000元，成本利润率为5%，无同类产品售价。该批高档化妆品应缴纳的消费税为多少？

【案例解析】　组成计税价格＝[6 000×（1＋5%）]÷（1－15%）＝7 411.76（元）

　　　　　　　应纳消费税额＝7 411.76×15%＝1 111.76（元）

2. 委托加工应税消费品

对委托加工的应税消费品的应纳消费税，采取由受托方代收代缴税款。委托方收回后直接销售时不再缴纳消费税。纳税人委托个体经营者加工应税消费品，一律于委托方收回后在委托方所在地缴纳消费税。受托方未能按规定代收代缴，委托方必须补缴税款，但对受托方应按征管法处以应代收代缴税款50%以上3倍以下罚款。委托加工产品应按照下列顺

序确认计税依据:

(1) 有同类消费品销售,应按受托方同类消费品的售价核算纳税。

(2) 无同类按组成计税价格计税:

实行从价计征办法计算纳税的组成计税价格计算公式为:

$$组成计税价格 = (材料成本 + 加工费) \div (1 - 比例税率)$$

实行复合计税办法计算纳税的组成计税价格计算公式为:

$$组成计税价格 = (材料成本 + 加工费 + 委托加工数量 \times 定额税率) \div (1 - 比例税率)$$
$$委托加工产品应纳消费税税额 = 组成计税价格 \times 适用税率$$

【案例3-5】 某企业委托酒厂加工药酒10箱,该药酒无同类产品销售价格,已知委托方提供的原料成本2万元,收取的加工费0.55万元,请计算该酒厂代收代缴的消费税(税率为10%)。

【案例解析】

$$酒厂代收消费税 = (2 + 0.55) \div (1 - 10\%) \times 10\% = 0.283\,3(万元)$$

【案例3-6】 2019年5月,某企业提供火药由A厂加工鞭炮(消费税税率15%),火药不含税价50万元,提货时支付给A厂加工费价税合计2.26万元并取得增值税专用发票。A厂无同类货物售价。请计算提货时A厂代收代缴消费税。

【案例解析】 提货时A厂代收代缴消费税 $= (50 + 2.26 \div 1.13) \div (1 - 15\%) \times 15\% = 9.18(万元)$

3. 进口应税消费品

进口的应税消费品于报关进口时由海关代征进口环节的消费税。

(1) 实行从价定率办法的应税消费品的应纳税额的计算公式为:

$$组成计税价格 = (关税完税价格 + 关税) \div (1 - 消费税比例税率)$$
$$应纳税额 = 组成计税价格 \times 消费税比例税率$$

(2) 实行从量定额办法的应税消费品的应纳税额的计算公式为:

$$应纳税额 = 应税消费品数量 \times 消费税定额税率$$

(3) 实行复合征收办法的应税消费品的应纳税额的计算公式为:

$$应纳税额 = 组成计税价格 \times 消费税比例税率 + 应税消费品数量 \times 消费税定额税率$$

三、认识纳税申报

(一)纳税义务发生时间

(1) 赊销、分期收款方式销售应税消费品,其纳税义务发生时间,为书面合同约定的收款日期的当天,书面合同没有约定收款日期或者无书面合同的,为发出应税消费品的当天。

（2）预收货款方式销售应税消费品，为发出应税消费品的当天。

（3）托收承付、委托银行收款方式销售应税消费品，为发出应税消费品并办妥托收手续的当天。

（4）采取其他结算方式销售，为收讫销货款或取得索取销货款凭据的当天。

（5）委托代销应税消费品，为发出货物并收到代销清单的当天。

（6）纳税人自产自用应税消费品，为应税消费品移送的当天。

（7）纳税人委托加工应税消费品的，为纳税人提货的当天。

（8）纳税人进口应税消费品的，为报关进口的当天。

（二）纳税期限

消费税纳税期限为 1 日、3 日、5 日、10 日、15 日、1 个月或者 1 个季度。纳税人的具体纳税期限，由主管税务机关根据纳税人应纳税额的大小分别核定；不能按期纳税的按次纳税。

消费税缴税期限以 1 个月或者 1 个季度为纳税期限的，期满后 15 日内申报纳税；以 1 日、3 日、5 日、10 日、15 日为纳税期限的，期满后 5 日内预缴税款，于次月 15 日内申报纳税并结清上月税款。

进口应税消费品，应自海关填发海关进口消费税专用缴款书之日起 15 日内缴纳税款。

（三）纳税地点

（1）纳税人销售货物或自产自用的应税消费品，除国务院、财政、税务主管部门另有规定外，应当向纳税人机构所在地或者居住地的主管税务机关申报纳税。

（2）委托加工的应税消费品，由受托方向机构所在地或者居住地的主管税务机关解缴消费税税款。委托个人加工的应税消费品，由委托方向其机构所在地或者居住地主管税务机关申报纳税。

（3）进口应税消费品，由进口人或其代理人在报关地海关申报纳税。

（4）纳税人的总机构与分支机构不在同一县（市）的，应当分别向各自机构所在地的主管税务机关申报纳税；经财政部、国家税务总局或者其授权的财政、税务机关批准，可以由总机构汇总向总机构所在地的主管税务机关申报纳税。

（5）纳税人到外县（市）销售或者委托外县（市）代销自产应税消费品的，于应税消费品销售后，向机构所在地或者居住地主管税务机关申报纳税。

（6）纳税人销售的应税消费品，如因质量等原因由购买者退回时，经机构所在地或者居住地主管税务机关审核批准后，可退还已缴纳的消费税税款，但不能自行直接抵减应纳税款。

（四）消费税纳税申报表

纳税人不论当期有无销售或是否盈利，均应在次月 1 日至 15 日填制消费税纳税申报表（见表 3-2），并向主管税务机关申报纳税。

表 3-2

消费税纳税申报表

纳税编码 　　　　　　　　　　　　　　　　　　填表日期： 　　年 　月 　日

纳税人识别号

纳税人名称： 　　　　　　　　　　　　　　　　　地 　　址：

税款所属期： 　年 月 日至 　年 月 日 　　　　　　联系电话：

应税消费品名称	适用税目	应税销售额（数量）	适用税率（单位税额）	当期准予扣除外购应税消费品买价（数量）					外购应税消费品适用税率（单位税额）
				合计	期初库存外购应税消费品买价（数量）	当期购进外购应税消费品买价（数量）	期末库存外购应税消费品买价（数量）		
合计									

应纳消费税		当期准予扣除外购应税消费品已纳税款	当期准予扣除委托加工应税消费品已纳税款			
本期	累计		合计	期初库存委托加工应税消费品已纳税款	当期收回委托加工应税消费品已纳税款	期末库存委托加工应税消费品已纳税款

已纳消费税		本期应补（退）税金额			
本　期	累计	合计	上期结算税额	补交本年度欠税	补交以前年度欠税

截至上年底累计欠税额	本年度新增欠税额		减免税额	预缴税额	多缴税额
	本期	累计			

如纳税人填报，由纳税人填写以下各栏		如委托代理人填报，由代理人填写以下各栏				备注
会计主管：	纳税人	代理人名称		代理人（公章）		
		代理人地址				
（签章）	（公章）	经办人		电话		
以 下 由 税 务 机 关 填 写						
收到申报表日期			接收人			

任务处理

任务情境中的问题你解决了吗？

（各小组讨论,小组推荐代表发言,其他小组提问,小组答辩,提交实训报告册,教师进行点评打分）

专项技能训练

一、职业描述能力训练

　　1. 委托加工应税消费品的计税依据是什么？

　　2. 消费税的纳税义务发生时间有哪些？

二、职业计算能力训练

　　【任务资料】一酒厂为增值税小规模纳税人,自产特制白酒 1 000 千克,用于厂庆活动,每千克白酒生产成本 24 元,无同类产品售价（白酒成本利润率 10%）。

　　【任务要求】计算该酒厂应缴纳的消费税为多少？

任务三　消费税的会计核算

任务情境

同任务二中任务情境。

任务要求　根据任务二中任务情境的结论,请对红星卷烟厂的消费税业务进行会计处理。

任务指导

一、消费税的账户设置

　　企业对消费税的核算,主要是通过"应交税费——应交消费税"账户进行。另外,企业还需要设置"税金及附加"账户,核算应由销售产品、提供劳务等负担的税金及附加。期末,应将"税金及附加"账户余额转入"本年利润"账户,结转后,该账户无余额。

　　（一）"应交税费——应交消费税"账户

　　该账户核算各类企业应缴纳的消费税。月末,企业按规定计算应缴纳的消费税、应代扣代缴的消费税及收到退回的消费税时,贷记"应交税费——应交消费税"账户,企业实际缴纳消费税、补缴消费税、结转退回的消费税时,借记"应交税费——应交消费税"账户。期末贷方余额为应交未交的消费税,借方余额为多缴的消费税。

（二）"税金及附加"账户

该账户核算企业经营活动发生的消费税、城市维护建设税、资源税及教育费附加等相关税费。企业按规定计算确定的与经营活动相关的税费,借记"税金及附加"账户。收到退回的消费税等税费时,贷记"应交税费——应交消费税"账户,期末将该账户的余额转入"本年利润"账户,结转后无余额。

（三）"其他业务成本"账户

该账户核算企业主营业务之外的属于其他业务的各项支出,包括销售材料的成本、出租固定资产的折旧额、出租无形资产的摊销额、出租包装物的成本或摊销额等费用、相关税金及附加等。企业经营非主营业务按规定计算结转应缴纳的消费税等,借记"其他业务成本"账户,期末应将该账户余额转入"本年利润"账户。

二、消费税的会计核算

（一）一般销售业务消费税的会计处理

销售应税消费品计提应交消费税时,借记"税金及附加"账户,贷记"应交税费——应交消费税"账户;实际缴纳消费税时,借记"应交税费——应交消费税"账户,贷记"银行存款"账户。

【案例3-7】 三颗木有限公司2019年12月对外销售高档化妆品一批,对外开具增值税专用发票,内列货款1 500 000元,增值税195 000元。销货价税款已收妥存入银行。核定当期准予扣除的外购应税消费品已纳税款18 000元,核定当期准予抵扣的委托加工应税消费品已纳税款5 600元,计算结转本期销售高档化妆品的实际制造成本1 100 000元。要求进行账务处理。

【案例解析】 （1）销售实现时:

借:银行存款   1 695 000

  贷:主营业务收入   1 500 000

    应交税费——应交增值税（销项税额）   195 000

（2）期末计提应交消费税时:

$$应交消费税 = 1\ 500\ 000 \times 15\% - 18\ 000 - 5\ 600 = 201\ 400（元）$$

借:税金及附加   201 400

  贷:应交税费——应交消费税   201 400

（3）实际缴纳消费税时:

借:应交税费——应交消费税   201 400

  贷:银行存款   201 400

（二）视同销售业务的会计核算

（1）纳税人将其生产经营的应税消费品用于本企业连续生产非应税消费品,在建工程、管理部门、非生产机构,提供劳务,馈赠、赞助、集资、广告、样品、职工福利、奖励等方面,一律

视同销售处理,在移送使用时计提应交的增值税和消费税。

按规定计算应交消费税时,借记"生产成本""制造费用""在建工程""管理费用""销售费用""营业外支出""应付职工薪酬"等账户,贷记"应交税费——应交消费税"账户。

【案例3-8】　华光有限公司将其生产的账面成本为4 000元,正常市场不含税售价为5 000元的高档化妆品领用出库,用于职工福利。公司适用的消费税税率为15%,增值税税率为13%。计算该公司应交增值税和消费税,并进行账务处理。

【案例解析】　应交增值税额＝5 000×13%＝650(元)

应交消费税额＝5 000×15%＝750(元)

借:应付职工薪酬　　　　　　　　　　　　　　　　　　　5 400

　　贷:库存商品——高档化妆品　　　　　　　　　　　　　　4 000

　　　　应交税费——应交增值税(销项税额)　　　　　　　　　650

　　　　应交税费——应交消费税　　　　　　　　　　　　　　750

(2)纳税人用于换取生产资料和消费资料,投资入股和抵偿债务等方面的应税消费品,应当以纳税人同类应税消费品的最高销售价格作为计税依据计算消费税。

按规定计算应交消费税时,借记"原材料""管理费用""长期股权投资""应付账款"等账户,贷记"应交税费——应交消费税"账户。

【案例3-9】　某化妆品生产企业,以账面价值20 000元的高档化妆品(最高售价25 000元,最低售价23 000元),换取甲公司账面价值为19 000元,公允价值25 000元的乙材料,两公司均未计提跌价准备,增值税税率为13%,高档化妆品消费税税率为15%。要求计算该生产企业消费税、增值税并进行账务处理。

【案例解析】　应交消费税＝25 000×15%＝3 750(元)

乙材料应交增值税进项税额＝25 000×13%＝3 250(元)

化妆品应交增值税销项税额＝(25 000＋23 000)÷2×13%＝3 120(元)

借:原材料——乙材料　　　　　　　　　　　　　　　　　28 620

　　应交税费——应交增值税(进项税额)　　　　　　　　　3 250

　　贷:主营业务收入　　　　　　　　　　　　　　　　　　25 000

　　　　应交税费——应交增值税(销项税额)　　　　　　　　3 120

　　　　应交税费——应交消费税　　　　　　　　　　　　　3 750

同时:

借:主营业务成本　　　　　　　　　　　　　　　　　　　20 000

　　贷:库存商品　　　　　　　　　　　　　　　　　　　　20 000

(三)包装物缴纳消费税的会计核算

(1)随同产品销售且不单独计价包装物。应税消费品连同包装物销售的,包装物均应并入应税消费品的销售额中缴纳消费税。

(2)随同产品销售单独计价包装物。随同产品销售单独计价包装物,其收入计入其他业务收入,应纳消费税计入税金及附加。

（3）出租出借包装物逾期押金。逾期未收回的包装物不再退还的或者已收取的时间超过 12 个月的押金,应并入应税消费品的销售额,按照应税消费品的适用税率缴纳消费税。

【案例 3-10】 2019 年 6 月,某卷烟厂生产销售烟丝,取得不含税收入 20 000 元,随同烟丝销售单独计价包装物不含税收入 5 000 元,款已收,烟丝消费税税率为 30%。计算包装物应交增值税和消费税,并进行账务处理。

【案例解析】 （1）销售实现时:

$$包装物应交增值税＝5 000×13\%≒650（元）$$
$$包装物应交消费税＝5 000×30\%＝1 500（元）$$

借:银行存款　　　　　　　　　　　　　　　　　　　　　　　　5 650
　贷:其他业务收入　　　　　　　　　　　　　　　　　　　　　5 000
　　　应交税费——应交增值税(销项税额)　　　　　　　　　　　　650

（2）期末计提应交消费税时:

借:税金及附加　　　　　　　　　　　　　　　　　　　　　　　1 500
　贷:应交税费——应交消费税　　　　　　　　　　　　　　　　1 500

（四）出口销售业务的会计核算

外贸企业如果享受国家出口退还消费税政策,计提应收出口退税时,借记"其他应收款"账户,贷记"主营业务成本"账户;实际收到出口退税时,借记"银行存款"账户,贷记"其他应收款"账户。

但如果外贸企业委托其他外贸企业出口应税消费品,计提应退消费税时,借记"应收账款"账户,贷记"应交税费——应交消费税"账户;实际收到受托方退回出口消费税时,借记"银行存款"账户,贷记"应收账款"账户。而受托出口的外贸企业收到税务部门退回的消费税时,借记"银行存款"账户,贷记"应付账款"账户。

【案例 3-11】 省外贸进出口公司本期从生产厂家购进高尔夫球后自营出口,取得厂家开来的增值税专用发票,内列货款 468 000 元,适用的消费税税率为 10%。计算应退消费税,并进行账务处理。

【案例解析】 应退消费税＝468 000×10%＝46 800（元）

（1）计提出口应退消费税时:

借:其他应收款　　　　　　　　　　　　　　　　　　　　　　　46 800
　贷:主营业务成本　　　　　　　　　　　　　　　　　　　　　46 800

（2）实际收到出口退回消费税时:

借:银行存款　　　　　　　　　　　　　　　　　　　　　　　　46 800
　贷:其他应收款　　　　　　　　　　　　　　　　　　　　　　46 800

（五）外购应税消费品的会计核算

外购应税消费品已纳的消费税一般应计入取得有关财产物资的成本之中,借记"材料采

购""在途物资""原材料""库存商品"等账户,贷记"银行存款""应付账款""应付票据""预付账款"等账户。

但是如果是工业企业购进应税消费品用于进一步加工生产应税消费品的,除酒及酒精、高档手表、游艇、汽油、柴油、溶剂油、燃料油、航空煤油、小汽车以外的应税消费品,已纳的消费税允许扣减应交消费税的税金,借记"应交税费——应交消费税"账户,贷记"银行存款"等账户。

【案例 3-12】　南方卷烟厂 2019 年 7 月购进烟丝一批,用于加工卷烟,取得对方开来的增值税专用发票,内列货款 280 000 元,增值税 36 400 元,款项以银行汇票付讫。本月购进烟丝全部领用,并生产销售卷烟(税率 36%)100 标准箱(50 000 支),开出增值税专用发票,内列货款 900 000 元,增值税 117 000 元。计算应纳消费税和增值税,并进行账务处理。

【案例解析】　(1)采购烟丝时:

借:材料采购　　　　　　　　　　　　　　　　　　　　　　　280 000

　　应交税费——应交增值税(进项税额)　　　　　　　　　　　36 400

　　　贷:其他货币资金——银行汇票　　　　　　　　　　　　　316 400

(2)月末计算应交消费税时:

应交消费税 = 900 000 × 36% + 100 × 150 − 280 000 × 30% = 255 000(元)

借:税金及附加　　　　　　　　　　　　　　　　　　　　　　255 000

　　贷:应交税费——应交消费税　　　　　　　　　　　　　　　255 000

(六)委托加工应税消费品的会计核算

纳税主体委托加工的应税消费品由受托方代收代缴消费税。委托方收回后,如果用于连续生产消费品的,其已纳消费税准予按照规定从连续生产的应税消费品应纳消费税中抵扣,委托方按受托方代收代缴的消费税额,借记"应交税费——应交消费税"账户,贷记"银行存款"等账户。

委托方收回后直接用于销售的,在销售时不再缴纳消费税,此时委托方应将受托方代收代缴的消费税随同应支付的加工费一并计入委托加工的应税消费品成本之中,借记"委托加工物资"等账户,贷记"银行存款"等账户。

【案例 3-13】　佳华日化公司 2019 年 12 月委托外协单位加工高档化妆品 A,按加工合同要求,拨付原材料费 100 000 元,支付加工费 30 000 元,支付受托方垫付辅料费 10 000 元。受托方无同类新产品。加工完毕收回后用于继续生产高档化妆品 B,加工税费以转账支票付讫。计算应纳消费税和增值税,并进行账务处理。

【案例解析】　(1)发出材料时:

借:委托加工物资　　　　　　　　　　　　　　　　　　　　　100 000

　　贷:原材料　　　　　　　　　　　　　　　　　　　　　　　100 000

(2)支付加工费和税金时:

应纳增值税＝(30 000＋10 000)×13％＝5 200(元)

应纳消费税＝(100 000＋10 000＋30 000)÷(1－15％)×15％＝24 705.88(元)

借：委托加工物资	40 000
应交税费——应交增值税(进项税额)	5 200
应交税费——应交消费税	24 705.88
贷：银行存款	69 905.88

(3) 加工收回入库时：

借：原材料	140 000
贷：委托加工物资	140 000

【案例3-14】 2019年10月南方一酒厂将库存半成品酒发出,委托外协单位加工调和成葡萄酒后直接对外出售,发出半成品账面成本为500 000元,支付加工费100 000元;外协单位同类消费品计税销售额为720 000元,加工税费以银行本票付清。加工完毕验收入库待售。计算应纳消费税和增值税,并进行账务处理。

【案例解析】 (1) 发出半成品时：

借：委托加工物资	500 000
贷：原材料	500 000

(2) 支付加工税费时：

$$应付增值税＝100 000×13％＝13 000(元)$$

$$应付消费税＝720 000×10％＝72 000(元)$$

借：委托加工物资	172 000
应交税费——应交增值税(进项税额)	13 000
贷：其他货币资金——银行本票	185 000

(3) 加工完毕收回入库时：

借：库存商品	672 000
贷：委托加工物资	672 000

(七) 进口应税消费品的会计核算

进口的应税消费品,应在进口时由进口者交纳消费税。在进口时应按应税消费品的进口成本连同消费税,借记"固定资产""材料采购""库存商品"等账户,按支付的准予抵扣的增值税,借记"应交税费——应交增值税(进项税额)"账户,按采购成本,贷记"应付账款""银行存款"等账户,按应纳消费税,贷记"银行存款"等账户。

【案例3-15】 某外商投资企业2019年5月经批准从国外进口一辆价值2万美元的小轿车,当天外汇牌价中间价为1：7.2,报关时海关核定关税完税价为16.6万元,关税总额为19.92万元,该小轿车的消费税税率为5％,增值税税率为13％。计算进口该小轿车应纳消费税和增值税,并进行账务处理。

【案例解析】　应纳消费税额＝(166 000＋199 200)÷(1－5％)×5％＝19 221.05(元)

应纳增值税额＝(166 000＋199 200)÷(1－5％)×13％＝49 974.74(元)

固定资产价值＝20 000×7.2＋199 200＋19 221.05＝362 421.05(元)

借：固定资产　　　　　　　　　　　　　　　　　　　　362 421.05

应交税费——应交增值税(进项税额)　　　　　　　49 974.74

贷：银行存款　　　　　　　　　　　　　　　　　412 395.79

 **任务处理**

任务情境中的问题你解决了吗？

(各小组讨论,小组推荐代表发言,其他小组提问,小组答辩,提交实训报告册,教师进行点评打分)

 **专项技能训练**

一、职业描述能力训练

1. 对消费税进行会计处理需要设置哪些账户？

2. 委托加工发生的消费税如何进行会计处理？

二、职业综合能力训练

【任务资料】某企业销售应税消费品收取押金1 130元,逾期一年未收回包装物,消费税适用税率为10％。

【任务要求】请计算消费税并做相关会计处理。

 项目总结

消费税征税对象及范围;消费税税目税率和税收优惠政策;消费税应纳税额的三种计算方式;消费税纳税申报表的填制。消费税的相关会计处理;消费税纳税人、计税依据和税率的税收筹划。

 综合考核

一、职业单项选择能力考核

1. 下列各项中,可以抵扣外购应税消费品的已纳税额的是(　　　)。

A. 领用外购已税白酒勾兑白酒　　　　B. 为零售金银首饰而出库的金银首饰

C. 领用外购已税烟丝生产的卷烟　　　D. 为生产化妆品而领用的酒精

2. 下列各项中,不符合应税消费品销售数量规定的是(　　　)。

A. 进口应税消费品的,为海关核定的应税消费品进口征税数量

B. 委托加工应税消费品的,为纳税人收回的应税消费品数量

C. 自产自用应税消费品的,为应税消费品的生产数量

D. 生产销售应税消费品的,为应税消费品的销售数量

3. 下列各项中,不征收消费税的是(　　)。

A. 用于本企业连续生产的应税消费品

B. 用于奖励代理商销售业绩的应税消费品

C. 用于本企业生产性基建工程的应税消费品

D. 用于捐助国家指定的慈善机构的应税消费品

4. 根据我国《消费税暂行条例实施细则》的规定,下列消费税纳税义务发生时间不正确的是(　　)。

A. 纳税人采用分期收款结算方式的,其纳税义务发生时间,为销售合同规定的收款日期的当天

B. 纳税人进口的应税消费品,其纳税义务发生时间,为报关进口的当天

C. 纳税人采取预收货款结算方式销售应税消费品的,其纳税义务发生时间,为收到预收货款的当天

D. 纳税人采取托收承付方式销售应税消费品的,其纳税义务发生时间,为发出应税消费品并办妥托收手续的当天

5. 我国消费税对不同应税消费品采用了不同的税率形式。下列应税消费品种,适用复合计税方法计征消费税的是(　　)。

A. 粮食白酒　　　　B. 酒精　　　　C. 成品油　　　　D. 摩托车

6. 某酒厂为增值税一般纳税人。2019 年 6 月销售粮食白酒 4 000 斤,取得销售收入 13 560 元(含增值税)。已知粮食白酒消费税定额税率为 0.5 元/斤,比例税率为 25%。该酒厂 6 月应缴纳的消费税为(　　)元。

A. 6 229.92　　　　B. 5 510　　　　C. 5 000　　　　D. 4 000

7. 某日化厂(增值税一般纳税人),将其生产的售价 800 元/瓶(不含税)高级化妆品(适用税率 30%)与售价 50 元/瓶(不含税)洗发用品(适用税率 8%)组成成套化妆品销售,每套售价为 1 000 元(不含税),其应纳消费税为(　　)元。

A. 300　　　　B. 80　　　　C. 190　　　　D. 240

8. 某小轿车生产企业为增值税一般纳税人,2019 年 10 月生产并销售小轿车 300 辆,每辆含税销售价格为 16.95 万元,适用消费税税率 9%,经审查该企业生产的小轿车已达到减征消费税的国家标准。该企业 12 月份应缴纳消费税(　　)万元。

A. 243　　　　B. 283.5　　　　C. 364.5　　　　D. 405

二、职业多项选择能力考核

1. 下列货物中,应征消费税的有(　　)。

A. 商店销售自制啤酒　　　　　　B. 商店销售外购啤酒

C. 商店销售金银首饰　　　　　　D. 商店销售卷烟

2. 委托加工的特点有(　　)。

A. 委托方提供原料或主要材料

B. 委托方支付加工费,受托方提供原料或主要材料

C. 委托方支付加工费,受托方以购买原料或主要材料再卖给委托方进行加工

D. 委托方支付加工费,受托方代垫部分辅助材料并收取加工费

3. 下列各项中,有关消费税的纳税地点正确的有( )。

A. 纳税人进口应税消费品的在报关地海关申报纳税

B. 纳税人自产自用应税消费品在纳税人核算地缴纳消费税

C. 纳税人的总分支机构不在同一县(市)的,应在总机构所在地缴纳消费税

D. 纳税人到外县销售自产应税消费品应回核算地或所在地缴纳消费税

4. 下列各项中,符合消费税有关征收规定的有( )。

A. 外购酒精生产的白酒,凡酒精所用原料无法确定的,一律按照粮食白酒的税率征税

B. 对用薯类和粮食以外的其他原料混合生产的白酒,一律按照薯类白酒的税率征税

C. 外购两种以上酒精生产的白酒,一律从高适用税率征税

D. 以外购的不同品种白酒勾兑的白酒,一律按照粮食白酒的税率征税

5. 下列行为,应作为视同销售缴纳消费税的有( )。

A. 自制的化妆品用于换取生产资料 B.委托加工收回的化妆品继续加工成化妆品

C. 自制的小汽车用于对外单位投资 D.委托加工收回的珠宝玉石直接销售

6. 某生产电冰箱的企业,销售电冰箱的同时,向购买方收取的下列款项中,属于价外费用性质的收入有( )。

A. 手续费

B. 返还利润

C. 承运部门的运输费用发票开具给购买方由销售方转交的运费

D. 违约金

7. 下列关于消费税的计税依据规定中,正确的有( )。

A. 纳税人采用以旧换新(含翻新改制)方式销售的金银首饰,应按实际收取的不含增值税的全部价款确定计税依据征收消费税

B. 纳税人采用以旧换新(不含翻新改制)方式销售的金银首饰,应按实际收取的不含增值税的全部价款确定计税依据征收消费税

C. 带料加工的金银首饰,应按受托方销售同类金银首饰的销售价格确定计税依据征收消费税。没有同类金银首饰销售价格的,按照组成计税价格计算纳税

D. 带料加工的金银首饰,应按委托方销售同类金银首饰的销售价格确定计税依据征收消费税。没有同类金银首饰销售价格的,按照组成计税价格计算纳税

三、职业计算能力考核

1.【任务资料】某市卷烟厂为增值税一般纳税人,2019年7月发生下列经济业务:

(1) 进口一批烟丝,支付货价3 000 000元,卖方佣金120 000元,该批烟丝运抵我国输入地点起卸之前发生运费及保险费共计380 000元。

(2) 将烟叶一批(账面成本为220 000元)发给外地一家烟丝加工厂加工烟丝,加工厂提

供辅料一批,加工后直接发给卷烟厂,共收取辅料及加工费不含税金额 82 000 元,开具增值税专用发票给卷烟厂(受托方没有同类产品售价)。

(3) 购进卷烟纸一批,取得增值税专用发票,注明不含税价款 110 000 元,支付给运输单位运费 5 450 元,取得运输单位开具的增值税专用发票,款项已付,货物已入库。

(4) 卷烟外购一批材料,不含税价款 200 000 元,取得增值税专用发票,其中 15% 因管理不善被盗,其余的已被生产领用。

(5) 将本月进口的部分烟丝对外销售,取得不含税收入 825 000 元,销项税额 107 250 元。

(6) 销售自产 A 牌卷烟 150 箱,每箱不含税销售价格 12 500 元,收取包装物押金8 100元,并已单独入账。

(7) 销售自产 B 牌卷烟 150 箱,每箱不含税销售价格为 30 000 元。

(8) 上月收取的包装 A 牌卷烟的包装物押金 7 000 元已逾期,包装物未收回,押金不予退还。

(9) 将自产 A 牌卷烟 10 箱移送本厂设在本市的非独立核算门市部,出厂销售价每箱 12 500 元,门市部零售价(含税)每箱 15 000 元,门市部本月已售出 5 箱。

已知进口烟丝关税税率为 10%,卷烟定额税率为每标准箱 150 元,比例税率为每标准条对外调拨价格在 70 元以上(含 70 元)的,税率 56%;70 元以下的,消费税税率为 36%,烟丝消费税税率为 30%,烟丝的成本利润率为 5%。根据上述资料,按照下列序号计算回答问题,每问需计算合计数,结果保留两位小数。

【任务要求】(1) 计算进口烟丝应纳关税。

(2) 计算进口烟丝应纳增值税。

(3) 计算进口烟丝应纳消费税。

(4) 计算进口环节缴纳税金合计。

(5) 计算业务(2)中受托方代收代缴的消费税。

(6) 计算本期应纳增值税。

(7) 计算本期国内销售 A 牌卷烟的消费税(不含包装物税额)。

(8) 计算本期国内销售 B 牌卷烟的消费税。

(9) 计算本期国内销售卷烟的消费税总额。

2.【任务资料】北京市客隆商场为增值税一般纳税人,2019 年 10 月发生以下业务:

(1) 销售某牌号卷烟 400 标准箱,每箱不含税售价 1 万元,款项收讫;将该牌号 10 标准箱卷烟作为赠品在促销现场发放给宾馆。

(2) 向农业生产者收购玉米、大豆、花生等一批,收购凭证上注明价款 500 万元;支付运输含税费用 7.063 6 万元,取得运输公司开具的增值税专用发票。

(3) 零售金银首饰与镀金首饰组成的套装礼盒,取得含税收入 120.25 万元,其中金银首饰售价合计收入 100 万元。

(4) 采取"以旧换新"方式向个人消费者销售金项链 5 000 条,新项链每条零售价 0.25万元,旧项链每条作价 0.18 万元,每条项链按差价款收讫。

（5）委托某手表厂制作年终礼品手表 10 块，商场只提供样式，不提供材料，商场共支付手表款价税合计 18 万元。取得增值税专用发票（商场无同类首饰价格），该手表收回后，全部赠送给 VIP 客商（税务机关核定成本利润率为 10％）。

（6）用 200 条金基镶嵌首饰抵偿债务，该批首饰账面成本为 55 万元，零售价 68 万元。

（7）外购金基合金首饰一批，取得的增值税专用发票上注明价款 400 万元；外购镀金首饰一批，取得增值税专用发票，注明价款 50 万元。

其他相关资料：金银首饰零售环节消费税税率为 5％。

【任务要求】根据上述资料，按下列序号计算回答问题，每问需计算出合计数（单位：万元）：

（1）销售套装礼盒应纳消费税。

（2）"以旧换新"销售金项链应纳消费税。

（3）用金基首饰抵偿债务应纳消费税。

（4）该百货商场 10 月份应纳消费税。

（5）该百货商场 10 月份应纳增值税。

知识拓展

关于《中华人民共和国消费税法（征求意见稿）》的说明

为贯彻落实党中央、国务院决策部署，完善税收法律制度，按照全国人大常委会立法工作计划安排，财政部、税务总局起草了《中华人民共和国消费税法（征求意见稿）》（以下简称《征求意见稿》）。现说明如下。

一、制定本法的必要性和可行性

1993 年 12 月，国务院颁布了《中华人民共和国消费税暂行条例》（以下简称《条例》），规定自 1994 年 1 月 1 日起，选择烟、酒、汽柴油等部分消费品开征消费税。2008 年 11 月，根据消费税历次政策调整和改革情况，国务院对《条例》进行了修订，并于 2009 年 1 月 1 日起实施。1994 年至 2018 年，累计征收国内消费税 105 176 亿元，其中 2018 年征收 10 632 亿元。按照党的十八届三中全会《中共中央关于全面深化改革若干重大问题的决定》提出的"调整消费税征收范围、环节、税率，把高耗能、高污染产品及部分高档消费品纳入征收范围"的要求，从 2014 年启动了新一轮消费税改革，出台了多项改革措施，这些改革措施在转方式、调结构、促发展，以及增加财政收入等方面起到了积极作用。目前，消费税相关改革要求已经落实，立法条件成熟。

制定消费税法，有利于完善消费税法律制度，增强其科学性、稳定性和权威性，有利于构建适应社会主义市场经济需要的现代财政制度，有利于深化改革开放、推进国家治理体系和治理能力现代化。

二、制定本法的总体考虑

（一）延续消费税基本制度框架，保持制度稳定。消费税自 1994 年开征以来，经历了几次重大的制度调整，包括 2006 年消费税制度改革，2008 年成品油税费改革，2014 年以来新一轮消费税改革等。经过逐步改革和完善，税制框架基本成熟，税制要素基本合理，运行也

基本平稳,因此,《征求意见稿》保持了现行税制框架和税负水平总体不变。

(二)将已实施的消费税改革和政策调整内容体现在法律草案中。为了充分体现改革成果,结合现行政策和征管实践,对不适应经济社会发展和改革要求的内容,作出适当调整和完善,将《条例》上升为法律。主要根据征收环节变化,统一调整纳税人范围表述;结合改革成果,补充和完善税目税率表。

(三)根据消费税调控特点,授权国务院调整税率。消费税是调节税种,对生产和消费行为具有重要调节职能。国务院需要根据经济发展、产业政策、行业发展和居民消费水平的变化等因素,对消费税税率进行相机调整。因此,《征求意见稿》设置了对消费税税率的授权条款。

(四)根据消费税改革需要,在消费税法中设置衔接性条款。按照党中央、国务院关于健全地方税体系、中央与地方收入划分改革的有关要求,后移消费税部分消费品征收环节等消费税改革工作一直在推进中。考虑到这些工作在消费税立法后仍将持续,需要依法授权国务院组织开展相关试点。

三、《征求意见稿》的主要内容

(一)关于纳税人。《条例》中纳税人的规定,涉及生产、委托加工、进口、销售等多个概念。随着消费税改革的推进,消费税征收环节又增加了批发、零售,考虑到生产、批发、零售都会发生销售行为,《征求意见稿》对相关概念进行了整合,统一表述为在我国境内销售、委托加工和进口应税消费品的单位和个人(第一条),并对消费品自用情形进行单独表述(第三条)。

(二)关于征税对象和税率。《征求意见稿》延续了《条例》的做法,采用《消费税税目税率表》的方式确定消费税具体征税对象和税率,明确了国务院调整税率的授权条款(第二条)。

(三)关于应纳税额计算。《征求意见稿》延续了《条例》的现行规定,为避免专业名词产生歧义,《条例》中"消费税实行从价定率、从量定额,或者从价定率和从量定额复合计税的办法计算应纳税额",调整表述为"消费税实行从价计税、从量计税,或者从价和从量复合计税的办法计算应纳税额"(第四条)。

(四)关于计税价格。《征求意见稿》延续了《条例》关于兼营不同税率应税消费品销售额分别核算的规定(第五条)。参照国际通行概念和《中华人民共和国价格法》的规定,《征求意见稿》对《条例》中对销售额的定义进行了修改,即销售额是指纳税人销售应税消费品取得的与之相关的对价,包括全部货币或者非货币形式的经济利益。以人民币计算销售额,以人民币以外货币结算的,应当折合成人民币计算(第六条)。《征求意见稿》延续了《条例》对自用应税消费品、委托加工应税消费品、进口应税消费品等计税价格的规定,并规定了具体的计算公式。为保持前后概念统一,将《条例》中"自产自用"和"生产"的表述调整为"自用"和"销售"(第七条、第八条、第九条)。

(五)关于抵扣政策。《征求意见稿》延续了《条例》中关于委托加工收回应税消费品抵扣政策,同时按照现行政策,对外购应税消费品的 10 项抵扣政策进行明确,涉及卷烟、鞭炮焰火、高尔夫球及球具、木制一次性筷子、实木地板、成品油、啤酒、葡萄酒、高档化妆品等,对

于抵扣凭证管理也进行了规定(第十一条、第十二条、第十三条)。

(六)关于税收减免。结合现行政策执行情况,《征求意见稿》延续了《条例》中对纳税人出口应税消费品,免征消费税的政策。同时,根据消费税政策调控的特点和税收政策实践,明确了国务院可以规定免征或者减征消费税,报全国人民代表大会常务委员会备案(第十四条)。

(七)关于纳税义务发生时间。结合税收征管实践,《征求意见稿》对《条例》中"纳税人生产的应税消费品,于纳税人销售时纳税"进行了细化规定,即"纳税人销售应税消费品,纳税义务发生时间为收讫销售款项或者取得索取销售款项凭据的当天;先开具发票的,为开具发票的当天"。补充和完善了关于委托加工应税消费品、自用应税消费品、进口应税消费品等相关纳税义务发生时间的规定(第十六条)。

(八)关于税收征管。结合征管实践,《征求意见稿》中补充对纳税人申报应税消费品计税数量明显偏低时的核定权限,增加海关作为核定部门,即纳税人申报的应税消费品的计税价格和数量明显偏低且不具有合理商业目的的,税务机关、海关有权核定其计税价格和数量(第十条)。《征求意见稿》延续了《条例》对消费税征收主体的表述,同时明确海关应当将受托代征消费税的信息和货物出口报关的信息共享给税务机关(第十五条)。《征求意见稿》延续了《条例》关于纳税地点、税收征收管理的相关规定(第十七条、第十九条)。

为落实深化"放管服"改革精神,进一步减少纳税人办税频次,减轻纳税人申报负担,《征求意见稿》取消"一日、三日和五日"等三个计税期间,新增"半年"的计税期间(第十八条)。《征求意见稿》增加了消费税共治条款,明确相关部门需要配合税务机关消费税管理活动,加强消费税征收管理,有利于维护健康公平的消费税法制环境,也有利于后续消费税改革的顺利实施。与增值税法草案保持基本一致(第二十一条)。

(九)关于消费税改革试点。为落实党中央、国务院关于健全地方税体系、中央与地方收入划分改革的有关要求,《征求意见稿》增加了实施消费税改革试点的表述,并授权国务院规定具体实施办法,即"国务院可以实施消费税改革试点,调整消费税的税目、税率和征收环节,试点方案报全国人民代表大会常务委员会备案"(第二十条)。

(来源:国家税务总局网站 http://www.chinatax.gov.cn/chinatax)

项目四 关税会计

知识目标

- 了解关税的概念、特点和分类
- 掌握关税的基本规定

能力目标

- 能进行关税应纳税额的计算
- 能进行关税会计核算

素养目标

- 树立维护国家利益的世界观
- 坚定"独立自主、自力更生"的信念
- 确立服务于"一带一路",促进产业发展的会计职业理想

项目全景

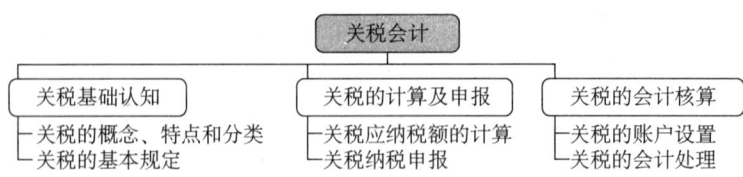

◇ **项目提示**：商务部研究院于 2019 年 10 月 29 日发布《中国开放发展报告 2019》。报告显示,中国的贸易加权平均税率只有 4.4%,不仅远低于其他发展中国家,也接近欧盟和美国等发达经济体的水平,产业开放超过入世承诺。我国开放水平不断提升,为中国和世界带来新的发展机遇。未来,中国经济实现高质量发展,要在更加开放的条件下进行。

任务一 关税基础认知

任务情境

【资料 4-1】 跨境电子商务是指分属不同关境的交易主体,通过电子商务平台达成交

易、进行电子支付结算,并通过跨境物流送达商品、完成交易的一种国际商业活动。

任务要求 假定你是电商公司税务会计人员,请分析判断下列问题:

(1)跨境电商需要缴税吗?

(2)跨境取得收入要缴税吗?

 任务指导

一、关税的概念、特点和分类

(一)关税的概念

关税是国际通行的税种,是各国根据本国的经济和政治的需要,用法律形式确定的、由海关对进出境的货物和物品所征收的一种流转税。所谓的"境"是指关境,又称"海关境域"或"关税领域",是国家《海关法》全面实施的领域,在通常情况下,一国关境与国境是一致的,包括国家全部的领土、领海、领空,但也有不一致的情况,如我国香港和澳门保持自由港地位,为我国单独的关税地区,即单独关境区。单独关境区是不完全适用该国海关法律、法规或实施单独海关管理制度的区域。"货物"是指进出海关用于销售的货物,即卖到国外销售,或买入国内销售的商品。而"物品"是指虽然同样进出海关,但是不是为了销售的物品,包括入境旅客随身携带的行李和物品、个人邮递物品,各种运输工具上的服务人员携带进口的自用物品、馈赠物品以及其他方式入境的个人物品。

(二)关税的特点

1. 课税环节为进出境环节

关税是在货物和物品进出关境的环节一次性征收,除此之外,在国内流通的任何环节不再征收关税。

2. 关税具有较强的涉外性

关税只对进出境的货物和物品征收,因此关税税则的制定、税率的分类及其高低直接影响国际贸易。随着社会的发展,世界各国的经济联系越来越亲密,贸易关系已不仅仅反映简单的经济关系,而且也成为一种政治关系。这样,关税政策、措施往往也与经济、外交政策紧密相关,具有涉外性。

3. 由海关负责征收

各类税收一般是由税务机关负责征收管理,而关税则由海关总署及所属机构征收管理。海关是国家设在边境、沿海口岸或国家指定的其他水、陆、空国际通道的进出关境监督管理机关,征收关税是海关工作的一个重要组成部分。

(三)关税的分类

(1)关税按征税对象分类:分为进口税、出口税和过境税。

进口税是对进口的货物或物品征收的一种关税,一般是在货物或物品进入我国国(关)境或海关保税仓库转出,投放国内市场时征收。其目的在于保护本国市场和增加财政收入。

出口税是对出口的货物或物品征收的一种关税。目前许多发达国家已不征收出口税。

但为了限制本国某些产品或自然资源的出口，或是为了保护本国生产和本国市场供应以及增加财政收入等特定需要，一些发展中国家也征收出口税。

过境税又称通过税，是对运经本国国（关）境的外国货物征收的一种关税。它在重商主义时代盛行一时，但由于它阻碍了国际贸易的发展，目前世界各国一般都不征收过境税。

（2）关税按征税标准分类：分为从价关税、从量关税，此外各国常用的征税标准还有复合关税、选择关税、滑准关税。

从价关税是以货物的价格为计税标准而计算征收的一种关税。

从量关税是以货物的计量单位为计税标准计算征收的一种关税。

复合关税是对同一种进口货物采用从价与从量两种标准计算征收的一种关税。征税时，或以从价税为主，加征从量税；或以从量税为主，加征从价税。

选择关税是对同一种货物，同时规定从价税和从量税两种税率，征税时选择其中的一种进行课征的一种关税。

滑准关税又称为滑动关税，是对某种进口货物规定其价格的上限、下限，按国内货价涨落情况，分别采用几种高低不同税率的一种关税。

（3）关税按国家和输入情况分类：分为差别关税和优惠关税。

差别关税是指对特定国家输入的商品以高于一般关税税率征收的关税，以示报复、惩罚。差别关税又分加重关税、抵销关税、报复关税和反倾销关税。

优惠关税是指使用低于正常标准的税率而课征的一种关税。它是对特定的受惠国给予的关税优惠待遇，主要包括互惠关税、特惠关税、最惠国待遇、普惠制和世界贸易组织成员国间的关税减让。

二、关税的基本规定

（一）征税对象

关税征税对象是准许进出境的货物和物品，货物是指贸易性商品；物品是非贸易性商品，包括入境旅客随身携带的行李和物品、个人邮递物品、各种运输工具上的服务人员携带进口的自用物品、馈赠物品以及其他方式进入国境的个人物品。

（二）关税纳税人

关税纳税人为进口货物收货人，出口货物发货人，进出境物品的所有人。进出货物的收发货人是依法取得对外贸易经营权，并进口或出口货物的法人或其他社会团体。进出境物品的所有人包括该物品的所有人和推定为所有人的人。一般情况下，对携带进境的物品，推定其携带人为所有人；对分离运输的行李，推定相应的进出境旅客为所有人，对以邮递方式进境的物品，推定其收件人为所有人；以邮递或其他运输方式出境的物品，推定其寄件人或托运人为所有人。

（三）关税税率

1. 进口关税税率

进口关税分为最惠国税率、协定税率、特惠税率、普通税率等税率形式，对进口货物在一定时期内可实行暂定税率。具体税率的形式及适用范围见表4-1。

表 4-1

税率形式及适用范围表

税率形式	适 用 范 围
最惠国税率	① 原产于与我国共同适用最惠国待遇条款的 WTO 成员国或地区的进口货物 ② 原产于与我国签订有相互给予最惠国待遇条款的双边贸易协定的国家或地区进口的货物 ③ 原产于我国境内的进口货物
协定税率	原产于我国参加的含有关税优惠条款的区域性贸易协定有关缔约方的进口货物
特惠税率	原产于与我国签订有特殊优惠关税协定的国家或地区的进口货物
普通税率	原产于上述国家或地区以外的进口货物
配额税率	对实行关税配额管理的进口货物,关税配额内的,适用关税配额税率;关税配额外的,按不同情况分别适用于最惠国税率、协定税率、特惠税率或普通税率

三个具体规定如下:

(1) 按照普通税率征税的进口货物,经国务院关税税则委员会特别批准,可以适用最惠国税率。

(2) 适用最惠国税率、协定税率、特惠税率的国家或者地区名单,由国务院关税税则委员会决定。

2. 出口关税税率

我国出口税则为一栏税率,即出口税率。国家仅对少数资源性产品及易于竞相杀价、盲目进口、需要规范出口秩序的半成品征收出口关税。1992 年对 42 种商品计征出口关税,税率 2%～40%。现行税则对 36 种商品计征出口关税,主要是鳗鱼苗、部分有色金属矿砂及其精矿、生锑、磷、氟钽酸钾、苯、山羊板皮、部分铁合金、钢铁废碎料、铜和铝原料及其制品、镍锭、锌锭、锑锭等。出口商品税则税率一直未予以调整。但对于上述范围内的 23 种商品实行 0～20%的暂定税率,其中 16 种商品为零关税,6 种商品税率为 1%及以下。因此,我国真正征收出口关税的商品只是 20 种,税率也较低。

3. 特别关税

特别关税是指为了应对个别国家对我国出口货物的歧视,任何国家或者地区如果对进口原产于我国的货物征收歧视性关税或者给予其他歧视性待遇的,海关可以对原产于该国或者地区的进口货物征收特别关税。特别关税包括报复性关税、反倾销税与反补贴税、保障性关税。征收特别关税的货物、适用国别、税率、期限和征收办法,由国务院关税税则委员会决定,海关总署负责实施。

4. 税率的运用

进出口货物,应当依照税则规定的归类原则归入合适的税号,并按照适用的税率征税具体如下:

(1) 进出口货物,应适用海关接受该货物申报进口或者出口之日实施的税率。

(2) 进出口货物到达前,经海关核准先行申报的,应当按照装载此货物的运输工具申报进境之日实施的税率征税。

(3) 进口转关运输货物,应适用指运地海关接受该货物申报进口之日实施的税率;货物运抵指运地前,经海关核准先行申报的,应适用装载此货物的运输工具抵达指运地之日实施

的税率。

（4）出口转关运输货物,应适用启运地海关接受该货物申报出口之日实施的税率。

（5）经海关批准,实行集中申报的进出口货物,应适用每次货物进出口时海关接受该货物申报之日实施的税率征税。

（6）因超过规定期限未申报而由海关依法变卖的货物,其税款计征应适用装载该货物的运输工具申报进境之日实施的税率。

（7）因纳税人违反规定需要追征税款的进出口货物,应适用违法规定的行为发生之日实施的税率。行为发生之日不能确定的,应适用违法规定的行为发生之日实施的税率。

（8）已申报进境并放行的保税货物、减免税货物、租赁货物或已申报进出境并放行的暂时进出境货物,有下列行为之一需要缴纳税款的,适用海关接受纳税人再次填写报关单申报办理纳税及有关手续之日实施的税率:

① 保税货物经批准不复运出境的。

② 保税仓储货物转入国内市场销售的。

③ 减免税货物经批准转让或移作他用的。

④ 可暂不缴纳税款的暂时进出境货物,经批准不复运出境或进境的。

⑤ 租赁进口货物,分期缴纳税款的。

（四）计税依据

1. 关税完税价格

关税完税价格是海关以进出口货物的实际成交价格为基础,经调整确定的计征关税的价格。成交价不能确定时,完税价格由海关依法估定。

2. 进口货物完税价格

进口货物的完税价格由海关以货物的成交价格为基础审查确定,并应当包括该货物运抵中华人民共和国境内输入地点起卸前的运输及其相关费用、保险费。进口货物完税价格的其他方法有:相同货物的成交价格估价方法、类似货物的成交价格估价方法、倒扣价格估价方法、计算价格估价方法、合理估价方法。在合理估价方法时,不允许使用的估价方法是:在进口国生产的货物的国内售价,加入生产成本以外的费用,货物向第三国出口的价格,最低限价,武断或虚构的海关估价。

下列费用或者价值未包括在进口货物的实付或者应付价格中,应当计入完税价格:

① 由买方负担的除购货佣金以外的佣金和经纪费。

购货佣金:指买方为购买进口货物向自己的采购代理人支付的劳务费用。

经纪费:指买方为购买进口货物向代表买卖双方利益的经纪人支付的劳务费用,计入完税价格(如卖方佣金)。

② 由买方负担的与该货物视为一体的容器费用。

③ 由买方负担的包装材料和包装劳务费用。

下列费用或者价值不需要计入完税价格的项目,如能与该货物实付或者应付价格区分,不得计入完税价格:

① 厂房、机械或者设备等货物进口后发生的建设、安装、装配、维修或者技术援助费用,

但是保修费用除外。

② 进口货物运抵中华人民共和国境内输入地点起卸后发生的运输及其相关费用、保险费。

③ 进口关税、进口环节海关代征税及其他国内税。

④ 为在境内复制进口货物而支付的费用。

⑤ 境内外技术培训及境外考察费用。

【案例 4-1】 从境外某公司引进钢结构产品自动生产线,境外成交价格(FOB)1 600 万元。该生产线运抵我国输入地点起卸前的运费和保险费 120 万元,境内运输费用 12 万元。另支付由买方负担的经纪费 10 万元,买方负担的包装材料和包装劳务费 20 万元,与生产线有关的境外开发设计费用 50 万元,生产线进口后的现场培训指导费用 200 万元。取得海关开具的完税凭证及国内运输部门开具的合法运输发票。计算进口环节关税和增值税。

【案例解析】 进口环节关税完税价格 = 1 600 + 120 + 10 + 20 + 50 = 1 800(万元)

进口环节应纳关税 = 1 800 × 30% = 540(万元)

进口环节应纳增值税 = (1 800 + 540) × 13% = 304.2(万元)

3. 加工贸易内销货物完税价格

(1) 进料加工进口料件或其制成品(包括残次品)申报内销时,海关以料件的原进口成交价格为基础审查确定完税价格。料件的原进口成交价格不能确定的,海关按照接受内销申报的同时或大约同时进口的,与料件相同或类似的货物的进口成交价格为基础审查确定完税价格。

(2) 保税区、出口加工区内的加工贸易企业申报内销加工贸易制成品时,海关按照接受内销申报的同时或大约同时进口的,与制成品相同或类似的货物的进口成交价格为基础审查确定完税价格。

4. 特殊进口货物完税价格

(1) 运往境外修理的货物。运往境外修理的机械器具、运输工具或其他货物,出境时已向海关报明,并在海关规定期限内复运进境的,应当以海关审定的境外修理费和料件费确定完税价格。

(2) 运往境外加工的货物。运往境外加工的货物,出境时已向海关报明,并在海关规定期限内复运进境的,应当以海关审定的境外加工费和料件费以及该货物复运进境的运输及其相关费用、保险费估定完税价格。

【案例 4-2】 某企业 2020 年将以前年度进口的设备运往境外修理,设备进口时成交价格为 58 万元,发生境外运费和保险费共计 6 万元;在海关规定的期限内复运进境,进境时同类设备价格为 65 万元;发生境外修理费 8 万元,料件费 9 万元,境外运输费和保险费共计 3 万元,进口关税税率为 20%。运往境外修理的设备报关进口时应纳进口环节税金是多少?

【案例解析】

运往境外修理的设备报关进口时应纳进口环节关税 = (8 + 9) × 20% = 3.4(万元)

运往境外修理的设备报关进口时应纳进口环节增值税 = (8 + 9) × (1 + 20%) × 13%

= 2.652(万元)

运往境外修理的设备报关进口时应纳进口环节税金 = 3.4 + 2.652 = 6.052(万元)

5. 暂时进境货物

对于经海关批准的暂时进境的货物,应当按照一般进口货物估价办法的规定估定完税价格。

6. 租赁方式进口货物

租赁方式进口货物租赁方式进口的货物中,以租金方式对外支付的租赁货物,在租赁期间以海关审定的租金作为完税价格;留购的租赁货物,以海关审定的留购价格作为完税价格;承租人申请一次性缴纳税款的,经海关同意,按照一般进口货物估价办法的规定估定完税价格。

7. 留购的进口货样等

对于境内留购的进口货样、展览品和广告陈列品,以海关审定的留购价格作为完税价格。

8. 予以补税的减免税货物

减税或免税进口的货物需予补税时,应当以海关审定的该货物原进口时的价格,扣除折旧部分价值作为完税价格,其计算公式如下:

$$\text{完税价格} = \text{海关审定的该货物原进口时的价格} \times \left[1 - \frac{\text{申请补税时实际已使用的时间(月)}}{\text{监管年限} \times 12}\right]$$

【案例 4-3】 某高新技术企业免税进口一台设备,海关审定的进口完税价格为人民币 60 万元,海关监管期 5 年,该企业使用 20 个月后转售。该企业上述业务应纳关税为多少(关税税率为 20%)?

【案例解析】 应纳关税 = 60 × 20% × (1 − 20 ÷ 60) = 8(万元)

9. 进口货物相关费用的核定

(1) 进口货物的运费。进口货物的运费应当按照实际支付的费用计算。如果进口货物的运费无法确定,海关应当按照该货物的实际运输成本或者该货物进口同期运输行业公布的运费率(额)计算运费。

(2) 进口货物的保险费。进口货物的保险费应当按照实际支付的费用计算。如果进口货物的保险费无法确定或者未实际发生,海关应当按照"货价加运费"两者总额的 3‰ 计算保险费。其计算公式如下:

$$\text{保险费} = (\text{货价} + \text{运费}) \times 3‰$$

(3) 以境外边境口岸价格条件成交的铁路或者公路运输进口货物,海关应当按照境外边境口岸价格的 1‰ 计算运输及其相关费用、保险费。

【案例 4-4】 有进出口经营权的某外贸公司,2019 年 10 月经有关部门批准从境外进口小轿车 30 辆,每辆小轿车货价 15 万元,运抵我国海关前发生的运输费用、保险费用无法确定,经海关查实其他运输公司相同业务的运输费用占货价的比例为 2%。向海关缴纳了相关税款,并取得了完税凭证。小轿车关税税率为 60%,消费税税率为 9%。计算小轿车在进口环节应缴纳的关税、消费税、增值税。

【案例解析】 ① 进口小轿车的货价 = 15 × 30 = 450(万元)

② 进口小轿车的运输费 = 450 × 2% = 9(万元)

③ 进口小轿车的保险费 = (450 + 9) × 3‰ = 1.38(万元)

④ 进口小轿车应缴纳的关税：

$$关税的完税价格 = 450 + 9 + 1.38 = 460.38(万元)$$
$$应纳关税 = 460.38 \times 60\% = 276.23(万元)$$

⑤ 进口环节小轿车应缴纳的消费税：

$$消费税组成计税价格 = (460.38 + 276.23) \div (1 - 9\%) = 809.46(万元)$$
$$应纳消费税 = 809.46 \times 9\% = 72.85(万元)$$

⑥ 进口环节小轿车应缴纳的增值税：

$$应纳增值税 = 809.46 \times 13\% = 105.23(万元)$$

10. 出口货物的完税价格

出口货物的完税价格由海关以该货物的成交价格为基础审查确定，并应当包括货物运至中华人民共和国境内输出地点装载前的运输及其相关费用、保险费。

下列款项、费用计入出口货物完税价格：

（1）出口货物的成交价格。即该货物出口销售时，卖方为出口该货物应当向买方直接收取和间接收取的价款总额。

（2）境内输出地点装载前的运输及其相关费用、保险费。

下列款项、费用不计入出口货物的完税价格：

（1）出口关税。

（2）在货物价款中单独列明的货物运至中华人民共和国境内输出地点装载后的运输及其相关费用、保险费。

（3）在货物价款中单独列明由卖方承担的佣金。

出口货物的成交价格不能确定时，海关经了解有关情况，并且与纳税义务人进行价格磋商后，依次以下列价格审查确定该货物的完税价格：

（1）同时或大约同时向同一国家或地区出口的相同货物的成交价格。

（2）同时或大约同时向同一国家或地区出口的类似货物的成交价格。

（3）根据境内生产相同或类似货物的成本、利润和一般费用、境内发生的运输及其相关费用、保险费计算所得的价格。

（4）按照合理方法估定的价格。

（五）关税减免

1. 法定减免税

下列进出口货物，免征关税：

（1）关税税额在人民币 50 元以下的货物。

（2）无商业价值的广告品和货样。

（3）外国政府、国际组织无偿赠送的物资。

（4）在海关放行前损失的货物。

（5）进出境运输工具装载的途中必需的燃料、物料和饮食用品。

下列进出口货物,经海关批准,在交纳保证金或提供担保的,可以暂不缴纳关税,并应当自进境或者出境之日起 6 个月复运出境或者复运进境:

(1) 在展览会、交易会、会议及类似活动中展示或使用的货物。

(2) 文化、体育交流活动中使用的表演、比赛用品。

(3) 进行新闻报道或者摄制电影、电视节目使用的仪器、设备及用品。

(4) 开展科研、教学、医疗活动使用的仪器、设备及用品。

(5) 在(1)~(4)项所列活动中使用的交通工具及特种车辆。

(6) 货样。

(7) 供安装、调试、检测设备时使用的仪器、工具。

(8) 盛装货物的容器。

(9) 其他用于非商业目的的货物。

有下列情形之一的,纳税义务人自缴纳税款之日起 1 年内,可以申请退还关税,并应当以书面形式向海关说明理由,提供原缴款凭证及相关资料。

(1) 已征进口关税的货物,因品质或者规格原因,原状退货复运出境的。

(2) 已征出口关税的货物,因品质或者规格原因,原状退货复运进境,并已重新缴纳因出口而退还的国内环节有关税收的。

(3) 已征出口关税的货物,因故未装运出口,申报退关的。

2. 特定减免税

(1) 科教用品。为有利于我国科研、教育事业发展,对科学研究和学校,不以营利为目的,在合理数量范围内进口国内不能生产的科学研究和教学用品,直接用于教学研究和教学的,免征关税和进口环节增值税、消费税。

(2) 残疾人专用品。为支持残疾人的健康工作。对康健、福利机构、假肢厂和荣誉军人康复医院进口国内不能生产的、对规定的残疾个人专用品、免征进口关税和进口环节增值税、消费税。

(3) 扶贫、慈善性捐赠物资。对境外自然人、法人或其他组织等境外捐赠人,无偿向经国务院主管部门依法批准成立的、以人道救助和发展扶贫、慈善事业为宗旨的以及国务院有关部门和各省、自治区、直辖市人民政府捐赠的,直接用于扶贫、慈善事业的物资,免征进口关税和进口增值税。

(4) 加工贸易产品。这主要包括加工装配和补偿贸易、进料加工,在一定条件可予以免税。

(5) 边境贸易进口物资。为了鼓励边境地区积极发展与我国毗邻国家间的边境贸易与经济合作,国家制定了有关扶持、鼓励边境贸易和边境地区发展对外经济合作的政策措施。

(6) 保税区进出口货物。为了创造完善的投资、运营环境、开展为出口贸易服务的加工整理、包装、运输、仓储、商品展出和转口贸易,国家在境内设立了保税区,即与外界隔离的全封闭方式,在海关临近管理下进行存放和加工保税货物的特定区域。主要关税优惠政策有:进口提供保税区的设备、机器、基建物资、生产用车辆、为加工出口产品进口的原材料、零部件、元器件免征进口关税和进口环节税。

（7）出口加工区进出口货物。为加强与完善加工贸易管理，严格控制加工贸易产品内销，保护国内相关产业，并为出口加工企业提供更宽松的经营环境，带动国产原材料、零配件的出口，国家设立了出口加工区。

（8）进口设备。对符合《当前国家重点鼓励发展的产业、产品和技术目录》的国内投资项目，在投资总额内进口的自用设备，除《国内投资项目不予以免税的进口商品目录》所列商品外，免征进口关税和进口环节增值税。

（9）特定行业或用途的减免税政策。为鼓励、支持部分行业或特定产品的发展，国家制定了部分特定行业或用途的减免税政策，这类政策一般对可以减免税的商品列有具体清单。

（10）特定地区的减免税政策。经国务院批准，自 2005 年 8 月 1 日起对原产于我国台湾地区的 15 种进口鲜水果实施零关税。

3. 个人邮寄物品减免税

自 2010 年 9 月 1 日起，个人邮寄物品，应征进口税额在人民币 50 元（含 50 元）以下的，海关予以免征。

自 2019 年 1 月 1 日起，跨境电子商务零售进口商品的单次交易限值为 5 000 元，年度交易限值为人民币 26 000 元。在限值以内进口跨境电子商务零售进口商品，关税税率暂设为 0%。超过单次限值、累加后超过个人年度限值的单次交易，以及完税价值超过 500 元限值的单个不可分割商品，均按照一般贸易方式全额征税。

（六）关税征收管理

关税征收管理的主要规定见表 4-2。

表 4-2

征收管理的主要规定

项目	内　　容
关税缴纳	1. 申报时间：进口货物自运输工具申报进境之日起 14 日内；出口货物在运抵海关监管区后装货的 24 小时以前。 2. 纳税期限：关税的纳税义务人或其代理人，应在海关填发税款缴款证之日起 15 日内向指定银行缴纳。 3. 不能按期缴纳税款，经海关总署批准，可延期缴纳，但最长不得超过 6 个月
关税强制执行	两种形式： 1. 征收关税滞纳金。 关税滞纳金金额＝滞纳关税税额×滞纳金征收比率（0.5‰）×滞纳天数；关税滞纳金起征点为 50 元。 2. 强制征收。如纳税义务人自海关填发缴款书之日起 3 个月仍未缴纳税款，经海关关长批准，海关可以采取强制扣缴、变价抵缴等强制措施
关税退还	进出口货物的纳税义务人，如遇下列情况之一，可自缴纳税款之日起 1 年内，书面声明理由，连同原纳税收据向海关申请退税，并加算同期活期存款利息，逾期不予受理： 1. 因海关误征，多纳税款的。 2. 海关核准免验进口的货物，在完税后，发现有短卸情况，经海关审查认可的。 3. 已征出口关税的货物，因故未装运出口，申报退关，经海关查验属实的，对已征出口关税的出口货物和已征进口关税的进口货物，因货物品种或规格原因原状复运进境或出境的，经海关查验属实的，也应退还已征关税。
关税补征和追征	1. 关税补征，是因非纳税人违反海关规定造成的少征或漏征关税，关税补征期为缴纳税款或货物放行之日起 1 年内。 2. 关税追征，是因纳税人违反海关规定造成少征或漏征关税，关税追征期为自纳税人应缴纳税款之日起计算 3 年内，并加收 0.5‰ 的滞纳金

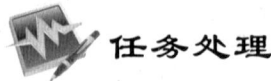

任务处理

任务情境中的问题你解决了吗？

（各小组讨论，小组推荐代表发言，其他小组提问，小组答辩，提交实训报告册，小组代表和教师进行点评打分）

专项技能训练

一、职业判断能力训练

1. 进口货物自运输工具申报进境之日起 14 日内，向货物进境地海关申报纳税。（　　）

2. 出口货物在货物运抵海关监管区后装货的 24 小时以后，向货物出境地海关申报纳税。（　　）

3. 关税的延期缴纳税款期限，最长不得超过 12 个月。（　　）

4. 进出境货物和物品放行后，海关发现少征或者漏征税款，应当自缴纳税款或者货物、物品放行之日起 2 年内，向纳税义务人补征关税。（　　）

5. 无商业价值的广告品和货样，可免征关税。（　　）

二、职业选择能力训练

1. 下列机构中，有权决定征收特别关税的货物适用国别、税率、期限和征收办法的是（　　）。

A. 财政部　　　　　　　　　　　B. 海关总署

C. 国务院关税税则委员会　　　　D. 商务部

2. 下列关于关税税率的表述中，正确的有（　　）。

A. 出口转关运输货物，应适用启运地海关接受该货物申报出口之日实施的税率

B. 进出口货物，应适用海关接受该货物申报进口或者出口之日实施的税率

C. 进口转关运输货物，应适用指运地海关接受该货物申报进口之日实施的税率

D. 进口货物到达前，经海关核准先行申报的，应适用先行申报之日实施的税率

3. 下列各项中，应当计入进口货物关税完税价格的有（　　）。

A. 由买方负担的购货佣金

B. 由买方负担的境外包装材料费用

C. 由买方负担的境外包装劳务费用

D. 由买方负担的与进口货物视为一体的容器费用

4. 以倒扣价格法估定关税完税价格时，下列应当扣除的项目有（　　）。

A. 进口关税

B. 同种类货物在境内第一销售环节销售时，通常的利润和一般费用以及通常支付的佣金

C. 货物运抵输入地点之后的境内运费

D. 在境外生产时的原材料成本

5. 以计算价格方法估定关税完税价格时,应当以下列( )的总和计算出的价格估定完税价格。

A. 生产该货物所使用的料件成本和加工费用

B. 与向境内销售同等级或同种类货物通常的利润、一般费用

C. 该货物运抵境内输入地点起卸前的运输及相关费用、保险费

D. 境内运费

三、职业描述能力训练

1. 进口货物完税价格中的运输及相关费用、保险费如何计算?

2. 简述进口货物海关估价方法。

任务二 关税的计算及申报

任务情境

【资料4-2】 青岛市华丰商场于2020年2月进口一批化妆品。该批货物在国外的买价为120万元,货物运抵我国关境前发生的运输费、保险费和其他费用分别为10万元、6万元、4万元。货物报关后,该商场按规定缴纳了进口环节的增值税和消费税并取得了海关开具的缴款书。从海关将化妆品运往商场所在地取得运费的增值税专用发票,注明运输费用5万元,增值税0.5万元。该批化妆品当月在国内全部销售,取得不含税销售额520万元(假定化妆品进口关税税率20%,增值税税率13%、消费税税率15%)。

任务要求 假定你是公司税务会计人员,请按序号核算下列问题,每问需要计算出合计数。

(1) 计算该批化妆品进口环节应缴纳的关税。

(2) 计算该批化妆品进口环节应缴纳的消费税。

(3) 计算该批化妆品进口环节应缴纳的增值税。

(4) 计算国内销售环节应缴纳的增值税。

任务指导

一、关税应纳税额的计算

(一)从价税应纳税额的计算

其计算公式为:

$$应纳关税 = 应税进(出)口货物数量 \times 单位完税价格 \times 税率$$

【案例4-5】 某企业进口一批材料,货物价款95万元,进口运费和保险费5万元,报关进口后发现其中的10%有严重质量问题并将其退货,出口方为补偿该企业,发送价值10万元(含进口运费、保险费0.5万元)的无代价抵偿物,进口关税税率为20%,该企业应缴纳进

口关税多少?

【案例解析】 该企业应纳进口关税＝（95＋5）×20％＝20（万元）

（二）从量税应纳税额的计算

其计算公式为：

$$应纳关税＝应税进（出）口货物数量×单位货物税额$$

【案例4-6】 公司进口美国产"蓝带"牌啤酒600箱，每箱24瓶，每瓶容积500毫升，价格为CIF 3 000美元。计算应纳关税，征税日人民币与美元的外汇折算率为1∶8.24，适用关税优惠税率3元/升。

【案例解析】

$$应纳关税＝600×24×500÷1 000×3＝21 600（元）$$

进口货物常用的价格条款

FOB（Free On Board …named port of shipment）装运港船上交货（……定装运港），指卖方应在规定的装运期限内在指定装运港将货物交付至买方指定的船上，并负担货物越过船舷以前的一切费用和货物灭失或损坏的风险。适用于海运及内河航运。

CFR（Cost and Freight …named port of destination）成本加运费（……指定目的港），指卖方负责租船或订舱，支付运费，在合同中规定的装运期限内在装运港将货物交付至运往指定目的港的船上，负担货物越过船舷以前的一切费用和货物灭失或损坏的风险。（其他表示方法：CNF、C&F）

CIF（Cost Insurance and Freight …named port of destination）成本加保险费、运费（……指定目的港），指卖方负责租船或订舱，支付从装货港至目的港的运费，办理货运保险，支付保险费，在合同规定的装运期限内在装运港将货物交付至运往指定目的港的船上，负担货物越过船舷以前的一切费用和货物灭失或损坏的风险。

（三）复合税应纳税额的计算

其计算公式为：

$$应纳关税＝\frac{应税进（出）}{口货物数量}×\frac{单位货}{物税额}＋\frac{应税进（出）}{口货物数量}×\frac{单位完}{税价格}×税率$$

【案例4-7】 某公司进口2台日本产电视摄像机，价格为CIF 13 000美元，计算应纳关税。征税日人民币与美元的外汇折算率为1∶8.24，适用关税优惠税率为：每台完税价格高于5 000美元的，从量税为每台13 280元，再征从价税3％。

【案例解析】 应纳关税＝2×13 280＋13 000×8.24×3％＝29 773.60（元）

（四）滑准税应纳税额的计算

其计算公式为：

$$应纳关税＝应税进（出）口货物数量×单位完税价格×滑准税税率$$

二、关税纳税申报

（一）关税申报的基本规定

1. 申报时限

进口货物的纳税人应当自运输工具申报进境之日起 14 天以内进行申报；出口货物的纳税人除了海关特准的以外，应当在货物运抵海关监管区以后，装货的 24 小时以前，向货物的进出境地海关申报。

纳税人在货物实际进出口以前，可以按照有关规定向海关申请对进出口货物进行商品预归类、价格预审核和原产地预确定。海关审核确定以后，应当书面通知纳税人，并在货物实际进出口时认可。

2. 补充申报

纳税人应当依法如实向海关申报，并按照海关的规定提供有关确定完税价格、商品归类、确定原产地和采取反倾销、反补贴、保障措施等所需的资料。必要时，海关可以要求纳税人补充申报，纳税人也可以主动要求补充申报。

3. 申报资料

纳税人应当按照进出口税则规定的目录条文和归类总规则、类注、章注、子目注释和其他归类注释，对其申报的进出口货物进行商品归类，并归入相应的税则号列。海关应当依法审核确定该货物的商品归类，并可以要求纳税人提供确定商品归类所需的有关资料。

4. 海关审核

海关应当按照法律、行政法规和海关规章，对纳税人申报的进出口货物商品名称、规格型号、税则号列、原产地、价格、成交条件和数量等进行审核。

海关为审核确定进出口货物的商品归类、完税价格和原产地等，可以对进出口货物进行查验，组织化验、检验和对相关企业进行核查，并将海关认定的化验、检验结果作为商品归类的依据。

（1）经审核，海关发现纳税人申报的进出口货物税则号列有误的，应当按照商品归类的有关规则、规定重新确定。

（2）经审核，海关发现纳税人申报的进出口货物价格不符合成交价格条件，或者成交价格不能确定的，应当按照审定进出口货物完税价格的有关规定另行估价。

（3）经审核，海关发现纳税人申报的进出口货物原产地有误的，应当通过审核纳税人提供的原产地证明、实际查验货物和审核其他相关单证等方法，按照海关原产地管理的有关规定确定。

（4）经审核，海关发现纳税人提交的减税、免税申请和申报的内容不符合有关减税、免税规定的，应当按照规定计征税款。

纳税人违反海关规定，涉嫌伪报、瞒报的，应当按照规定移交海关调查部门或者缉私部门处理。

5. 海关审查

海关为审查申报价格的真实性和准确性，可以查阅、复制进出口货物有关的合同、发票、

账册、结付汇凭证、单据、业务函电、录音录像制品和其他反映买卖双方关系及交易活动的资料。

海关对纳税人申报的价格有怀疑并且所涉关税数额较大的,经过直属海关关长或者其授权的隶属海关关长批准,凭海关总署统一格式的协助查询账户通知书和有关工作人员的工作证件,可以查询纳税人在银行和其他金融机构开立的单位账户的资金往来情况,并向银行业监督管理机构通报有关情况。

6. 海关估定完税价格

海关对纳税人申报的价格有怀疑的,应当将怀疑的理由书面告知纳税人,要求其在规定的期限内作出书面说明,提供有关资料。纳税人在规定的期限以内没有作出说明、提供有关资料的,或者海关仍然有理由怀疑申报价格的真实性、准确性的,海关可以不接受纳税人申报的价格,并按照规定估定完税价格。

7. 海关估价书面说明

海关审查确定进出口货物的完税价格以后,纳税人可以用书面形式要求海关就如何确定其进出口货物的完税价格作出书面说明,海关应当向纳税人作出书面说明。

(二)申报抵扣或出口退税

取得海关缴款书后,如需申报抵扣或出口退税怎么处理? 根据《国家税务总局关于增值税发票管理等有关事项的公告》(国家税务总局公告 2019 年第 33 号)规定,增值税一般纳税人取得海关进口增值税专用缴款书(以下简称海关缴款书)后如需申报抵扣或出口退税,按以下方式处理:

(1) 2019 年 10 月 1 日起,增值税一般纳税人取得仅注明一个缴款单位信息的海关缴款书,应当登录本省(区、市)增值税发票选择确认平台(以下简称选择确认平台)查询、选择用于申报抵扣或出口退税的海关缴款书信息。通过选择确认平台查询到的海关缴款书信息与实际情况不一致或未查询到对应信息的,应当上传海关缴款书信息,经系统稽核比对相符后,纳税人登录选择确认平台查询、选择用于申报抵扣或出口退税的海关缴款书信息。

(2) 自 2020 年 2 月 1 日起,增值税一般纳税人取得注明两个缴款单位信息的海关缴款书,应当上传海关缴款书信息,经系统稽核比对相符后,纳税人登录选择确认平台查询、选择用于申报抵扣或出口退税的海关缴款书信息。

★思考题

自贸区和保税区主要的区别是什么?

自贸区:准许外国商品豁免关税自由进出。例如,前海蛇口自贸片区。自贸区属于境内关外,海关对于进入自贸区的货物一般是不加干涉的。比如,货物可以在自贸区内自由的买卖、存储,都不需要跟海关打交道。只有当自贸区的货物要进入境内非自贸区,才需要报关、交税。保税区:受海关监管的可较长时间存储商品的区域。保税区属于境内关内,也就是货物一旦进入保税区,就要收到海关的监管了。保税区相当于一个更大的保税仓库。

任务处理

任务情境中的问题你解决了吗？

（各小组讨论，小组推荐代表发言，其他小组提问，小组答辩，提交实训报告册，小组代表和教师进行点评打分）

专项技能训练

一、职业选择能力训练

1. 我国某公司 2019 年 3 月从国内甲港口出口一批矿石到国外，货物离岸价格为 180 万元（含出口关税），其中包括货物运抵甲港口装载前的运输费 10 万元。此外，甲港口到国外目的地港口之间还需另行支付运输保险费 20 万元。该矿石出口关税税率为 20%。该公司出口矿石应缴纳的出口关税为（   ）万元。

A. 28.33　　　　　B. 30　　　　　C. 34　　　　　D. 36

2. 某企业进口设备一台，应付价格为 200 万元，其中包含进口后的技术服务费 10 万元。另外支付购货佣金 5 万元、经纪费 8 万元、买方负担的包装费 4 万元、货物运抵境内输入地点之后的运输费 13 万元，则该企业进口设备应缴纳的关税为（   ）万元（关税税率为 20%）。

A. 40.40　　　　　B. 40.60　　　　　C. 44　　　　　D. 46

3. 某进出口公司为增值税一般纳税人，5 月份从国外进口一批机器设备共 10 台，每台货价 15 万元人民币，其中包括运抵我国黄骅港起卸前的包装、运输、保险和其他劳务费用共计 8 万元；另外销售商单独向该进出口公司收取设备包装材料费 10 万元。假设该类设备进口关税税率为 40%，境内运费已经取得合法的货物运输企业的发票。该公司应缴纳的关税是（   ）万元。

A. 54　　　　　B. 64　　　　　C. 68　　　　　D. 72

4. 如果进口货物的运费无法确定或未实际发生，海关应当按照该货物进口同期运输行业公布的运费率（额）计算运费；按照"货价加运费"两者总额的（   ）计算保险费。

A. 3‰　　　　　B. 3%　　　　　C. 1%　　　　　D. 10%

二、职业操作能力训练

【任务资料】苹果公司驻华机构于 2020 年 2 月进口一辆小汽车自用。该小汽车在国外的买价 135 万元，货物运抵我国关境前发生的运输费、保险费和其他费用等共计 3 万元（假定该小汽车进口关税税率 30%，进口环节消费税税率 25%，超豪华小汽车零售环节消费税税率 10%）。

【任务要求】请代表该机构按序号回答下列问题：

（1）计算该小汽车进口环节应缴纳的关税。

（2）计算进口环节应缴纳的消费税。

（3）计算该小汽车进口环节应缴纳的增值税。

任务三　关税的会计核算

任务情境

【资料 4-3】　前海机械公司通过进出口公司购进一批进口汽车零件,收到进出口公司开具的普通发票:货款及银行费用为 116 103.63 元;代理手续费为 1 736.18 元;代垫费用为 1 652 元;代办关税手续费为 300 元。另外,收到海关开具相关发票:代征增值税为16 609.27元;进口关税为 11 660.02 元。

任务要求　根据上述资料,处理下面两个问题:

(1) 代理手续费、代垫费用分摊到库存商品中,加大零件的进价,还是划入经营费用中?

(2) 其他费用如何处理,请作出具体会计处理。

任务指导

一、关税的账户设置

为了全面反映企业关税的缴纳、结余情况及进出口关税的计算,应在"应交税费"账户下分别设置"应交进口关税""应交出口关税"明细账户。

(一) 应交税费——应交进口关税、应交出口关税

"应交税费——应交进口关税"账户的贷方发生额反映计算出应缴纳的进口关税,借方发生额反映实际上缴的进口关税,贷方余额表示欠缴的进口关税,借方余额表示多缴的进口关税。

"应交税费——应交出口关税"账户的贷方发生额反映出应缴纳的出口关税,借方发生额反映实际上缴的出口关税,贷方余额表示欠缴的出口关税,借方余额表示多缴的出口关税。

(二) 计算与缴纳

当企业计算出应交进口关税时,借记有关账户,贷记"应交税费——应交进口关税"账户,实际缴纳时,借记"应交税费——应交进口关税"账户,贷记"银行存款"等账户。当企业计算出应缴纳的出口关税时,借记有关账户,贷记"应交税费——应交出口关税"账户,实际缴纳时,借记"应交税费——应交出口关税"账户,贷记"银行存款"账户等。

二、关税的会计处理

(一) 工业企业关税的会计核算

工业企业通过外贸企业代理或直接从国外进口原材料或其他产品,按规定计算的应交关税,不通过"应交税费——应交进口关税"账户核算,应与进口原材料等的价款及其他费用

一并计入进口原材料的采购成本,在会计核算上,借记"材料采购"或"原材料"账户,贷记"银行存款"账户等。对于企业根据与外商签订的加工装配和中小型补偿贸易合同而引进的国外设备,其应支付的进口关税在支付时,借记"在建工程——引进设备工程"账户,贷记"长期应付款——补偿贸易引进设备应付款""银行存款"账户等。企业在出口时,国家为了鼓励出口,扩大对外贸易,除国家限制的出口商品外,一律免征出口关税,不涉及出口关税的会计核算。企业出口产品如果需要缴纳关税,支付时可直接计入销售税金,借记"税金及附加"账户,贷记"银行存款"账户。

(二)外贸企业关税的会计核算

外贸企业进口的商品应纳的关税通过"应交税费——应交进口关税"账户核算。下面分别进出口关税的情形说明其会计核算。

1. 进口关税的会计核算

外贸企业目前缴纳进口关税的进口业务有自营进口、代理进口、国家调拨进口、易货贸易进口和专项外汇进口等。

1)自营进口

外贸企业计算出自营进口业务应纳关税时:

借:商品采购——进口商品采购(自营进口)
　　贷:应交税费——应交进口关税

企业实际缴纳进口关税时:

借:应交税费——应交进口关税
　　贷:银行存款

2)代理进口

代理进口是指外贸企业代委托单位进口的业务,由委托单位承担进口盈亏,外贸企业只按规定收取手续费,并代征代缴进口关税,最后原数向委托单位收取进口关税。外贸企业代付进口关税时,借记"应交税费——应交进口关税"账户,贷记"银行存款"账户;向委托单位托收时,借记"应收账款"账户,贷记"应交税费——应交进口关税"账户。

3)易货贸易进口

外贸企业易货贸易进口,进口关税直接在"商品采购"账户核算,借记"商品采购——易货进口采购"账户,贷记"应交税费——应交进口关税"账户。

实际缴纳进口关税时:

借:应交税费——应交进口关税
　　贷:银行存款

4)国家调拨进口业务

对国家调拨进口业务应纳关税,借记"商品采购——进口商品采购(国家调拨进口)"账户,贷记"应交税费——应交进口关税"账户。

当企业实际缴纳进口关税时：

借：应交税费——应交进口关税
　　贷：银行存款

5）专项进口业务

专项进口业务是国家专项安排外贸企业进口的业务，其盈亏由企业与国家单独清算。当计算出应纳专项进口关税时，借记"其他业务成本——专项销售成本"账户，贷记"应交税费——应交进口关税"账户。

企业实际缴纳上述进口关税时：

借：应交税费——应交进口关税
　　贷：银行存款

2. 出口关税的会计核算

1）自营出口业务关税的会计处理

商品流通企业自营出口业务，按规定计算出应纳关税，借记"税金及附加"账户，贷记"应交税费——应交出口关税"账户。实际交纳时，借记"应交税费——应交出口关税"账户，贷记"银行存款"账户。

2）代理出口业务关税的会计处理

商品流通企业代理出口业务，因出口而交纳的关税仍由委托方负担。商品流通企业按规定计算出代缴的关税时，借记"应收账款"账户，贷记"应交税费——应交出口关税"账户。实际缴纳时，借记"应交税费——应交出口关税"账户，贷记"银行存款"账户。

（三）企业关税收取的滞纳金或罚款的会计核算

对于企业迟缴关税加收的滞纳金和违反税法被处以罚款的支出，不通过"应交税费——应交进口关税"或"应交税费——应交出口关税"等账户核算，应在税后利润中列支。具体会计分录为，借记"利润分配——未分配利润"账户，贷记"银行存款"账户。企业这笔滞纳金或罚款如果发生在会计年度终了，也可以通过调整"以前年度损益调整"账户核算，借记"以前年度损益调整"账户，贷记"银行存款"账户。

（四）会计核算举例

1）自营进出口业务关税的核算

【案例4-8】 华丰外贸企业从国外自营进口商品一批，CIF价格折合人民币为400 000元，进口关税税率为40%，代征增值税税率13%，根据海关开出的专用缴款书，以银行转账支票付讫税款。计算应纳关税和物资采购成本，并作会计处理。

【案例解析】 应纳关税＝400 000×40%＝160 000（元）

物资采购成本＝400 000＋160 000＝56 0000（元）

代征增值税＝560 000×13%＝72 800（元）

作会计分录如下：

计提关税和增值税时：

```
借：物资采购                                          560 000
    贷：应交税费——进口关税                             160 000
        应付账款                                      400 000
```

支付关税和增值税时：

```
借：应交税费——进口关税                                160 000
    贷：银行存款                                      160 000
借：应交税费——应交增值税(进项税额)                     72 800
    贷：银行存款                                       72 800
```

商品验收入库时：

```
借：库存商品                                          560 000
    贷：物资采购                                      560 000
```

【案例 4-9】 华瑞进出口公司自营出口商品一批,我国口岸 FOB 价格折合人民币为 720 000 元,出口关税税率为 20％,根据海关开出的专用缴款书,以银行转账支票付讫税款。计算关税并进行会计处理。

【案例解析】 计算出口关税：

$$出口关税＝720\ 000÷(1＋20％)×20％＝120\ 000(元)$$

作会计分录如下：

```
借：税金及附加                                        120 000
    贷：应交税费——出口关税                             120 000
```

2) 代理进出口业务关税的核算

【案例 4-10】 海科集团委托华瑞进出口公司进口商品一批,进口货款 2 550 000 元已汇入进出口公司存款户。该进口商品我国口岸 CIF 价格为 USD 240 000,进口关税税率为 20％,当日的外汇牌价为 USD 1＝RMB 8.64,代理手续费按货价 2％收取,现该批商品已运达,向委托单位办理结算。计算关税并进行会计处理。

【案例解析】

$$该批商品的人民币货价＝240\ 000×8.64＝2\ 073\ 600(元)$$
$$进口关税＝2\ 073\ 600×20％＝414\ 720(元)$$
$$代理手续费＝2\ 073\ 600×2％＝41\ 472(元)$$

根据上述计算资料,该进出口公司接受委托单位贷款及向委托单位收取关税和手续费等作会计分录如下：

收到委托单位划来进口货款时：

```
借：银行存款                                        2 550 000
    贷：应付账款——海科集团                           2 550 000
```

对外付汇进口商品时：

借：应收账款——海科集团   2 073 600

  贷：银行存款   2 073 600

支付进口关税时：

借：应付账款——海科集团   414 720

  贷：应交税费——进口关税   414 720

借：应交税费——进口关税   414 720

  贷：银行存款   414 720

将进口商品交付委托单位并收取手续费时：

借：应付账款——海科集团   2 115 072

  贷：代购代销收入——手续费   41 472

    应收账款——海科集团   2 073 600

将委托单位剩余的进口货款退回时：

借：应付账款——海科集团   20 208

  贷：银行存款   20 208

【案例4-11】 华瑞进出口公司代理某工厂出口一批商品。我国口岸FOB价折合人民币为360 000元，出口关税税率为20%，手续费为10 800元。计算关税并进行会计处理。

【案例解析】 应纳出口关税＝360 000÷（1＋20%）×20%＝60 000（元）

计算出口关税时：

借：应收账款——某工厂   60 000

  贷：应交税费——出口关税   60 000

缴纳出口关税时：

借：应交税费——出口关税   60 000

  贷：银行存款   60 000

应收手续费时：

借：应收账款——某工厂   10 800

  贷：代购代销收入——手续费   10 800

收到委托单位付来的税款及手续费时：

借：银行存款   70 800

  贷：应收账款——某工厂   70 800

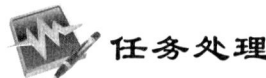

任务处理

任务情境中的问题你解决了吗？

（各小组讨论，小组推荐代表发言，其他小组提问，小组答辩，提交实训报告册，小组代表和教师进行点评打分）

 **专项技能训练**

一、职业判断能力训练

1. 企业进口高档化妆品关税计入库存商品或在途物资。　　　　　　　（　　）

2. 对于企业迟缴关税加收的滞纳金,应在税后利润中列支。　　　　　（　　）

3. 自营出口业务,按规定应缴纳的关税,借记"主营业务成本"或"库存商品"账户。
　　　　　　　　　　　　　　　　　　　　　　　　　　　　　　（　　）

4. "应交税费——应交出口关税"账户的借方余额表示多缴的出口关税。　（　　）

5. CIF 即成本加保险费、运费,指卖方负责租船或订舱,支付从装货港至目的港的运费,办理货运保险,支付保险费。　　　　　　　　　　　　　　　　　（　　）

二、职业选择能力训练

1. 根据我国税法规定,进口货物以海关审定的成交价格为基础的(　　)为完税价格。

　　A. 公允价格　　　　　　　　　　B. 到岸价格

　　C. 离岸价格　　　　　　　　　　D. 货价

2. 当一个国家存在自由港、自由区时,该国国境(　　)关境。

　　A. 大于　　　　　　　　　　　　B. 等于

　　C. 小于　　　　　　　　　　　　D. 无法比较

3. 下列进口货物的费用中,应当计入完税价格的有(　　)。

　　A. 由买方负担的购货佣金

　　B. 由买方负担的在审查确定完税价格时与该货物视为一体的容器的费用

　　C. 由买方负担的包装材料费用和包装劳务费用

　　D. 作为该货物向中华人民共和国境内销售的条件,买方必须支付的、与该货物有关的特许权使用费

4. 进口时,下列在货物的价款中列明的税收、费用中,不计入该货物的完税价格的有(　　)。

　　A. 机械、设备进口后进安装、装配、维修和技术服务的费用

　　B. 进口货物运抵境内输入地点起卸后的运输及其相关费用、保险费

　　C. 由买方负担的购货佣金以外的佣金和经纪费

　　D. 进口关税及国内税收

三、职业操作能力训练

【任务资料】天海进出口公司 2016 年 10 月进口小轿车 300 辆,每辆货价 100 000 元,该批小轿车运抵我国宁波港起卸前的包装费、运输费、保险费和其他劳务费用共计 200 000 元。已知关税税率为 30%,消费税税率为 5%,增值税税率为 13%。货款和税金均已电汇付讫。

【任务要求】计算进口该批小轿车应纳的关税、增值税和消费税,编制会计分录,并填制记账凭证。

项目总结

　　本项目主要学习关税基础知识、关税的计算和申报、关税的会计处理。关税基础知识学习关税的概念、特点、分类及关税的基本规定等；关税的计算和申报主要学习进出口业务的关税计算；关税的会计核算主要学习与关税相关的总账、明细账的设置及相关经济业务的会计处理。

综合考核

一、职业单项选择能力考核

1. 下列属于进口完税价格组成部分的是(　　)。

A. 进口人向境外自己的采购代理人支付的劳务费

B. 进口人向中介机构支付的经纪费

C. 设备进口后的安装调试费用

D. 进口关税

2. 采用成交价格估价方法时,下列各项中,未包含在进口货物价格中的项目应计入关税完税价格的是(　　)。

A. 由买方负担的购货佣金

B. 进口关税及其他国内税

C. 符合条件的利息费用

D. 卖方直接或间接从买方获得该货物境内销售、处置所得的利益

3. 根据关税法的规定,下列各项中,不属于进境物品的纳税义务人的是(　　)。

A. 进境物品的邮寄人　　　　　　　　B. 进境邮递物品的收件人

C. 携带物品进境的入境人员　　　　　D. 以其他方式进口物品的收件人

4. 下列各项中,不属于关税纳税义务人的是(　　)。

A. 进口货物的收货人　　　　　　　　B. 出口货物的发货人

C. 邮递出口物品的寄件人　　　　　　D. 进出境物品的寄件人

5. 下列关于船舶吨税的说法中,不正确的是(　　)。

A. 拖船和非机动驳船按相同净吨位船舶税率的50%计征税款

B. 吨税设置一栏税率

C. 吨税按照船舶净吨位和执照期限征收

D. 吨税由海关负责征收

6. 目前,我国海关计征关税标准主要是(　　)。

A. 从价税　　　　　B. 从量税　　　　　C. 复合税　　　　　D. 滑准税

7. 关税纳税义务人因不可抗力或者在国家税收政策调整的情形下,不能按期缴纳税款

的,经海关总署批准,可以延期缴纳税款,但最多不得超过(　　)个月。

A. 3　　　　　　B. 6　　　　　　C. 9　　　　　　D. 12

8. 某进出口公司 2020 年 3 月 8 日进口一批货物,海关于当日填发缴款书,该纳税人一直没有纳税。海关从(　　)起可对其实施强制扣缴措施。

A. 3 月 16 日　　B. 3 月 23 日　　C. 6 月 9 日　　D. 6 月 23 日

9. 下列各项中,属于我国确定进口货物原产地的标准之一的是(　　)。

A. 主要产地生产标准　　　　　　B. 最后产地生产标准

C. 最初产地生产标准　　　　　　D. 全部产地生产标准

10. "实质性加工"是指产品加工后,在进出口税则中四位数税号一级的税则归类已经有了改变,或者加工增值部分所占新产品总值的比例已超过(　　)及以上的。

A. 10%　　　　　B. 20%　　　　　C. 25%　　　　　D. 30%

二、职业多项选择能力考核

1. 下列关于一般进口货物的完税价格中的佣金的描述中,正确的有(　　)。

A. 购货佣金就是买方佣金,是不能计入关税完税价中的

B. 购货佣金就是买方佣金,能计入关税完税价中的

C. 所有发生的佣金都不能计算在完税价格中

D. 购货佣金指买方为购买进口货物向自己的采购代理人支付的劳务费用

2. 下列关于我国关税税率的表述中,正确的有(　　)。

A. 目前我国对录像机实行复合税

B. 我国出口税则为二栏税率

C. 选择税是对一种进口商品同时定有从价税和从量税两种税率

D. 从价税是一种最常用的关税计税标准

3. 下列选项中,属于关税的强制执行措施的有(　　)。

A. 处以应纳关税的 1~5 倍罚款　　B. 征收滞纳金

C. 变价抵缴　　　　　　　　　　D. 强制扣缴

4. 关税税率表作为进出口税则的主体,包括(　　)。

A. 税则商品分类目录　　　　　　B. 进出口商品的构成

C. 税率栏　　　　　　　　　　　D. 进口商品的材料属性

5. 下列货物中,属于关税特定减免税的有(　　)。

A. 残疾人专用品　　　　　　　　B. 慈善捐赠物资

C. 加工贸易产品　　　　　　　　D. 无商业价值的广告品和货样

知识拓展

"一带一路"与降低进口关税惠及百姓生活方方面面

"一带一路"是"丝绸之路经济带"和"21 世纪海上丝绸之路"的简称。第 71 届联合国大会决议欢迎"一带一路"等经济合作倡议,敦促各方通过"一带一路"倡议,呼吁国际社会为"一带一路"倡议建设提供安全保障环境。2019 年 3 月 23 日,中意签署首个"一带一路"备

忘录。

"一带一路"贯穿欧亚大陆,东边连接亚太经济圈,西边进入欧洲经济圈。无论是发展经济、改善民生,还是应对危机、加快调整,许多沿线国家同我国有着共同利益。历史上,陆上丝绸之路和海上丝绸之路就是我国同中亚、东南亚、南亚、西亚、东非、欧洲经贸和文化交流的大通道,"一带一路"是对古丝绸之路的传承和提升,获得了广泛认同。"一带一路"这一世纪工程将带给百姓生活哪些获得感? 更多岗位更高收入;出行更方便;更多人跨越"数字鸿沟";教育点亮更多希望之光;金融服务更多惠及普通民众;改善生态环境;特色旅游更可期;精神生活更丰富;医疗水平逐步提高;更多人将分享全球化"蛋糕"。

从 2018 年 7 月 1 号起,国务院常务会议决定,进一步降低日用消费品进口关税。国务院关税税则委员会明确此次下调日用消费品进口关税的税目和税率,降税范围基本覆盖了百姓日常消费的方方面面,涉及 1 449 个税目,平均税率由 15.7% 降为 6.9%。

此次降税商品涵盖了百姓日常生活直接需要的各类消费品,惠及方方面面。就具体降税商品而言,服装鞋帽、体育健身用品等进口关税平均税率从 15.9% 降至 7.1%;洗衣机、冰箱、空调、电视机、电动牙刷、榨汁机、食品研磨机、吸尘器、电饭锅等家用电器进口关税平均税率从 20.5% 降至 8%;养殖、捕捞类水产品,以及香肠、饼干、糕点、矿泉水、果汁等加工食品进口关税平均税率从 15.2% 降至 6.9%;护肤、美发等化妆品及部分医药健康类产品进口关税平均税率从 8.4% 降至 2.9%。像老百姓日常生活中最常遇到的婴幼儿服装、香化、餐具、乐器、文具等进口商品,也包含在这次的关税调整之中。

(来源:央广网国内 http://news.cnr.cn/)

项目五 企业所得税会计

```
                          企业所得税会计

企业所得税基础认知        企业所得税的计算及申报       企业所得税的会计核算
-认识企业所得税的纳税人    -认识企业所得税的计税依据    -认识暂时性差异
-认识企业所得税的征税对象及确定原则  -应纳税额的计算  -递延所得税负债和递延所得税资产的确认与计量
-认识企业所得税的税率      -认识纳税申报              -资产负债表债务法的会计核算
-认识企业所得税的征收方法
-认识企业所得税的税收优惠政策
```

◇ **项目提示**:企业所得税是以企业取得的生产经营所得和其他所得为征税对象所征收的一种税,是政府参与企业利润分配的重要手段,也是纳税人的一项重要税收支出。现行的《中华人民共和国企业所得税法》(以下简称《企业所得税法》)由第十届全国人民代表大会第五次会议于 2007 年 3 月 16 日通过,自 2008 年 1 月 1 日起施行。2018 年前 7 个月,我国全国税收 10.8 万亿元,其中企业所得税收入 29 197 亿元,占税收总额比重为 27.03%。

任务一 企业所得税基础认知

任务情境

【资料5-1】 笑语有限责任公司（以下简称笑语公司）的登记注册地在上海市，该公司是一家生产、销售 MP5 等影音产品并出租设备的公司。2019 年该公司的所得既包括销售商品所得，转让房产所得、利息所得、接受捐赠所得等。

任务要求 （1）笑语公司是否需要缴纳企业所得税？

（2）如果需要缴纳企业所得税，哪些所得应该纳税？

（3）如果需要缴纳企业所得税，笑语公司适用的税率是多少？

【资料5-2】 张笑语和孟黎明成立了一家合伙企业——福满楼，该酒楼主要从事餐饮服务。

任务要求 请判断该企业是否需要缴纳企业所得税？为什么？

任务指导

一、认识企业所得税的纳税人

（一）纳税人的基本规定

我国现行《企业所得税法》实行法人所得税制，以"在中华人民共和国境内，企业和其他取得收入的组织"为企业所得税的纳税人，换言之，具有法人资格的企业和其他取得收入的组织应该缴纳企业所得税。

依照中国法律成立的个人独资企业、合伙企业由于不具有法人资格，因此不适用《企业所得税法》，而是适用《个人所得税法》。

（二）居民企业和非居民企业的划分

同多数国家一样，我国同时实行地域税收管辖权和居民税收管辖权，并将纳税人分为居民纳税人和非居民纳税人。为此我国企业所得税法将纳税人分为居民企业与非居民企业。

1. 居民企业

居民企业是指依法在中国境内成立，或者依照外国（地区）法律成立但实际管理机构在中国境内的企业。居民企业就其境内外全部所得纳税。现行税法以注册地或实际管理机构其一在中国境内这一"单一具备"原则作为判断居民企业的标准。

（1）登记注册地标准。依法在中国境内成立的企业，包括依照中国法律、行政法规在中国境内成立的企业、事业单位、社会团体以及其他取得收入的组织，属于居民企业。

（2）实际管理机构标准。实际管理机构是指对企业的生产经营、人员、账务、财产等实施实质性全面管理和控制的机构。对于实际管理机构的判断，应当遵循实质重于形式的原则。

2. 非居民企业

依照外国(地区)法律、法规成立且实际管理机构不在中国境内,但在中国境内设立机构、场所的,或者在中国境内未设立机构、场所,有来源于中国境内所得的企业。非居民企业就其来源于中国境内所得及与其在中国境内设立的机构、场所有实际联系的境外所得部分纳税。

二、认识企业所得税的征税对象及确定原则

企业所得税的征税对象是企业的生产经营所得和其他所得,包括销售货物所得,提供劳务所得,转让财产所得,股息、红利等权益性投资所得,利息所得,租金所得,特许权使用费所得,接受捐赠所得和其他所得。

(1) 销售货物所得,按照交易活动发生地确定。

(2) 提供劳务所得,按照劳务发生地确定。

(3) 转让财产所得:

① 不动产转让所得按照不动产所在地确定。

② 动产转让所得按转让动产的企业或机构、场所所在地确定。

③ 权益性投资资产转让所得按照被投资企业所在地确定。

(4) 股息、红利等权益性投资所得,按照分配所得的企业所在地确定。

(5) 利息所得、租金所得、特许权使用费所得,按照负担、支付所得的企业或者机构、场所所在地确定,或者按照负担、支付所得的个人的住所地确定。

(6) 其他所得,由国务院财政、税务主管部门确定。

三、认识企业所得税的税率

企业所得税的基本税率是 25%;非居民企业在中国境内未设机构、场所的,或虽设立机构、场所但与所设机构场所没有实际联系的所得,适用税率按 20%,目前减按 10% 征收。

四、认识企业所得税的征收方法

企业所得税的征收方法主要有两类:查账征收和核定征收。

(一) 查账征收

对于企业所得税而言,查账征收就是在会计利润的基础上,经过纳税调整确定应纳税所得额,之后以应纳税所得额为计税依据计算应纳税额。

应纳税额的计算公式为:

$$应纳税额=应纳税所得额×适用税率-减免税额-抵免税额$$

$$应纳税所得额=收入总额-不征税收入-免税收入-扣除额-$$
$$允许弥补的以前年度亏损$$

在实际业务中,纳税人通常是以会计上的利润总额为基础,通过纳税调整计算得出应纳税所得额。其计算公式为:

$$应纳税所得额=利润总额+纳税调整增加额-纳税调整减少额$$

（二）核定征收

除查账征收外，为了加强企业所得税的征收管理，对部分中小企业采取核定征收的办法，计算其应纳税额。纳税人具有下列情形之一的，核定征收企业所得税：

（1）依照法律、行政法规的规定可以不设置账簿的。

（2）依照法律、行政法规的规定应当设置但未设置账簿的。

（3）擅自销毁账簿或者拒不提供纳税资料的。

（4）虽设置账簿，但账目混乱或者成本资料、收入凭证、费用凭证残缺不全，难以查账的。

（5）发生纳税义务，未按照规定的期限办理纳税申报，经税务机关责令限期申报，逾期仍不申报的。

（6）申报的计税依据明显偏低，又无正当理由的。

税务机关应根据纳税人具体情况，对核定征收企业所得税的纳税人，核定应税所得率或者核定应纳所得税额。纳税人具有下列情形之一的，核定其应税所得率：能正确核算（查实）收入总额，但不能正确核算（查实）成本费用总额的；能正确核算（查实）成本费用总额，但不能正确核算（查实）收入总额的；通过合理方法，能计算和推定纳税人收入总额或成本费用总额的。纳税人不属于以上情形的，核定其应纳所得税额。

采用应税所得率方式核定征收企业所得税的，应纳所得税额的计算公式如下：

$$应纳所得税额＝应纳税所得额×适用税率$$
$$应纳税所得额＝应税收入额×应税所得率$$

或：

$$应纳税所得额＝成本（费用）支出额÷（1－应税所得率）×应税所得率$$

实行应税所得率方式核定征收企业所得税的纳税人，经营多业的，无论其经营项目是否单独核算，均由税务机关根据其主营项目确定适用的应税所得率。主营项目应为纳税人所有经营项目中，收入总额或者成本（费用）支出额或者耗用原材料、燃料、动力数量所占比重最大的项目。应税所得率按照表5-1规定的幅度标准确定。

表5-1

应税所得率

行　业	应税所得率	行业	应税所得率
农、林、牧、渔业	3%～10%	建筑业	8%～20%
制造业	5%～15%	饮食业	8%～25%
批发和零售贸易业	4%～15%	娱乐业	15%～30%
交通运输业	7%～15%	其他行业	10%～30%

五、认识企业所得税的税收优惠政策

（一）免征、减征企业所得税

（1）企业从事下列项目的所得，免征企业所得税：

① 蔬菜、谷物、薯类、油料、豆类、棉花、麻类、糖料、水果、坚果的种植。

② 农作物新品种的选育。

③ 中药材的种植。

④ 林木的培育和种植。

⑤ 牲畜、家禽的饲养。

⑥ 林产品的采集。

⑦ 灌溉、农产品初加工、兽医、农技推广、农机作业和维修等农、林、牧、渔服务业项目。

⑧ 远洋捕捞。

（2）企业从事下列项目的所得，减半征收企业所得税：

① 花卉、茶以及其他饮料作物和香料作物的种植。

② 海水养殖、内陆养殖。

企业从事国家限制和禁止发展的项目，不得享受本条规定的企业所得税优惠。

（3）符合条件的技术转让所得免征、减征企业所得税。一个纳税年度内，居民企业技术转让所得不超过500万元的部分，免征企业所得税；超过500万元的部分，减半征收企业所得税。

（二）定期减免税

1. 企业从事国家重点扶持的公共基础设施项目的投资经营的所得

企业从事《企业所得税法》规定的国家重点扶持的公共基础设施项目的投资经营的所得，自项目取得第一笔生产经营收入所属纳税年度起，第一年至第三年免征企业所得税，第四年至第六年减半征收企业所得税。

《公共基础设施项目企业所得税优惠目录》规定的港口码头、机场、铁路、公路、城市公共交通、电力、水利等项目。企业承包经营、承包建设和内部自建自用本条规定的项目，不得享受本条规定的企业所得税优惠。

2. 符合条件的环境保护、节能节水项目

符合条件的环境保护、节能节水项目，包括公共污水处理、公共垃圾处理、沼气综合开发利用、节能减排技术改造、海水淡化等。项目的具体条件和范围由国务院财政、税务主管部门会商国务院有关部门制定，报国务院批准后公布施行。

企业从事前款规定的符合条件的环境保护、节能节水项目的所得，自项目取得第一笔生产经营收入所属纳税年度起，第一年至第三年免征企业所得税，第四年至第六年减半征收企业所得税。

3. 依法成立且符合条件的集成电路设计企业和软件企业

对依法成立且符合条件的集成电路设计企业和软件企业，在2018年12月31日前自获利年度起计算企业所得税优惠期，第一年至第二年免征企业所得税，第三年至第五年按照25%的法定税率减半征收企业所得税，并享受至期满为止。

（三）降低税率

（1）国家需要重点扶持的高新技术企业，减按15%的税率征收企业所得税。

国家需要重点扶持的高新技术企业是指拥有核心自主知识产权，并同时符合下列条件

的企业：

第一，企业申请认定时须注册成立1年以上。

第二，在中国境内（不含港、澳、台地区）注册的企业，通过自主研发、受让、受赠、并购等方式，或通过5年以上的独占许可方式，对其主要产品（服务）的核心技术拥有自主知识产权的所有权，且达到下列其中一项数量要求：A.发明或者植物新品种2件以上；B.实用新型专利6件以上；C.非简单改变产品图案和形状的外观设计专利（主要是指：运用科学和工程技术的方法，经过研究与开发过程得到的外观设计）或者软件著作权或者集成电路布图设计专有权7件以上。

第三，对企业主要产品（服务）发挥核心支持作用的技术属于《国家重点支持的高新技术领域目录2016》规定的范围。

第四，企业从事研发和相关技术创新活动的科技人员占企业当年职工总数的比例不低于10%。

第五，企业近三个会计年度（实际经营期不满3年的按实际经营时间计算，下同）的研究开发费用总额占同期销售收入总额的比例符合如下要求：

① 最近一年销售收入小于5 000万元（含）的企业，比例不低于5%。

② 最近一年销售收入在5 000万元至2亿元（含）的企业，比例不低于4%。

③ 最近一年销售收入在2亿元以上的企业，比例不低于3%。

其中，企业在中国境内发生的研究开发费用总额占全部研究开发费用总额的比例不低于60%（委托外部研究开发费用的实际发生额应按照独立交易原则确定，按照实际发生额的80%计入委托方研发费用总额）。

第六，近一年高新技术产品（服务）收入占企业同期总收入的比例不低于60%。

第七，企业创新能力评价应达到相应要求。

第八，企业申请认定前一年内未发生重大安全、重大质量事故或严重环境违法行为。

（2）符合条件的小型微利企业，减按20%的税率征收企业所得税。

自2019年1月1日至2021年12月31日，对小型微利企业年应纳税所得额不超过100万元的部分，减按25%计入应纳税所得额，按20%的税率缴纳企业所得税；对年应纳税所得额超过100万元但不超过300万元的部分，减按50%计入应纳税所得额，按20%的税率缴纳企业所得税。

上述小型微利企业是指从事国家非限制和禁止行业，且同时符合以下三个条件的企业：

① 年度应纳税所得额不超过300万元。

② 从业人数不超过300人。

③ 资产总额不超过5 000万元。

无论查账征收方式或核定征收方式均可享受优惠。

（3）符合条件的技术先进型服务企业，减按15%的税率征收企业所得税。

技术先进型服务企业必须同时符合以下条件：

① 在中国境内（不包括港、澳、台地区）注册的法人企业。

② 从事《技术先进型服务业务认定范围（试行）》中的一种或多种技术先进型服务业务，

采用先进技术或具备较强的研发能力。

③ 具有大专以上学历的员工占企业职工总数的 50% 以上。

④ 从事《技术先进型服务业务认定范围（试行）》中的技术先进型服务业务取得的收入占企业当年总收入的 50% 以上。

⑤ 从事离岸服务外包业务取得的收入不低于企业当年总收入的 35%。

（4）对设在西部地区以《西部地区鼓励类产业目录》中新增鼓励类产业项目为主营业务，且其当年度主营业务收入占企业收入总额 70% 以上的企业，自 2014 年 10 月 1 日起，可减按 15% 税率缴纳企业所得税。

（5）自 2019 年 1 月 1 日起至 2021 年 12 月 31 日，对符合条件的从事污染防治的第三方企业减按 15% 的税率征收企业所得税。

（四）授权减免

民族自治地方的自治机关对本民族自治地方的企业应缴纳的企业所得税中属于地方分享的部分，可以决定减征或者免征。自治州、自治县决定减征或者免征的，须报省、自治区、直辖市人民政府批准。

（五）加计扣除

1. 企业安置残疾人员所支付的工资

企业安置残疾人员所支付的工资的加计扣除，是指企业安置残疾人员的，在按照支付给残疾职工工资据实扣除的基础上，按照支付给残疾职工工资的 100% 加计扣除。残疾人员的范围适用《中华人民共和国残疾人保障法》的有关规定。

企业享受安置残疾职工工资 100% 加计扣除应同时具备如下条件：

（1）依法与安置的每位残疾人签订了 1 年以上（含 1 年）的劳动合同或服务协议，并且安置的每位残疾人在企业实际上岗工作。

（2）为安置的每位残疾人按月足额缴纳了企业所在区县人民政府根据国家政策规定的基本养老保险、基本医疗保险、失业保险和工伤保险等社会保险。

（3）定期通过银行等金融机构向安置的每位残疾人实际支付了不低于企业所在区县适用的经省级人民政府批准的最低工资标准的工资。

（4）具备安置残疾人上岗工作的基本设施。

2. 企业开发新技术、新产品、新工艺发生的研究开发费用

企业开发新技术、新产品、新工艺发生的研究开发费用，可以在计算应纳税所得额时加计扣除。即企业为开发新技术、新产品、新工艺发生的研究开发费用，未形成无形资产计入当期损益的，在按照规定据实扣除的基础上，按照研究开发费用的 75% 加计扣除；形成无形资产的，按照无形资产成本的 175% 摊销。

1）可以加计扣除的研发费用具体范围

（1）人员人工费用。直接从事研发活动人员的工资薪金、基本养老保险费、基本医疗保险费、失业保险费、工伤保险费、生育保险费和住房公积金，以及外聘研发人员的劳务费用。

（2）直接投入费用。这包括研发活动直接消耗的材料、燃料和动力费用；用于中间试验和产品试制的模具、工艺装备开发及制造费，不构成固定资产的样品、样机及一般测试手段购置费，试制产品的检验费；用于研发活动的仪器、设备的运行维护、调整、检验、维修等费用，以及通过经营租赁方式租入的用于研发活动的仪器、设备租赁费。

（3）折旧费用。即用于研发活动的仪器、设备的折旧费。

（4）无形资产摊销。即用于研发活动的软件、专利权、非专利技术（包括许可证、专有技术、设计和计算方法等）的摊销费用。

（5）新产品设计费、新工艺规程制定费、新药研制的临床试验费、勘探开发技术的现场试验费。

（6）其他相关费用。与研发活动直接相关的其他费用，如技术图书资料费、资料翻译费、专家咨询费、高新科技研发保险费，研发成果的检索、分析、评议、论证、鉴定、评审、评估、验收费用，知识产权的申请费、注册费、代理费，差旅费、会议费等。此项费用总额不得超过可加计扣除研发费用总额的 10%。

2）不适用税前加计扣除政策的经营活动

（1）企业产品（服务）的常规性升级。

（2）对某项科研成果的直接应用，如直接采用公开的新工艺、材料、装置、产品、服务或知识等。

（3）企业在商品化后为顾客提供的技术支持活动。

（4）对现存产品、服务、技术、材料或工艺流程进行的重复或简单改变。

（5）市场调查研究、效率调查或管理研究。

（6）作为工业（服务）流程环节或常规的质量控制、测试分析、维修维护。

（7）社会科学、艺术或人文学方面的研究。

3）不适用税前加计扣除政策的行业

烟草制造业、住宿和餐饮业、批发和零售业、房地产业、租赁和商务服务业、娱乐业、财政部和国家税务总局规定的其他行业。

（六）创投企业投资抵免

创业投资企业采取股权投资方式投资于未上市的中小高新技术企业 2 年以上的，可以按照其投资额的 70% 在股权持有满 2 年的当年抵扣该创业投资企业的应纳税所得额；当年不足抵扣的，可以在以后纳税年度结转抵扣。

（七）税额抵免

企业购置并实际使用《环境保护专用设备企业所得税优惠目录》《节能节水专用设备企业所得税优惠目录》《安全生产专用设备企业所得税优惠目录》规定的环境保护、节能节水、安全生产等专用设备的，该专用设备的投资额的 10% 可以从企业当年的应纳税额中抵免；当年不足抵免的，可以在以后 5 个纳税年度结转抵免。

（八）加速折旧

下列固定资产第可以采取缩短折旧年限或者采取加速折旧的方法的：

（1）由于技术进步，产品更新换代较快的固定资产。

（2）常年处于强震动、高腐蚀状态的固定资产。

采取缩短折旧年限方法的，最低折旧年限不得低于《企业所得税法实施条例》规定折旧年限的60%；采取加速折旧方法的，可以采取双倍余额递减法或者年数总和法。

企业在2018年1月1日至2020年12月31日期间新购进的设备、器具（设备、器具是指除"房屋、建筑物"以外的固定资产），单位价值不超过500万元的，允许一次性计入当期成本费用在计算应纳税所得额时扣除，不再分年度计算折旧；单位价值超过500万元的，仍按《企业所得税法实施条例》、《财政部　国家税务总局关于完善固定资产加速折旧企业所得税政策的通知》（财税〔2014〕75号）、《财政部　国家税务总局关于进一步完善固定资产加速折旧企业所得税政策的通知》（财税〔2015〕106号）等相关规定执行。

（九）减计收入

企业以《资源综合利用企业所得税优惠目录》规定的资源作为主要原材料，生产国家非限制和禁止并符合国家和行业相关标准的产品取得的收入，减按90%计入收入总额。前款所称原材料占生产产品材料的比例不得低于《资源综合利用企业所得税优惠目录》规定的标准。

任务处理

任务情境中的问题你解决了吗？

（各小组讨论，小组推荐代表发言，其他小组提问，小组答辩，提交实训报告册，教师进行点评打分）

专项技能训练

一、职业描述能力训练

1. 请列举五项从事项目的所得，免征企业所得税。

2. 简述判定从事国家非限制和禁止行业的企业为小型微利企业的条件。

二、职业计算能力训练

【任务情境】华芳公司是一家从事百货零售的公司。该公司能正确核算成本费用总额，但不能正确核算收入总额。2019年第一季度该公司成本费用总额为47 500元，该公司按季度预缴企业所得税。

【任务要求】（1）税务机关将采用什么方式对该公司征收企业所得税？

（2）假设华芳公司的主管税务机关为其核定的应税所得率为12%，计算华芳公司第一季度应预缴的企业所得税？

任务二　企业所得税的计算及申报

任务情境

【资料 5-3】　笑语公司属于查账征收企业所得税的纳税人,根据税务机关的规定,笑语公司按季度预缴企业所得税。笑语公司以前年度尚未弥补的亏损为 2 000 万元,经审查,该项亏损可以结转至 2019 年度弥补。2019 年第四季度,笑语公司的利润表如表 5-2 所示。

表 5-2

笑语公司利润表(简表)

2019 年 10 月 1 日至 2019 年 12 月 31 日　　　　　　　　　　　　单位:元

项　　　　　　目	本期数	全年累计数
一、营业收入	289 905 000.00	808 400 000.00
减:营业成本	122 682 000.00	349 405 600.00
税金及附加	3 457 611.50	9 878 890.00
销售费用	38 164 750.00	104 800 000.00
管理费用	8 902 500.00	29 675 000.00
财务费用	322 000.00	920 000.00
资产减值损失	191 100.00	2 984 000.00
加:公允价值变动损益(损失以"一"号填列)	4 500.00	−10 000.00
投资收益(损失以"一"号填列)	1 137 000.00	4 520.00
二、营业利润(亏损以"一"号填列)	117 326 538.50	3 15 246 510.00
加:营业外收入	553 700.00	1 582 000.00
减:营业外支出	2 852 150.00	3 463 000.00
三、利润总额(亏损总额以"一"号填列)	115 028 088.50	313 365 510.00

笑语公司 2019 年的投资收益 4 520 000 元全部为国债利息收入。笑语公司 2019 年前三季度已经累计预缴企业所得税 43 738 605.38 元。

任务要求　根据上述信息,请回答下列问题:

(1)笑语公司应该在月度终了后多长时间内预缴企业所得税?

(2)笑语公司应该向哪个税务局缴纳企业所得税?

(3)笑语公司应如何填写《中华人民共和国企业所得税月(季)度预缴纳税申报表》?

(4)笑语公司年度终了后应该如何进行企业所得税的汇算清缴?

任务指导

一、认识企业所得税的计税依据

企业所得税的计税依据是应纳税所得额，其计算公式如下：

$$应纳税所得额＝企业每一纳税年度的收入总额－不征税收入－免税收入－$$
$$各项扣除－允许弥补的以前年度亏损$$

（一）收入总额

企业以货币形式和非货币形式从各种来源取得的收入，为收入总额，包括销售货物收入，提供劳务收入，转让财产收入，股息、红利等权益性投资收益，利息收入，租金收入，特许权使用费收入，接受捐赠收入，其他收入。

企业发生非货币性资产交换，以及将货物、财产、劳务用于捐赠、偿债、赞助、集资、广告、样品、职工福利或者利润分配等用途的，应当视同销售货物、转让财产或者提供劳务，但国务院财政、税务主管部门另有规定的除外。但对于货物在同一法人实体内部之间的转移，如用于在建工程、管理部门、分公司等，不再作为销售处理。

（二）不征税收入

收入总额中的下列收入为不征税收入。

1. 财政拨款

各级政府对纳入预算管理的事业单位、社会团体等组织拨付的财政资金，但国务院和国务院财政、税务主管部门另有规定的除外。一般而言，企业收到的财政资金不属于财政拨款，应纳税。

2. 依法收取并纳入财政管理的行政事业性收费、政府性基金

依法收取并纳入财政管理的行政事业性收费是指依照法律、法规等有关规定，按照国务院规定程序批准，在实施社会公共管理，以及在向公民、法人或者其他组织提供特定公共服务过程中，向特定对象收取并纳入财政管理的费用。

政府性基金是指企业依照法律、行政法规等有关规定，代政府收取的具有专项用途的财政资金。

3. 国务院规定的其他不征税收入

国务院规定的其他不征税收入是指企业取得的，由国务院财政、税务主管部门规定专项用途并经国务院批准的财政性资金。不征税收入应符合如下两个条件：一是经批准，二是具有专项用途。

（三）免税收入

企业的下列收入为免税收入：

（1）国债利息收入。国债利息收入是指企业持有国务院财政部门发行的国债取得的利息收入。注意转让国债收入、代销国债取得的手续费不属于国债利息收入，应纳所得税。

（2）符合条件的居民企业之间的股息、红利等权益性投资收益。

（3）在中国境内设立机构、场所的非居民企业从居民企业取得与该机构、场所有实际联系的股息、红利等权益性投资收益。

（4）符合条件的非营利组织的收入。

（四）扣除项目

企业实际发生的与经营活动有关的、合理的支出，包括成本、费用、税金、损失和其他支出，可以在计算应纳税额时进行扣除。由此也肯定了凡是与企业生产经营有关的费用、支出均可以据实予以扣除。

1. 税金

应允许在税前扣除的具体税种，包括：

（1）销售税费中的"五税一费"：消费税、资源税、土地增值税、关税、城市维护建设税、教育费附加等税金及附加；增值税属于价外税，在应纳税所得额中不得扣除。

（2）四个费用性税金：房产税、车船税、土地使用税、印花税。如果四税已经计入管理费用中扣除的，不再作为税金单独扣除。

2. 工资薪金

企业发生的合理的工资薪金支出，准予扣除。对合理的判断，主要从雇员实际提供的服务与报酬总额在数量上是否配比合理进行，凡是符合企业生产经营活动常规而发生的工资薪金支出都可以在税前据实扣除。

3. 职工福利费、工会经费、职工教育经费

职工福利费不超过工资薪金总额14%标准据实扣除；工会经费不超过工资薪金总额2%标准据实扣除；职工教育经费支出，不超过工资薪金总额8%的部分，准予扣除；超过部分，准予在以后纳税年度结转扣除。软件生产企业发生的职工教育经费中的职工培训费用，可以全额在企业所得税前扣除。核力发电企业为培养核电厂操纵员发生的培养费用，可作为企业的发电成本在税前扣除。

4. 保险费用

企业依照国务院有关主管部门或者省级人民政府规定的范围和标准为职工缴纳的"五险一金"，准予扣除。

企业为投资者或者职工支付的补充养老保险费、补充医疗保险费，在国务院财政、税务主管部门规定的范围和标准内，准予扣除。除了允许的商业保险外，其余商业保险不得扣除。企业参加财产保险，按照规定缴纳的保险费，准予扣除。为职工支付的财产保险不得税前扣除。

5. 借款费用

企业在生产经营活动中发生的合理的不需要资本化的借款费用，准予扣除。

企业在生产经营活动中发生的下列利息支出，准予扣除：

（1）非金融企业向金融企业借款的利息支出、金融企业的各项存款利息支出和同业拆借利息支出、企业经批准发行债券的利息支出。

（2）非金融企业向非金融企业借款的利息支出，不超过按照金融企业同期同类贷款利

率计算的数额的部分。

6. 业务招待费

业务招待费是由商业招待和个人消费混合而成的,其中个人消费的部分属于非经营性支出,不应该税前扣除。因此,就需要对业务招待费进行一定的比例限制。我国允许扣除的比例是实际发生业务招待费的60%,但不超过营业收入的5‰。

【案例5-1】 甲乙两企业2019年度营业收入均为1 000万元,甲企业发生业务招待费6万元,乙企业发生业务招待费12万元。请分别计算甲、乙企业可税前扣除业务招待费。

【案例解析】 甲企业可税前扣除业务招待费的计算为:

$$6 \times 60\% = 3.6(万元)$$
$$1\ 000 \times 5‰ = 5(万元)$$

因此税前扣除业务招待费为3.6万元。

乙企业可税前扣除业务招待费的计算为:

$$12 \times 60\% = 7.2(万元)$$
$$1\ 000 \times 5‰ = 5(万元)$$

则可税前扣除业务招待费为5万元。

7. 广告宣传费

《中华人民共和国企业所得税实施条例》对广告费和业务宣传费的扣除是合并在一起考虑的,规定企业每一纳税年度发生的符合条件的广告费和业务宣传费,除国务院财政、税务主管部门另有规定外,不超过当年销售(营业)收入15%的部分,准予扣除;超过部分,准予在以后纳税年度结转扣除。

8. 公益性捐赠支出

企业发生的公益性捐赠支出,在年度利润总额12%以内的部分,准予在计算应纳税所得额时扣除。超过年度利润总额12%的部分,准予以后3年内在计算应纳税所得额时结转扣除。年度利润总额,是指企业依照国家统一会计制度的规定计算的年度会计利润。

企业通过公益性社会组织或者县级(含县级)以上人民政府及其组成部门和直属机构,用于目标脱贫地区的扶贫捐赠支出,准予据实扣除。《关于企业扶贫捐赠所得税税前扣除政策的公告》(财政部、税务总局、国务院扶贫办公告2019年第49号),明确企业发生的符合条件的扶贫捐赠支出准予据实扣除。企业同时发生扶贫捐赠支出和其他公益性捐赠支出时,符合条件的扶贫捐赠支出不计算在公益性捐赠支出的年度扣除限额内。

9. 环境保护资金

企业依照法律、行政法规有关规定提取的用于环境保护、生态恢复等方面的专项资金,准予扣除。若改变用途,不得扣除。

10. 租赁费

企业根据生产经营活动的需要租入固定资产支付的租赁费,按照以下方法扣除:

(1)以经营租赁方式租入固定资产发生的租赁费支出,按照租赁期限均匀扣除。

(2)以融资租赁方式租入固定资产发生的租赁费支出,按照规定构成融资租入固定资

产价值的部分应当提取折旧费用,分期扣除。

11. 劳保费

企业发生的合理的劳动保护支出,准予扣除。

12. 企业间支付的管理费等相关费用

非居民企业在中国境内设立的机构场所,就其中国境外总机构发生的与该机构、场所生产经营有关的费用,如果能提供相关证明文件,并合理分摊,准予扣除。

企业之间支付的管理费、企业内营业机构之间支付的租金和特许权使用费,以及非银行企业内营业机构之间支付的利息,不得扣除。

13. 转让资产的净值

企业转让资产,该项资产的净值,准予扣除。

（五）不得扣除的项目

在计算应纳税所得额时,下列支出不得扣除:

（1）向投资者支付的股息、红利等权益性投资收益款项。

（2）企业所得税。

（3）税收滞纳金。纳税人因违反税法规定,被处以的滞纳金(每天 0.5‰),不得扣除。

（4）罚金、罚款和被没收财物的损失。纳税人的生产、经营因违反国家法律、法规和规章,被有关部门处以的罚金、罚款,以及被没收财物的损失,属于行政性罚款,不得扣除;但纳税人逾期归还银行贷款,银行按规定加收的罚息,不属于行政性罚款,允许在税前扣除。

（5）超过规定标准的捐赠支出。

（6）赞助支出,指企业发生的与生产经营活动无关的各种非广告性质的支出。

（7）未经核定的准备金支出,指不符合国务院财政、税务主管部门规定的各项资产减值准备、风险准备等准备金支出。

（8）企业之间支付的管理费、企业内营业机构之间支付的租金和特许权使用费,以及非银行企业营业机构之间支付的利息,不得扣除。

（9）与取得收入无关的其他支出。

（六）亏损弥补

企业某一纳税年度发生的亏损可以用下一年度的所得弥补,下一年度的所得不足以弥补的,可以逐年延续弥补,但最长不超过 5 年。2018 年 4 月 25 日,国务院常务会议决定,自 2018 年 1 月 1 日起,将高新技术企业和科技型中小企业亏损结转年限由 5 年延长至 10 年。

联营企业的亏损,由联营企业就地依法进行弥补。投资方企业从联营企业分回的税后利润按规定应补缴所得税的,如果投资方企业发生亏损,其分回的利润可先用于弥补亏损,弥补亏损后仍有余额的,再按规定补缴企业所得税。

企业境外业务之间(企业境外业务在同一国家)的盈亏可以互相弥补,但企业境内外之间的盈亏不得相互弥补。

二、应纳税额的计算

应纳企业所得税额的计算公式为:

$$应纳企业所得税额＝应纳税所得额×适用税率$$

【案例5-2】 2019年度某企业财务资料如下：

(1) 产品销售收入 800 万元，接受捐赠收入 40 万元，出租仓库收入 50 万元，国债利息收入 10 万。

(2) 该企业全年发生产品销售成本 430 万元，销售费用 80 万元，管理费用 20 万元，财务费用 10 万元，营业外支出 3 万元(其中缴纳税收滞纳金 1 万元)，按税法规定缴纳增值税 90 万元，消费税及附加 7.20 万元。

(3) 2018 年经税务机关核定的亏损为 30 万元。

已知该企业适用的企业所得税税率为 25%。

任务要求 (1) 计算该企业 2019 年度应纳税所得额，并列出计算过程；

(2) 计算该企业 2019 年度应纳企业所得税，并列出计算过程。

【案例解析】 (1) 该企业 2019 年度应纳税所得额

$$收入总额＝产品销售收入＋接受捐赠收入＋租金收入＋国债利息收入$$
$$＝800＋40＋50＋10＝900(万元)$$

$$各准予扣除项目金额＝产品销售成本＋销售费用＋管理费用＋财务费用＋$$
$$(营业外支出－滞纳金)＋除增值税外其他税金$$
$$＝430＋80＋20＋10＋(3－1)＋7.2＝549.2(万元)$$

$$该企业2019年度应纳税所得额＝收入总额－免税收入－各项扣除项目金额－上年亏损$$
$$＝900－10－549.2－30＝310.8(万元)$$

(2) 该企业 2019 年度应纳企业所得税＝应纳税所得额×税率＝310.8×25%＝77.7(万元)

三、认识纳税申报

(一) 纳税申报地点

1. 居民企业

以企业登记注册地为纳税地点；但登记注册地在境外的，以实际管理机构所在地为纳税地点。居民企业在中国境内设立不具有法人资格的营业机构的，应当汇总计算并缴纳企业所得税。

2. 非居民企业

(1) 在中国境内设立机构、场所的，取得的应税所得，以机构、场所所在地为纳税地点。非居民企业在中国境内设立两个或者两个以上机构、场所的，经税务机关审核批准，可以选择由其主要机构、场所汇总缴纳企业所得税。

(2) 在中国境内未设立机构、场所的，或者虽设立机构、场所但取得的所得与其所设机构、场所没有实际联系的，以扣缴义务人所在地为纳税地点。

(二) 纳税申报表的填制

企业所得税实行按年计算，为保证税款的均衡入库，分月或者分季预缴。

1. 预缴企业所得税纳税申报表的填制

企业应当自月份或者季度终了之日起 15 日内,向税务机关报送预缴企业所得税纳税申报表,预缴税款。预缴所得税时,应当按纳税期限的实际数预缴。如按实际数预缴有困难的,可以按上一年度应纳税所得额的 1/12 或 1/4,或税务机关承认的其他方法预缴。

1) 查账征收企业预缴企业所得税纳税申报表的填制

实行查账征收企业所得税的居民纳税人在中国境内设立机构的非居民纳税人在月(季)度预缴企业所得税时填制表 5-3《中华人民共和国企业所得税月(季)度预缴纳税申报表》(A 类)。

表 5-3

中华人民共和国企业所得税月(季)度预缴纳税申报表(A 类)

中华人民共和国企业所得税月(季)度预缴纳申报表(A 类)

税款所属期间: 年 月 日至 年 月 日

纳税人识别号:□□□□□□□□□□□□□□□

纳税人名称: 金额单位:人民币元(列至角分)

行次	项 目		本期金额	累计金额
1	一、据实预缴			
2	营业收入			
3	营业成本			
4	实际利润额			
5	税率(25%)			
6	应纳所得税额(4 行×5 行)			
7	减免所得税额			
8	实际已缴所得税额		—	
9	应补(退)的所得税额(6 行−7 行−8 行)			
10	二、按照上一纳税年度应纳税所得额的平均额预缴			
11	上一纳税年度应纳税所得额		—	
12	本月(季)应纳税所得额(11 行÷12 或 11 行÷4)			
13	税率(25%)			—
14	本月(季)应纳所得税额(12 行×13 行)			
15	三、按照税务机关确定的其他方法预缴			
16	本月(季)确定预缴的所得税额			
17	总分机构纳税人			
18	总机构	总机构应分摊的所得税额(9 行或 14 行或 16 行×25%)		
19		中央财政集中分配的所得税额(9 行或 14 行或 16 行×25%)		
20		分支机构分摊的所得税额(9 行或 14 行或 16 行×50%)		

（续表）

行次	项　目		本期金额	累计金额
21	分支机构	分配比例		
22		分配的所得税额（20行×21行）		

谨声明:此纳税申报表是根据《中华人民共和国企业所得税法》《中华人民共和国企业所得税法实施条例》和国家有关税收规定填报的,是真实的、可靠的、完整的。

法定代表人(签字):　　　　　　　　　年　　月　　日

纳税人公章:	代理申报中介机构公章:	主管税务机关受理专用章:
会计主管:	经办人:	受理人:
填表日期:　　年　月　日	经办人执业证件号码:	受理日期:　　年　月　日
	代理申报日期:　　年　月　日	

国家税务总局监制

填表说明:

一、表头项目:

1.“税款所属期间”:纳税人填写的“税款所属期间”为公历1月1日至所属月(季)度最后一日。

企业年度中间开业的纳税人填写的“税款所属期间”为当月(季)开始经营之日至所属季度的最后一日,自次月(季)度起按正常情况填报。

2.“纳税人识别号”:填报税务机关核发的税务登记证号码(15位)。

3.“纳税人名称”:填报税务登记证中的纳税人全称。

二、各列的填报

1.“据实预缴”的纳税人第2行至第9行:填报“本期金额”列,数据为所属月(季)度第一日至最后一日;填报“累计金额”列,数据为纳税人所属年度1月1日至所属季度(或月份)最后一日的累计数。纳税人当期应补(退)所得税额为“累计金额”列第9行“应补(退)所得税额”的数据。

2.“按照上一纳税年度应纳税所得额平均额预缴”的纳税人第11行至第14行及“按照税务机关确定的其他方法预缴”的纳税人第16行:填报表内第11行至第14行、第16行“本期金额”列,数据为所属月(季)度第一日至最后一日。

三、各行的填报

1.第1行至第16行,纳税人根据自身的预缴申报方式分别填报,包括非居民企业设立的分支机构:实行据实预缴的纳税人填报第2至第9行;实行按上一年度应纳税所得额的月度或季度平均额预缴的纳税人填报第11至第14行;实行经税务机关认可的其他方法预缴的纳税人填报第16行。

2.第17行至第22行,由实行汇总纳税的总机构在填报第一部分的基础上填报第18至第20行;分支机构填报第20至第22行。

四、具体项目填报说明

1.第2行“营业收入”:填报会计制度核算的营业收入,事业单位、社会团体、民办非企业单位按其会计制度核算的收入填报。

2.第3行“营业成本”:填报会计制度核算的营业成本,事业单位、社会团体、民办非企业单位按其会计制度核算的成本(费用)填报。

3.第4行“利润总额”:填报会计制度核算的利润总额,其中包括从事房地产开发企业可以在本行填写按本期取得预售收入计算出的预计利润等。事业单位、社会团体、民办非企业单位比照填报。

4. 第 5 行"税率(25%)":按照《企业所得税法》第四条规定的 25%税率计算应纳所得税额。

5. 第 6 行"应纳所得税额":填报计算出的当期应纳所得税额。第 6 行=第 4 行×第 5 行,且第 6 行≥0。

6. 第 7 行"减免所得税额":填报当期实际享受的减免所得税额,包括享受减免税优惠过渡期的税收优惠、小型微利企业优惠、高新技术企业优惠及经税务机关审批或备案的其他减免税优惠。第 7 行≤第 6 行。

7. 第 8 行"实际已预缴的所得税额":填报累计已预缴的企业所得税额,"本期金额"列不填。

8. 第 9 行"应补(退)所得税额":填报按照税法规定计算的本次应补(退)预缴所得税额。第 9 行=第 6 行-第 7 行-第 8 行,且第 9 行<0 时,填 0,"本期金额"列不填。

9. 第 11 行"上一纳税年度应纳税所得额":填报上一纳税年度申报的应纳税所得额。本行不包括纳税人的境外所得。

10. 第 12 行"本月(季)应纳税所得额":填报纳税人依据上一纳税年度申报的应纳税所得额计算的当期应纳税所得额。

$$按季预缴企业:第 12 行 = 第 11 行×1/4$$
$$按月预缴企业:第 12 行 = 第 11 行×1/12$$

11. 第 13 行"税率(25%)":按照《企业所得税法》第四条规定的 25%税率计算应纳所得税额。

12. 第 14 行"本月(季)应纳税所得额":填报计算的本月(季)应纳所得税额。第 14 行=第 12 行×第 13 行。

13. 第 16 行"本月(季)确定预缴的所得税额":填报依据税务机关认定的应纳税所得额计算出的本月(季)应缴纳所得税额。

14. 第 18 行"总机构应分摊的所得税额":填报汇总纳税总机构以本表第一部分(第 1 行至第 16 行)本月或本季预缴所得税额为基数,按总机构应分摊的预缴比例计算出的本期预缴所得税额。

(1) 据实预缴的汇总纳税企业总机构:第 9 行×总机构应分摊的预缴比例 25%。

(2) 按上一纳税年度应纳税所得额的月度或季度平均额预缴的汇总纳税企业总机构:第 14 行×总机构应分摊的预缴比例 25%。

(3) 经税务机关认可的其他方法预缴的汇总纳税企业总机构:第 16 行×总机构应分摊的预缴比例 25%。

15. 第 19 行"中央财政集中分配税款的所得税额":填报汇总纳税总机构以本表第一部分(第 1 行至第 16 行)本月或本季预缴所得税额为基数,按中央财政集中分配税款的预缴比例计算出的本期预缴所得税额。

(1) 据实预缴的汇总纳税企业总机构:第 9 行×中央财政集中分配税款的预缴比例 25%。

(2) 按上一纳税年度应纳税所得额的月度或季度平均额预缴的汇总纳税企业总机构:第 14 行×中央财政集中分配税款的预缴比例 25%。

(3) 经税务机关认可的其他方法预缴的汇总纳税企业总机构:第 16 行×中央财政集中分配税款的预缴比例 25%。

16. 第 20 行"分支机构分摊的所得税额":填报汇总纳税总机构以本表第一部分(第 1 行至第 16 行)本月或本季预缴所得税额为基数,按分支机构分摊的预缴比例计算出的本期预缴所得税额。

(1) 据实预缴的汇总纳税企业总机构:第 9 行×分支机构分摊的预缴比例 50%。

(2) 按上一纳税年度应纳税所得额的月度或季度平均额预缴的汇总纳税企业总机构:第 14 行×分支机构分摊的预缴比例 50%。

(3) 经税务机关认可的其他方法预缴的汇总纳税企业总机构:第 16 行×分支机构分摊的预缴比例

50%(分支机构本行填报总机构申报的第 20 行"分支机构分摊的所得税额")。

　　17. 第 21 行"分配比例":填报汇总纳税分支机构依据《汇总纳税企业所得税分配表》中确定的分配比例。

　　18. 第 22 行"分配的所得税额":填报汇总纳税分支机构依据当期总机构申报表中第 20 行"分支机构分摊的所得税额"×本表第 21 行"分配比例"的数额。

　　2) 核定征收企业预缴企业所得税纳税申报表的填制

　　核定应税所得率和核定税额征收方式缴纳企业所得税的纳税人和依法被税务机关指定的扣缴义务人在月(季)度申报缴纳企业所得税时使用表 5-4《中华人民共和国企业所得税月(季)度预缴纳税申报表》(B 类)。其中,核定应税所得率的纳税人按收入总额核定、按成本费用核定、按经费支出换算分别填写。

表 5-4

中华人民共和国企业所得税月(季)度预缴纳税申报表(B 类)

税款所属期间:　　　年　月　日至　　年　月　日

纳税人识别号:□□□□□□□□□□□□□□□

纳税人名称:　　　　　　　　　　　　　　　　　　　　　　金额单位:人民币元(列至角分)

项　　　目			行次	累计金额
应纳税所得额的计算	按收入总额核定应纳税所得额	收入总额	1	
		税务机关核定的应税所得率(%)	2	
		应纳税所得额(1 行×2 行)	3	
	按成本费用核定应纳税所得额	成本费用总额	4	
		税务机关核定的应税所得率(%)	5	
		应纳税所得额[4 行÷(1−5 行)×5 行]	6	
	按经费支出换算应纳税所得额	经费支出总额	7	
		税务机关核定的应税所得率(%)	8	
		换算的收入额[7 行÷(1−8 行)]	9	
		应纳税所得额(8 行×9 行)	10	
应纳所得税额的计算		税率(25%)	11	
		应纳所得税额(3 行×11 行或 6 行×11 行或 10 行×11 行)	12	
		减免所得税额	13	
应补(退)所得税额的计算		已预缴所得税额	14	
		应补(退)所得税额(12 行−13 行−14 行)	15	
谨声明:此纳税申报表是根据《中华人民共和国企业所得税法》《中华人民共和国企业所得税法实施条例》和国家有关税收规定填报的,是真实的、可靠的、完整的。 　　　　　　　　　　　　　　　　　法定代表人(签字):　　　年　月　日				
纳税人公章: 会计主管: 填表日期:　　年　月　日	代理申报中介机构公章: 经办人: 经办人执业证件号码: 代理申报日期: 　　　　　　年　月　日		主管税务机关受理专用章: 受理人: 受理日期:　　年　月　日	

填表说明：

一、本表表头项目：

1. "税款所属期间"：纳税人填报的"税款所属期间"为公历1月1日至所属季（月）度最后一日。

企业年度中间开业的纳税人填报的"税款所属期间"为当月（季）度第一日至所属月（季）度的最后一日，自次月（季）度起按正常情况填报。

2. "纳税人识别号"：填报税务机关核发的税务登记证号码（15位）。

3. "纳税人名称"：填报税务登记证中的纳税人全称。

二、具体项目填报说明

1. 第1行"收入总额"：按照收入总额核定应税所得率的纳税人填报此行。填写本年度累计取得的各项收入金额。

2. 第2行"税务机关核定的应税所得率"：填报主管税务机关核定的应税所得率。

3. 第3行"应纳税所得额"：填报计算结果。计算公式为，应纳税所得额＝第1行"收入总额"×第2行"税务机关核定的应税所得率"。

4. 第4行"成本费用总额"：按照成本费用核定应税所得率的纳税人填报此行。填写本年度累计发生的各项成本费用金额。

5. 第5行"税务机关核定的应税所得率"：填报主管税务机关核定的应税所得率。

6. 第6行"应纳税所得额"：填报计算结果。计算公式为，应纳税所得额＝第4行"成本费用总额"÷（1－第5行"税务机关核定的应税所得率"）×第5行"税务机关核定的应税所得率"。

7. 第7行"经费支出总额"：按照经费支出换算收入方式缴纳所得税的纳税人填报此行。填报累计发生的各项经费支出金额。

8. 第8行"经税务机关核定的应税所得率"：填报主管税务机关核定的应税所得率。

9. 第9行"换算的收入额"：填报计算结果。计算公式为，换算的收入额＝第7行"经费支出总额"÷（1－第8行"税务机关核定的应税所得率"）。

10. 第10行"应纳税所得额"：填报计算结果。计算公式为，应纳税所得额＝第8行"税务机关核定的应税所得率"×第9行"换算的收入额"。

11. 第11行"税率"：填写《企业所得税法》第四条规定的25%税率。

12. 第12行"应纳所得税额"。

（1）核定应税所得率的纳税人填报计算结果：

按照收入总额核定应税所得率的纳税人应纳所得税额＝第3行"应纳税所得额"×第11行"税率"

按照成本费用核定应税所得率的纳税人应纳所得税额＝第6行"应纳税所得额"×第11行"税率"

按照经费支出换算应纳税所得额的纳税人应纳所得税额＝第10行"应纳税所得额"×第11行"税率"

（2）实行核定税额征收的纳税人，填报税务机关核定的应纳所得税额。

13. 第13行"减免所得税额"：填报当期实际享受的减免所得税额，第13行≤第12行。包括享受减免税优惠过渡期的税收优惠、小型微利企业优惠、高新技术企业优惠及经税务机关审批或备案的其他减免税优惠。

14. 第14行"已预缴的所得税额"：填报当年累计已预缴的企业所得额。

15. 第15行"应补（退）所得税额"：填报计算结果。计算公式为，应补（退）所得税＝第12行"应纳所得税额"－第13行"减免所得税额"－第14行"已预缴的所得税额"；当第15行≤0时，本行填0。

2. 年终汇算清缴企业所得税纳税申报表的填制

企业在预缴所得税时，并没有真正进行纳税调整。为此企业应当自年度终了之日起5个月内，向税务机关报送年度企业所得税纳税申报表，并汇算清缴，结清应交应退税款。

企业在报送企业所得税纳税申报表时,应当按照规定附送财务报告和其他有关资料。

企业在纳税年度内无论盈利或者亏损,都应当依照税法规定的期限,向税务机关报送预缴企业所得税纳税申报表、年度企业所得税纳税申报表、财务会计报告和税务机关规定应当报送的其他有关资料。

企业在年度中间终止经营活动的,应当自实际经营终止之日起60日内,向税务机关办理当期企业所得税汇算清缴。企业应当在办理注销登记前,就其清算所得向税务机关申报并依法缴纳企业所得税,如表5-5所示。

表5-5

中华人民共和国企业所得税年度纳税申报表(A类)

税款所属期间: 年 月 日至 年 月 日

纳税人名称:

纳税人识别号:□□□□□□□□□□□□□□□ 金额单位:元(列至角分)

类别	行次	项 目	金额
利润总额计算	1	一、营业收入(填附表一)	
	2	减:营业成本(填附表二)	
	3	税金及附加	
	4	销售费用(填附表二)	
	5	管理费用(填附表二)	
	6	财务费用(填附表二)	
	7	资产减值损失	
	8	加:公允价值变动收益	
	9	投资收益	
	10	二、营业利润	
	11	加:营业外收入(填附表一)	
	12	减:营业外支出(填附表二)	
	13	三、利润总额(10+11−12)	
应纳税所得额计算	14	加:纳税调整增加额(填附表三)	
	15	减:纳税调整减少额(填附表三)	
	16	其中:不征税收入	
	17	免税收入	
	18	减计收入	
	19	减、免税项目所得	
	20	加计扣除	
	21	抵扣应纳税所得额	
	22	加:境外应税所得弥补境内亏损	
	23	纳税调整后所得(13+14−15+22)	
	24	减:弥补以前年度亏损(填附表四)	
	25	应纳税所得额(23−24)	

（续表）

类别	行次	项 目	金额
应纳税额计算	26	税率(25%)	
	27	应纳所得税额(25×26)	
	28	减：减免所得税额(填附表五)	
	29	减：抵免所得税额(填附表五)	
	30	应纳税额(27−28−29)	
	31	加：境外所得应纳所得税额(填附表六)	
	32	减：境外所得抵免所得税额(填附表六)	
	33	实际应纳所得税额(30+31−32)	
	34	减：本年累计实际已预缴的所得税额	
	35	其中：汇总纳税的总机构分摊预缴的税额	
	36	汇总纳税的总机构财政调库预缴的税额	
	37	汇总纳税的总机构所属分支机构分摊的预缴税额	
	38	合并纳税(母子体制)成员企业就地预缴比例	
	39	合并纳税企业就地预缴的所得税额	
	40	本年应补(退)的所得税额(33−34)	
附列资料	41	以前年度多缴的所得税额在本年抵减额	
	42	以前年度应缴未缴在本年入库所得税额	

纳税人公章： 经办人： 申报日期：　年　月　日	代理申报中介机构公章： 经办人及执业证件号码： 代理申报日期：　年　月　日	主管税务机关受理专用章： 受理人： 受理日期：　年　月　日

任务处理

任务情境中的问题你解决了吗？

（各小组讨论,小组推荐代表发言,其他小组提问,小组答辩,提交实训报告册,教师进行点评打分）

专项技能训练

一、职业描述能力训练

1. 简述不征税收入和免税收入。

2. 简述职工福利费、工会经费、职工教育经费、业务招待费的扣除标准。

二、职业计算能力训练

1.【任务资料】笑语公司 2019 年发生捐赠支出 20 万元,其中 10 万元系通过公益性社会团体向红十字事业的捐赠;6 万元系通过民政部门捐赠给减灾委员会;4 万元系直接向某贫困小学发生的捐赠。

【任务要求】企业发生的捐赠支出如何扣除？

2.【任务资料】笑语公司 2020 年"应付职工薪酬"账户各明细栏目反映,支付给职工的工资总额合计 100 万元;发生职工福利费合计 30 万元;发生职工教育经费 8 万元;拨缴工会经费 1.6 万元已取得工会经费收入专用收据。

【任务要求】请问企业发生的职工福利费、职工教育经费、工会经费如何进行税前扣除?

任务三　企业所得税的会计核算

任务情境

【资料 5-4】　笑语公司 2019 年发生的有关交易和事项中,会计处理与税收处理在资产和负债存在差别的有:

(1) 2019 年 1 月开始计提折旧的一项固定资产,成本为 800 万元,净残值为 0。会计按照 4 年直线法计提折旧,税收处理按照 5 年直线法计提折旧。假定税法规定的使用年限及净残值与会计规定相同。

(2) 笑语公司 2019 年因销售产品承诺提供 2 年的保修服务,在当年度利润表中确认了 100 万元的销售费用,同时确认为预计负债,当年度未发生任何保修支出。

(3) 当期取得作为交易性金融资产核算的股票投资成本为 700 万元,2019 年 12 月 31 日的公允价值为 900 万元。

(4) 期末,对持有的应收账款计提了 50 万元的坏账准备。

任务要求　(1) 计算笑语公司 2019 年 12 月 31 日资产和负债的计税基础(将结果填入表 5-6)。

表 5-6

笑语公司 2019 年 12 月 31 日暂时性差异计算表

单位:万元

项　目	账面价值	计税基础	差　异	
			应纳税暂时性差异	可抵扣暂时性差异
应收账款	550			
固定资产:				
固定资产原价	800			
减:累计折旧	200			
减:固定资产减值准备	0			
固定资产账面价值	600			
交易性金融资产	900			
预计负债	100			
总　计				

（2）请计算笑语公司 2019 年 12 月 31 日的应纳税暂时性差异和可抵扣暂时性差异（将结果填入表 5-6）。

（3）笑语公司适用的所得税税率为 25%。递延所得税资产及递延所得税负债不存在期初余额。请计算笑语公司 2019 年 12 月 31 日的递延所得税负债和递延所得税资产。

（4）笑语公司 2019 年度利润表中利润总额为 3 000 万元，该公司适用的所得税税率为 25%。2019 年发生的有关交易和事项中，会计处理与税收处理的其他差异有：税收滞纳金及罚款 20 万元；向某单位赞助现金 300 万元。请计算笑语公司 2019 年应纳税所得额和应交所得税并编制笑语公司 2019 年确认所得税费用的相关会计分录。

 任务指导

一、认识暂时性差异

所得税会计的关键在于确定资产、负债的计税基础。在确定资产、负债的计税基础时，应严格遵循税收法规中对于资产、负债的税务处理以及可税前扣除的费用等的规定进行。

资产和负债的账面价值与其计税基础不同产生的差额，称为暂时性差异。从资产和负债看，是一项资产或一项负债的计税基础和其在资产负债表中的账面价值之间的差额，随时间推移将会消除。该项差异在以后年度资产收回或负债清偿时，会产生应税利润或可抵扣金额。由于资产的计价金额随着时间的推移将逐步费用化，会计核算上的资产计价金额与所得税法规定的计价金额之间的差异，从整个资产的使用期间来看，两者之间的差异将消失，所以是暂时性的。根据暂时性差异对未来期间应纳税所得额的影响，分为应纳税暂时性差异和可抵扣暂时性差异。

（一）应纳税暂时性差异

应纳税暂时性差异，将导致使用或处置资产、偿付负债的未来期间内增加应纳税所得额，由此产生递延所得税负债的差异。

1. 因资产的账面价值大于计税基础产生的应纳税暂时性差异

资产的账面价值代表的是企业在持续使用或最终出售该项资产时将取得的经济利益的总额，而计税基础代表的是资产在未来期间可予税前扣除的总金额。资产的账面价值大于其计税基础，该项资产未来期间产生的经济利益不能全部税前抵扣，两者之间的差额需要交税，产生应纳税暂时性差异。

1）因无形资产产生的应纳税暂时性差异

无形资产在后续计量时，会计与税法的差异主要产生于对无形资产是否需要摊销及摊销期限的确定方面。

会计准则规定，对无形资产应根据其使用寿命情况，区分为使用寿命有限的无形资产和使用寿命不确定的无形资产。对使用寿命不确定的无形资产，不要求摊销，在会计期末应进行减值测试。税法规定，企业取得的无形资产成本，应在一定期限内摊销，合同、法律未明确规定摊销期限的，应按不少于 10 年的期限摊销。对于使用寿命不确定的无形资产在持有期

间,因摊销规定的不同,会造成其账面价值与计税基础的差异。

【案例 5-3】　笑语公司 2019 年 1 月 1 日取得某项无形资产,取得成本为 1 000 万元,企业根据各方面情况判断,无法合理预计其为企业带来未来经济利益的期限,将其视为使用期限不确定的无形资产。2019 年 12 月 31 日对该无形资产进行减值测试表明来发生减值。企业在计税时,对该项无形资产按 10 年摊销,有关金额允许税前扣除。

【案例解析】　该项无形资产在 2019 年 12 月 31 日的账面价值＝1 000(万元)

该项无形资产在 2019 年 12 月 31 日的计税基础＝1 000－100＝900(万元)

该项无形资产的账面价值 1 000 万元与其计税基础 900 万元的差额 100 万元将计入未来期间的应纳税所得额,导致未来期间企业以应交所得税的方式流出经济利益的增加,属应纳税暂时性差异。

2)因金融资产产生的应纳税暂时性差异

按照《企业会计准则第 22 号——金融工具确认和计量》的规定,对于以公允价值计量且其变动计入当期损益的金融资产,其于某一会计期末的账面价值为公允价值,税法规定公允价值变动损益在计税时不予考虑,即金融资产的计税基础为其取得成本。如果公允价值高于其取得成本,会计账面价值和计税基础之间的差异就会产生应纳税暂时性差异。

【案例 5-4】　2018 年 8 月 19 日,笑语公司自公开市场取得一项权益性投资,支出价款 860 万元,作为交易性金融资产核算。2018 年 12 月 31 日,该项权益性投资的市价为 900 万元。

【案例解析】　该项交易性金融资产在 2018 年 12 月 31 日的账面价值＝900(万元)

该项交易性金融资产在 2018 年 12 月 31 日的计税基础＝860(万元)

该项交易性金融资产的账面价值 900 万元与其计税基础 860 万元的差额 40 万元将计入未来期间的应纳税所得额,导致未来期间企业以应交所得税的方式流出经济利益的增加,属应纳税暂时性差异。

3)因投资性房地产产生的应纳税暂时性差异

对于采用公允价值计量模式进行后续计量的投资性房地产,其期末账面价值为公允价值,如果税法规定不认可该类资产在持有期间因公允价值变动产生的利得和损失,则其计税基础以取得时的历史成本为基础计算确定,从而会造成账面价值与计税基础之间的差异。

【案例 5-5】　笑语公司于 2020 年 1 月 1 日签订租赁合同,将其一项自用房屋转为对外出租,该房屋的成本为 300 万元,预计使用年限为 20 年;转为投资性房地产之前,已使用 5 年,企业按直线法计提折旧,预计净残值为零。转为投资性房地产后,因能够持续、可靠地取得该投资性房地产的公允价值,企业选择采用公允价值对该投资性房地产进行后续计量。假定对该房屋,税法规定的折旧方法、折旧年限及净残值与会计规定相同。同时,假定税法规定资产在持有期间公允价值变动不计入应纳税所得额,待处置时一并计算确定应计入应纳税所得额的金额。该投资性房地产在 2020 年 12 月 31 日的公允价值为 360 万元。

【案例解析】　该项投资性房地产在 2020 年 12 月 31 日的账面价值＝360(万元)

该项投资性房地产在 2020 年 12 月 31 日的计税基础＝300－300÷20×5＝225(万元)

谈项投资性房地产的账面价值 360 万元与其计税基础 225 万元的差额 135 万元将计入

未来期间的应纳税所得额,导致未来期间企业以应交所得税的方式流出经济利益的增加,属应纳税暂时性差异。

2. 因负债的账面价值小于计税基础产生应纳税暂时性差异

负债的账面价值为企业预计在未来期间清偿该项负债时的经济利益流出,而其计税基础代表的是账面价值在扣除税法规定未来期间允许税前扣除的金额之后的差额。负债的账面价值与其计税基础不同产生的暂时性差异,实质上是税法规定就该项负债在未来期间可以税前扣除的金额(即与该项负债相关的费用支出在未来期间可予税前扣除的金额)。负债的账面价值小于其计税基础,则意味着就该项负债在未来期间可以税前抵扣的金额为负数,即应在未来期间应纳税所得额的基础上调整增加,增加应纳税所得额和应交所得税金额,产生应纳税暂时性差异。

(二)可抵扣暂时性差异

可抵扣暂时性差异,将导致使用或处置资产、偿付负债的未来期间内减少应纳税所得额,由此产生递延所得税资产的差异。

1. 因资产的账面价值小于计税基础产生的可抵扣暂时性差异

资产的账面价值小于其计税基础,资产在未来期间产生的经济利益少,按税法规定允许税前扣除的金额多,则企业在未来期间可以减少应纳税所得额并减少应交所得税,形成可抵扣暂时性差异。

1) 因固定资产产生的可抵扣暂时性差异

因会计的折旧年限小于税法规定的折旧年限或会计上采用税法不允许的加速折旧方法产生了可抵扣暂时性差异。

【案例5-6】 笑语公司于2019年12月31日以500万元购入一项固定资产,企业在会计核算时估计其使用寿命为10年。税法规定其折旧年限为20年,假定会计和税法都按直线法计提折旧,净残值为零。

【案例解析】 该项固定资产在2020年12月31日的账面价值 $= 500 - 500 \div 10 = 450$(万元)

该项固定资产在2020年12月31日的计税基础 $= 500 - 500 \div 20 = 475$(万元)

该项固定资产的账面价值450万元与其计税基础475万元的差额25万元,因其在未来期间会减少应纳税所得额和应交所得税,为可抵扣暂时性差异。

2) 因金融资产产生的可抵扣暂时性差异

如果金融资产公允价值低于其取得成本,会计账面价值和计税基础之间的差异就会产生可抵扣暂时性差异。

【案例5-7】 伊达公司于2018年11月11日自公开市场取得一项基金投资,按管理层的持有意图,将其作为可供出售的金融资产核算。该项基金投资的成本为800万元。2018年12月31日,其市价为750万元。假定税法规定资产在持有期间公允价值变动不计入应纳税所得额。

【案例解析】 该项金融资产在2018年12月31日的账面价值 $=750$(万元)

该项金融资产在2018年12月31日的计税基础 $=800$(万元)

该项金融资产的账面价值 750 万元与其计税基础 800 万元的差额 50 万元,因其在未来期间会减少应纳税所得额和应交所得税,为可抵扣暂时性差异。

3) 因计提减值准备的各项资产产生的可抵扣暂时性差异

可以计提减值准备的各项资产,如应收账款、固定资产、在建工程、无形资产、生产性生物资产、消耗性生物资产、持有至到期投资、可供出售金融资产、短期投资、长期股权投资、投资性房地产等,因为资产计提减值准备,造成资产的账面价值低于该资产的计税基础,从而产生可抵扣暂时性差异。

【案例 5-8】　笑语公司 2019 年 12 月 31 日应收账款余额为 1 000 万元,该公司期末对应收账款计提了 100 万元的坏账准备。按税法规定,应收账款的坏账准备税前不允许扣除。假定该企业期初坏账准备的余额为零。

【案例解析】　该项应收账款在 2019 年 12 月 31 日的账面价值＝1 000－100＝900(万元)

该项应收账款在 2019 年 12 月 31 日的计税基础＝1 000(万元)

该项应收账款的账面价值 900 万元与其计税基础 1 000 万元的差额 100 万元,因其在未来期间会减少应纳税所得额和应交所得税,为可抵扣暂时性差异。

2. 负债的账面价值大于计税基础产生的可抵扣暂时性差异

负债产生的暂时性差异实质上是税法规定就该项负债可以在未来期间税前扣除的金额。

$$负债产生的暂时性差异＝账面价值－计税基础$$
$$＝账面价值－(账面价值－未来期间计税时按照税$$
$$法规定可予税前扣除的金额)$$
$$＝未来期间计税时按照税法规定可予税前扣除的金额$$

负债的账面价值大于其计税基础,意味着未来期间按照税法规定与负债相关的全部或部分支出可以自未来应税经济利益中扣除,减少未来期间的应纳税所得额和应交所得税。符合有关确认条件时,应确认相关的递延所得税资产。

1) 因预计负债产生的可抵扣暂时性差异

如果预计负债按照税法规定未来允许税前扣除,那么该项预计负债计税基础为零。该项预计负债的账面价值大于其计税基础,产生可抵扣暂时性差异。

【案例 5-9】　笑语公司 2019 年因销售产品承诺提供 3 年的保修服务,在当年度利润表中确认了 100 万元的销售费用,同时确认为预计负债,当年度未发生任何保修支出。假定按照税法规定,与产品售后服务相关的费用在实际发生时允许税前扣除。

【案例解析】　该项预计负债在 2019 年 12 月 31 目的账面价值＝100(万元)

该项预计负债在 2019 年 12 月 31 日的计税基础＝100－100＝0

该项预计负债账面价值 100 万元与计税基础 0 之间产生了 100 万元的暂时性差异,因其在未来期间会减少应纳税所得税和应交所得税,为可抵扣暂时性差异。

2) 因预收账款产生的可抵扣暂时性差异

如果预收账款按照税法规定未来允许税前扣除,那么该项预收账款计税基础为零。该项预收账款的账面价值大于其计税基础,产生可抵扣暂时性差异。

【案例5-10】 笑语公司于2019年5月29日收到金额为1 000万元的预收账款,因不符合收入确认条件,将其作为预收账款核算。假定按税法规定,该款项应计入当期应纳税所得额计算交纳所得税。

【案例解析】 该项预收账款在2019年12月31日的账面价值＝1 000(万元)

该项预收账款在2019年12月31日的计税基础＝1 000－1 000＝0

该项预收账款账面价值1 000万元与计税基础0之间产生了1 000万元的暂时性差异,因其在未来期同会减少应纳税所得额和应交所得税,为可抵扣暂时性差异。

二、递延所得税负债和递延所得税资产的确认与计量

(一)递延所得税负债的确认与计量

1. 递延所得税负债的确认

除所得税准则中明确规定可不确认递延所得税负债的情况以外,企业对于所有的应纳税暂时性差异均应确认相关的递延所得税负债。除与直接计入所有者权益的交易或事项以及企业合并中取得资产、负债相关的以外,在确认递延所得税负债的同时,应增加利润表中的所得税费用。

非同一控制下的企业合并中,按照会计规定确定的合并中取得各项可辨认资产、负债的公允价值与其计税基础之间形成应纳税暂时性差异的,应确认相应的递延所得税负债,同时调整合并中应予确认的商誉或是计入损益的金额。

与直接计入所有者权益的交易或事项相关的应纳税暂时性差异,相应的递延所得税负债应计入所有者权益,如因可供出售金融资产公允价值上升而应确认的递延所得税负债。

【案例5-11】 笑语公司将持有的某只股票划分为可供出售金融资产,该股票的成本为340万元,会计期末,其公允价值为380万元,该企业适用的所得税税率为25%。

【案例解析】 在会计期末确认40万元公允价值变动时:

借:其他权益工具投资 400 000
　　贷:其他综合收益 400 000
借:其他综合收益 100 000
　　贷:递延所得税负债 100 000

 知识链接

其他综合收益

财政部于2014年7月1日修订了《企业会计准则第30号——财务报表列报》,该准则最大亮点之一是利润表中增设"其他综合收益"和"综合收益总额"两个项目。"其他综合收益"作为一级账户核算,未在损益中确认的各项利得和损失扣除所得税影响后的净额。

原来记入"资本公积——其他资本公积"账户,现记入"其他综合收益"账户的情况,进行了账户转换,这主要是因为其他综合收益是指企业根据企业会计准则规定未在损益中确认的各项利得和损失扣除所得税影响后的净额。即以后终究会归入损益类账户核算,只是当时业务还不适合直接归入损益核算。就像百川归海,需要中途转个弯,这个中转站就是"其

他综合收益"账户,主要包括下面几种情况:

(1)可供出售金融资产的公允价值变动、减值及处置导致的其他综合收益的增加或减少,还包括将持有至到期投资重分类为可供出售金融资产时,重分类日公允价值与账面余额的差额部分。

(2)长期股权投资指,按照权益法核算的在被投资单位其他综合收益中所享有的份额导致的其他综合收益的增加或减少。分两种情况:

① 对合营联营企业投资,采用权益法核算确认的被投资单位除净损益以外所有者权益的其他变动,导致的其他综合收益的增加,不是资本交易,是持有利得。因此,不论是在投资单位的个别报表还是合并报表,均应归属于其他综合收益。

② 对子公司投资,在编制合并报表时,只有因子公司的其他综合收益而在合并报表中按权益法确认的其他综合收益和少数股东权益的变动才是其他综合收益,子公司因权益性交易导致的资本公积或留存收益的变动使得合并报表按权益法相应确认的其他资本公积和少数股东权益的变动不是其他综合收益。

(3)自用房地产或存货转换为采用公允价值模式计量的投资性房地产,转换当日的公允价值大于原账面价值,其差额记入所有者权益导致的其他综合收益的增加,及处置时的转出,记入"其他综合收益"账户。

(4)可供出售外币非货币性项目的汇兑差额,记入"其他综合收益"账户。

2.递延所得税负债的计量

《企业会计准则第18号——所得税》规定,资产负债表日,对于递延所得税负债,应当根据适用税法规定,按照预期收回该资产或清偿该负债期间的适用税率计量。即递延所得税负债应以相关应纳税暂时性差异转回期间税法规定适用的所得税税率计量。无论应纳税暂时性差异的转回期间如何,相关的递延所得税负债不要求折现。

(二)递延所得税资产的确认与计量

1.递延所得税资产的确认

递延所得税资产产生于可抵扣暂时性差异。确认因可抵扣暂时性差异产生的递延所得税资产应以未来期间可能取得的应纳税所得额为限。在可抵扣暂时性差异转回的未来期间内,企业无法产生足够的应纳税所得额用以利用可抵扣暂时性差异的影响,使得与可抵扣暂时性差异相关的经济利益无法实现的,不应确认递延所得税资产;企业有明确的证据表明其于可抵扣暂时性差异转回的未来期间能够产生足够的应纳税所得额,进而利用可抵扣暂时性差异的,则应以可能取得的应纳税所得额为限,确认相关的递延所得税资产。

在判断企业于可抵扣暂时性差异转回的未来期间是否能够产生足够的应纳税所得额时,应考虑企业在未来期间通过正常的生产经营活动能够实现的应纳税所得额以及以前期间产生的应纳税暂时性差异在未来期间转回时将增加的应纳税所得额。

下列交易或事项中产生的可抵扣暂时性差异,应根据交易或事项的不同情况确认相应的递延所得税资产:

(1)企业对于能够结转以后年度的未弥补亏损,应视同可抵扣暂时性差异,以很可能获得用来抵扣该部分亏损的未来应纳税所得额为限,确认相应的递延所得税资产。一般称之

为当期确认法,即以后抵减所得税的利益在亏损当年确认。使用该方法时,企业应当对 5 年内可抵扣暂时性差异是否能在以后经营期内的应税利润充分转回作出判断,如果不能,企业不应确认。

【案例 5-12】 笑语公司在 2019 年至 2022 年间每年应税收益分别为:−1 000 000 元、200 000 元、300 000 元、600 000 元,适用税率始终为 25%。假设无其他暂时性差异。

【案例解析】 ① 在 2019 年资产负债表日:

借:递延所得税资产	250 000
贷:所得税费用	250 000

② 在 2020 年资产负债表日:

借:所得税费用	50 000
贷:递延所得税资产	50 000

③ 在 2021 年资产负债表日:

借:所得税费用	75 000
贷:递延所得税资产	75 000

④ 在 2022 年资产负债表日:

借:所得税费用	150 000
贷:递延所得税资产	125 000
应交税费——应交所得税	25 000

(2) 非同一控制下的企业合并中,按照会计规定确定的合并中取得各项可辨认资产、负债的公允价值与其计税基础之间形成可抵扣暂时性差异的,应确认相应的递延所得税资产,同时调整合并中应予确认的商誉。

(3) 与直接计入所有者权益的交易或事项相关的可抵扣暂时性差异,相应的递延所得税资产应计入所有者权益。比如,因可供出售金融资产公允价值下降而应确认的递延所得税资产。

【案例 5-13】 宝隆公司 2020 年将其持有的某只股票划分为可供出售金融资产,其成本为 2 300 000 元,会计期末,其公允价值为 1 900 000 元,该公司适用的所得税税率为 25%。

【案例解析】 在会计期末确认 400 000 元公允价值变动时:

借:其他综合收益	400 000
贷:其他权益工具投资	400 000
借:递延所得税资产	100 000
贷:其他综合收益	100 000

2. 递延所得税资产的计量

同递延所得税负债的计量原则相一致,确认递延所得税资产时,应当以预期收回该资产期间的适用所得税税率为基础计算确定。无论相关的可抵扣暂时性差异转回期间如何,递延所得税资产均不要求折现。

企业在确认了递延所得税资产以后,资产负债表日,应当对递延所得税资产的账面价值进行复核。如果未来期间很可能无法取得足够的应纳税所得额来利用可抵扣暂时性差异带来的利益,应当减记递延所得税资产的账面价值。减记的递延所得税资产,除原确认时计入所有者权益的递延所得税资产,其减记金额亦应计入所有者权益外,其他的情况均应增加所得税费用。

三、资产负债表债务法的会计核算

资产负债表债务法的账务处理步骤可以分成三步:

第一步,计算记入"应交税费——应交所得税"账户的金额。

$$应交所得税＝应纳税所得额×税率$$

第二步,确定暂时性差异对所得税的影响金额。

1. 确定暂时性差异对所得税的影响金额

$$期末递延所得税负债或资产(累计数)＝暂时性差异×预计税率$$

2. 确定计入当期递延所得税资产或负债的金额

$$当期递延所得税资产＝期末递延所得税资产－期初递延所得税资产$$

$$当期递延所得税负债＝期末递延所得税负债－期初递延所得税负债$$

第三步,倒轧出计入当期所得税费用金额。

$$本期所得税费用＝本期应交所得税＋(期末递延所得税负债－期初递延所得税负债)－(期末递延所得税资产－期初递延所得税资产)$$

会计处理如下:

借:所得税费用
　　递延所得税资产
　　贷:应交税费——应交所得税
　　　　递延所得税负债

【案例5-14】　2019年12月31日,甲公司因交易性金融资产和其他债权投资的公允价值变动,分别确认了10万元的递延所得税资产和20万元的递延所得税负债。甲公司当期应交所得税的金额为150万元。假定不考虑其他因素,该公司2019年度利润表"所得税费用"项目应列示的金额为多少,并进行会计处理。

【案例解析】　所得税费用＝150－10＝140(万元)

交易性金融资产和以公允价值计量且其变动计入其他综合收益的金融资产的所得税会计处理存在差异,前者计入所得税费用,后者计入其他综合收益,所以会计分录如下:

借:所得税费用　　　　　　　　　　　　　　　　　　　　　　　　140
　　递延所得税资产　　　　　　　　　　　　　　　　　　　　　　 10
　　其他综合收益　　　　　　　　　　　　　　　　　　　　　　　 20
　　贷:递延所得税负债　　　　　　　　　　　　　　　　　　　　　 20
　　　　应交税费——应交所得税　　　　　　　　　　　　　　　　　150

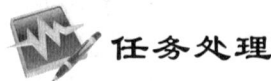 **任务处理**

任务情境中的问题(4)你解决了吗?

(各小组讨论,小组推荐代表发言,其他小组提问,小组答辩,提交实训报告册,教师进行点评打分)

 专项技能训练

一、职业描述能力训练

1. 简述暂时性差异的含义。
2. 简述可抵扣暂时性差异的含义。

二、职业综合能力训练

【任务资料】笑语公司 2019 年当期应交所得税为 900 万元。资产负债表中有关资产、负债的账面价值与其计税基础的相关资料如表 5-7 所示,除所列项目外,其他资产、负债项目不存在会计和税务的差异。

【任务要求】请结合前面情境中的资料,编制笑语公司 2019 年确认所得税费用的相关会计分录。

表 5-7

笑语公司 2019 年 12 月 31 日暂时性差异计算表

单位:万元

项　　目	账面价值	计税基础	差　异	
			应纳税暂时性差异	可抵扣暂时性差异
应收账款	500	600		100
固定资产:				
固定资产原值	800	800		
减:累计折旧	400	320		
减:固定资产减值准备	20	0		
固定资产账面价值	380	480		100
交易性金融资产	900	600	300	
预计负债	200	0		200
总　　计			300	400

 项目总结

　　本项目主要介绍企业所得税的基本法律规定,以及企业所得税征收管理、税收计算、税收优惠、纳税申报等,举例介绍企业所得税的会计核算。要求初学者学习完本项目后,通过课后练习和技能训练,能够适应税务会计关于所得税部分的岗位要求。

综合考核

一、职业单项选择能力考核

1. 下列各项中,准予在企业所得税税前扣除的是(　　)。

　　A. 增值税　　　　　　　B. 税收滞纳金　　　　C. 赞助支出　　　　D. 销售成本

2. 根据我国《企业所得税法》的规定,企业发生的公益性捐赠支出,在计算企业所得税应纳税所得额时的扣除标准是(　　)。

　　A. 全额扣除

　　B. 在年度利润总额 12% 以内的部分扣除

　　C. 在年度应纳税所得额 30% 以内的部分扣除

　　D. 在年度应纳税所得额 12% 以内的部分扣除

3. 根据我国《企业所得税法》的规定,企业所得税的征收办法是(　　)。

　　A. 按月征收　　　　　　　　　　　　B. 按季计征,分月预缴

　　C. 按季征收　　　　　　　　　　　　D. 按年计征,分月或分季预缴

4. 根据税法的规定,下列各项中,不属于企业所得税纳税人的是(　　)。

　　A. 国有企业　　　　　　　　　　　　B. 外商投资企业

　　C. 个人独资企业　　　　　　　　　　D. 股份制企业

5. 2019 年,甲公司实现利润总额 210 万元,包括 2019 年收到的国债利息收入 10 万元,因违反环保法规被环保部门处以罚款 20 万元。甲公司 2019 年年初递延所得税负债余额为 20 万元,年末余额为 25 万元,上述递延所得税负债均产生于固定资产账面价值与计税基础的差异。甲公司适用的所得税税率为 25%。不考虑其他因素,甲公司 2019 年的所得税费用是(　　)万元。

　　A. 52.5　　　　　　　B. 55　　　　　　　C. 57.5　　　　　　　D. 60

二、职业多项选择能力考核

1. 根据税法的规定,下列各项中,属于不征税收入的有(　　)。

　　A. 财政拨款　　　　　　　　　　　　B. 纳入财政管理的行政事业性收费

　　C. 纳入财政管理的政府性基金　　　　D. 债务重组收入

2. 企业缴纳的下列保险金中,可以在税前直接扣除的有(　　)。

　　A. 为特殊工种的职工支付的人身安全保险费

　　B. 为职工缴纳的失业保险费

C. 为职工缴纳的商业保险费

D. 按照规定的比例,为企业员工缴纳的补充养老保险费

3. 我国《企业所得税法》规定的企业所得税的税收优惠方式包括(　　)。

A. 加计扣除　　　　B. 加速折旧　　　　C. 减计收入　　　　D. 税额抵免

4. 下列关于企业所得税免税收入的陈述中,正确的有(　　)。

A. 国债利息收入属于免税收入

B. 财政拨款收入属于免税收入

C. 符合条件居民企业之间的股息、红利等权益性投资收益属于免税收入

D. 符合条件的非营利组织的收入属于免税收入

5. 下列各项中,能够产生应纳税暂时性差异的有(　　)。

A. 账面价值大于其计税基础的资产　　　　B. 账面价值小于其计税基础的负债

C. 超过税法扣除标准的业务宣传费　　　　D. 超过税法扣除标准的业务招待费

三、职业计算能力考核

【任务资料】某企业 2019 年的财务资料如下:

(1) 营业收入 1 500 万元,缴纳税金及附加 330 万元。

(2) 销售成本 700 万元。

(3) 管理费用 270 万元。

(4) 财务费用 105 万元。

(5) 营业外收入 200 万元,投资收益 300 万元,其中包括购买国债的利息收入 100 万元,国债转让收益 150 万元,股票转让净收益 50 万元。

(6) 营业外支出 300 万元,其中包括违法经营罚款 10 万元,公益性捐赠支出 80 万元。

由于该企业发生重大人事变动,直至 2020 年 6 月 20 日,该企业才向税务机关报送了纳税申报表及其他相关资料。已知该企业适用 25% 的企业所得税税率。

【任务要求】(1) 计算该企业 2019 年应缴纳的企业所得税。

(2) 该企业于 2020 年 6 月 20 日进行纳税申报是否符合规定? 并说明理由。

四、职业综合能力考核

【任务资料】某企业为增值税一般纳税人,增值税税率为 13%,2020 年度有关经营情况为:

(1) 实现产品销售收入 1 600 万元,取得国债利息收入 24 万元。

(2) 产品销售成本 1 200 万元;产品销售费用 45 万元;上缴增值税 58 万元,消费税 85 万元,城市维护建设税 10.01 万元,教育费附加 4.29 万元。

(3) 2 月 1 日,向银行借款 50 万元用于生产经营,借期半年,银行贷款年利率 6%,支付利息 1.5 万元。

(4) 3 月 1 日,向非金融机构借款 60 万元用于生产经营,借期 8 个月,支付利息 4 万元。

(5) 管理费用 137 万元(其中业务招待费用 12 万元)。

(6) 改建厂房支付金额 100 万元。

(7) 意外事故损失材料实际成本为 8 万元,获得保险公司赔款 3 万元。

【任务要求】根据所给资料,计算该企业 2020 年应缴纳的企业所得税,并编制会计分录。

知识拓展

美国企业所得税税前扣除制度

2017年12月，美国国会通过了特朗普政府的新的美国联邦税改法案，对企业所得税作出了调整，对股份有限公司的税率由35％调整至21％。需要注意的是，美国独资、合伙和无限责任公司等企业不缴纳企业所得税，而是缴纳个人所得税。美国此次企业所得税的大幅降低，意在通过低税率，减少美国跨国企业在美国以外的投资，吸引其他跨国企业到美国投资，从而刺激国内经济，达到增加就业和促进GDP增长的目的。与此同时，本次税改对企业所得税税前扣除制度也作出了部分调整，介绍如下：

（1）利息费用。2018年至2021年间，扣除限额为EBITDA（税息折旧及摊销前利润）的30％；2022年起，扣除限额为调整后应税所得的30％；当年未扣除利息可无限期结转。

（2）研发费用。一般适用20％抵免，符合美国税法174节规定的研发支出允许全额扣除；自2022年起，某些美国税法174节下的科研教育支出将需要资本化，并在5年内摊销（海外支出摊销15年）。

（3）股息。采取股息属地征税制，自2018年开始，企业取得的源于境外企业的股息红利可享受100％扣除。

（4）经营亏损。亏损结转限额为所得80％，可向后无限期结转扣除，取消向前结转扣除（2年）的规定。

（5）资产成本。2017年9月27日至2023年1月1日期间取得并投入使用的特定资产支出可在当年100％费用化，可税前列支；2023年1月1日至2027年12月31日期间投入使用的符合条件的特定资产，允许继续费用化，但费用化比例每年以20％递减，直至第五年年底降为0。

（6）坏账。允许扣除贸易或业务产生的坏账。

（7）业务招待费。按实际发生额的50％扣除，无扣除上限。

（8）员工福利费。允许扣除当前企业对员工基金的缴款。

（9）特许权使用费。允许全额扣除，但存在严格限制。

（10）对外国子公司付款。允许美国公司扣除特许权使用费、管理服务费、利息费以及支付给外国子公司的其他项目（金额实际支付并且不超过其支付的金额）；不关联企业通常需要通过预扣税收取得美国税款。

（11）贿赂、非法支付、罚款支出。任何贿赂、回扣或其他非法付款金额不可扣除；2017年12月22日之前发生的，一般不允许扣除任何付款；2017年12月22日之后发生的，一般不允许扣除，但此类付款明确反映为恢复原状而支付的金额或遵守法律并在相关协议中确定的金额可扣除。

经过此次税率调整，美国的企业所得税名义税率水平从世界前列下降到中下水平。对比其他G20国家，美国从税率排名靠前的国家变成了倒数的国家，这种变化的结果是使美国成为一个新的"避税天堂"。

（来源：搜狐华税学院 http://m.sohu.com/a/324562671_120106984）

项目六　个人所得税会计

知识目标

- 了解个人所得税的概念、特点
- 明确个人所得税的纳税人、征税范围和税率
- 掌握个人所得税的会计核算

能力目标

- 能够正确计算个人所得税的应纳税额
- 能够规范办理个人所得税的纳税申报
- 能够合理进行个人所得税的会计核算

素养目标

- 严谨仔细，一丝不苟，勤俭理财，严格按会计规范办事，自觉抵制不合规因素的侵袭，形成良好的会计工作作风
- 了解个税改革背景，增强社会公平意识，培养和增强公民的纳税意识，形成良好的公民品德

项目全景

```
                          个人所得税会计
        ┌───────────────────┼───────────────────┐
   个人所得税基础认知      个人所得税的计算及申报    个人所得税的会计核算
   —认识个人所得税的概念和特点  —个人所得税应纳税额的一般计算  —个人所得税的账户设置
   —认识个人所得税的纳税人和扣缴义务人  —个人所得税应纳税额的特殊计算  —个人所得税的具体会计核算
   —认识个人所得税的征收范围  —个人所得税征收管理和纳税申报
   —认识个人所得税的税率
   —认识个人所得税的优惠政策
```

　　1980 年 9 月 10 日，第五届全国人民代表大会第三次会议通过并公布了《中华人民共和国个人所得税法》，我国的个人所得税制度至此方始建立。2018 年 8 月 31 日修改《个人所得税法》，七次大修后的新个税法于 2019 年 1 月 1 日正式施行；拟自 2018 年 10 月 1 日至 2018 年 12 月 31 日，先将工资、薪金所得基本减除费用标准提高至每月 5 000 元并适用新的综合所得税率；这意味着个税迎来史上最大的一次变革，纳税人将享受到个税改革的红利。还首次增加子女教育支出、继续教育支出、大病医疗支出、住房贷款利息和住房租金、赡养老人支出等专项附加扣除。

任务一 个人所得税基础认知

 **任务情境**

【资料6-1】 新《个人所得税法》于2019年1月1日实施,请根据自己对新《个人所得税法》的理解进行相关问题的判断。

任务要求

(1) 你认为托儿补助费、独生子女补贴、差旅费津贴、误餐补助应该征收个人所得税吗?

(2) 个人"四金"(住房公积金、医疗保险金、基本养老保险金、失业保险基金)账户中的存款利息所得是否应缴纳个人所得税?

(3) 自2018年10月份把个人所得税的起征点从3 500元提高到5 000元后,2019年又增加了六项专项附加扣除,你知道是哪六项吗?

 任务指导

一、认识个人所得税的概念和特点

(一) 个人所得税的概念

个人所得税是国家对本国公民、居住在本国境内的个人的所得和境外个人来源于本国的所得征收的一种所得税。个人所得税的征税对象不仅包括个人,还包括自然人性质的企业。

个人所得税是世界各国普遍征收的一种税,尤其是发达国家在税收收入中占有的比例较大,是所得税中的主体税种。目前,世界上已有140多个国家开征了这一税种。我国的首部《中华人民共和国个人所得税法》是1980年9月10日颁布的。中华人民共和国第十一届全国人民代表大会常务委员会第二十一次会议于2011年6月30日通过了《全国人民代表大会常务委员会关于修改〈中华人民共和国个人所得税法〉的决定》,自2011年9月1日起施行。2018年8月31日,修改个人所得税法的决定通过,起征点改为每月5 000元,2018年10月1日起实施最新起征点和税率。新个税法案将降低我国中低收入人群的纳税负担,从一定程度上改善工薪阶层的可支配收入达到刺激消费的作用;同时,对社会收入的二次分配力度也将大大加强。

(二) 个人所得税的特点

个人所得税是世界各国普遍征收的一种税,我国现有的个人所得税主要具有以下特点。

1. 在征收制度上实行综合与分类相结合的个人所得税制

我国的现行个人所得税采用的是综合与分类相结合的个人所得税制。即将个人取得的各种所得划分为9项,分别适用不同的费用减除标准、不同的税率和不同的计税方法。居民个人取得工资薪金、劳务报酬、稿酬、特许使用费四项所得(以下称综合所得),按纳税年度合并计算个人所得税。

2. 累进税率与比例税率并用

分类所得税制一般采用比例税率,综合所得税制通常采用累进税率。我国现行个人所得税根据各类个人所得的不同性质和特点,累进税率和比例税率并用。其中,工资、薪金所得适用 3%～45% 的七级超额累进税率;个体工商户的生产经营所得,对企事业单位的承包、承租经营所得,个人独资企业和合伙企业投资者的生产经营所得,适用 5%～35% 的五级超额累进税率;稿酬所得,劳务报酬,特许权使用费所得,利息、股息、红利所得,财产租赁所得,财产转让所得,偶然所得和其他所得等均适用 20% 比例税率。

3. 采用定额和定率并用的费用扣除方式

我国个人所得税对纳税人的不同应税所得,视情况不同在费用扣除上实行定额扣除和定率扣除两种方法。在计税方法上,我国个人所得税费用采用总额扣除法,从而避免了个人实际生活费用支出逐项计算的繁琐。

4. 计算简便

用应税所得的收入减去允许扣除的,剩下的部分作为所得额,乘以规定的税率。计算方法比较简单,符合税制简便原则。

5. 采取课源制和申报制两种征纳方式

我国《个人所得税法》规定,对纳税人的应纳税额分别采用自行申报和源泉扣缴两种方法。对凡是可以在应税所得的支付环节扣缴个人所得税的,均由扣缴义务人履行代扣代缴义务。对于没有扣缴义务人的,规定由纳税人自行申报纳税。

二、认识个人所得税的纳税人和扣缴义务人

(一)个人所得税的纳税义务人

个人所得税的纳税义务人,不仅涉及中国公民,也涉及在华取得所得的外籍人员和中国港、澳、台同胞,还涉及个体户、个人独资企业和合伙企业的投资者。从 2000 年 1 月 1 日起,个人独资企业和合伙企业的投资者也是个人所得税的纳税人。个人所得税的纳税人按照国际通常的做法,依据其住所和居住时间两个标准,区分为居民纳税人和非居民纳税人两种,并分别承担不同的纳税义务。

第一,居民纳税人是指在中国境内有住所,或者无住所而在境内居住满 183 天的个人。居民纳税义务人应当承担无限纳税义务,即就其在中国境内和境外取得的所得,依法缴纳个人所得税。

"在中国境内有住所"是指因户籍、家庭、经济利益关系而在中国境内习惯性居住。例如,某人因出国务工在中国境外居住,尽管其在一个纳税年度,甚至连续几个纳税年度,都未在中国境内居住过一天,但务工结束后,他必须回到中国境内居住,则中国为该人的习惯性居住地,该人为中国居民纳税人。

第二,非居民纳税人是在中国境内无住所又不居住或者无住所而在境内居住不满 183 天的个人中国境内无住所又不居住,或者无住所而在中国境内居住不满 1 年的个人。非居民纳税义务人,承担有限纳税义务,仅就其从中国境内取得的所得,依法缴纳个人所得税。

(二)个人所得税的扣缴义务人

以支付所得的单位或者个人为扣缴义务人。扣缴义务人在向纳税人支付各项应纳税所得(经营所得除外)时,必须履行代扣代缴税款的义务。

三、认识个人所得税的征收范围

个人所得税的征收范围是对个人取得的各项所得,包括现金、实物、有价证券和其他形式的经济利益。我国《个人所得税法》列举征税的个人所得共有 9 项。

(一)工资、薪金所得

工资、薪金所得是指个人因任职或者受雇而取得的工资、薪金、奖金、年终加薪、劳动分红、津贴、补贴以及与任职或者受雇有关的其他所得。

个人工资、薪金所得应予以征税的具体项目如下:

(1) 奖金、年终加薪、劳动分红、津贴、补贴。

(2) "内退"工资和一次性收入。

(3) 不符合规定的退职费收入。

(4) 超过标准的经济补偿金。

(5) 超过标准的公务用车、通讯补贴收入。

(6) 以现金方式发给个人的住房补贴、医疗补助费。

(7) 补充养老基金。

(8) 超过规定计提的福利费、工会经费支付给个人的各项补贴、补助和从福利费、工会经费中支付的人人有份的补贴、补助。

(9) 自 2004 年 1 月 20 日起,企业和单位对营销业绩突出的雇员以各种名义组织旅游、实施奖励,发生的费用金额并入营销人员当期工资、薪金所得征税。

但下列项目不属于工资薪金所得:

(1) 独生子女补贴。

(2) 托儿补助费。

(3) 差旅费津贴、误餐补助。

(4) 执行公务员工资制度未纳入基本工资总额的补贴、津贴差额和家属成员的副食品补贴。

(二)经营所得

个体工商户的生产、经营所得包括四个方面:

(1) 经工商行政管理部门批准开业并领取营业执照的城乡个体工商户,从事工业、手工业、建筑业、交通运输业、商业、饮食业、服务业、修理业及其他行业的生产、经营取得的所得。

(2) 个人经政府有关部门批准,取得营业执照,从事办学、医疗、咨询以及其他有偿服务活动取得的所得。

(3) 其他个人从事个体工商业生产、经营取得的所得,既个人临时从事生产、经营活动取得的所得。

(4) 上述个体工商户和个人取得的生产、经营有关的各项应税所得。

对企事业单位的承包经营、承租经营所得,是指个人承包经营、承租经营以及转包、转租取得的所得,包括个人按月或者按次取得的工资、薪金性质的所得。

(三)劳务报酬所得

劳务报酬所得是指个人从事设计、装潢、安装、制图、化验、测试、医疗、法律、会计、咨询、

讲学、新闻、广播、翻译、审稿、书画、雕刻、影视、录音、录像、演出、表演、广告、展览、技术服务、介绍服务、经纪服务、代办服务以及其他劳务报酬的所得。

注意区分劳务报酬(独立、非雇佣)与工资薪金(非独立、雇佣)的差别。个人兼职取得的收入应按照"劳务报酬所得"应税项目缴纳个人所得税。例如,教师以个人名义组织培训班取得的办班收入,属于劳务报酬的范围。如果教师从学校领取工资,就属于工资、薪金项目,而不属于劳务报酬项目范围。

(四)稿酬所得

稿酬所得是指个人因其作品以图书、报刊形式出版、发表而取得的所得。这里所说的作品,包括文学作品、书画作品、摄影作品以及其他作品。应该注意的是,翻译、审稿、书画所得为劳务报酬所得。作者去世后,财产继承人取得遗作稿酬,也按稿酬所得征收个人所得税。

(五)特许权使用费所得

特许权使用费所得是指个人提供专利权、商标权、著作权、非专利技术以及其他特许权的使用权取得的所得。

注意区分特许权使用费所得、稿酬所得、财产转让所得。

(1)提供著作权的使用权取得的所得,不包括稿酬的所得。

(2)对于作者将自己的文字作品手稿原件或复印件公开拍卖(竞价)取得的所得,属于提供著作权的使用所得,故应按特许权使用费所得项目征收个人所得税。

(3)个人取得特许权的经济赔偿收入,应按"特许权使用费所得"应税项目缴纳个人所得税,税款由支付赔款的单位或个人代扣代缴。

(六)利息、股息、红利所得

利息、股息、红利所得是指个人拥有债权、股权而取得的利息、股息、红利所得。其中,利息一般是指存款、贷款和债券的利息;股息是指个人拥有股权取得的股息、红利。按照一定比例派发的每股息金,称为股息;根据公司、企业应分配的超过股息部分的利润,按股派发的部分,称为红利。个人取得的利息、股息、红利所得均按利息、股息、红利所得项目征税。个人取得国债利息、国家发行的金融债券利息、教育储蓄存款利息,均免征个人所得税。储蓄存款在2008年10月9日后(含10月9日)孳生的利息,暂免征收个人所得税。

(七)财产租赁所得

财产租赁所得是指个人出租建筑物、土地使用权、机器设备、车船以及其他财产取得的所得。个人取得的财产转租收入,属于"财产租赁所得"的征税范围。在确定纳税义务人时,应以产权凭证为依据。

(八)财产转让所得

财产转让所得是指个人转让有价证券、股票、建筑物、土地使用权、机器设备、车船以及其他财产取得的所得。股票转让所得暂不征收个人所得税。

(九)偶然所得

偶然所得是指个人得奖、中奖、中彩以及其他偶然性质的所得。其中,得奖是指个人参加各种有奖竞赛活动取得名次获得的奖金;中奖、中彩是指参加种有奖活动,如有奖销售、有奖储蓄或者购买彩票,经过规定程序,抽中、摇中号码而取得的奖金。

四、认识个人所得税的税率

个人所得税实行超额累进税率与比例税率相结合的税率体系。所得税目不同,税率不同,个税的计算公式也不同。

(一)综合所得

居民个人的综合所得适用 7 级超额累进税率,税率为 3%～45%,如表 6-1 所示。

表 6-1

个人所得税税率表

(综合所得适用)

级数	累计预扣预缴应纳税所得额	预扣率	速算扣除数
1	不超过 36 000 元	3%	0
2	超过 36 000 元至 144 000 元的部分	10%	2 520
3	超过 144 000 元至 300 000 元的部分	20%	16 920
4	超过 300 000 元至 420 000 元的部分	25%	31 920
5	超过 420 000 元至 660 000 元的部分	30%	52 920
6	超过 660 000 元至 960 000 元的部分	35%	85 920
7	超过 960 000 元的部分	45%	181 920

注:本表所称全年应纳税所得额是指依照《个人所得税法》第六条的规定,居民个人取得综合所得以每一纳税年度收入额减除费用 6 万元以及专项扣除、专项附加扣除和依法确定的其他扣除后的余额。

(二)非居民个人取得工资、薪金所得,劳务报酬所得,稿酬所得和特许权使用费所得

非居民个人取得工资、薪金所得,劳务报酬所得,稿酬所得和特许权使用费所得,依照表 6-2 按月换算后计算应纳税额。

表 6-2

个人所得税税率表

(非居民个人工资薪金所得、劳务报酬所得、稿酬所得、特许权使用费所得适用)

级数	应纳税所得额	税率	速算扣除数
1	不超过 3 000 元	3%	0
2	超过 3 000 元至 12 000 元的部分	10%	210
3	超过 12 000 元至 25 000 元的部分	20%	1 410
4	超过 25 000 元至 35 000 元的部分	25%	2 660
5	超过 35 000 元至 55 000 元的部分	30%	4 410
6	超过 55 000 元至 80 000 元的部分	35%	7 160
7	超过 80 000 元的部分	45%	15 160

(三)经营所得

经营所得适用 5%～35% 的 5 级超额累进税率,如表 6-3 所示。

表 6-3

个人所得税税率表

（经营所得适用）

级数	全年应纳税所得额	税率	速算扣除数
1	不超过 30 000 元的	5%	
2	超过 30 000 元至 90 000 元的部分	10%	1 500
3	超过 90 000 元至 300 000 元的部分	20%	10 500
4	超过 300 000 元至 500 000 元的部分	30%	40 500
5	超过 500 000 元的部分	35%	65 500

注：本表所称全年应纳税所得额是指依照《个人所得税法》第六条的规定，以每一纳税年度的收入总额减除成本、费用以及损失后的余额。

（四）利息、股息、红利所得，财产转让所得，财产租赁所得，偶然所得

利息、股息、红利所得，财产租赁所得，财产转让所得，偶然所得和其他所得适用比例税率，税率为 20%。

五、认识个人所得税的优惠政策

个人所得税的优惠项目比较多，个人所得税法对有关所得项目给予免税、减税的税收优惠，主要如下。

（一）免税项目

（1）省级人民政府、国务院部委和中国人民解放军军以上单位，以及外国组织、国际组织颁发的科学、教育、技术、文化、卫生、体育、环境保护等方面的奖金。

（2）国债和国家发行的金融债券利息。其中，国债利息是指个人持有的中华人民共和国财政部发行的债券而取得的利息；国家发行的金融债券利息是指个人持有经国务院批准发行的金融债券而取得的利息。

（3）按照国家统一规定发给的补贴、津贴。即按照国务院规定发给的政府特殊津贴和国务院规定免纳个人所得税的补贴、津贴。

（4）福利费、抚恤金、救济金。其中，福利费是指根据国家有关规定，从企业、事业单位、国家机关、社会团体提留的福利费或者从工会经费中支付给个人的生活补助费；救济费是指国家民政部门支付给个人的生活困难补助费。

（5）保险赔款。

（6）军人的转业安置费、复员费、退役金。

（7）按照国家统一规定发给干部、职工的安家费、退职费、基本养老金或退休费、离休费、离休生活补助费。其中，退职费是指符合《国务院关于工人退休、退职的暂行办法》规定的退职条件，并按该办法规定的退职费标准所领取的退职费。

（8）依照中国有关法律、规律规定应予免税的各国驻华使馆、领事馆的外交代表、领事官司员和其他人员的所得。

（9）中国政府参加的国际公约、签订的协议中规定免税的所得。

（10）其他所得。经国务院财政部门批准免税的所得。

（二）减税项目

税法规定，对稿酬所得，按应纳税额减征30%。另外，税法还规定，有下列项目经批准可以减征个人所得税：

（1）残疾、孤老人员和烈属的所得。

（2）因严重自然灾害造成重大损失的。

（3）其他经国务院财政部门批准减税的。

（三）暂免征税项目

（1）外籍个人以非现金形式或实报实销形式取得的住房补贴、伙食补贴、搬迁费、洗衣费。

（2）外籍个人按合理标准取得的境内、境外出差补贴。

（3）外籍个人取得的语言训练费、子女教育费等，经当地税务机关审核批准为合理的部分。

（4）外籍个人从外商投资企业取得的股息、红利所得。

（5）个人举报、协查各种违法、犯罪行为而获得的奖金。

（6）个人办理代扣代缴手续，按规定取得的扣缴手续费。

（7）个人转让自用达5年以上，并且是唯一的家庭生活用房取得的所得，暂免征收个人所得税。

（8）对个人购买福利彩票、赈灾彩票、体育彩票，一次中奖收入在1万元以下的（含1万元）暂免征收个人所得税，超过1万元的，全额征收个人所得税。

（9）达到离休、退休年龄，但确因工作需要，适当延长离休、退休年龄的高级专家（指享受国家发放的政府特殊津贴的专家、学者），其在延长离休、退休期间的工资、薪金所得，视同离休、退休工资免征个人所得税。

（10）个人取得的教育储蓄存款利息所得和按照国家或省级人民政府规定的比例缴付的住房公积金、医疗保险金、基本养老保险金、失业保险金存入银行个人账户所取得的利息所得，免予征收个人所得税。

（11）凡符合下列条件之一的外籍专家取得的工资、薪金所得，可免征个人所得税：根据世界银行专项借款协议，由世界银行直接派往我国工作的外国专家；联合国组织直接派往我国工作的专家；为联合国援助项目来华工作的专家；援助国派往我国专为该国援助项目工作的专家；根据两国政府签订的文化交流项目来华工作2年以内的文教专家，其工资、薪金所得由该国负担；根据我国大专院校国际交流项目来华工作2年以内的文教专家，其工资、薪金所得由该国负担；通过民间科研协定来华工作的专家，其工资、薪金所得由该国政府机构负担的。

（12）对被拆迁人按照国家标准取得的拆迁补偿款，免征个人所得税。

任务处理

任务情境中的问题你解决了吗？

（各小组讨论，小组推荐代表发言，其他小组提问，小组答辩，提交实训报告册，教师进行点评打分）

 **专项技能训练**

一、职业判断能力训练

1. 我国现行的个人所得税实行超额累进税率与比例税率相结合的税率体系。（ ）

2. 居民纳税人应就其来源于中国境内和境外的所得，依照《个人所得税法》的规定向中国政府履行全面纳税义务，缴纳个人所得税。（ ）

二、职业选择能力训练

1. 任职、受雇于报纸、杂志等单位的记者、编辑等专业人员，因在本单位的报纸、杂志上发表作品取得的所得，属于任职、受雇而取得的所得，按（ ）项目征收个人所得税。

A. 工资、薪金所得   B. 稿酬所得   C. 劳务报酬所得   D. 偶然所得

2. 根据个人所得税法律制度的规定，下列各项中，属于工资、薪金所得项目的是（ ）。

A. 劳动分红   B. 误餐补助   C. 独生子女补贴   D. 差旅费津贴

3. 某作家 2019 年 12 月将其著作交由出版社出版，从出版社取得报酬 2 万元。该笔报酬在缴纳个人所得税时适用的税目是（ ）。

A. 稿酬所得   B. 经营所得   C. 综合所得   D. 其他所得

任务二   个人所得税的计算及申报

 **任务情境**

【资料 6-2】 中国公民王某是一位作家，2019 年取得以下收入：

（1）到期国债利息收入 886 元。

（2）12 月将市区内一闲置住房出租，租期 1 年，每月租金 1 000 元（含税），不考虑相关城市维护建设税等有关税费。

（3）12 月参加某商场促销活动，中奖 5 000 元。

任务要求 请计算他应该缴纳的个人所得税。

 **任务指导**

一、个人所得税应纳税额的一般计算

（一）居民个人综合所得应纳税额的计算

预扣预缴（按月或按次）的规定：支付工资薪金、劳务报酬、稿酬、特许权使用费所得的扣

缴义务人,分别按四个子税目预扣预缴。

1. 工资薪金所得按月预扣预缴税款的计算

(1) 执行表6-2的税率:5%～45%的7级超额累进税率。

(2) 按月预扣预缴:扣缴义务人向居民个人支付工资、薪金所得时,按照累计预扣法计算预扣税款,并按月办理扣缴申报。

(3) 具体计算公式如下:

$$\begin{array}{l}累计预扣预缴\\应纳税所得额\end{array}=\begin{array}{l}累计\\收入\end{array}-\begin{array}{l}累计免\\税收入\end{array}-\begin{array}{l}累计减\\除费用\end{array}-\begin{array}{l}累计专\\项扣除\end{array}-\begin{array}{l}累计专项\\附加扣除\end{array}-\begin{array}{l}累计依法确定\\的其他扣除\end{array}$$

$$\begin{array}{l}本期应预\\扣预缴税额\end{array}=\left(\begin{array}{l}累计预扣预缴\\应纳税所得额\end{array}\times预扣率-\begin{array}{l}速算\\扣除数\end{array}\right)-\begin{array}{l}累计减\\免税额\end{array}-\begin{array}{l}累计已预扣\\预缴税额\end{array}$$

其中:

(1) 免税收入,如个人取得的教育储蓄存款利息、国债利息等。

(2) 累计减除费用,按照5 000元/月乘以纳税人当年截至本月在本单位的任职受雇月份数计算。

(3) 累计专项扣除,专项扣除包括居民个人按照国家规定的范围和标准缴纳的基本养老保险、基本医疗保险、失业保险等社会保险费和住房公积金等。

(4) 专项附加扣除,专项附加扣除包括子女教育、继续教育、大病医疗、住房利息和住房租金、赡养老人几项。

1) 第一,子女教育专项附加扣除。

(1) 政策享受的条件。

① 子女年满3周岁以上至小学前,此时不论是否在幼儿园学习。

② 子女正在接受小学、初中、高中阶段教育(普通高中、中等职业教育、技工教育)。

③ 子女正在接受高等教育(大学专科、大学本科、硕士研究生、博士研究生教育)。

上述受教育地点,包括在中国境内和在境外接受教育(如果子女在境外接受教育,则需要留存境外学校录取通知书、留学签证等相关资料)。

(2) 扣除的标准和方式。

每个子女,每月可扣除1 000元。如果有多个符合扣除条件的子女,每个子女均可享受扣除。比如,有2个子女,则每月可以扣除2 000元,以此类推。具体由谁来扣除,父母双方可以选择确定,假如一个家庭中,子女教育每月有1 000元的扣除额(即只有1个子女),既可以由父母一方全额扣除,也可以父母分别扣除500元。只是扣除方式确定后,一个纳税年度不能变更。

2) 继续教育专项附加扣除

(1) 政策享受的条件。

① 正在接受学历(学位)继续教育。

② 在纳税年度内取得了技能人员或专业技术人员的职业资格证书。技能人员和专业技术人员职业资格证书的具体范围,以人力资源社会保障部公布的国家职业资格目录为准。在此范围外的继续教育支出,不在扣除范围内。

（2）扣除的标准和方式。

① 学历（学位）继续教育，每月可以扣除 400 元。

② 职业资格继续教育，在取得相关证书的当年，按年扣除 3 600 元。

由于接受继续教育的纳税人一般都已经就业，因此，继续教育专项附加扣除一般由本人扣除。但有一个例外，如果已经就业，并且正在接受本科以下学历继续教育，可以选择由父母扣除，也可以由本人扣除。

（3）政策享受的起止时间。

① 学历（学位）继续教育，起止时间：入学的当月至继续教育结束的当月，同一学历（学位）继续教育，扣除期限不能超过 48 个月。

② 职业资格继续教育，起止时间：以相关证书上的发证（或批准）日期的所属年度，为可扣除年度。需在 2019 年 1 月 1 日以后取得的证书。

3）大病医疗专项附加扣除

（1）政策享受的条件。

在一个纳税年度内，本人或者配偶，或者其未成年子女，发生的与基本医保相关的医药费用支出，扣除医保报销后个人负担（指医保目录范围内的自付部分）累计超过 15 000 元。

（2）扣除的标准和方式。

大病医疗的扣除，只能在年度汇算清缴申报时进行扣除。个人负担超过 15 000 元的部分，限额据实扣除，最多可以扣除 80 000 元。具体扣除时，纳税人或配偶发生的大病医疗支出，即可以由纳税人本人扣除，也可以由配偶扣除。对未成年子女发生的大病医疗支出，可以由父母双方选择其中一方扣除。

4）住房贷款利息专项附加扣除

（1）政策享受的条件。

本人或者配偶，单独或者共同使用商业银行或住房公积金个人住房贷款，为自己或配偶购买中国境内住房，发生的首套住房贷款利息支出允许扣除。是否为首套房可以通过贷款合同（协议）、办理贷款的银行、住房公积金中心查询。

（2）扣除的标准和方式。

住房贷款利息支出，在实际发生贷款利息支出期间，按照每月 1 000 元的标准扣除，扣除期限最长不超过 240 个月（20 年）。

具体由谁来扣除，夫妻双方可以约定，可以选择由其中一方扣除。但扣除方式确定后，一个纳税年度内就不能再变更了。

5）住房租金专项附加扣除

（1）政策享受的条件。

① 本人及配偶在主要工作的城市没有自有住房。

② 本人及配偶在同一纳税年度内，均没有享受住房贷款利息专项附加扣除政策。

住房贷款利息与住房租金两项扣除政策只能享受其中一项。

（2）扣除标准和方式。

① 扣除标准：直辖市、省会（首府）城市、计划单列市以及国务院确定的其他城市，每月

扣除 1 500 元。除第一项所列城市以外,市辖区户籍人口超过 100 万的城市,扣除标准为每月 1 100 元;市辖区户籍人口不超过 100 万的城市,扣除标准为每月 800 元。

② 扣除方式:

本人及配偶主要工作城市相同的,只能由一方申请扣除,并且是签订租赁住房合同的承租人来扣除;本人及配偶主要工作城市不相同的,且双方均在两地没有购买住房的,则可以按照规定的标准分别进行扣除。

6)赡养老人专项附加扣除

(1)政策享受的条件。

老人年满 60 周岁(含)。包括生父母、继父母、养父母以及子女均已去世的祖父母、外祖父母。

(2)扣除的标准和方式。

① 独生子女,每月扣除 2 000 元。不管赡养几个老人,一共可以扣除 2 000 元。

② 非独生子女,需与兄弟姐妹分摊每月 2 000 元,但每人每月最多扣除 1 000 元。

平均分摊、约定分摊、老人指定分摊。其中,约定分摊、指定分摊,需要和兄弟姐妹签订分摊协议,具体分摊方式和额度在一个纳税年度内不能变更。

其他扣除包括个人缴付符合国家规定的企业年金、职业年金、个人购买符合国家规定的商业保险、递延型商业养老保险支出,以及国务院规定可以扣除的其他项目。购买符合规定的商业健康保险产品的支出在当年(月)计算应纳税所得额时予以税前扣除,扣除限额为 2 400 元/年(200 元/月)。专项扣除、专项附加扣除和依法确定的其他扣除,以居民个人一个纳税年度的应纳税所得额为限额。一个纳税年度扣除不完的,不结转以后年度扣除。此外,附加减除费用也适用于华侨和我国香港、澳门、台湾同胞。

【案例 6-1】 北京某公司职员赵某,2019 年 1 月取得工资、薪金收入 20 000 元,个人缴纳的"三险一金"合计为 4 500 元,赵某为独生子,父母现年 65 岁,育有一子现年 5 岁,名下无房,现租房居住,计算赵某当月应缴纳的个人所得税。

【案例解析】 每月费用扣除 = 5 000(元)

专项扣除("三险一金")= 4 500(元)

专项附加扣除 = 1 000(子女教育)+ 1 500(住房租金)+ 2 000(赡养老人)= 4 500(元)

扣除项合计 = 5 000 + 4 500 + 4 500 = 14 000(元)

应纳税所得额 = 20 000 − 14 000 = 6 000(元)

应纳税所得额不超过 36 000 元,适用税率为 3%:

应纳税额 = 6 000 × 3% = 180(元)

【案例 6-2】 假设 2 月份工资及扣除项目和 1 月份相同,请计算赵某 2 月应缴纳的个人所得税。

【案例解析】 每月费用扣除 = 5 000 × 2 = 10 000(元)

专项扣除("三险一金")= 4 500 × 2 = 9 000(元)

专项附加扣除 = [1 000(子女教育)+ 1 500(住房租金)+ 2 000(赡养老人)]× 2 = 9 000(元)

扣除项合计＝10 000＋9 000＋9 000＝28 000(元)

应纳税所得额＝20 000×2－28 000＝12 000(元)

应纳税所得额不超过 36 000 元,适用税率为 3%:

应纳税额＝12 000×3%－180(1月已纳税款)＝180(元)

2. 居民纳税人劳务报酬所得预扣预缴税款的计算

(1) 由支付劳务报酬的单位或个人按次预扣预缴。

(2) 次的确认:1 个月内只有一次收入的,以取得的该项收入为一次,属于同一项目连续性收入的,以 1 个月内取得的收入为一次。

(3) 减除费用:每次收入不超过 4 000 元的,减除费用按 800 元计算,每次收入超过 4 000 元的,减除费用按 20% 计算。

劳动报酬所得预扣预缴税率表如表 6-4 所示。

表 6-4

劳务报酬所得预扣预缴税率表

级数	预扣预缴应纳税所得额	预扣率	速算扣除数
1	不超过 20 000 元	20%	0
2	超过 20 000 元至 50 000 元的部分	30%	2 000
3	超过 50 000 元的部分	40%	7 000

注:本表适用于居民纳税人劳务报酬所得按月或按次预缴个人所得税的计算。

(4) 应纳税额的计算:

① 每次收入不超过 4 000 元的:

$$预扣预缴的税额＝应纳税所得额×适用税率$$
$$＝(每次收入－800)×适用税率－速算扣除数$$

② 每次收入超过 4 000 元的:

$$预扣预缴的税额＝应纳税所得额×适用税率$$
$$＝每次收入×(1－20\%)×适用税率－速算扣除数$$

【案例 6-3】 王教授于 2019 年 6 月份到 A 公司进行管理知识讲座培训,一次性取得劳务报酬 3 000 元。试计算王教授应缴纳多少个人所得税?

【案例解析】 应预扣预缴的税额＝(3 000－800)×20%＝440(元)

【案例 6-4】 假设上例中王教授一次取得劳务报酬收入为 50 000 元,试计算其应缴纳的个人所得税。

【案例解析】 应预扣预缴的税额＝5 0000×(1－20%)×30%－2 000＝10 000(元)

3. 居民纳税人稿酬报酬预扣税款的计算

(1) 由支付稿酬的单位预扣预缴。次的划分:以每次出版发表为一次。

① 再版。同一作品再版取得的所得,应视作另一次稿酬所得计征个人所得税。

② 连载。同一作品在报刊上连载取得收入的,以连载完成后取得的所有收入合并为一

次,计征个人所得税。

③ 先连载,后出版。同一作品先在报刊上连载、然后再出版,或者先出版、再在报刊上连载的,应视为两次稿酬所得征税,即连载作为一次,出版作为另一次。

④ 预付或分次支付稿酬。同一作品在出版和发表时,以预付稿酬或分次支付稿酬等形式取得的稿酬收入,应合并计算为一次。

⑤ 添加印数。同一作品出版、发表后,因添加印数而追加稿酬的,应与以前出版、发表时取得的稿酬合并计算为一次,计征个人所得税。

(2) 预扣预缴的税率为20%。

(3) 减除费用:每次收入不超过4 000元的,减除费用按800元计算,每次收入超过4 000元的,减除费用按20%计算。

(4) 应纳税额的计算:

① 每次收入不足4 000元的:

预扣预缴的税额＝应纳税所得额×适用税率＝(每次收入－800)×70%×20%

新个税法规定:稿酬所得、劳务报酬所得、特许权使用费所得以每次收入额为应纳税所得额,收入额的计算是:每次收入减去800或扣除20%后的余额,稿酬所得的收入额减按70%计算。旧的税法规定税额减征30%。

② 每次收入超过4 000元的:

预扣预缴的税额＝应纳税所得额×适用税率＝每次收入×(1－20%)×70%×20%

【案例6-5】　李教授于2019年6月一次性取得稿酬3 000元。试计算李教授应缴纳多少个人所得税?

【案例解析】　应预扣预缴的税额＝(3 000－800)×70%×20%＝308(元)

【案例6-6】　假设李教授取得稿酬收入50 000元。请计算其应缴纳的个人所得税。

【案例解析】　应预扣预缴税额＝50 000×(1－20%)×70%×20%＝5 600(元)

4. 居民纳税人特许权使用费所得预缴税款的计算

(1) 由支付特许权使用费的单位或个人按次预扣预缴,以每一项使用权的每次转让所取得的收入为一次。

(2) 税率为20%。

(3) 减除费用:每次收入不超过4 000元的,减除费用按800元计算,每次收入超过4 000元的,减除费用按20%计算。

(4) 应纳税额的计算:

收入额(预扣预缴应纳税所得额)＝收入(一次收入超过4 000)×(1－20%)

或:

收入额(预扣预缴应纳税所得额)＝收入(一次收入不超过4 000)－800

预扣预缴的税额＝应纳税所得额×20%

【案例 6-7】 2019 年 7 月,我国居民张某转让一项专利权,取得转让收入 150 000 元,专利开发支出 10 000 元。计算张某当月特许权使用费所得应缴纳的个人所得税。

【案例解析】 应纳税所得额 = 150 000 × (1 − 20%) = 120 000(元)

预扣预缴的税额 = 120 000 × 20% = 24 000(元)

5. 居民纳税人年终综合所得汇算清缴

(1)年终四个税目合并为综合所得:工资薪金所得、劳务报酬所得、稿酬所得和特许权使用费所得合并为综合所得,居民纳税人的综合所得:按年计征。采用定额扣除与附加扣除相结合的方式。

(2)适用表 6-1 的税率:3%～45% 的 7 级超额累进税率。

(3)具体计算公式如下:

综合所得应纳税所得额 = 每一年的收入总额 − 60 000(5 000 × 12) −
　　　　　全年专项扣除 − 全年专项附加扣除 − 依法确定的其他扣除

每一年的收入总额 = 全年的工资薪金收入 + 劳务报酬应纳税所得额 +
　　　　　稿酬应纳税所得额 + 特许权使用费应纳税所得额

年终综合所得应补交(或退还)的税额 = 综合所得应纳税所得额 × 税率 − 速算扣除数 −
　　　　　已预扣预缴的税额

【案例 6-8】 赵某是我国公民,独生子单身,在甲公司工作。2019 年取得全年工资收入 80 000 元,在某大学授课取得收入 40 000 元,出版著作一部,取得稿酬 60 000 元,转让商标使用权,取得特许权使用费收入 20 000 元。赵某个人缴纳"三险一金"全年累计为 20 000 元,赡养老人支出税法规定的扣除金额为 24 000 元,假设无其他扣除项目。计算赵某本年应缴纳的个人所得税。

【案例解析】 工资薪金、劳务报酬、稿酬、特许权使用费为综合所得;

全年应纳税所得额 = 80 000 + 40 000 × (1 − 20%) + 60 000 × (1 − 20%) × 70% +
　　　　　20 000 × (1 − 20%) − 60 000 − 20 000 − 24 000 = 57 600(元)

应纳税额 = 57 600 × 10% − 2 520(速算扣除数) = 3 240(元)

(二)非居民个人的工资薪金所得、劳务报酬所得、稿酬所得,特许权使用费所得应纳税额的

1. 计税方法(不实行年度汇算清缴)

(1)"工资、薪金"所得,按"月"计征。

(2)"劳务报酬"所得、"稿酬"所得、"特许权使用费"所得,按"次"计征。扣缴义务人向非居民个人支付工资、薪金所得,劳务报酬所得,稿酬所得和特许权使用费所得时,应当按月或者按次代扣代缴税款;非居民个人的劳务报酬所得、稿酬所得、特许权使用费所得,属于一次性收入的。以取得该项收入为一次,属于同一项目连续性收入的,以 1 个月内取得的收入为一次。

2. 税率

执行表 6-2 的税率:3%～45% 的 7 级超额累进税率。

3. 应纳税所得额的确定

（1）工资、薪金所得：

以每月收入额减除"5 000元"后的余额为应纳税所得额。其计算公式如下：

$$应纳税所得额＝每月收入额－5\ 000$$

（2）劳务报酬所得、稿酬所得、特许权使用费所得：

① 以收入减除"20％"的费用后的余额为收入额。

② 以每次"收入额"为应纳税所得额。

③ "稿酬所得"的收入额减按"70％"计算。

其计算公式如下：

$$劳务报酬所得、特许权使用费所得应纳税所得额＝每次收入×（1－20％）$$
$$稿酬所得应纳税所得额＝每次收入×（1－20％）×70％$$

4. 应纳税额的计算

非居民个人工资、薪金所得，劳务报酬所得，稿酬所得，特许权使用费所得应纳税额的计算公式为：

$$应纳税额＝应纳税所得额×税率－速算扣除数$$

【案例6-9】　刘某为非居民纳税人，2019年7月取得劳务报酬收入12 000元，计算王某当月应缴纳的个人所得税。

【案例解析】　应纳税所得额＝12 000×（1－20％）＝9 600（元）

应纳税额＝9600×10％－210＝750（元）

（三）经营所得应纳税额的计算

经营所得以每一纳税年度的收入总额减除成本、费用以及损失后的余额，为应纳税所得额。

（1）执行表6-3的税率：5％～35％的5级超额累进税率。

（2）按年计算，按月或按季度预缴。

（3）对个体工商户业主、个人独资企业和合伙企业自然人投资者、企事业单位承包承租经营者2018年第四季度后取得的生产经营所得，减除费用按照5 000元/月执行。

（4）应纳税额的计算公式如下：

$$应纳税所得额＝收入总额－（成本＋费用＋损失）$$
$$应纳税额＝应纳税所得额×税率－速算扣除数$$

【案例6-10】　个体工商张林2019年经营收入为300 000元，准予扣除的成本费用、损失为180 000元。试计算其应纳税额。

【案例解析】　应纳税所得额＝（30 0000－180 000）＝120 000（元）

应纳税额＝120 000×20％－10 500＝13 500（元）

（四）财产租赁所得应纳税额的计算

财产租赁所得按次计算，以1个月取得的收入为一次。财产租赁所得的费用扣除标准

为:每次收入不超过4 000元的,法定扣除费用为800元,每次收入超过4 000元的,减除费用为20%。

财产租赁所得在法定减除费用以外,还可以扣除以下费用:

(1) 纳税人在出租财产过程中缴纳的城市维护建设税、教育费附加以及房产税、印花税等相关税费(不包括增值税)可持完税(缴款)凭证,从其财产租赁所得中扣除。

(2) 对于能够提供有效、准确凭证,证明由纳税义务人负担的该出租财产实际开支的修缮费用也准予扣除。允许扣除的修缮费用以每次800元为限。一次扣除不完的,准予下次继续扣除,直至扣完为止。

财产租赁所得个税的计算公式:

(1) 每次(月)收入不超过4 000元的:

应纳税额=[每次(月)收入额-准予扣除的项目-修缮费用(800元为限)-800]×20%;

(2) 每次收(月)入超过4 000元的:

应纳税额=[每次(月)收入额-准予扣除的项目-修缮费用(800元为限)]×(1-20%)×20%

【案例6-11】 居民刘某于2019年第一季度将其自有房屋出租给他人居住。每月取得租金1 000元(不含税),1月份房屋水管破裂,支付维修费100元。试计算刘某租赁财产每月应缴纳的个人所得税。

【案例解析】 因刘某每次收入不超过4 000元,所以定额减除费用800元,维修费用可以扣除。

1月份应纳税额=(1 000-800-100)×10%=10(元)
2月份应纳税额=(1 000-800)×10%=20(元)
3月份应纳税额=(1 000-800)×10%=20(元)

(五)财产转让所得应纳税额的计算

1. 财产转让所得应纳税所得额的确定

财产转让所得,以转让财产的收入额减除财产原值和合理费用后的余额,为应纳税所得额。其公式为:

应纳税所得额=每次收入额-(财产原值+合理费用)

其中:"每次"是指以一件财产的所有权一次转让取得的收入为一次。

财产转让所得中允许减除的财产原值是指:

(1) 有价证券,其原值为买入价以及买入时按规定缴纳的有关费用。

(2) 建筑物,其原值为建造费或者购进价格以及其他有关税费。

(3) 土地使用权,其原值为取得土地使用权所支付的金额、开发土地的费用以及其他有关税费。

(4) 机器设备、车船,其原值为购进价格、运输费、安装费,以及其他有关费用。

(5) 其他财产,其原值参照以上方法确定。

如果纳税人未提供完整准确的财产原值凭证,不能正确计算财产原值的,由主管税务机关核定其财产原值。

财产转让所得中允许减除的合理费用,是指卖出财产时按照规定支付的有关费用。

2. 财产转让所得应纳税额的计算

$$应纳个人所得税税额＝应纳税所得额×适用税率$$

$$＝[每次收入额－(财产原值＋合理费用)]×20\%$$

【案例 6-12】 某居民 2019 年 8 月转让一处自由房产,购进价格及有关费用 280 000 元,转让收入 500 000 元,转让过程中缴纳的有关税费 30 000 元,为了交易成功而发生的交通费、电话费等共 300 元。要求计算转让房产个人应纳税所得额和应纳税额。

【案例解析】 应纳税所得额 ＝500 000－280 000－30 000－300＝189 700(元)

应纳个人所得税 ＝189 700×20\%＝37 940(元)

(六)利息、股息、红利、偶然所得应纳税额的计算

利息、股息、红利所得适用 20\% 的比例税率,并且其所得收入不允许扣除任何费用。利息、股息、红利、偶然所得按次计税,以每次收入额为应纳税所得额,不得扣除任何费用。利息、股息、红利所得,以支付利息、股息、红利时取得的收入为一次。偶然所得,以每次取得该项收入为一次。

其计算公式如下:

$$应纳税额＝应纳税所得额(每次收入额)×适用税率＝每次收入额×20\%$$

【案例 6-13】 王明 2019 年取得全年红利收入 4 000 元。计算应缴纳的个人所得税。

【案例解析】 应纳税额 ＝4 000×20\%＝800(元)

二、个人所得税应纳税额的特殊计算

(一)公益救济性捐赠

根据我国《个人所得税法》及其实施条例规定,个人将其所得通过中国境内的社会团体、国家机关向教育和其他社会公益事业以及遭受严重自然灾害地区、贫困地区的捐赠的部分,按照国务院有关规定从应纳税所得中扣除。捐赠额未超过纳税义务人申报的应纳税所得额 30\% 的部分,可以从其应纳税所得额中扣除。

个人通过非营利性的社会团体和国家机关进行的下列公益救济性捐赠支出,在计算缴纳个人所得税时,准予在税前的所得额中全额扣除:

(1) 向红十字事业的捐赠。

(2) 向农村义务教育的捐赠,包括对农村义务教育与高中在一起的学校的捐赠。

(3) 对公益性青少年活动场所(其中包括新建)的捐赠。

(4) 福利性、非营利性老年服务机构。

(5) 通过特定基金会完成的公益救济性捐赠。

(6) 捐给"非关联科研机构和高校用于研发"(不含偶然、其他所得)。

【案例 6-14】 张某 2019 年 1 月份向中国扶贫开发协会进行了 6 000 元的公益性捐赠,

同时张某本月工资为 20 000 元,其中个人负担并缴纳符合税法扣除标准的"三险一金" 3 000 元,专项附加扣除为 2 000 元。本月张某应如何缴纳个人所得税?

【案例解析】 张某本月可以税前扣除的公益性捐赠的限额＝(20 000－3 000－2 000－5 000)×30％＝3 000(元)

张某当月应缴纳的个人所得税＝(20 000－3 000－5 000－2 000－3 000)×3％＝210(元)

张某超出 3 000 元限额的 3 000 元公益性捐赠支出将无法在税前扣除。

(二)境外所得抵免

纳税义务人从中国境外取得的所得,准予其在应纳税额中扣除已在境外缴纳的个人所得税额。但扣除额不得超过该纳税义务人境外所得依照本法规定计算的应纳税额。

所说的依照税法规定计算的应纳税额,是指纳税义务人从中国境外取得的所得,区别不同国家或者地区和不同所得项目,依照税法规定的费用减除标准和适用税率计算的应纳税额;同一国家或者地区内不同所得项目的应纳税额之和,为该国家或者地区的扣除限额。

纳税义务人在中国境外一个国家或者地区实际已经缴纳的个人所得税额,低于依照前款规定计算出的该国家或者地区扣除限额的,应当在中国缴纳差额部分的税款;超过该国家或者地区扣除限额的,其超过部分不得在本纳税年度的应纳税额中扣除,但是可以在以后纳税年度的该国家或者地区扣除限额的余额中补扣。补扣期限最长不得超过 5 年。

其计算公式如下:

$$\begin{aligned}\text{来源于一国(地区)综合所得} \\ \text{应纳税所得额的抵免限额}\end{aligned}=\frac{\begin{aligned}\text{中国境内、境外综合所得依照个人} \\ \text{所得税法计算的综合所得应纳税总额}\end{aligned}}{\text{中国境内外综合所得收入总额}}\times\begin{aligned}\text{来源于该国(地区)} \\ \text{的综合所得收入额}\end{aligned}$$

$$\begin{aligned}\text{来源于一国(地区)经营} \\ \text{所得的抵免限额}\end{aligned}=\frac{\begin{aligned}\text{中国境内、境外经营所得依照个人所得} \\ \text{税法计算的经营所得应纳总额}\end{aligned}}{\text{中国境内外经营所得收入总额}}\times\begin{aligned}\text{来源于该国(地区)} \\ \text{的经营收入总额}\end{aligned}$$

来源于一国(地区)其他所得项目的抵免限额,为来源于该国(地区)的其他所得项目依照个人所得税法计算的应纳税额。

【案例 6-15】 我国公民王某 2019 年 1 月在境内取得工资 5 500 元。当月还从美国取得偶然所得折合人民币 5 000 元,已在境外缴纳所得税折合人民币 500 元。计算王某该月应纳个人所得税。

【案例解析】 王某境内工资应纳税额＝(5 500－5 000)×3％＝15(元)

王某境外已纳税款的抵免限额＝5 000×20％＝1 000(元)

由于 500＜1 000,因此,500 元可以全部抵免。

王某该月应纳税额＝15＋1 000－500＝515(元)

三、个人所得税征收管理和纳税申报

(一)纳税地点

自行申报的纳税人,其申报纳税地点一般为收入来源地的主管税务机关。

（1）在中国境内有任职、受雇单位的，向任职、受雇单位所在地主管税务机关申报。

（2）在中国境内有两处或者两处以上任职、受雇单位的，选择并固定向其中一处单位所在地主管税务机关申报。

（3）在中国境内无任职、受雇单位，年所得项目中有个体工商户的生产、经营所得或者对企事业单位的承包经营、承租经营所得（以下统称生产、经营所得）的，向其中一处实际经营所在地主管税务机关申报。

（4）在中国境内无任职、受雇单位，年所得项目中无生产、经营所得的，向户籍所在地主管税务机关申报。在中国境内有户籍，但户籍所在地与中国境内经常居住地不一致的，选择并固定向其中一地主管税务机关申报。在中国境内没有户籍的，向中国境内经常居住地主管税务机关申报。

（5）其他所得的纳税人，纳税申报地点分别为：

① 从两处或者两处以上取得工资、薪金所得的，选择并固定向其中一处单位所在地主管税务机关申报。

② 从中国境外取得所得的，向中国境内户籍所在地主管税务机关申报。在中国境内有户籍，但户籍所在地与中国境内经常居住地不一致的，选择并固定向其中一地主管税务机关申报。在中国境内没有户籍的，向中国境内经常居住地主管税务机关申报。

③ 个体工商户向实际经营所在地主管税务机关申报。

④ 个人独资、合伙企业投资者兴办两个或两个以上企业的，区分不同情形确定纳税申报地点：兴办的企业全部是个人独资性质的，分别向各企业的实际经营管理所在地主管税务机关申报；兴办的企业中含有合伙性质的，向经常居住地主管税务机关申报；兴办的企业中含有合伙性质，个人投资者经常居住地与其兴办企业的经营管理所在地不一致的，选择并固定向其参与兴办的某一合伙企业的经营管理所在地主管税务机关申报。纳税申报地点，除特殊情况外，5 年以内不得变更。

⑤ 除以上情形外，纳税人应当向取得所得所在地主管税务机关申报。纳税人不得随意变更纳税申报地点，因特殊情况变更纳税申报地点的，须报原主管税务机关备案。

（二）纳税期限

（1）综合所得。

① 居民个人取得综合所得，按年计算个人所得税；有扣缴义务人的，由扣缴义务人按月或者按次预扣预缴税款；需要办理汇算清缴的，应当在取得所得的次年"3 月 1 日至 6 月 30 日"内办理汇算清缴。

② 非居民个人取得工资、薪金所得，劳务报酬所得，稿酬所得和特许权使用费所得，有扣缴义务人的，由扣缴义务人"按月或者按次"代扣代缴税款，不办理汇算清缴。

（2）经营所得。

纳税人取得经营所得，按年计算个人所得税，由纳税人在月度或者季度终了后 15 日内向税务机关报送纳税申报表，并预缴税款；在取得所得的次年 3 月 31 日前办理汇算清缴。

（3）利息、股息、红利所得，财产租赁所得，财产转让所得和偶然所得。

纳税人取得上述所得，按月或者按次计算个人所得税，有扣缴义务人的，由扣缴义务人

按月或者按次代扣代缴税款。

（4）纳税人取得应税所得没有扣缴义务人的，应当在取得所得的次月 15 日内向税务机关报送纳税申报表，并缴纳税款。

（5）扣缴义务人未扣缴税款。

① 纳税人应当在取得所得的次年 6 月 30 日前，缴纳税款。

② 税务机关通知限期缴纳的，纳税人应当按照期限缴纳税款。

（6）居民个人从中国境外取得所得应当在取得所得的次年 3 月 1 日至 6 月 30 日内申报。

（7）非居民个人在中国境内从两处以上取得工资、薪金所得应当在取得所得的次月 15 日内申报纳税。

（8）纳税人因移居境外注销中国户籍应当在注销中国户籍前办理税款清算。

（9）扣缴义务人每月或者每次预扣、代扣税款的缴库应当在次月 15 日内缴入国库，并向税务机关报送扣缴个人所得税申报表。

应该注意的是，纳税期限的最后一日是法定休假日的，以休假日的次日为期限的最后一日。

（三）个人所得税的申报方式

个人所得税的申报方式有代扣代缴和自行申报两种。

1. 代扣代缴

《个人所得税法》规定，凡是支付个人应税收入的单位和个人，都是个人所得税的扣缴义务人，都必须履行个人所得税的全员全额扣缴义务。

扣缴义务人应按规定的时间地点每月向主管税务机关报送个人所得税报告表，并在次月 15 日前将所扣缴的税款缴入国库。

2. 自行申报

纳税人有下列情况之一的，应当自行办理纳税申报，依法办理汇算清缴。

（1）取得"综合所得"需要办理汇算清缴。

① 在"两处或者两处以上"取得综合所得，且综合所得年收入额减去专项扣除的余额超过 6 万元。

② 取得劳务报酬所得、稿酬所得、特许权使用费所得中一项或者多项所得，且综合所得年收入额减去专项扣除的余额超过 6 万元。

应该注意的是，扣减项目只包括专项扣除（"三险一金"），而不包括生计费、专项附加扣除和其他扣除项目。

③ 纳税年度内预缴税额"低于"应纳税额的。

④ 纳税人申请退税的。

（2）取得应税所得没有扣缴义务人。

（3）取得应税所得，扣缴义务人未扣缴税款。

（4）取得境外所得。

（5）因移居境外注销中国户籍。

（6）非居民个人在中国境内从两处以上取得工资、薪金所得。

（四）个人所得税的纳税申报

个人所得税的纳税方式有企业单位代扣代缴和纳税人自行申报两种。纳税时应分别填写《扣缴个人所得税报告表》（见表 6-5）和《个人所得税纳税申报表》（见表 6-6）。

表 6-5

扣缴个人所得税报告表

税款所属期：　　年　月　日至　　年　月　日　　　扣缴义务人名称：

扣缴义务人纳税人识别号（统一社会信用代码）：□□□□□□□□□□□□□□□□□□

金额单位：人民币元（列至角分）

序号	姓名	身份证件类型	身份证件号码	纳税人识别号	是否为非居民个人	所得项目	本月（次）情况													累计情况										准予扣除的捐赠额	税款计算							备注
							收入额计算			专项扣除				其他扣除						累计收入额	累计减除费用	累计专项扣除	累计专项附加扣除					累计其他扣除		减按计税比例		应纳税所得额	税率/预扣率	速算扣除数	应纳税额	减免税额	已缴税额	应补/退税额	
							收入	费用	免税收入	减除费用	基本养老保险费	基本医疗保险费	失业保险费	住房公积金	年金	商业健康保险	税延养老保险	财产原值	允许扣除的税费	其他				子女教育	赡养老人	住房贷款利息	住房租金	继续教育											
1	2	3	4	5	6	7	8	9	10	11	12	13	14	15	16	17	18	19	20	21	22	23	24	25	26	27	28	29	30	31	32	33	34	35	36	37	38	39	40
会计合计																																						

谨声明：本表是根据国家税收法律法规及相关规定填报的，是真实的、可靠的、完整的。

扣缴义务人（签章）：　　　　　　　年　月　日

经办人签字： 经办人身份证件号码： 代理机构签章： 代理机构统一社会信用代码：	受理人： 受理税务机关（章）： 受理日期：　　年　月　日

【表单说明】

（一）适用范围。

本表适用于扣缴义务人向居民个人支付工资、薪金所得，劳务报酬所得，稿酬所得和特许权使用费所得的个人所得税全员全额预扣预缴申报；向非居民个人支付工资、薪金所得，劳务报酬所得，稿酬所得和特许权使用费所得的个人所得税全员全额扣缴申报；以及向纳税人（居民个人和非居民个人）支付利息、股息、红利所得，财产租赁所得，财产转让所得和偶然所得的个人所得税全员全额扣缴申报。

（二）报送期限。

扣缴义务人应当在每月或者每次预扣、代扣税款的次月 15 日内，将已扣税款缴入国库，并向税务机关报送本表。

（三）本表各栏填写。

表头项目:

1. 税款所属期:填写扣缴义务人预扣、代扣税款当月的第 1 日至最后 1 日。如:2019 年 3 月 20 日发放工资时代扣的税款,税款所属期填写"2019 年 3 月 1 日至 2019 年 3 月 31 日"。

2. 扣缴义务人名称:填写扣缴义务人的法定名称全称。

3. 扣缴义务人纳税人识别号(统一社会信用代码):填写扣缴义务人的纳税人识别号或者统一社会信用代码。

表内各栏:

1. 第 2 列"姓名":填写纳税人姓名。

2. 第 3 列"身份证件类型":填写纳税人有效的身份证件名称。中国公民有中华人民共和国居民身份证的,填写居民身份证;没有居民身份证的,填写中华人民共和国护照、港澳居民来往内地通行证或者港澳居民居住证、台湾居民通行证或者台湾居民居住证、外国人永久居留身份证、外国人工作许可证或者护照等。

3. 第 4 列"身份证件号码":填写纳税人有效身份证件上载明的证件号码。

4. 第 5 列"纳税人识别号":有中国公民身份号码的,填写中华人民共和国居民身份证上载明的"公民身份号码";没有中国公民身份号码的,填写税务机关赋予的纳税人识别号。

5. 第 6 列"是否为非居民个人":纳税人为居民个人的填写"否"。为非居民个人的,根据合同、任职期限、预期工作时间等不同情况,填写"是,且不超过 90 天"或者"是,且超过 90 天不超过 183 天"。不填默认为"否"。

其中,纳税人为非居民个人的,填写"是,且不超过 90 天"的,当年在境内实际居住超过 90 天的次月 15 日内,填写"是,且超过 90 天不超过 183 天"。

6. 第 7 列"所得项目":填写纳税人取得的个人所得税法第二条规定的应税所得项目名称。同一纳税人取得多项或者多次所得的,应分行填写。

7. 第 8~21 列"本月(次)情况":填写扣缴义务人当月(次)支付给纳税人的所得,以及按规定各所得项目当月(次)可扣除的减除费用、专项扣除、其他扣除等。其中,工资、薪金所得预扣预缴个人所得税时扣除的专项附加扣除,按照纳税年度内纳税人在该任职受雇单位截至当月可享受的各专项附加扣除项目的扣除总额,填至"累计情况"中第 25~29 列相应栏,本月情况中则无须填写。

(1)"收入额计算":包含"收入""费用""免税收入"。收入额=第 8 列-第 9 列-第 10 列。

① 第 8 列"收入":填写当月(次)扣缴义务人支付给纳税人所得的总额。

② 第 9 列"费用":取得劳务报酬所得、稿酬所得、特许权使用费所得时填写,取得其他各项所得时无须填写本列。居民个人取得上述所得,每次收入不超过 4 000 元的,费用填写"800"元;每次收入 4 000 元以上的,费用按收入的 20%填写。非居民个人取得劳务报酬所得、稿酬所得、特许权使用费所得,费用按收入的 20%填写。

③ 第 10 列"免税收入":填写纳税人各所得项目收入总额中,包含的税法规定的免税收入金额。其中,税法规定"稿酬所得的收入额减按 70%计算",对稿酬所得的收入额减计的 30%部分,填入本列。

(2)第 11 列"减除费用":按税法规定的减除费用标准填写。如,2019 年纳税人取得工资、薪金所得按月申报时,填写 5 000 元。纳税人取得财产租赁所得,每次收入不超过 4 000 元的,填写 800 元;每次收入 4 000 元以上的,按收入的 20%填写。

(3)第 12~15 列"专项扣除":分别填写按规定允许扣除的基本养老保险费、基本医疗保险费、失业保险费、住房公积金(以下简称"三险一金")的金额。

(4)第 16~21 列"其他扣除":分别填写按规定允许扣除的项目金额。

8. 第 22~30 列"累计情况":本栏适用于居民个人取得工资、薪金所得,保险营销员、证券经纪人取得佣金收入等按规定采取累计预扣法预扣预缴税款时填报。

(1) 第 22 列"累计收入额":填写本纳税年度截至当前月份,扣缴义务人支付给纳税人的工资、薪金所得,或者支付给保险营销员、证券经纪人的劳务报酬所得的累计收入额。

(2) 第 23 列"累计减除费用":按照 5 000 元/月乘以纳税人当年在本单位的任职受雇或者从业的月份数计算。

(3) 第 24 列"累计专项扣除":填写本年度截至当前月份,按规定允许扣除的"三险一金"的累计金额。

(4) 第 25～29 列"累计专项附加扣除":分别填写截至当前月份,纳税人按规定可享受的子女教育、赡养老人、住房贷款利息或者住房租金、继续教育扣除的累计金额。大病医疗扣除由纳税人在年度汇算清缴时办理,此处无须填报。

(5) 第 30 列"累计其他扣除":填写本年度截至当前月份,按规定允许扣除的年金(包括企业年金、职业年金)、商业健康保险、税延养老保险及其他扣除项目的累计金额。

9. 第 31 列"减按计税比例":填写按规定实行应纳税所得额减计税收优惠的减计比例。无减计规定的,可不填,系统默认为 100%。如,某项税收政策实行减按 60% 计入应纳税所得额,则本列填 60%。

10. 第 32 列"准予扣除的捐赠额":是指按照税法及相关法规、政策规定,可以在税前扣除的捐赠额。

11. 第 33～39 列"税款计算":填写扣缴义务人当月扣缴个人所得税款的计算情况。

(1) 第 33 列"应纳税所得额":根据相关列次计算填报。

① 居民个人取得工资、薪金所得,填写累计收入额减除累计减除费用、累计专项扣除、累计专项附加扣除、累计其他扣除后的余额。

② 非居民个人取得工资、薪金所得,填写收入额减去减除费用后的余额。

③ 居民个人或者非居民个人取得劳务报酬所得、稿酬所得、特许权使用费所得,填写本月(次)收入额减除其他扣除后的余额。

保险营销员、证券经纪人取得的佣金收入,填写累计收入额减除累计减除费用、累计其他扣除后的余额。

④ 居民个人或者非居民个人取得利息、股息、红利所得和偶然所得,填写本月(次)收入额。

⑤ 居民个人或者非居民个人取得财产租赁所得,填写本月(次)收入额减去减除费用、其他扣除后的余额。

⑥ 居民个人或者非居民个人取得财产转让所得,填写本月(次)收入额减除财产原值、允许扣除的税费后的余额。

其中,适用"减按计税比例"的所得项目,其应纳税所得额按上述方法计算后乘以减按计税比例的金额填报。

按照税法及相关法规、政策规定,可以在税前扣除的捐赠额,可以按上述方法计算后从应纳税所得额中扣除。

(2) 第 34～35 列"税率/预扣率""速算扣除数":填写各所得项目按规定适用的税率(或预扣率)和速算扣除数。没有速算扣除数的,则不填。

(3) 第 36 列"应纳税额":根据相关列次计算填报。第 36 列=第 33 列×第 34 列-第 35 列。

(4) 第 37 列"减免税额":填写符合税法规定可减免的税额,并附报《个人所得税减免税事项报告表》。居民个人工资、薪金所得,以及保险营销员、证券经纪人取得佣金收入,填写本年度累计减免税额;居民个人取得工资、薪金以外的所得或非居民个人取得各项所得,填写本月(次)减免税额。

(5) 第 38 列"已缴税额":填写本年或本月(次)纳税人同一所得项目,已由扣缴义务人实际扣缴的税款金额。

(6) 第 39 列"应补/退税额":根据相关列次计算填报。第 39 列=第 36 列-第 37 列-第 38 列。

表 6-6

个人所得税自行纳税申报表(A表)

税款所属期:自　　年　月　日至　　年　月　日　　　　　　金额单位:人民币元(列至角分)

姓名		国籍(地区)		身份证件类型		身份证件号码											

| 自行申报情形 | □从中国境内两处或者两处以上取得工资、薪金所得 　□没有扣缴义务人 　□其他情形 |

任职受雇单位名称	所得期间	所得项目	收入额	免税所得	税前扣除项目								减除费用	准予扣除的捐赠额	应纳税所得额	税率/%	速算扣除数	应纳税额	减免税额	已缴税额	应补(退)税额
					基本养老保险费	基本医疗保险费	失业保险费	住房公积金	财产原值	允许扣除的税费	其他	合计									
1	2	3	4	5	6	7	8	9	10	11	12	13	14	15	16	17	18	19	20	21	22

谨声明:此表是根据《中华人民共和国个人所得税法》及其实施条例和国家相关法律法规规定填写的,是真实的、完整的、可靠的。 　　　　　　　　　　　　　　　　　纳税人签字:　　　　　　　　　　　年　月　日

代理机构(人)公章: 经办人:　　经办人执业证件号码:	主管税务机关受理专用章: 受理人:
代理申报日期:　　年　月　日	受理日期:　　年　月　日

国家税务总局监制

【表单说明】

一、适用范围。

本表适用于"从中国境内两处或者两处以上取得工资、薪金所得的""取得应纳税所得,没有扣缴义务人的",以及"国务院规定的其他情形"的个人所得税申报。纳税人在办理申报时,须同时附报附件2——《个人所得税基础信息表(B表)》。

二、申报期限。

次月 15 日内。自行申报纳税人应在此期限内将每月应纳税款缴入国库,并向税务机关报送本表。纳税人不能按规定期限报送本表时,应当按照《中华人民共和国税收征收管理法》(以下简称税收征管法)及其实施细则有关规定办理延期申报。

三、本表各栏填写如下。

(一)表头项目。

1. 税款所属期:是指纳税人取得所得应纳个人所得税款的所属期间,应填写具体的起止年月日。

2. 姓名:填写纳税人姓名。中国境内无住所个人,其姓名应当用中、外文同时填写。

3. 国籍(地区):填写纳税人的国籍或者地区。

4. 身份证件类型:填写能识别纳税人唯一身份的有效证照名称。

(1)在中国境内有住所的个人,填写身份证、军官证、士兵证等证件名称。

(2)在中国境内无住所的个人,如果税务机关已赋予18位纳税人识别号的,填写"税务机关赋予";如果税务机关未赋予的,填写护照、港澳居民来往内地通行证、台湾居民来往大陆通行证等证照名称。

5. 身份证件号码:填写能识别纳税人唯一身份的号码。

(1)在中国境内有住所的纳税人,填写身份证、军官证、士兵证等证件上的号码。

(2)在中国境内无住所的纳税人,如果税务机关赋予18位纳税人识别号的,填写该号码;没有,则填写护照、港澳居民来往内地通行证、台湾居民来往大陆通行证等证照上的号码。

税务机关赋予境内无住所个人的18位纳税人识别号,作为其唯一身份识别码,由纳税人到主管税务机关办理初次涉税事项,或扣缴义务人办理该纳税人初次扣缴申报时,由主管税务机关赋予。

6. 自行申报情形:纳税人根据自身情况在对应框内打"√"。

(二)表内各栏。

纳税人在填报"从中国境内两处或者两处以上取得工资、薪金所得的"时,第1~4列需分行列示各任职受雇单位发放的工薪,同时,另起一行在第4列"收入额"栏填写上述工薪的合计数,并在此行填写第5~22列。

纳税人在填报"取得应纳税所得,没有扣缴义务人的"和"国务院规定的其他情形"时,需分行列示。

1. 第1列"任职受雇单位名称":填写纳税人任职受雇单位的名称全称。在多家单位任职受雇的,须分行列示。如果没有,则不填。

2. 第2列"所得期间":填写纳税人取得所得的起止时间。

3. 第3列"所得项目":按照税法第二条规定的项目填写。纳税人取得多项所得时,须分行填写。

4. 第4列"收入额":填写纳税人实际取得的全部收入额。

5. 第5列"免税所得":是指税法第四条规定可以免税的所得。

6. 第6~13列"税前扣除项目":是指按照税法及其他法律法规规定,可在税前扣除的项目。

(1)第6~9列"基本养老保险费、基本医疗保险费、失业保险费、住房公积金"四项,是指按照国家规定,可在个人应纳税所得额中扣除的部分。

(2)第10列"财产原值":该栏适用于"财产转让所得"项目的填写。

(3)第11列"允许扣除的税费":该栏适用于"劳务报酬所得、特许权使用费所得、财产租赁所得和财产转让所得"项目的填写。

① 适用"劳务报酬所得"时,填写劳务发生过程中实际缴纳的税费;

② 适用"特许权使用费"时,填写提供特许权过程中发生的中介费和相关税费;

③ 适用"财产租赁所得"时,填写修缮费和出租财产过程中发生的相关税费;

④ 适用"财产转让所得"时,填写转让财产过程中发生的合理税费。

(4)第12列"其他":是指法律法规规定其他可以在税前扣除的项目。

(5)第13列"合计":为各所得项目对应税前扣除项目的合计数。

7. 第14列"减除费用":是指税法第六条规定可以在税前减除的费用。没有的,则不填。

8. 第15列"准予扣除的捐赠额":是指按照税法及其实施条例和相关税收政策规定,可以在税前扣除的捐赠额。

9. 第16列"应纳税所得额":根据相关列次计算填报。第16列=第4列-第5列-第13列-第14列-第15列

10. 第17列"税率"及第18列"速算扣除数":按照税法第三条规定填写。部分所得项目没有速算扣除数的,则不填。

11. 第19列"应纳税额":根据相关列次计算填报。第19列=第16列×第17列-第18列。

12. 第20列"减免税额":是指符合税法规定可以减免的税额。其中,纳税人取得"稿酬所得"时,其根据税法第三条规定可按应纳税额减征的30%,填入此栏。

13. 第21列"已缴税额":是指纳税人当期已实际被扣缴或缴纳的个人所得税税款。

14. 第22列"应补(退)税额":根据相关列次计算填报。第22列＝第19列－第20列－第21列。

任务处理

任务情境中的问题你解决了吗?

(各小组讨论,小组推荐代表发言,其他小组提问,小组答辩,提交实训报告册,教师进行点评打分)

专项技能训练

一、职业描述能力训练

1. 专项附加扣除包括哪些内容?

2. 年终哪四个税目合并为综合所得计征个人所得税?

二、职业计算能力训练

【任务情境】达内集团公司2019年12月发生如下业务:

(1) 员工杨某12月工资收入4 400元,另外还领取了现金奖500元。

(2) 从个人老张处购进拍卖的文物一件,购入价100万元,该文物老张原购入时为10万元,持有税务机关认可票据。

(3) 购进画家袁某拍卖的手稿一件,购入价60 000元。

任务要求 根据以上各项内容,计算鲁百集团公司应代扣代缴的个人所得税。

任务三 个人所得税的会计核算

任务情境

【资料6-3】 中国公民孙某系自由职业者,2019年1月月收入如下:

(1) 出版中篇小说一部,取得出版社的稿酬3 800元。

(2) 受托对电影公司的一电影剧本进行审核,取得审稿收入15 000元。

(3) 临时担任长安公司会议翻译,取得收入3 000元。

任务要求 要求计算孙某当月应缴纳的个人所得税税额,编制会计分录,填制记账凭证。

任务指导

一、个人所得税的账户设置

个人所得税实行源泉扣税,由向个人支付报酬的单位代扣代缴。代扣代缴的个人所得税通过"应交税费——应交个人所得税"账户核算。企业支付所得并代扣个人所得税时,记入该账户的贷方,将代扣代缴的个人所得税交给税务机关时,记入该账户的借方。

二、个人所得税的具体会计核算

（一）代扣工资、薪金所得的个人所得税的会计处理

【案例6-16】　众诚公司2019年6月份共代扣工薪所得的个人所得税5 500元。

【案例解析】　应编制的会计处理为:

借:应付职工薪酬 5 500
　　贷:应交税费——应交个人所得税 5 500

众诚公司上交代扣个人所得税时:

借:应交税费——应交个人所得税 5 500
　　贷:银行存款 5 500

（二）个体工商户生产、经营所得的个人所得税的会计处理

个体工商户取得生产、经营所得按规定计算应纳的所得税,借记"所得税费用"账户,贷记"应交税费——应交个人所得税"账户。实际上交税款时,借记"应交税费——应交个人所得税"账户,贷记"银行存款"账户。

【案例6-17】　经过计算,某个体工商户按照规定预交本月应预缴个人所得税5 000元。

【案例解析】　应编制的会计处理为:

计算应纳个人所得税时:

借:所得税费用 5 000
　　贷:应交税费——应交个人所得税 5 000

缴纳个人所得税时:

借:应交税费——应交个人所得税 5 000
　　贷:银行存款 5 000

（三）代扣劳务报酬所得、稿酬所得、特许权使用费所得、财产租赁所得的个人所得税的会计

【案例6-18】　众诚公司聘请外单位工程师李季进行设计,支付设计费8 000元。

【案例解析】　支付设计费时应代扣的个人所得税为:

$$应交个人所得税 = (8\ 000 - 8\ 000 \times 20\%) \times 20\% - 0 = 1\ 280(元)$$

会计处理为:

借:管理费用 8 000
　　贷:应交税费——应交个人所得税 1 280
　　　　库存现金 6 720

缴纳税款时:

借：应交税费——应交个人所得税   1 280

  贷：银行存款   1 280

【案例6-19】 某作家在一出版社出版一本著作，按合同规定，该出版社支付给作家15 000元稿费，并由出版社代扣代缴个人所得税。

【案例解析】 （1）计算应扣个人所得税：

$$应扣个人所得税＝15\,000×(1－20\%)×70\%×20\%＝1\,680(元)$$

（2）支付稿酬时：

借：主营业务成本   15 000

  贷：应交税费——应交个人所得税   1 680

    银行存款   13 320

（3）缴纳税款时：

借：应交税费——应交个人所得税   1 680

  贷：银行存款   1 680

（四）代扣利息、股息、红利所得的个人所得税的会计处理

【案例6-20】 经过有关部门批准，众诚公司向员工集资1 000万元，按约定，年末向员工支付集资款的利息100万元。

【案例解析】 众诚公司在支付上述利息时应代扣个人所得税为：

$$应纳税额＝1\,000\,000×20\%＝200\,000(元)$$

众诚公司支付利息时的会计处理为：

借：财务费用   1 000 000

  贷：应交税费——应交个人所得税   200 000

    库存现金   800 000

上交税款时：

借：应交税费——应交个人所得税   200 000

  贷：银行存款   200 000

（五）财产转让所得的个人所得税的会计处理

【案例6-21】 赵某将自有房产（非家庭生活用房）卖给众诚公司，取得收入100 000元，房产建造费用为50 000元，办理产权转让手续时缴纳税金和其他费用20 000元。由单位代扣代缴个人所得税。

【案例解析】 应纳税所得税额＝(100 000－50 000－20 000)×20%＝6 000(元)

众诚公司购买房产时：

借：固定资产   100 000

  贷：应交税费——应交个人所得税   6 000

    银行存款   94 000

缴纳税款时：

借：应交税费——应交个人所得税　　　　　　　　　　　　　　　6 000

　　贷：银行存款　　　　　　　　　　　　　　　　　　　　　　　　　　6 000

任务处理

任务情境中的问题你解决了吗？

（各小组讨论，小组推荐代表发言，其他小组提问，小组答辩，提交实训报告册，教师进行点评打分）

专项技能训练

职业综合能力训练

【任务情境】大众公司 2019 年 9 月份共代扣工薪所得的个人所得税 18 000 元。

【任务要求】请作账务处理。

项目总结

　　本项目主要介绍了个人所得税的征税对象及范围；个人所得税税目税率和税收优惠政策；个人所得税应纳税额的计算是重点；掌握个人所得税的纳税申报表的填制，掌握个人所得说的相关会计处理。

综合考核

一、职业判断能力考核

1. 纳税人所有的个人收入都应缴纳个人所得税。　　　　　　　　　　　（　　）

2. 在我国境内无住所，而在我国境内居住又不满 183 天的个人，其来源于我国的所得免征个人所得税。　　　　　　　　　　　　　　　　　　　　　　　　　　　　（　　）

3. 凡在中国境内有住所，或者无住所而在中国境内居住满 183 天的个人，从中国境内和境外取得的所得应纳个人所得税。　　　　　　　　　　　　　　　　　　　　（　　）

4. 在我国无住所且在境内临时居住不满 183 天者，为纳税意义上的非居民。非居民不承担纳税义务。　　　　　　　　　　　　　　　　　　　　　　　　　　　　　（　　）

5. 居民承担无限纳税责任，从国外取得的个人收入也要向我国政府缴纳个人所得税。
　　　　　　　　　　　　　　　　　　　　　　　　　　　　　　　　　（　　）

6. 所得税是对纳税人纯收入征税的，因此应从纳税人的总收入中减除一定的费用，我国采用分项减除费用的办法。　　　　　　　　　　　　　　　　　　　　　　　（　　）

7. 在我国境内的外资企业中工作的外籍人员及我国港、澳、台侨胞的工资、薪金所得，在计税时每月扣除费用金额应为 4 000 元。　　　　　　　　　　　　　　（　　）

8. 再版同一作品而取得再版稿酬，不应再扣减费用，而应全额征税。　　（　　）

9. 两个或两个以上的个人共同取得同一项收入的，要对每个人取得的收入分别按规定减除费用后计税。　　　　　　　　　　　　　　　　　　　　　　（　　）

10. 利息、股息、红利所得，以支付利息、股息、红利的企业、机构、组织的所在地，作为所得来源地，这是判断所得来源地应遵循的方法之一。　　　　　　　　　（　　）

11. 同一作品在报刊上连载取得收入的，以连载 1 个月内取得的收入为一次，计征个人所得税。　　　　　　　　　　　　　　　　　　　　　　　　　　　（　　）

12. 工资、薪金所得应缴纳的个人所得税按月计征，由扣缴义务人或纳税人在次月 7 日内缴入国库。　　　　　　　　　　　　　　　　　　　　　　　　　　（　　）

13. 个人将其应税所得全部用于公益性救济捐赠的，可不承担缴纳个人所得税义务。
　　　　　　　　　　　　　　　　　　　　　　　　　　　　　　　　　　（　　）

14. 个人取得年终一次性奖金应单独作为 1 个月的工资、薪金并按照有关规定计算缴纳个人所得税。　　　　　　　　　　　　　　　　　　　　　　　　　（　　）

15. 企业年底以实物形式发给单位职工的奖金，不需要缴纳个人所得税。　（　　）

二、职业单项选择能力考核

1. 劳动分红属于（　　）。

A. 工资、薪金所得　　　　　　　　　　B. 劳务报酬所得

C. 利息、股息、红利所得　　　　　　　D. 其他所得

2. 个人通过规定的部门将其所得对教育事业和其他公益事业捐赠，捐赠额未超过纳税义务人申报的应纳税所得额（　　）的部分，可以从其应纳税所得额中扣除。

A. 30%　　　　　　B. 100%　　　　　　C. 25%　　　　　　D. 50%

3. 确定个人所得税应纳税所得额时，下列项目中，不是按每次收入为计算依据的是（　　）。

A. 劳务报酬所得　　B. 稿酬所得　　C. 特许权使用费所得　D. 经营所得

4. 源泉扣缴税款的纳税期限，是在扣缴义务人向个人支付应税所得的纳税期满的次月（　　）日内向主管税务机关申报所得并缴纳扣缴的税款。

A. 7　　　　　　　　B. 15　　　　　　　C. 10　　　　　　　D. 14

5. 暂不征收个人所得税财产转让所得项目是（　　）。

A. 股票　　　　　　　　　　　　　　　B. 建筑物、土地使用权

C. 机器设备、车船　　　　　　　　　　D. 以及其他财产

6. 下列所得中，一次收入畸高，可实行加成征收的是（　　）。

A. 稿酬所得　　　　　　　　　　　　　B. 利息、股息、红利所得劳务报酬所得

C. 劳务报酬所得　　　　　　　　　　　D. 偶然所得

7. 某人 2019 年出版中篇小说一部，取得稿酬 5 000 元；同年该小说在一家周刊上连载，取得稿酬 3 000 元，该人当年应纳个人所得税为（　　）元。

A. 896　　　　　　　B. 868　　　　　　　C. 1 280　　　　　　D. 1 008

8. 个人出租土地使用权取得所得属于(　　)。

A. 财产转让所得　　　　　　　　　　B. 财产租赁所得

C. 特许权使用费所得　　　　　　　　D. 劳务报酬所得

9. 下列所得中,以1个月内取得的收入作为一次收入纳税的是(　　)。

A. 财产转让所得　　　　　　　　　　B. 稿酬所得

C. 利息所得　　　　　　　　　　　　D. 财产租赁所得

10. 某演员一次获得表演收入50 000元,其应纳个人所得税(　　)元。

A. 8 000　　　　　　　B. 9 000　　　　　　C. 10 000　　　　　D. 5 600

三、职业多项选择能力考核

1. 我国个人所得税征收采用的两种税率包括(　　)。

A. 比例税率　　　　B. 定额税率　　　　C. 超额累进税率　　　D. 加成征收

2. 个人所得税的纳税人包括(　　)。

A. 个体工商业户

B. 我国公民个人

C. 在华的外籍人员

D. 不在我国居住但取得来自我国境内所得者

3. 个人所得税是世界各国普遍征收的一个税种,但各国的个人所得税规定有所不同。下列表述中,属于我国现行个人所得税特点的有(　　)。

A. 实行的是综合所得税制

B. 累进税率和比例税率并用

C. 实行的是分类所得和综合所得相结合的税制

D. 采取源泉代扣制和个人自行申报制两种征纳方法

4. 下列项目中,允许从收入中定额减除费用的有(　　)。

A. 利息、股息所得　　　　　　　　　B. 外企中方雇员的工资、薪金所得

C. 提供咨询服务一次取得收入2 000元　D. 稿酬收入80 000元

5. 根据我国《个人所得税法》的规定,居民个人的下列各项在计算应纳税所税额时,按照定额与比例相结合的方法扣除费用的有(　　)。

A. 劳务报酬所得　　　　　　　　　　B. 特许权使用费所得

C. 经营所得　　　　　　　　　　　　D. 财产转让所得

6. 下列所得中,可以采用五级超额累进税率计缴个人所得税的有(　　)。

A. 个体工商户的生产经营所得　　　　B. 个人独资企业和合伙企业经营所得

C. 承包经营者取得的承租承包所得　　D. 财产租赁所得

7. 对个人所得征收个人所得税时,以每次收入额为应纳税所得额的有(　　)。

A. 利息、股息、红利所得　　　　　　B. 稿酬所得

C. 财产转让所得　　　　　　　　　　D. 偶然所得

8. 下列居民个人所得,适用20%比例税率的有(　　)。

A. 财产租赁所得

B. 财产转让所得

C. 对企事业单位的承包经营、承租经营所得

D. 稿酬所得

9. 下列收入中,属于劳务报酬所得的有(　　　)。

A. 笔译翻译收入　　　　　　　　　　　　B. 审稿收入

C. 现场拍卖本人的书画作品收入　　　　　D. 雕刻收入

10. 某个人出租私有房屋,其应当缴纳的税种有(　　　)。

A. 消费税　　　　　　　　　　　　　　　B. 增值税

C. 个人所得税　　　　　　　　　　　　　D. 城市维护建设税

四、职业计算能力考核

1.【任务资料】中国公民王某系某大学教授,2019年8月份收入情况如下:

(1) 在国内专业杂志上发表文章2篇,分别取得稿酬收入1 200元和700元。

(2) 与同事李某合著一本专业教材,取得稿酬收入20 000元,其中:王某分得稿酬12 000元,并拿出3 000元捐赠给希望工程基金会。

(3) 在A国某大学讲学取得酬金折合人民币30 000元,已按A国税法规定缴纳个人所得税折合人民币2 000元。

(4) 将其拥有的两处住房中的一套已使用7年的住房出售,转让收入220 000元,该房产造价12 0000元,另支付税费及交易费用等相关费用4 000元。

【任务要求】请根据上述回答下列问题:

(1) 文章稿酬所得应缴纳个人所得税是(　　　)元。

A. 56　　　　　　　B. 151　　　　　　　C. 80　　　　　　　D. 168

(2) 王某合著教材稿酬所得应缴纳的个人所得税是(　　　)元。

A. 1 344　　　　　　B. 940.52　　　　　　C. 924　　　　　　D. 1 320

(3) A国讲学酬金应缴纳的个人所得税是(　　　)元。

A. 2 800　　　　　　B. 0　　　　　　　C. 3 200　　　　　　D. 5 200

(4) 住房出售所得应缴纳的个人所得税是(　　　)元。

A. 0　　　　　　　B. 20 000　　　　　　C. 44 000　　　　　D. 19 200

2.【任务资料】中国公民李某2019年的收入情况如下(不考虑个人所得税以外的其他税金):

(1) 3月出版一本书,取得稿酬5 000元。该书6月至8月被某晚报连载,6月份取得稿酬1 000元,7月份取得稿酬1 000元,8月份取得稿费1 500元。因书畅销,9月份出版社增加印数,又取得追加稿酬3 000元。

(2) 6月份,购买社会福利彩票中奖20万元,通过非营利的社会团体向农村义务教育捐赠了8万元。

(3) 6月1日,李某转让一份字画,该字画经文物部门认定是海外回流文物,转让收入是50 000元,但是李某无法提供准确的财产原值凭证。

(4) 10月与某房地产签订合同,购买某商业房,市场价格为250万元,合同约定成交价格为200万元,但自11月开始的未来2年内,商业房无偿提供房地产企业对外出租。

【任务要求】根据以上资料和税法相关规定,回答下列问题:

(1) 李某当年稿酬收入应纳的个人所得税为( )元。

A. 1 256　　　　　B. 1 289　　　　　C. 1 269　　　　　D. 1 274

(2) 李某当年社会福利彩票中奖收入应纳的个人所得税为( )元。

A. 24 000　　　　B. 0　　　　　　　C. 40 000　　　　D. 32 000

(3) 李某转让字画应纳的个人所得税是( )元。

A. 10 000　　　　B. 1 500　　　　　C. 500　　　　　　D. 1 000

(4) 李某当年应纳的个人所得税合计为( )元。

A. 34 607.33　　B. 3 500　　　　　C. 24 670　　　　D. 25 704.66

3.【任务资料】中国公民王某在国内某市单位任职,2019年1月份取得收入情况如下:

(1) 工资收入3 000元,当月奖金1 000元,季度奖2 400元;取得2016年年终奖12 000元。

(2) 接受某公司邀请担任技术期间,当月取得收入35 000元,从中拿出10 000元通过希望工程基金捐给希望工程。

(3) 利用业余时间与其他3人共同进行一项装修活动,共取得装修费5 600元,因该装修吸引活动最先由王某承揽,因此按协议王某应得2 000元承揽费,其余4人平分(不考虑相关税费)。

(4) 将其拥有的两套住房中的一套转让,转让的房屋于2003年1月以35万元购入,现以50万元转让给他人(不考虑相关税费)。

(5) 将一套三居室的住房出租,出租后仍然用于居住,月租金4 500元,当月支付房屋修缮费100元(除个人所得税外,不考虑其他相关税费)。

(6) 2016年购入1 000份债券,每份买入价10元,购进过程中支付的税费共计150元。本月以每份12元的价格卖出其中600份,支付卖出债券的税费共计110元。

【任务要求】根据以上资料和税法相关规定,回答下列问题:

(1) 2019年1月取得工资和各项奖金收入应缴纳的个人所得税为( )元。

A. 42　　　　　　B. 1 520　　　　　C. 2 000　　　　　D. 2 150

(2) 2019年担任技术顾问取得收入应缴纳的个人所得税为( )元。

A. 3 850　　　　B. 3 152　　　　　C. 3 200　　　　　D. 3 920

(3) 2019年装修收入应缴纳的个人所得税为( )元。

A. 320　　　　　B. 352　　　　　　C. 420　　　　　　D. 500

(4) 2019年出售住房应缴纳的个人所得税为( )元。

A. 100 000　　　B. 30 000　　　　C. 25 000　　　　D. 0

(5) 2019年出租住房应缴纳的个人所得税为( )元。

A. 704　　　　　B. 420　　　　　　C. 360　　　　　　D. 352

(6) 2019年售出债券应缴纳的个人所得税为( )元。

A. 220　　　　　B. 152　　　　　　C. 200　　　　　　D. 250

个税改革 2.5 亿人受益　两种人暂免汇算清缴

2019 年 11 月 20 日召开的中国国务院常务会议决定,为进一步减轻纳税人特别是中低收入群体负担,暂定 2 年内对综合所得年收入不超过 12 万元或年度补税金额较低的纳税人,免除汇算清缴义务。

符合上述条件的纳税人既节省时间,又节省税金。这是一年多的时间里,中国工薪阶层收到的第三个个税"红包"。

2019 年 1 月 1 日起,个税改革迈出第二步:除了每年扣减 6 万元(月均 5 000 元)和"三险一金"外,子女教育、继续教育、大病医疗、住房贷款利息或住房租金,以及赡养老人等六项专项附加,缴纳个税时也可扣除。

效果立竿见影。个税改革自去年 10 月实施以来,政府个税收入下降近三成,2.5 亿纳税人得到好处。个税改革"两步走",分别从广度和深度上,实现了精准减税。

汇算清缴会让减税更加精准。北京国家会计学院财税政策与应用研究所所长李旭红分析,年度汇算清缴,可以使专项扣除准确实施。纳税人在预扣环节没有扣除的应税金额,可以通过年度汇算清缴扣除,让减税更精准。根据国际经验,实施综合所得个人所得税制度的国家,通常实施汇算清缴制度予以保障。

根据我国新的《个人所得税法》,个人的工资、薪金所得,劳务报酬所得,稿酬所得,特许权使用费所得;共计四项,从今年起要按纳税年度合并计算个人所得税,适用 3%～45% 的超额累进税率。

2020 年 3 月到 6 月,以下四种情况需要办理汇算清缴:从两处以上取得综合所得,且综合所得年收入额减除专项扣除的余额超过 6 万元;取得劳务报酬所得、稿酬所得、特许权使用费所得中一项或者多项所得,且综合所得年收入额减除专项扣除的余额超过 6 万元;纳税年度内预缴税额低于应纳税额;纳税人申请退税。

李旭红说,中国之前采取"分类计征"为主的个税制度,2019 年实施新《个人所得税法》后采用"综合计征",就需要与之配套的年度汇算清缴制度。中国纳税人众多,收入来源五花八门。加之,首次对居民个人实施汇算清缴制度,所以,此次国务院常务会议要求:下一步,要合理有序建立个人所得税年度汇算清缴制度,使专项附加扣除政策更好落实并不断完善,实现税制可持续。

在个税改革过程中,政府减掉的税收流入百姓腰包。2019 年前 3 季度,中国个税改革新增减税 4 426 亿元,累计人均减税 1 764 元。百姓收入增多,消费意愿、消费能力水涨船高。

中国国家税务总局的数据显示,前 3 季度,反映居民消费活力的生活服务业销售收入增长 16.2%,互联网批发和零售销售收入同比增长 16.8%,分别高于三产销售增速 4.7 和 5.3 个百分点。

中低收入群体在中国占比较大,是消费的主力人群。商务部流通产业促进中心服务业处处长陈丽芬分析,2018 年 10 月开始实施的个税改革,有效提升了居民收入水平,刺激了消费需求。此次国务院常务会议强调"进一步减轻纳税人特别是中低收入群体负担",意在"保障社会公平,缩小居民收入差距",继而提高全社会整体消费能力,推动经济增长。

(来源:中国新闻网 https://www.fang.com/news)

项目七　土地增值税会计

知识目标

● 了解土地增值税的概念与纳税人
● 理解土地增值税的征税范围和纳税申报程序
● 掌握土地增值税的计算及会计处理方法

能力目标

● 能辨别土地增值税的征税范围
● 能进行土地增值税的计算及会计处理
● 能办理土地增值税的纳税申报

素养目标

● 要乐观面对明天,明天是世上增值最快的一块土地,因为它充满了希望
● 要增加今天的扣除项目,为了明天更多的增值

项目全景

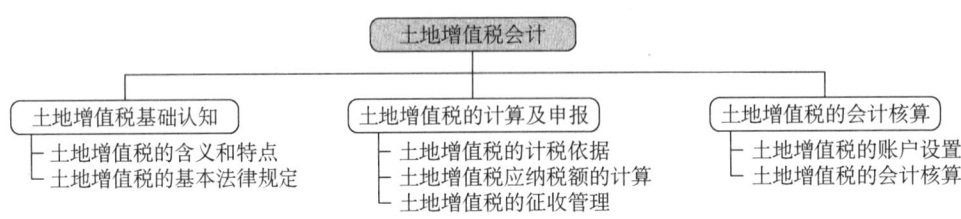

◇ **项目提示:**《中华人民共和国土地增值税暂行条例》自 1994 年实施,至 2019 年已经有 25 年的历史了。征收这个税的主要目的是进行房地产市场的宏观调控,压缩房地产企业的巨额利润,对于房地产企业的暴利,起到了相当的抑制作用。土地增值税现在也是 5 种房地产相关税收中收入最大的一个税种,2019 年上半年已达 3 565 亿元。学生通过本项目的学习,能够对土地增值税有比较详细的认知。

任务一　土地增值税基础认知

任务情境

【资料7-1】　WK公司是一家房地产开发公司,2019年5月该公司向客户收取房地产代建款项2 000万元,同时该公司销售高档住宅取得收入5 000万元。

任务要求　请判断这两项业务是否都应该缴纳土地增值税。

任务指导

一、土地增值税的含义和特点

（一）土地增值税的含义

土地增值税是对有偿转让国有土地使用权及地上建筑物和其他附着物产权,取得增值收入的单位和个人征收的一种税。

（二）土地增值税的特点

1. 以转让房地产取得的增值额为征税对象

我国的土地增值税属于"土地转移增值税"的类型,将土地、房屋的转让收入合并征收。作为征收对象的增值额,是纳税人转让房地产的收入减去税法规定准予扣除项目金额后的余额。

2. 征税面比较广

凡在我国境内转让房地产并取得增值收入的单位和个人,除税法规定免税的外,均应按照税法规定缴纳土地增值税。

3. 采用扣除法和评估法计算增值额

一般来说,以纳税人转让房地产取得的收入,减除法定扣除项目金额后的余额作为计税依据。对旧房及建筑物的转让,以及对纳税人转让房地产申报不实、成交价格偏低的,采用评估价格法确定增值额。

4. 实行超率累进税率

土地增值税的税率是以转让房地产的增值率高低为依据,按照累进原则设计的,实行分级计税。我国土地增值税采用的是四级超率累进税率,增值率高的,使用的税率高、多纳税;增值率低的,使用的税率低、少纳税,税收负担较为合理,体现了国家税收政策。

5. 实行按次征收,纳税时间、缴纳方法根据房地产转让情况而定

土地增值税发生在房地产转让环节,实行按次征收,每发生一次转让行为,就应根据每次取得增值额征一次税。

二、土地增值税的基本法律规定

（一）土地增值税的纳税人

土地增值税的纳税人是指转让国有土地使用权、地上建筑物及其附着物(可简称"转让房地产")并取得收入的单位和个人,包括内外资企业、行政事业单位、个体工商户、中外籍个人等。

> ★**学习提示**
>
> 区分土地增值税的纳税人与非纳税人关键在于是否因转让房地产的行为而取得收益,只要以出售或其他方式有偿转让房地产而取得收益的单位和个人,就是土地增值税的纳税人。

（二）土地增值税的征税范围

征税范围的一般规定如下:

(1) 只针对转让国有土地使用权的行为征税,转让非国有土地和出让国有土地的行为均不征税。

(2) 既对转让土地使用权征税,也对转让地上建筑物和其他附着物的产权征税。

具体规定见表7-1。

表7-1

有关事项	是否属于征税范围
1. 出售	征税包括三种情况:出售国有土地使用权;取得国有土地使用权后进行房屋开发建造后出售;存量房地产买卖
2. 继承、赠予	(1) 继承不征税。 (2) 赠予中公益性赠予、赠予直系亲属或承担直接赡养义务人,不征税;非公益性赠予,征税
3. 出租	不征税
4. 房地产抵押	(1) 抵押期间,不征税。 (2) 抵押期满,发生房屋权属转让的,征税
5. 房地产交换	(1) 单位之间换房,征税。 (2) 个人互换自有居住用房的,免征土地增值税
6. 合作建房	(1) 建成后自用,暂免征税。 (2) 建成后转让(包括合作建房双方之间的转让),征税
7. 代建房	不属于土地增值税征税范围,不征
8. 房地产评估增值	不征税(无收入)
9. 国家收回房地产权	免征土地增值税
10. 转让、抵押、置换	征税
11. 企业整体改建	企业将改建前的房地产转让到改建后的企业,暂不征税。但不包括房地产开发企业
12. 企业合并	(1) 非房地产开发企业原企业投资主体存续的,原企业将房地产转让到合并后的企业,暂不征税。 (2) 原企业投资主体不存续的或房地产开发企业,征税
13. 企业分立	(1) 企业分设为两个或两个以上与原企业投资主体相同的企业,原企业将房地产转让到分立后的企业,暂不征税。 (2) 与原企业投资主体不相同或房地产开发企业,征税
14. 以房地产投资、联营	对于以房地产进行投资、联营的,将房地产转让到所投资、联营的企业中时,暂免征税。但不包括房地产开发企业。

（三）土地增值税的税率

土地增值税实行四级超率累进税率,如表7-2所示。

表7-2

级次 \ 项目	增值额占扣除项目金额比例	税率	速算扣除系数
1	不超过50%	30%	0
2	超过50%～100%(含100%)	40%	5%
3	超过100%～200%(含200%)	50%	15%
4	200%以上	60%	35%

（四）土地增值税的税收优惠

(1)纳税人建造普通标准住宅出售,增值额未超过扣除项目金额20%的,暂免征收土地增值税。超过20%的,应就其全部增值额按规定计税。

> ★学习提示
>
> 　　所谓普通标准住宅,是指住宅小区建筑容积率在1.0以上、单套建筑面积在120平方米以下、实际成交价格低于同级别土地上住房平均交易价格1.2倍以下。容积率是指一个小区的总建筑面积与用地面积的比率。

(2)因国家建设需要依法征用、收回的房地产,免征土地增值税。

(3)因城市规划、国家建设的需要而搬迁,由纳税人自行转让原房地产的,免征土地增值税。

(4)对居民个人拥有的普通住宅,在其转让时暂免征收土地增值税。

(5)企事业单位、社会团体以及其他组织转让旧房作为公共租赁住房房源且增值额未超过扣除项目金额20%的,免征土地增值税。

 **任务处理**

任务情境中的问题你解决了吗?

（各小组讨论,小组推荐代表发言,其他小组提问,小组答辩,提交实训报告册,小组代表和教师进行点评打分）

 **专项技能训练**

一、职业判断能力训练

1. 土地增值税的纳税人是指转让房地产并取得收入的单位和个人。　　　　（　　）

2. 根据我国《土地增值税暂行条例》的规定,我国现行的土地增值税适用的税率是超额

累进税率。 　　　　　　　　　　　　　　　　　　　　　　　　　　　　（　　　）

3. 转让、出让国有土地使用权均应缴纳土地增值税。 　　　　　　　（　　　）

4. 个人互换自有居住用房的,免征土地增值税,但单位之间换房,要征税。（　　　）

5. 某企业建造一豪华别墅区出售,但增值额未超过扣除项目金额20％的,因此暂免征收土地增值税。 　　　　　　　　　　　　　　　　　　　　　　　　（　　　）

二、职业选择能力训练

（一）单项选择能力训练

1. 我国土地增值税的税率类型属于（　　　）。

A. 四级超率累进税率 　　　　　　　　B. 七级超率累进税率

C. 四级超额累进税率 　　　　　　　　D. 七级超额累进税率

2. 下列各项中,应征土地增值税的是（　　　）。

A. 房地产的继承 　　　　　　　　　　B. 房地产的代建房行为

C. 房地产的出售 　　　　　　　　　　D. 房地产的出租

（二）多项选择能力训练

1. 土地增值税的纳税义务人包括（　　　）。

A. 外商独资企业 　　　B. 国家机关 　　　C. 个人 　　　　　D. 医院

2. 下列各项中,不属于土地增值税纳税人的有（　　　）。

A. 与国有企业换房的外资企业

B. 出租办公楼的企业

C. 转让国有土地使用权的企业

D. 将办公楼用于抵押的企业,处于抵押期间

3. 下列各项中,不征或免征土地增值税的有（　　　）。

A. 以房地产使用权抵债而尚未发生房地产权属转让的

B. 以房地产对外出租的

C. 以出地、出资双方合作建房,建成后又转让给其中一方的

D. 企业与个人之间交换的房地产

任务二　土地增值税的计算及申报

 **任务情境**

【资料7-2】 2019年7月,税务机关对某房地产开发公司开发的房地产项目进行土地增值税清算,该房地产开发公司提供的资料如下:

(1) 2018年2月,以9 000万元购得一宗土地使用权,并缴纳契税450万元。

(2) 自2018年3月起,将土地面积的90％进行普通标准住宅的开发,土地剩余部分自用,该房地产的开发成本为6 000万元。期间发生的开发费用分别为:管理费用300万元,销

售费用 400 万元,利息支出 600 万元(有金融机构证明)。

(3) 2019 年 6 月公司将该项目开发的所有房产售出,共计取得不含税收入 25 000 万元,依法缴纳城市维护建设税、教育费附加 225 万,印花税 7.5 万元。

其他相关资料:该项目未预缴土地增值税。

任务要求 计算该公司应缴纳的土地增值税。

 任务指导

一、土地增值税的计税依据

土地增值税的计税依据是纳税人转让房地产所取得的收入减去税法规定的扣除项目金额后的增值额。

(一)收入额的确定

纳税人转让房地产所取得的收入,是指包括货币收入、实物收入和其他收入在内的全部价款及有关的经济利益,该收入为不含增值税收入。

纳税人隐瞒、虚报房地产成交价格或转让房地产的成交价格低于房地产评估价格又无正当理由的,应由评估机构参照同类房地产的市场交易价格进行综合评估,税务机关根据或参照评估价格确定纳税人转让房地产的收入。

(二)扣除项目金额的确定

1. 新建房扣除项目金额的确定

(1)取得土地使用权所支付的金额,是指纳税人为取得土地使用权所支付的地价款和按国家统一规定缴纳的有关费用,如契税、过户手续费。该项目允许按实际发生金额扣除。

(2)房地产开发成本,是指纳税人开发房地产项目实际发生的成本,主要包括土地征用拆迁补偿费、前期工程费,建筑安装工程费、基础设施费、公共配套设施费、开发间接费用等。该成本允许按实际发生额扣除。

(3)房地产开发费用,是指与房地产开发项目有关的销售费用、管理费用、财务费用。会计制度规定,这三项期间费用应直接计入当期损益,不按房地产项目进行归集或分摊。税法对有关费用的扣除标准规定如下:

① 纳税人能够按转让房地产项目计算分摊的利息支出,并能提供金融机构的贷款证明的,可以据实扣除,但是不能超过按商业银行同类同期贷款利率计算的金额,超过贷款期限的利息和加罚的利息不允许扣除。其他开发费用按取得土地使用权支付的金额与房地产开发成本之和的 5% 以内计算扣除。其允许扣除的房地产开发费用为:

$$\text{允许扣除的房地产开发费用} = \text{利息} + \left(\text{取的土地使用权所支付金额} + \text{房地产开发成本}\right) \times 5\% \text{以内}$$

② 纳税人不能按转让房地产项目计算分摊利息支出或不能提供金融机构贷款证明的,其允许扣除的房地产开发费用为:

$$允许扣除的房地\atop 产开发费用 = \left(取得土地使用权\atop 所支付的金额 + 房地产\atop 开发成本\right) \times 10\% \text{以内}$$

上述计算扣除的具体比例,由各省、自治区、直辖市人民政府规定。

(4) 与转让房地产有关的税金,是指在转让房地产时已缴纳的城市维护建设税、印花税及教育费附加。房地产开发企业转让房地产缴纳的印花税因列入管理费用中,故在此不允许单独再扣除。

(5) 财政部规定的其他扣除项目。财政部规定,对专门从事房地产开发的企业,可以按取得土地使用权所支付的金额和房地产开发成本的金额之和,加计20%扣除。

【案例7-1】 WK公司为房地产企业,其自行开发一普通标准住宅小区,公司为取得土地使用权支付2 640万元,缴纳相关税费132万元;开发土地、建房及配套设施等支出2 500万元,支付开发费用480万元(其中,利息支出300万元,不能提供金融机构证明),支付转让房地产应缴纳的城市维护建设税和教育费附加495万元,印花税4.5万元。该企业所在省人民政府规定的房地产开发费用的计算扣除比例为10%。则该公司转让房地产的扣除项目金额是多少?

【案例解析】 公司转让房地产的扣除项目金额:

取得土地使用权所支付的金额=2 640+132=2 772(万元)

住宅开发成本=2 500(万元)

房地产开发费用=(2 772+2 500)×10%=527.2(万元)

与转让房地产有关的税金=495(万元)

加计扣除=(2 772+2 500)×20%=1 054.4(万元)

转让房地产的扣除项目金额=2 772+2 500+527.2+495+1 054.4=7 348.6(万元)

2. 旧房及建筑物扣除项目金额的确定

(1) 取得土地使用权所支付的金额,是指纳税人为取得土地使用权所支付的地价款和按国家统一规定缴纳的有关费用,如契税、过户手续费。

(2) 旧房及建筑物的评估价格,是指在转让已使用的房屋及建筑物时,由政府批准设计的房地产评估机构评定的重置成本价乘以成新度折扣率后的价格。

销售旧房及建筑物不能取得评估价格,但能提供购房发票的,经当地税务部门确认,可按发票所载金额并从购买年度起至转让年度止每年加计5%计算扣除。

既没有评估价格,又不能提供购房发票的,税务机关可以实行核定征收。

(3) 转让环节支付的税金:城市维护建设税、印花税及教育费附加。在不能取得评估价格,但能提供购房发票的情形下,契税也应扣除,但不能作为加计扣除的基数。

(三) 计税依据的特殊规定

纳税人有下列情况之一的,应按照房地产评估价格计算征收土地增值税:

(1) 隐瞒、虚报房地产成交价格的;出售旧房及建筑物的。

(2) 提供扣除项目金额不实的。

(3) 转让房地产的成交价格低于房地产评估价格,又无正当理由的。

二、土地增值税应纳税额的计算

土地增值税应纳税额的计算步骤如下(五步走)：

第一步,计算确定转让房地产所取得的收入。

第二步,计算确定准予扣除项目金额。

第三步,计算土地增值额：

$$增值额＝转让房地产取得的收入额－准予扣除项目金额$$

第四步,确定增值额占扣除项目金额的比率(以下简称增值率),进一步确定适用税率：

$$增值率＝增值额÷扣除项目金额×100\%$$

第五步,计算应纳税额：

$$应纳税额＝\sum(每级距的土地增值额×适用的税率)$$

为了简便土地增值税的计算,一般可采用速算扣除法计算。速算扣除法的计算公式是：

$$应纳税额＝增值额×适用税率－扣除项目金额×速算扣除系数$$

【案例 7-2】　承**【案例 7-1】**,WK 公司当年住宅全部销售,取得销售收入 9 000 万元,则该企业应缴纳的土地增值税为多少？

【案例解析】　(1) 住宅销售收入＝9 000(万元)

(2) 转让房地产的扣除项目金额＝2 772＋2 500＋527.2＋495＋1 054.4＝7 348.6(万元)

(3) 增值额＝9 000－7 348.6＝1 651.4(万元)

(4) 增值率＝1 651.4÷7 348.6×100\%＝22.47\%

该比例超过 20\%未超过 50\%,故税率为 30\%,速算扣除系数为 0。

(5) 应纳税额＝1 651.4×30\%＝495.42(万元)

三、土地增值税的征收管理

(一)纳税地点

土地增值税纳税地点为房地产所在地,即房地产坐落地。纳税人转让的房地产坐落在两个或两个以上地区的,应按房地产所在地分别申报纳税。具体分为以下两种情况。

1. 纳税人是法人

转让房地产坐落地与其机构所在地或经营所在地一致的,应在办理税务登记的原管辖税务机关申报纳税;如果不一致的,则应在房地产坐落地所管辖的税务机关申报纳税。

2. 纳税人是自然人

转让房地产坐落地与其居住所在地一致的,应在其住所所在地的税务机关申报纳税;如果不一致的,则应在办理过户手续所在地的税务机关申报纳税。

(二)纳税期限

(1) 土地增值税的纳税人应于转让房地产合同签订之日起 7 日内到房地产所在地的税务机关办理纳税申报,并向税务机关提交房屋及建筑物产权、土地使用权证书,土地转让、房

产买卖合同、房地产评估报告及其他与房地产转让有关的资料。

（2）纳税人因经常发生房地产转让而难以在每次转让后申报的，经税务机关审核同意后，可以按月或者按季定期进行纳税申报，具体期限由主管税务机关根据情况确定。

（3）纳税人采取预售方式销售房地产的，其预售房地产取得的收入，凡当地税务机关规定预征土地增值税的，纳税人应当到主管税务机关办理纳税申报，并按规定比例预缴，待该项目全部竣工、办理结算后再进行清算，多退少补。

（三）申报缴纳

纳税人在申报纳税时，应如实填写土地增值税纳税申报表，并向税务机关提交房屋及建筑物产权、土地使用权证书、土地转让、房产买卖合同、房地产评估报告及其他与转让房地产有关的资料。

土地增值税纳税申报表分为两种，分别适用于房地产开发企业和非从事房地产发的纳税人。

1. 房地产企业的申报

（1）从事房地产开发并转让的土地增值税纳税人，依照法律、法规的规定向主管税务机关办理土地增值税预征申报。报送资料包括：《土地增值税项目报告表（从事房地产开发的纳税人适用）》和《土地增值税纳税申报表（一）（从事房地产开发的纳税人预征适用）》。

（2）从事房地产开发的纳税人有下列情形之一的，应办理土地增值税清算申报：

① 房地产开发项目全部竣工、完成销售的。

② 整体转让未竣工决算房地产开发项目的。

③ 直接转让土地使用权的。

报送资料包括《土地增值税纳税申报表（二）（从事房地产开发的纳税人清算适用）》、房地产开发项目清算说明、项目竣工决算报表、取得土地使用权所支付的地价款凭证、国有土地使用权出让合同、银行贷款利息结算通知单、项目工程合同结算单、商品房购销合同统计表、销售明细表、预售许可证等与转让房地产的收入、成本和费用有关的证明资料。

2. 非房地产企业的申报

非从事房地产开发的纳税人转让房地产，应办理旧房转让土地增值税申报。

适用查账征收条件的纳税人，应报送《土地增值税纳税申报表（三）（非从事房地产开发的纳税人适用）》、不动产权证（房屋产权证、土地使用权证）、土地转让、房产买卖合同、房地产评估报告原件及复印件。

适用核定征收条件的纳税人，应报送《土地增值税纳税申报表（七）（非从事房地产开发的纳税人核定征收适用）》、税务机关出具的核定文书。

相关表格如表7-3至表7-6所示。

表 7-3

土地增值税纳税申报表(一)
(从事房地产开发的纳税人预征适用)

税款所属时间：　年　月　日至　年　月　日　填表日期：　年　月　日

项目名称：　　　　　　　　　项目编号：　　金额单位:元至角分;面积单位:平方米

纳税人识别号

房产类型	房产类型子目	收入				预征率(%)	应纳税额	税款缴纳	
		应税收入	货币收入	实物收入及其他收入	视同销售收入			本期已缴税额	本期应缴税额计算
	1	2=3+4+5	3	4	5	6	7=2×6	8	9=7-8
普通住宅									
非普通住宅									
其他类型房地产									
合　计	—					—			

以下由纳税人填写：

纳税人声明	此纳税申报表是根据《中华人民共和国土地增值税暂行条例》及其实施细则和国家有关税收规定填报的,是真实的、可靠的、完整的。
纳税人签章	代理人签章　　　　　代理人身份证号

以下由税务机关填写：

受理人	受理日期　　年　月　日　受理税务机关签章

本表一式两份,一份纳税人留存,一份税务机关留存。

表 7-4

土地增值税纳税申报表(二)

(从事房地产开发的纳税人清算适用)

税款所属时间: 年 月 日至 年 月 日 填表日期: 年 月 日

金额单位:元至角分 面积单位:平方米

纳税人识别号											

纳税人名称		项目名称		项目编号		项目地址	
所属行业		登记注册类型		纳税人地址		邮政编码	
开户银行		银行账号		主管部门		电 话	

总可售面积			自用和出租面积	
已售面积		其中:普通住宅已售面积		其中:非普通住宅已售面积		其中:其他类型房地产已售面积	

项 目	行次	金 额			
		普通住宅	非普通住宅	其他类型房地产	合计
一、转让房地产收入总额 1=2+3+4	1				
其中 货币收入	2				
实物收入及其他收入	3				
视同销售收入	4				
二、扣除项目金额合计 5=6+7+14+17+21+22	5				
1.取得土地使用权所支付的金额	6				
2.房地产开发成本 7=8+9+10+11+12+13	7				
其中 土地征用及拆迁补偿费	8				
前期工程费	9				
建筑安装工程费	10				
基础设施费	11				
公共配套设施费	12				
开发间接费用	13				
3.房地产开发费用 14=15+16	14				
其中 利息支出	15				
其他房地产开发费用	16				
4.与转让房地产有关的税金等 17=18+19+20	17				
城市维护建设税	19				
教育费附加	20				
5.财政部规定的其他扣除项目	21				
6.代收费用	22				
三、增值额 23=1−5	23				
四、增值额与扣除项目金额之比(%)24=23÷5	24				
五、适用税率(%)	25				
六、速算扣除系数(%)	26				
七、应缴土地增值税税额 27=23×25−5×26	27				
八、减免税额 28=30+32+34	28				
其中 减免税(1) 减免性质代码(1)	29				
减免税额(1)	30				
减免税(2) 减免性质代码(2)	31				
减免税额(2)	34				
九、已缴土地增值税税额	35				
十、应补(退)土地增值税税额 36=27−28−35	36				

以下由纳税人填写:

纳税人声明 此纳税申报表是根据《中华人民共和国土地增值税暂行条例》及其实施细则和国家有关税收规定填报的,是真实的、可靠的、完整的。

纳税人签章		代理人签章		代理人身份证号	

以下由税务机关填写:

受理人		受理日期	年 月 日	受理税务机关签章	

本表一式两份,一份纳税人留存,一份税务机关留存。

表 7-5

土地增值税纳税申报表(三)

(非从事房地产开发的纳税人适用)

税款所属时间：　年　月　日至　年　月　日　　　填表日期：　年　月　日

金额单位:元至角分　　　　　　　　　　　　　　　面积单位:平方米

纳税人识别号

纳税人名称			项目名称			项目地址	
所属行业		登记注册类型		纳税人地址		邮政编码	
开户银行		银行账号		主管部门		电　话	

项　目			行次	金　额
一、转让房地产收入总额 1=2+3+4			1	
其中	货币收入		2	
	实物收入		3	
	其他收入		4	
二、扣除项目金额合计 (1) 5=6+7+10+15 (2) 5=11+12+14+15			5	
(1)提供评估价格	1. 取得土地使用权所支付的金额		6	
	2. 旧房及建筑物的评估价格 7=8×9		7	
	其中	旧房及建筑物的重置成本价	8	
		成新度折扣率	9	
	3. 评估费用		10	
(2)提供购房发票	1. 购房发票金额		11	
	2. 发票加计扣除金额 12=11×5%×13		12	
	其中:房产实际持有年数		13	
	3. 购房契税		14	
4. 与转让房地产有关的税金等 15=16+17+18+19			15	
其中	城市维护建设税		16	
	印花税		17	
	教育费附加		18	
	其他		19	
三、增值额 20=1-5			20	
四、增值额与扣除项目金额之比(%)21=20÷5			21	
五、适用税率(%)			22	
六、速算扣除系数(%)			23	
七、应缴土地增值税税额 24=20×22-5×23			24	
八、减免税额(减免性质代码:_____)			25	
九、已缴土地增值税税额			26	
十、应补(退)土地增值税税额 27=24-25-26			27	
以下由纳税人填写:				
纳税人声明	此纳税申报表是根据《中华人民共和国土地增值税暂行条例》及其实施细则和国家有关税收规定填报的,是真实的、可靠的、完整的。			
纳税人签章		代理人签章		代理人身份证号	
以下由税务机关填写:				
受理人		受理日期	年　月　日	受理税务机关签章	

本表一式两份,一份纳税人留存,一份税务机关留存。

表 7-6

土地增值税纳税申报表(七)
(非从事房地产开发的纳税人核定征收适用)

税款所属时间: 年 月 日至 年 月 日 填表日期: 年 月 日

金额单位:元至角分 面积单位:平方米

纳税人识别号																

纳税人名称		项目名称		项目地址	
所属行业		登记注册类型		纳税人地址	邮政编码
开户银行		银行账号		主管部门	电话

项 目			行次	金 额
一、转让房地产收入总额			1	
其中	货币收入		2	
	实物收入		3	
	其他收入		4	
二、扣除项目金额合计			5	
(1)提供评估价格	1.取得土地使用权所支付的金额		6	
	2.旧房及建筑物的评估价格		7	
	其中	旧房及建筑物的重置成本价	8	
		成新度折扣率	9	
	3.评估费用		10	
(2)提供购房发票	1.购房发票金额		11	
	2.发票加计扣除金额		12	
	其中:房产实际持有年数		13	
	3.购房契税		14	
4.与转让房地产有关的税金等			15	
其中	城市维护建设税		16	
	印花税		17	
	教育费附加		18	
	其他		19	
三、增值额			20	
四、增值额与扣除项目金额之比(%)			21	
五、适用税率(核定征收率)(%)			22	
六、速算扣除系数(%)			23	
七、应缴土地增值税税额			24	
八、减免税额(减免性质代码:_____)			25	
九、已缴土地增值税税额			26	
十、应补(退)土地增值税税额 27=24-25-26			27	

以下由纳税人填写:				
纳税人声明	此纳税申报表是根据《中华人民共和国土地增值税暂行条例》及其实施细则和国家有关税收规定填报的,是真实的、可靠的、完整的。			
纳税人签章		代理人签章	代理人身份证号	
以下由税务机关填写:				
受理人		受理日期	年 月 日	受理税务机关签章

本表一式两份,一份纳税人留存,一份税务机关留存。

任务处理

任务情境中的问题你解决了吗？

（各小组讨论，小组推荐代表发言，其他小组提问，小组答辩，提交实训报告册，小组代表和教师进行点评打分）

专项技能训练

一、职业选择能力训练

1. 下列项目中，属于土地增值税中房地产开发成本的是（　　）。

A. 土地出让金　　　　　　　　　B. 管理费用

C. 前期工程费　　　　　　　　　D. 借款利息费用

2. 纳税人如果不能按转让房地产项目计算分摊利息支出，其房地产开发费用按地价款加开发成本之和的（　　）计算扣除。

A. 5%以内　　　B. 5%　　　C. 10%以内　　　D. 10%

3. 某公司销售一幢已经使用过的办公楼，取得收入500万元，办公楼原价480万元，已提折旧300万元。经房地产评估机构评估，该楼重置成本价为800万元，成新度折扣率为五成，销售时缴纳相关税费30万元。该公司销售该办公楼应缴纳土地增值税（　　）万元。

A. 21　　　B. 30　　　C. 51　　　D. 60

4. 房地产开发公司转让5年前购入的一块土地，取得转让收入2 800万元，该土地购进价1 200万元，取得土地使用权时缴纳相关费用40万元，转让该土地时缴纳相关税费35万元。该房地产开发公司转让土地应缴纳土地增值税（　　）万元。

A. 73.5　　　B. 150　　　C. 157.5　　　D. 571.25

5. 房地产开发公司办理土地增值税纳税申报时，应向主管税务机关提供的证件是（　　）。

A. 工商营业执照原件　　　　　　B. 税务登记证原件

C. 税务登记证复印件　　　　　　D. 土地转让、房产买卖合同

6. 法人企业转让的房地产坐落地与其机构所在地或经营所在地不在一地的，应（　　）申报缴纳土地增值税。

A. 向销售方机构所在地的主管税务机关　　B. 向购买方机构所在地的主管税务机关

C. 向房地产的坐落地的主管税务机关　　　D. 向合同签订地的主管税务机关

7. 土地增值税纳税人应在签订房地产转让合同（　　）日内，到房地产所在地税务机关办理纳税申报。

A. 3　　　B. 7　　　C. 15　　　D. 30

二、职业计算能力训练

【任务情境】某市一内资房地产开发公司2019年5月开发一个项目，有关经营情况如下：

（1）该项目商品房全部销售，取得销售不含增值税收入 4 000 万元，并签订了销售合同，开具了增值税专用发票，销项税额 360 万元。

（2）签订土地购买合同，支付与该项目相关的土地使用权价款 600 万元（不含税），取得增值税专用发票，另缴纳有关费用 50 万元，取得增值税普通发票。

（3）施工过程中发生如下费用：

取得增值税普通发票的含税费用：土地拆迁补偿费 200 万元，前期工程费 100 万元，开发间接费用 60 万元。取得增值税专用发票的含税费用：支付建筑企业主体工程价款 763 万元和基础设施及公共配套设施费 218 万元。

（4）发生销售费用 100 万元，财务费用 60 万元，管理费用 80 万元。

（5）该房地产开发公司不能按转让项目计算分摊利息，当地政府规定的开发费用扣除比例为 10%。

任务要求 根据上述资料和税法相关规定，计算下列问题：

（1）该房地产开发公司 2019 年应纳印花税。

（2）该公司 2019 年应纳增值税。

（3）该公司计算土地增值额时准予扣除的城市维护建设税和教育费附加共计多少。

（4）该房地产开发公司计算土地增值税时准予扣除的扣除项目金额。

（5）该房地产开发公司 2019 年应纳土地增值税。

任务三　土地增值税的会计核算

 **任务情境**

【资料 7-3】 HD 房地产开发公司 2019 年 10 月将其开发的写字楼一幢出售，共取得收入 3 800 万元。企业为开发该项目支付土地出让金 600 万元，房地产开发本为 1 400 万元，专门为开发该项目支付的贷款利息为 120 万元。为转让该项目应当缴纳城市维护建设税、教育费附加及印花税共计 36.1 万元。当地政府规定，企业可以按土地使用权出让费、房地产开发成本之和的 5% 计算扣除其他房地产开发费用。另外，税法规定，从事房地产开发的企业可以按土地出让费和房地产开发成本之和的 20% 加计扣除。

任务要求 计算土地增值税，编制相应会计分录，并填制记账凭证。

 **任务指导**

一、土地增值税的账户设置

企业应当在"应交税费"账户下设"应交土地增值税"明细账户，专门用来核算土地增值税的发生和缴纳情况，其贷方反映企业计算出的应交土地增值税，借方反映企业实际缴纳的土地增值税，余额在贷方反映企业应交而未交的土地增值税。

二、土地增值税的会计核算

土地增值税作为对企业营业收入所征收的一种税种,一般应当作为成本费用进行核算,不同企业不同情形,处理方式有所不同:

(1) 企业销售新建的房地产时,发生的土地增值税应当记入"税金及附加"账户。具体会计处理如下:

① 计提时:

借:税金及附加
　　贷:应交税费——应交土地增值税

② 实际缴纳时:

借:应交税费——应交土地增值税
　　贷:银行存款

(2) 企业转让其已经作为固定资产等入账的土地使用权、地上建筑物及其附着物时,其应当缴纳的土地增值税应当记入"固定资产清理"账户。具体会计处理如下:

① 计提时:

借:固定资产清理
　　贷:应交税费——应交土地增值税

② 实际缴纳时:

借:应交税费——应交土地增值税
　　贷:银行存款

【案例 7-3】 承【案例 7-2】,就案例中业务 WK 公司作出会计处理。

【案例解析】 (1) 企业计提土地增值税时:

借:税金及附加　　　　　　　　　　　　　　　　　　　　　　　4 954 200
　　贷:应交税费——应交土地增值税　　　　　　　　　　　　　　4 954 200

(2) 实际向税务机关缴纳土地增值税时:

借:应交税费——应交土地增值税　　　　　　　　　　　　　　　4 954 200
　　贷:银行存款　　　　　　　　　　　　　　　　　　　　　　　4 954 200

【案例 7-4】 某国有企业搬入一新办地点,将原办公楼出售转让,经核算应缴纳的土地增值税为 100 万元。试作相应的会计处理。

【案例解析】 (1) 企业在签订办公楼出售转让合同时,作如下会计分录:

借:固定资产清理　　　　　　　　　　　　　　　　　　　　　　1 000 000
　　贷:应交税费——应交土地增值税　　　　　　　　　　　　　　1 000 000

(2) 企业向税务机关缴纳税款时,作如下会计分录:

借:应交税费——应交土地增值税　　　　　　　　　　　　　　　1 000 000
　　贷:银行存款　　　　　　　　　　　　　　　　　　　　　　　1 000 000

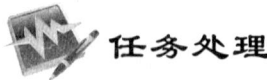

任务情境中的问题你解决了吗?

(各小组讨论,小组推荐代表发言,其他小组提问,小组答辩,提交实训报告册,小组代表和教师进行点评打分)

 项目总结

    本项目主要介绍土地增值税基本法律规定,以及应纳税额计算、会计处理、征收管理等,要求学生学习完本项目后,通过课后练习和技能训练,进一步熟练掌握土地增值税的应纳税额计算和会计处理。

 综合考核

一、职业单项选择能力考核

1. 根据土地增值税法律制度的规定,下列行为中,应缴纳土地增值税的是( )。

A. 转让国有土地使用权 　　　　　B. 出让国有土地使用权房地产

C. 房地产的出租 　　　　　　　　D. 房产的继承

2. 根据《土地增值税暂行条例》的规定,下列各项中,免征土地增值税的是( )。

A. 由一方出地,另一方出资金,企业双方合作建房,建成后转让的房地产

B. 因城市实施规划、国家建设的需要而搬迁,企业自行转让原房地产

C. 企业以房地产抵债而发生权属转移的房地产

D. 企业之间交换房地产

3. 土地增值税的纳税人隐瞒、虚报房地产成交价格的,按照( )计算征收。

A. 最高一档税率 　　　　　　　　B. 扣除项目金额不得扣除的原则

C. 成交价格加倍,扣除项目金额减半的办法　D. 房地产评估价格

4. 纳税人是自然人且转让房地产坐落地与其居住地不一致时,在( )的税务机关申报纳税。

A. 住所所在地 　　　　　　　　　B. 办理过户手续所在地

C. 房地产坐落地 　　　　　　　　D. 自行选择纳税地点

5. 2019年6月,甲公司销售自行开发的房地产项目,取得不含增值税销售收入10 000万元,准予从房地产转让收入中减除的扣除项目金额6 000万元,且增值额超过扣除项目金额50%、未超过扣除项目金额100%的部分,税率为40%,速算扣除系数为5%,计算甲公司该笔业务应纳土地增值税的下列计算公式中,正确的是( )。

A. (10 000−6 000)×40%+6 000×5%=1 900(万元)

B. 10 000×40%=4 000(万元)

C. $(10\,000-6\,000)\times40\%-6\,000\times5\%=1\,300(万元)$

D. $10\,000\times40\%-6\,000\times5\%=3\,700(万元)$

二、职业多项选择能力考核

1. 下列各项中,属于土地增值税特点项目的有(　　)。

A. 以转让房地产的增值额为计税依据　　　　B. 征税面比较广

C. 实行超率累进税率　　　　　　　　　　　D. 实行按次征收

2. 下列各项中,不征或免征土地增值税的有(　　)。

A. 用房地产抵债但尚未发生房地产权属转让的

B. 对外出租的房地产

C. 居民个人转让其拥有的普通住宅

D. 因国家建设需要依法征用、收回的房地产

3. 房地产开发企业在计算土地增值税时,允许从收入中直接扣减的与转让房地产有关的税金有(　　)。

A. 增值税　　　　B. 印花税　　　　C. 契税　　　　D. 城建税

4. 计算土地增值税扣除项目金额时,不得扣除的利息支出有(　　)。

A. 10年以上的长期借款利息

B. 境外借款利息

C. 超过国家的有关规定上浮幅度的部分

D. 超过贷款期限的利息部分和加罚的利息

5. 下列各项中,房地产公司应进行土地增值税清算的有(　　)。

A. 直接转让土地使用权的

B. 房地产开发项目全部竣工、完成销售的

C. 整体转让未竣工决算房地产开发项目的

D. 取得销售(预售)许可证满2年仍未销售完毕的

三、职业综合能力考核

1.【任务资料】某企业将旧车间出售,取得收入80万元,该车间账面原值30万元,已提折旧14万元,评估价值为40万元,缴纳增值税及城市维护建设税,教育费附加共44 000元,发生其他清理费用8 000元。

【任务要求】计算土地增值税并作出相应会计分录。

2.【任务资料】某市房地产开发公司2019年发生以下业务:

(1)5月份通过竞拍取得市区一处土地的使用权,支付土地出让金600万元,缴纳相关费用140万元。

(2)以上述土地开发建设普通标准住宅楼和综合楼,普通标准住宅楼和综合楼占地面积比例为1∶3。

(3)住宅楼开发成本为3 000万元,开发费用中分摊到住宅楼利息支出300万元,包括加罚利息40万元。

(4)综合楼开发成本为3 400万元(未包括装修费用600万元),无法提供金融机构证明

利息支出具体数额。

（5）建成后的普通标准住宅楼全部销售，收入总额 6 500 万元，综合楼销售 50%，收入 5 000 万元。

（6）综合楼未销售部分与他人联营开设一商场，共同承担经营风险，当年收到分红 250 万元。

其他相关资料：该房地产公司所在省规定，按《土地增值税暂行条例》规定的最高限额计算扣除房地产开发费用，增值税税率为 5%，城市维护建设税税率为 7%，教育费附加税率为 3%。

【任务要求】根据上述资料和税法有关规定，计算下列问题：

（1）公司住宅楼部分计算土地增值税时准予扣除的项目。

（2）公司住宅楼部分应缴纳的土地增值税。

（3）公司综合楼部分计算土地增值税时准予扣除的项目。

（4）公司综合楼部分应缴纳的土地增值税。

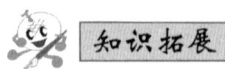知识拓展

为什么要开征土地增值税？

开征土地增值税，主要是国家运用税收杠杆引导房地产经营的方向，规范房地产市场的交易秩序，合理调节土地增值收益分配，维护国家权益，促进房地产开发的健康发展。具体为：

（1）开征土地增值税，是适应我国社会主义市场经济发展的新形势，增强国家对房地产开发和房地产交易市场调控的需要。改革开放前，我国土地管理制度一直采取行政划拨方式，土地实行无偿无限期使用，但不允许买卖土地。实践证明，这种土地使用管理制度不利于提高土地资源的使用效益。自 1987 年我国对土地使用制度进行改革，实行国有土地使用权的有偿出让和转让后，极大地促进了我国房地产业发展和房地产市场的建立，对提高土地使用效益，增加国家财政收入，改善城市基础设施和人民生活居住条件，以及带动国民经济相关产业的发展都产生了积极作用。但是，由于有关土地管理的各项制度滞后，以及行政管理上的偏差，在房地产地产业发展中也出现了一些问题。特别是 1992 年及 1993 年上半年，我国部分地区出现的房地产持续高温，炒买如实房地产情况严重，使得很多资金流向了房地产，极大地浪费了国家的资源和财力，国家土地资金收益大量流失，严重冲击和危害了国民经济的协调健康发展。为扭转这一局面，国家采取了一系列宏观调控措施，其中一项就是开征土地增值税，这也是社会主义市场经济发展的客观需要。

（2）对土地增值课税，其主要目的是为了抑制炒买炒卖土地获取暴利的行为，以保护正当房地产开发的发展。土地增值主要是两方面原因：一是自然增值，由于土地资源是有限的，随着社会经济的发展，生产和生活建设用地扩大，土地资源相对发生紧缺或改善了投资环境，导致土地价格上升。二是投资增值，把"生地"变为"熟地"，建成各种生产、生活、商业设施，形成土地增值。土地属国家所有，中华人民共和国成立以来，国家在城市建设方面投入了大量资金，搞了许多基础设施建设，这是土地增值的一个重要因素，对这部分土地增值

收益,国家理应参与土地增值收益分配,并取得较大份额。征收土地增值税有利于减少国家土地资源增值收益的流失,同时,对投资房地产开发的合理收益给予保护,使其能够得到一定的回报,以促进房地产业的正常发展。但对炒买炒卖房地产获取暴利者,则要用高税率进行调节。这样就可以起到保护正当房地产开发的发展、遏制投机者牟取暴利的行为,维护国家整体利益的作用。

(3)规范国家参与土地增值收益的分配方式,增加国家财政收入,为经济建设积累资金。目前,我国涉及房地产交易市场的税收,主要有企业所得税、个人所得税、契税等。这些税对转让房地产收益只起一般的调节作用,对房地产交易因土地增值所获得的过高收入起不到特殊的调节作用。开征土地增值税能对土地增值的过高收入进行调节,并为增加国家财政收入开辟新税源。土地增值收入属于地方财政收入,地方可集中财力用于地方经济建设,同时,开征土地增值税可以规范土地增值收益约分配制度,统一各地土地增值收益收费标准。

总之,开征土地增值税对于维护国家利益,合理分配国家土地资源收入,促进房地产业和房地产市场健康发展都会产生积极作用。

(来源:微信公众号:何天媛房地产建安财税学习平台)

项目八　财产税和行为税类会计

知识目标

- 了解房产税、车船税、印花税、契税的概念和特点
- 明确房产税、车船税、印花税、契税的纳税人、征税范围和税率
- 掌握房产税、车船税、印花税、契税的会计核算

能力目标

- 能够正确计算房产税、车船税、印花税、契税的应纳税额
- 能够合理进行房产税、车船税、印花税、契税的会计核算

素养目标

- 坚守正确的房产理念：房子是用来住的，不是用来炒的
- 市场经济的基础是契约精神，学会尊重别人，讲诚信，讲对等，每个人在遵守契约中受益

项目全景

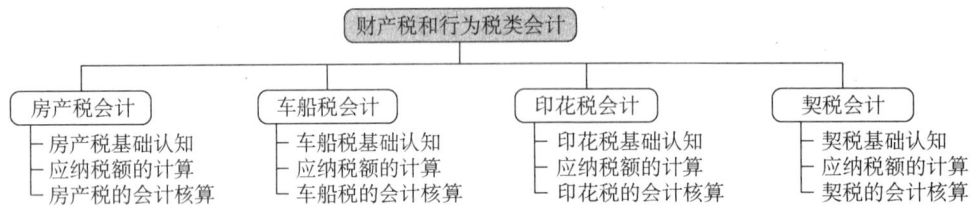

◇ **项目提示**：国务院发布《中华人民共和国房产税暂行条例》，自 1986 年 10 月 1 日开征房产税；国务院发布《中华人民共和国车船使用税暂行条例》，自 2007 年 1 月 1 日开征车船使用税，后于 2011 年全国人大常委会通过《中华人民共和国车船税法》，自 2012 年 1 月 1 日起施行；国务院发布《中华人民共和国印花税暂行条例》，自 1988 年 10 月 1 日开征印花税；国务院发布《中华人民共和国契税暂行条例》，取代了 1950 年的老征收办法。自 1997 年 10 月 1 日采用新条例征收契税。四个税种，契税历史最悠久，其他税种较晚，但都对企业产生或多或少的影响，在筹集财政收入和调控国民经济方面均发挥了一定的作用。

任务一 房产税会计

任务情境

【资料8-1】 欣荣服装厂新建于2019年年初,在工厂筹建时,该厂负责人就考虑到房产税、城镇土地使用税等的税收筹划问题,将厂址选在离镇不远的农村,该厂拥有土地面积3万平方米,房产原值40万元,2019年缴纳的增值税为36万元,请计算将厂址定在农村可以给企业带来的节税额。该镇土地使用税的征收标准为1元/平方米,房产原值减除比例为30%。

任务要求 请根据上述资料计算欣荣服装厂应缴纳的房产税?

任务指导

一、房产税基础认知

房产税是以房屋为征税对象,以房屋的计税余值或租金收入为计税依据,向房屋产权所有人征收的一种财产税。

(一)纳税义务人及征税对象

1. 纳税义务人

房产税以在征税范围内的房屋产权所有人为纳税人。其中:

(1)产权属于国家所有的,由经营管理单位纳税;产权属于集体和个人所有的,由集体和个人纳税。

(2)产权出典的,由承典人缴纳。产权出典指产权所有人将房屋、生产资料等的产权,在一定期限内典当给其他人使用,而取得资金的一种融资业务。房屋出典后,在典期以内,出典人仍然享有房屋所有权,但已不能直接占有、使用房屋;承租人虽取得对房屋的占有、使用权,但并不能任意进行处分。典期届满的一般法律后果是,出典人如不返还典价款即丧失房屋所有权,承典人则因此而取得房屋所有权。基于出典的特点,房屋出典的,应该由承典人交房产税。

(3)产权未确定及存在租典纠纷的,由房产代管人或使用人缴纳。

(4)产权所有人或承典人不在房屋所在地的,由房产代管人或使用人缴纳。

(5)无租使用其他房产的问题,应由使用人代为缴纳房产税。

2. 征税对象

房产是指屋面和围护结构,能够遮风避雨,可供人们在其中生产、学习、工作、娱乐、居住或储存物资的场所。房地产开发商开发的商品房出售之前不纳房产税,如出租、出借或使用的商品房应纳房产税。

(二)征税范围

房产税在城市(市区、郊区和市辖县县城)、县城、建制镇和工矿区内征收(不包括农村)。

（三）税率

（1）从价计税：1.2%。

（2）从租计税：12%。

个人出租住房，按4%的税率征收房产税；对企事业单位、社会团体以及其他组织按市场价格向个人出租用于居住的住房，减按4%的税率征收。

（四）税收优惠

（1）对国家机关、人民团体、军队自用的房产免征房产税，但上述免税单位用于出租的房产以及非自身业务使用的生产、营业用房，不属于免税范围。

（2）对由国家财政部门拨付事业经费的单位自用的房产免征房产税。

（3）对宗教寺庙、公园、名胜古迹自用的房产免征房产税。但宗教寺庙、公园、名胜古迹中附设的营业单位，如茶社、饮食部、照相馆、影剧院等使用的房产及出租的房产，不属免税范围，应照章征税。

（4）对个人所有的非营业用的房产免征房产税。

（5）2019年1月1日至2021年12月31日，对增值税小规模纳税人，按照税额的50%减征资源税、城市维护建设税、房产税、城镇土地使用税、印花税、耕地占用税和教育费附加、地方教育附加。

（6）经财政部批准免税的其他房产。

二、应纳税额的计算

房产税的征收方式分为从价计征和从租计征两种。

1. 从价计征

其计算公式如下：

$$应纳税额 = 房产原值 \times (1 - 规定的扣除比例) \times 1.2\%$$

$$应纳税额 = 计税余值 \times 1.2\%$$

所谓计税余值，是指依照税法规定按房产原值一次减除10%至30%的损耗价值以后的余额。其中：

（1）房产原值是指纳税人按照会计制度规定，在"固定资产"账户中记载的房屋原价。

（2）房产原值应包括与房屋不可分割的各种附属设备或一般不单独计算价值的配套设施。

（3）纳税人对原有房屋进行改建、扩建的，要相应增加房屋的原值。

（4）更换房屋附属设施和配套设施的，在将其价值计入房产原值时，可扣减原来相应设备和设施的价值；对附属设备和配套设施中易损坏、需要经常更换的零配件，更新后不再计入房产原值，原零配件的原值也不扣除。

【案例8-1】 某企业是增值税一般纳税人，生产经营用房会计账簿记载房产原值为8 000万元。当地政府规定，房产税扣除比例为30%。试计算该企业本年度应纳房产税额。

【案例解析】 应纳税额 ＝ 8 000 × (1 － 30%) × 1.2% ＝ 67.2（万元）

2. 从租计征

对于出租的房屋,以租金收入为计税依据。房产的租金收入是指房屋产权所有人出租房产使用权所得的报酬,包括货币收入和实物收入,租金收入不包含增值税。

$$应纳税额＝不含增值税的租金收入 \times 12\%（个人出租房产为 4\%）$$

【案例 8-2】　甲企业 2019 年将自有的原值为 600 万元的仓库出租给乙企业,取得的年租金含税收入为 87.2 万元。试计算该企业本年度应纳房产税。

【案例解析】　应纳税额＝$87.2 \div (1＋9\%) \times 12\%＝9.6$（万元）

3. 投资联营及融资租赁房产的计税依据

(1) 对投资联营的房产,在计征房产税时应予区别对待。对于以房产投资联营,投资者参与投资利润分红,共担风险的,按房产的余值作为计税依据计征房产税。

(2) 对以房产投资,收取固定收入,不承担联营风险的,实际是以联营名义取得房产租金,应根据我国《房产税暂行条例》的有关规定由出租方按租金收入计算缴纳房产税。

三、房产税的会计核算

(一) 账户设置

企业应设置“税金及附加”和“应交税费——应交房产税”等账户进行会计核算。自有房屋自用房产应缴纳的房产税,借记“税金及附加”账户,贷记“应交税费——应交房产税”账户;自有房屋出租房产缴纳的房产税,借记“其他业务成本”账户,贷记“应交税费——应交房产税”账户;缴纳房产税时,借记“应交税费——应交房产税”账户,贷记“银行存款”等账户。

(二) 会计核算

(1) 自有房屋自用房产的房产税会计分录如下:

借:税金及附加
　　贷:应交税费——应交房产税

(2) 自有房屋出租房产的房产税会计分录如下:

借:其他业务成本
　　贷:应交税费——应交房产税

(3) 房产税的缴纳会计分录如下:

借:应交税费——应交房产税
　　贷:银行存款

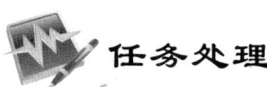 **任务处理**

任务情境中的问题你解决了吗?

(各小组讨论,小组推荐代表发言,其他小组提问,小组答辩,提交实训报告册,教师进行

点评打分)

**专项技能训练**

一、职业选择能力训练

1. 下列有关房产税纳税人的表述中,不正确的是( )。

A. 房屋产权出典的由出典人纳税

B. 产权属国家所有的由经营管理单位纳税

C. 外商投资企业是房产税的纳税人

D. 产权人不在房屋所在地的由房屋代管人或使用人纳税

2. 按我国《房产税暂行条例》,下列属于房产税征税对象的是( )。

A. 工厂围墙　　　　　　　　　B. 企业职工宿舍

C. 水塔　　　　　　　　　　　D. 宾馆的室外游泳池

3. 下列项目中,不予免征房产税的是( )。

A. 军队自用的房产　　　　　　B. 公园的照相馆

C. 企业办的学校　　　　　　　D. 军队空余房产租赁收入

4. 下列有关房产税纳税义务的规定中,表述正确的是( )。

A. 纳税人自建房屋的自房屋建成之日起开始缴纳房产税

B. 纳税人办理验收手续之前已经使用的房屋应自使用之日的次月起缴纳房产税

C. 纳税人将房屋出典的,以签订合同的时间为出典人纳税义务发生时间

D. 纳税人委托施工企业建设的房屋,自办理验收手续之日的次月起缴纳房产税

5. 房产不在同一地方的纳税人,应( )的税务机关缴纳房产税。

A. 向户口所在地

B. 向纳税人居住的房产所在地

C. 按房产的坐落地,分别向房产所在地

D. 按房产的坐落地,选择向任一处房产所在地

二、职业描述能力训练

1. 简述房产税的纳税人。

2. 简述房产税的税收优惠。

任务二　车船税会计

**任务情境**

【资料8-2】 长江公司自己创办一所学校,企业(包括学校)共有8辆3吨的载货汽车(适用税率每年60元/吨),5辆乘人汽车,每车可载25人(适用税率每年500元/辆),其中有

2 辆载货汽车经常在学校里使用,2 辆载货汽车不领取行驶执照,仅用于内部行驶,3 辆乘人汽车也基本用于学校师生组织活动。

任务要求 据上述资料,企业应如何计算每年应纳的车船税?

 任务指导

一、车船税基础认知

2011 年 2 月 25 日,全国人大常委会通过了《中华人民共和国车船税法》,于 2012 年 1 月 1 日起施行。车船税是对中华人民共和国境内属于《中华人民共和国车船税法》所附"车船税税目税额表"规定的车辆、船舶(以下简称车船)的所有人或者管理人征收的一种税。

(一)征税范围

车船税的征税范围包括依法应当在车船登记管理部门登记的机动车辆和船舶,也包括依法不需要在车船登记管理部门登记的在单位内部场所行驶或者作业的机动车辆和船舶。拖拉机不需要缴纳车船税。应税车船,由机动车辆、机动船舶和游艇组成。

(1)机动车辆是依靠燃油、电力等能源为动力运行的车辆,包括汽车、电车和摩托车等。机动车辆包括乘用车、商用车(包括客车、货车)、挂车、专用作业车、轮式专用机械车、摩托车。拖拉机不需要缴纳车船税。

(2)机动船舶是依靠燃料等能源为动力运行的船舶,包括客货轮船、气垫船、拖轮和机帆船等;非机动驳船和拖船也视同机动船舶。船舶是指各类机动、非机动船舶以及其他水上移动装置,但是船舶上装备的救生艇筏和长度小于 5 米的艇筏除外。其中,机动船舶是指用机器推进的船舶;拖船是指专门用于拖(推)动运输船舶的专业作业船舶;非机动驳船是指在船舶登记管理部门登记为驳船的非机动船舶。

(3)游艇是指具备内置机械推进动力装置,长度在 90 米以下,主要用于游览观光、休闲娱乐、水上体育运动等活动,并应当具有船舶检验证书和适航证书的船舶。

(二)纳税人、扣缴义务人

我国境内属于车船税法所附"车船税税目税额表"规定的车辆、船舶的所有人或者管理人为车船税的纳税人。其中,所有人是指在我国境内拥有车船的单位和个人;管理人是对车船不具有所有权但具有管理使用权的单位。上述单位,包括在中国境内成立的行政机关、企业、事业单位、社会团体以及其他组织;上述个人,包括个体工商户以及其他个人。

从事机动车交通事故责任强制保险(以下简称交强险)业务的保险机构为机动车车船税的扣缴义务人,应当在收取保险费时按照规定的税目税额代收车船税,并在机动车交强险的保险单以及保费发票上注明已收税款的信息,作为代收税款凭证。

由保险机构在办理机动车交强险业务时代收代缴机动车的车船税,可以方便纳税人缴纳车船税,节约征纳双方的成本,实现车辆车船税的源泉控管。

(三)税率

车船税的税率形式为幅度定额税率。车辆的具体适用税额由省、自治区、直辖市人民政

府依照我国《车船税法》所附"车船税税目税额表"（见表8-1）规定的税额幅度和国务院的规定确定。

表8-1

车船税税目税额表

税　目		计税单位	年基准税额	备　注
乘用车〔按发动机汽缸容量（排气量）分档〕	1.0升（含）以下的	每辆	60～360元	核定载客人数9人（含）以下
	1.0升以上至1.6升（含）的		300～540元	
	1.6升以上至2.0升（含）的		360～660元	
	2.0升以上至2.5升（含）的		660～1 200元	
	2.5升以上至3.0升（含）的		1 200～2 400元	
	3.0升以上至4.0升（含）的		2 400～3 600元	
	4.0升以上的		3 600～5 400元	
商用车	客　车	每辆	480～1 440元	核定载客人数9人以上
商用车	货　车	整备质量每吨	16～120元	包括半挂牵引车、客货两用、三轮汽车和低速载货汽车等，挂车按照货车税额的50%计算
其他车辆	专用作业车	整备质量每吨	16～120元	不包括拖拉机
	轮式专用机械车		16～120元	
	摩托车	每辆	36～180元	
船舶	机动船舶	净吨位每吨	3～6元	
	游　艇	艇身长度每米	600～2 000元	

（四）计税依据

（1）车船税作为财产税，计税依据理论上应当是评估价值，但由于乘用车（即微型、小型客车）数量庞大且分散于千家万户，难以进行价值评估。考虑到乘用车的排气量与其价值总体上存在着正相关关系，我国《车船税法》以排气量作为乘用车计税单位，以纳税人乘用车的所有数量（或管理数量）作为计税依据。

（2）商用货车、挂车、其他车辆专用作业车和其他车辆轮式专用机械车，以整备质量每吨为计税单位，以每辆车的整备质量吨位数作为计税依据。

（3）机动船舶，以净吨位每吨为计税单位，以每艘船的净吨位数作为计税依据。

（4）游艇以艇身长度每米为计税单位，以每艘游艇的艇身长度为计税依据。

纳税人在购买机动车交通事故责任强制保险时，应当向扣缴义务人提供地方税务机关出具的本年度车船税的完税凭证或者减免税证明。不能提供完税凭证或者减免税证明的，应当在购买保险时按照当地的车船税标准计算缴纳车船税。

（五）税收优惠

（1）捕捞、养殖渔船是指在渔业船舶登记管理部门登记为捕捞船或者养殖船的船舶。

（2）军队、武装警察部队专用的车船是指按照规定在军队、武装警察部队车船登记管理部门登记，并领取军队、武警牌照的车船。

（3）警用车船是指公安机关、国家安全机关、监狱、劳动教养管理机关和人民法院、人民检察院领取警用牌照的车辆和执行警务的专用船舶。

（4）依照法律规定应当予以免税的外国驻华使领馆、国际组织驻华代表机构及其有关人员的车船。

（5）自2012年起，对节约能源车辆，减半征收车船税，对使用新能源的车船，免征车船税。

（6）受自然灾害严重，纳税有困难以及其他特殊原因确需减免税的，可以在一定期限内减征、免征车船税。

（7）省、自治区、直辖市人民政府根据当地的实际情况，可对公共交通车船，农村居民拥有并主要在农村地区使用的摩托车、三轮车或低速载货汽车定期减征、免征车船税。

二、应纳税额的计算

车船税应纳税额的计算公式为：

$$应纳税额＝计税依据×适用单位税额$$

购置的新车船，购置当年的应纳税额应自纳税义务发生的当月起，按月计算。其计算公式为：

$$应纳税额＝年应纳税额÷12×应纳税月份数$$

【案例 8-3】 顺兴交通运输公司地处北京市，拥有大型客运汽车 50 辆（600 元/辆），小型客车 1 辆（480 元/辆）。拥有货运汽车 30 辆，自重 10 吨的有 25 辆，自重 15 吨的 5 辆，适用税额 96 元/吨。计算该公司全年应纳车船税。

【案例解析】 全年应纳车船税＝50×600＋1×480＋（10×25＋15×5）×96
$$＝61\ 680（元）$$

三、车船税的会计核算

（一）账户设置

车船税的会计核算应通过"应交税费——应交车船税"账户，企业缴纳的车船税与商品生产和销售的数量没有直接关系，故车船税属于税金及附加，记入"税金及附加"账户。

（二）会计核算

（1）企业计缴时的会计分录如下：

借：税金及附加
　　贷：应交税费——应交车船税

（2）实际缴纳时的会计分录如下：

借：应交税费——应交车船税
　　贷：银行存款

任务处理

任务情境中的问题你解决了吗？

（各小组讨论，小组推荐代表发言，其他小组提问，小组答辩，提交实训报告册，教师进行点评打分）

专项技能训练

一、职业选择能力训练

1. 下列车辆中，应该缴纳车船税的是(　　)。

A. 非机动驳船　　　　　　　　　　B. 捕捞、养殖渔船

C. 电动自行车　　　　　　　　　　D. 武警专用车

2. 跨省、自治区、直辖市使用的车船，车船税纳税地点为(　　)。

A. 车船的购买地　　　　　　　　　B. 车船的使用地

C. 车船的生产地　　　　　　　　　D. 车船的登记地

3. 下列说法中，正确的是(　　)。

A. 对于新购置的车船，车船税的纳税义务发生时间为车船购置发票所载开具时间的当月

B. 纳税人对扣缴义务人代收代缴税款有异议的，可以向纳税所在地的国家税务机关提出

C. 一个纳税年度内已完税的车辆报废的，应当予以退税

D. 丢失车辆办理退税后车辆又找回的，纳税人应当从公安机关出具相关证明的次月起计算缴纳车船税

4. 下列车辆中，应缴纳车船税的是(　　)。

A. 军队专用车辆　　　　　　　　　B. 捕捞、养殖渔船

C. 外商投资企业的小轿车　　　　　D. 人力三轮车

二、职业描述能力训练

1. 简述车船税的纳税人。

2. 简述车船税的税收优惠。

任务三　印花税会计

任务情境

【资料 8-3】 济南市某房地产开发公司是一集体所有制企业,注册资本 3 000 万元,在职人员 30 人,经营范围为开发销售公寓、办公用房和商业用房。

2019 年 1 月,该公司与某建筑工程公司签订甲工程施工合同,金额为 6 500 万元,合同签订后,印花税即已缴纳。该工程于 2019 年 11 月竣工。因工程建筑图纸重大修改,原商业用房由五层改为三层,实际工程决算金额为 4 800 万元。

该公司 2019 年 12 月签订乙工程建筑施工合同,合同金额为 8 000 万元,以甲工程多缴印花税为由,冲减合同金额 1 700 万元,然后计算缴纳印花税。乙工程还有建筑设计合同金额 200 万元,电力安装工程合同金额 400 万元,消防安装合同 300 万元,建设技术咨询合同 20 万元,均尚未申报缴纳印花税。

任务要求

(1) 由于存在甲工程合同金额减少现象,该公司以冲减后的金额为依据,缴纳印花税。这种做法正确吗?

(2) 怎样才能作到既不额外增加税负,又不偷税漏税呢?

任务指导

一、印花税基础认知

印花税是对经济活动和经济交往中书立、领受、使用的应税经济凭证所征收的一种税。

(一)纳税人

凡在我国境内书立、领受、使用属于征税范围内所列凭证的单位和个人,都是印花税的纳税义务人。具体包括各类企业、事业、机关、团体、部队,以及中外合资经营企业、合作经营企业、外资企业、外国公司企业和其他经济组织及其在华机构等单位和个人。印花税的纳税人,按照所书立、使用、领受的应税凭证不同,又可分为以下六类:立合同人、立据人、立账簿人、领受人、使用人、各类电子应税凭证的签订人。

值得注意的是:

(1) 对于同一凭证,如果由两方或两方以上当事人签订并各执一份的,各方均为纳税人,应当由各方就所持凭证的各自金额贴花。

(2) 所谓当事人,是指对凭证有直接权利义务关系的单位和个人,不包括保人、证人、鉴定人。

(3) 如立据人未贴花或少贴花的,书据持有人负责贴花。

（4）如果应税凭证是由当事人的代理人代为书立的，则由代理人代为承担纳税义务。

（二）征税对象

印花税是以在境内经济活动和经济交往中所书立、领受各类应税凭证为征税对象，具体包括：各类合同，产权转移书据，营业账簿，权利、许可证照和证券交易。

1. 经济合同

（1）购销合同，包括供应、预购、采购、购销结合及协作、调剂、补偿、易货等合同，还包括各出版单位与发行单位（不包括订阅单位和个人）之间订立的图书、报刊、音像征订凭证。

对纳税人以电子形式签订的各类应税凭证按规定征收印花税。

对发电厂与电网之间、电网与电网之间（国家电网公司系统、南方电网公司系统内部各级电网互供电量除外）签订的购售电合同按购销合同征收印花税。电网与用户之间签订的供用电合同不属于印花税列举征税的凭证，不征收印花税。

（2）加工承揽合同，包括加工、定做、修缮、印刷、广告、测绘、测试等合同。

（3）建设工程勘察设计合同，包括勘察、设计合同的总包合同、分包合同和转包合同。

（4）建筑安装工程承包合同，包括建筑、安装工程承包合同的总包合同、分包合同和转包合同。

（5）财产租赁合同，包括租赁房屋、船舶、飞机、机动车辆、机械、器具、设备等不包括企业与主管部门签订的租赁承包合同。

（6）货物运输合同，包括民用航空、铁路运输、海上运输、内河运输、公路运输和联运合同。

（7）仓储保管合同，包括仓储、保管合同以及作为合同使用的仓单、栈单。

（8）借款合同，包括银行及其他金融组织和借款人（不包括银行同业拆借）所签订的借款合同。

（9）财产保险合同，包括财产、责任、保证、信用等保险合同。

（10）技术合同，包括技术开发、转让、咨询、服务等合同。

技术转让合同包括专利申请转让、非专利技术转让所书立的合同，但不包括专利权转让、专利实施许可所书立的合同。后者适用于"产权转移书据"合同。

2. 产权转移书据

我国印花税税目中的产权转移书据包括财产所有权、版权、商标专用权、专利权、专有技术使用权共5项产权的转移书据。财产所有权转移所书立的书据，包括股份制企业向社会公开发行的股票，因购买、继承、赠与所书立的产权转移书据。

另外，土地使用权出让合同、土地使用权转让合同、商品房销售合同按照产权转移书据征收印花税。

3. 营业账簿

营业账簿是指单位或者个人记载生产经营活动的财务会计核算账簿。营业账簿按其反映内容的不同，可分为记载资金的账簿（简称资金账簿）和其他账簿。

记载资金的账簿是指反映生产经营单位资本金额增减变化的账簿，即反映生产经营单位"实收资本"和"资本公积"金额增减变化的账簿。

其他账簿是指除上述账簿以外的账簿,包括日记账簿和各明细分类账簿。

4. 权利、许可证照

权利、许可证照包括政府部门发放的工商营业执照、商标注册证、专利证书、不动产登记证等。

5. 证券交易

证券交易是指在依法设立的证券交易所上市交易或者在国务院批准的其他证券交易场所转让公司股票和以股票为基础发行的存托凭证。

（三）税率

印花税税率有比例税率和定额税率两种形式。各类合同、产权转移书据、记载资金的营业账簿、证券交易适用比例税率;权利、许可证照,营业账簿中的其他账簿适用定额税率,具体见表8-2。

表8-2

印花税税目税率表

税目		税率	说明
合同	购销合同	购销金额的3‰	
	加工承揽合同	加工或承揽收入的3‰	
	建设工程勘察设计合同	收取费用的3‰	
	建筑安装工程承包合同	承包金额的3‰	
	财产租赁合同	租金的1‰	
	货物运输合同	运输费用的3‰	
	仓储保管合同	仓储保管费用的1‰	
	借款合同	借款金额的0.5‰	
	财产保险合同	保险费的1‰	
	技术合同	所载金额的3‰	
产权转移书据	财产所有权、版权、商标专用权、专利权、专有技术使用权等转让书据	所载金额的5‰	
权利、许可证照	工商营业执照、商标注册证、专利证书、不动产登记证	5元/件	
营业账簿	资金账簿	实收资本和资本公积合计金额的5‰	从2018年5月1日起,对纳税人设立的资金账簿征收的印花税减半
	其他账簿	5元/件	2018年5月1日起,对按件征收的其他账簿免征印花税
证券交易		成交金额的1‰	对证券交易的出让方征收,不对证券交易的受让方征收

（四）印花税的优惠

1. 法定凭证免税

下列凭证，免征印花税：

（1）应税凭证的副本或者抄本，免征印花税。

（2）农民、农民专业合作社、农村集体经济组织、村民委员会购买农业生产资料或者销售自产农产品订立的买卖合同和农业保险合同，免征印花税。

（3）无息或者贴息借款合同、国际金融组织向我国提供优惠贷款订立的借款合同、金融机构与小型微型企业订立的借款合同，免征印花税。

（4）财产所有权人将财产赠与政府、学校、社会福利机构订立的产权转移书据，免征印花税。

（5）军队、武警部队订立、领受的应税凭证，免征印花税。

（6）转让、租赁住房订立的应税凭证，免征个人（不包括个体工商户）应当缴纳的印花税。

（7）国务院规定免征或者减征印花税的其他情形。

2. 免税额

应纳税额不足 1 角的，免征印花税。

3. 其他优惠

（1）2014 年 11 月 1 日至 2020 年 12 月 31 日，金融机构与小型、微型企业签订借款合同免征印花税。

（2）2019 年 1 月 1 日至 2021 年 12 月 31 日，对增值税小规模纳税人，按照税额的 50% 减征资源税、城市维护建设税、房产税、城镇土地使用税、印花税、耕地占用税和教育费附加、地方教育附加。

二、应纳税额的计算

（一）计税依据的确定

1. 计税依据的一般规定

各类合同、产权转移书据、记载资金的营业账簿的计税依据为各种应税凭证上所记载的计税金额。应税合同和产权转移书据的计税依据，为合同列明的价款金额，不包括增值税；合同中价款与增值税未分开列明的，按照合计金额确定。具体规定为：

（1）购销合同的计税依据为合同记载的购销金额。

（2）加工承揽合同的计税依据是加工或承揽收入总额。

（3）建设工程勘察设计合同的计税依据为勘察、设计收取的费用。

（4）建筑安装工程承包合同的计税依据为承包金额，工程分包或转包合同仍应按所载金额另行贴花。

（5）财产租赁合同的计税依据为租赁金额。

（6）货物运输合同的计税依据为取得的运输费金额。

（7）仓储保管合同的计税依据为仓储保管的费用。

（8）借款合同的计税依据为借款金额。

（9）财产保险合同的计税依据为支付（收取）的保险费金额。

（10）产权转移书据的计税依据为所载金额，营业账簿中记载资金的账簿的计税依据为"实收资本"和"资本公积"两项的金额。

（11）权利、许可证照，除记载资金的营业账簿外的其他账簿的计税依据为应税凭证件数。

（12）证券交易的计税依据为成交金额。

2. 计税依据的特殊规定

（1）同一凭证涉及两个或两个以上的经济事项，应分别按不同事项记载的金额和适用的税率计税，若未分别记载金额，则按所载事项适用税率中最高的一种税率计算应纳税额。

（2）按金额比例计的应税凭证，计税金额为外币的，应先折算成人民币再计税。

（3）同一应税凭证由两方或者两方以上当事人订立的，应当按照各自涉及的价款或者报酬分别计算应纳税额。

（4）证券交易印花税实行单边征收，只对出让方征收证券交易印花税，不对受让方征收。

（二）应纳税额的计算

纳税人的应纳税额，依据应税凭证的性质，分别按比例税率或定额税率计算。具体计算公式为：

按比例税率计算：

$$应纳税额＝计税金额×适用税率$$

按定额税率计算：

$$应纳税额＝凭证件数×固定税额$$

【案例8-4】　某机械加工厂2019年8月开业，当年发生以下经济业务：领受不动产权证、工商营业执照、商标注册证各一件；与某科研所签订技术转让合同一份，企业按技术开发合同的约定，向某科研所支付技术转让费20万元；订立产品购销合同若干份，合同金额500万元；企业记载资金账簿，"实收资本"和"资本公积"为600万元，其他营业性账本6本。计算该企业当年应缴纳的印花税。

【案例解析】　权利、许可证照应纳税额＝3×5＝15（元）

技术转让合同应纳税额＝200 000×3‰＝60（元）

购销合同应纳税额＝5 000 000×3‰＝1 500（元）

记载资金账簿应纳税额＝6 000 000×5‰÷2＝1 500（元）

其他账簿免征印花税。

企业当年应纳印花税总额＝15＋60＋1 500＋1 500＝3 075（元）

三、印花税的会计核算

企业缴纳的印花税不通过"应交税费"账户核算，直接记入企业的"税金及附加"账户。

【案例8-5】　某企业2019年2月开业，领受工商营业执照、商标注册证、不动产权证各一件；订立产品购销合同两份，所载金额为140万元；订立借款合同一份，所载金额为40万

元。此外,企业的营业账簿中,"实收资本"账户载有资金200万元,其他账簿5本。2019年12月月底,该企业"实收资本"账户所载资金增加为250万元。计算该企业2月份应纳印花税和12月份应补纳印花税并作会计处理。

【案例解析】 (1) 企业领受权利、许可证照应纳税额＝3×5＝15(元)

(2) 企业订立购销合同应纳税额＝1 400 000×3‰＝420(元)

(3) 企业订立借款合同应纳税款＝400 000×5‰＝20(元)

(4) 企业营业账簿中"实收资本"应纳税额＝2 000 000×5‰×50%＝500(元)

(5) 企业其他营业账册免税。

(6) 2月份企业应纳印花税＝15＋420＋20＋500＝955(元)

借:税金及附加　　　　　　　　　　　　　　　　　　　　　　955

　　贷:银行存款　　　　　　　　　　　　　　　　　　　　　955

(7) 12月份资金账簿应补纳印花税＝(2 500 000－2 000 000)×5‰×50%＝125(元)

借:税金及附加　　　　　　　　　　　　　　　　　　　　　　125

　　贷:银行存款　　　　　　　　　　　　　　　　　　　　　125

 **任务处理**

任务情境中的问题你解决了吗?

(各小组讨论,小组推荐代表发言,其他小组提问,小组答辩,提交实训报告册,教师进行点评打分)

 专项技能训练

一、职业选择能力训练

1. 下列合同中,应作为印花税征税对象的包括( )。

A. 企业与主管部门签订的租赁承包合同

B. 银行同业拆借所签订的借款合同

C. 企业和个人出租门店柜台所签订的租赁合同

D. 会计师事务所签订的会计咨询合同

2. 甲企业受托为乙企业加工一批产品,加工合同分别记载原材料金额60万元由甲企业提供,另外再向乙企业收取加工费10万元。该项业务中,甲企业应缴纳印花税( )元。

A. 180　　　　　　B. 210　　　　　　C. 230　　　　　　D. 350

3. 下列项目中,符合印花税相关规定的有( )。

A. 建筑安装工程承包合同的计税依据为转包金额

B. 仓储保管合同的计税依据为仓储保管的费用

C. 产权转移书据的计税依据是书据中所载的金额

D. 货物运输合同的计税依据为运输货物的金额

4. 按照印花税的有关规定,下列各项中,正确的涉税处理包括( )。

A. 对技术开发合同,以合同所载的报酬金额和研究开发经费作为计税依据

B. 企业发生分立、合并等变更后,无须重新进行法人登记的,其原有资金账簿已贴印花继续有效

C. 房地产管理部门与个人签订的房租合同,凡用于生活居住的,可免贴花

D. 如果应税合同在境外签订,且不便在境外贴花的,将合同带入境时也不办理贴花

二、职业描述能力训练

1. 简述印花税的纳税人。

2. 简述印花税的税收优惠。

任务四 契 税 会 计

 **任务情境**

【资料8-4】 济南红枫实业公司有一化肥生产车间拟出售给蓝星化工公司,该化肥生产车间有一幢生产厂房及其他生产厂房附属物,附属物主要为围墙、烟囱、水塔、变电塔、油池油柜、若干油气罐、挡土墙、蓄水池等,化肥生产车间总占地面积3 000平方米,整体评估价为600万元(其中生产厂房评估价为160万元,3 000平方米土地评估价为240万元,其他生产厂房附属物评估价为200万元),蓝星化工公司按整体评估价600万元购买。

任务要求 请根据上述资料制订纳税方案,并进行会计处理。

 任务指导

一、契税基础认知

(一)契税的概念

契税是对在我国境内转移土地使用权、房屋所有权权属时,向权属承受人征收的一种财产税。

契税是一个古老的税种,最早起源于东晋的"估税"。新中国成立后颁布的第一个税收法规就是《契税暂行条例》。1954年,财政部对其进行了修改。1997年7月7日国务院,重新颁布了《中华人民共和国契税暂行条例》,并于同年10月1日起施行。

(二)契税的特点

(1)契税属于财产转移税。

契税以发生转移的不动产,即土地和房屋为征税对象,具有对财产转移课税的性质。

(2)契税由产权承受人缴纳。

契税由土地、房屋的买方纳税。对买方征税的目的,在于承认不动产转移生效,承受人纳税后,其所拥有转移过来的土地或房屋的权属要受到国家法律的保护。

（三）契税的纳税人

契税的纳税人是在我国境内转移土地、房屋权属过程中承受土地、房屋权属的单位和个人。单位包括内外资企业、事业单位、国家机关、军事单位和社会团体,个人包括中国公民和外籍人员。承受是指以受让、购买、受赠、交换等方式取得土地、房屋权属的行为。

（四）契税的征税对象与征税范围

契税的征税对象是发生土地使用权、房屋所有权权属转移的土地和房屋。

契税的征税范围包括单位和个人所有在我国境内转移土地、房屋权属的行为。具体有下列行为:

第一,国有土地使用权出让。即土地使用者向国家支付土地使用权出让费用,国家将土地使用权在一定年限内让与土地使用者的行为。

第二,土地使用权转让。即土地使用者以出售、赠与、交换或者其他方式将土地使用权转移给其他单位和个人的行为。

第三,房屋买卖。即以货币为媒介,出卖者向购买者过渡房产所有权的交易行为。

以下几种特殊情况视同买卖房屋:

（1）以房产抵债或实物交换房屋。

（2）以房产作投资或作股权转让。

（3）买房拆料或翻建新房。

第四,房屋赠与。即房屋所有者将其房屋无偿转给受赠人的行为。

第五,房屋交换。即房屋所有者之间相互交换房屋的行为。

第六,承受国有土地使用权支付土地出让金,要计征契税,不得因减免土地出让金而减免契税。

（五）契税的税率

契税实行 3%～5% 的幅度税率。实行幅度税率是考虑到我国经济发展的不平衡,各地经济差别较大的实际情况。因此,各省、自治区、直辖市人民政府可以在 3%～5% 的幅度税率规定范围内,按照本地区的实际情况决定。

（六）契税的税收优惠

（1）国家机关、事业单位、社会团体、军事单位承受土地、房屋,用于办公、教学、医疗、科研和军事设施的,免征契税。

（2）对个人购买普通住房,且该住房属于家庭唯一住房的,减半征收契税。对个人购买 90 平方米及以下普通住房,且该住房属于家庭唯一住房的,减按 1% 税率征收契税。

（3）因不可抗力灭失住房而重新购买住房的,酌情准予减征或者免征。

（4）土地、房屋被县级以上人民政府批准征用或占用后,重新承受土地、房屋权属的,是否予以减免契税,由各省、自治区、直辖市人民政府确定。

（5）承受荒山、荒沟、荒丘、荒滩土地使用权,用于农、林、牧、渔业生产的,免征契税。

（6）对企业公司制改造、企业股权重组转让、企业分立或合并、企业出售、企业破产等引起的土地使用权和房屋权属变化，都给予免税或者减税优惠。

二、应纳税额的计算

（一）认识契税的计税依据

契税的计税依据按照转移土地、房屋权属的不同情况确定如下：

（1）国有土地使用权出让、土地使用权出售、房屋买卖，以不含增值税的成交价格作为计税依据。成交价格是指土地、房屋权属转移合同确定的价格，包括承受者交付的货币、实物、无形资产或者其他经济利益。

（2）土地使用权赠与、房屋赠与的计税依据由征收机关参照土地使用权出售、房屋买卖的市场价格核定。

（3）土地使用权交换、房屋交换的计税依据为所交换的土地使用权、房屋的价格差额。即交换价格相等时，免征契税；交换价格不等时，由多交付的货币、实物、无形资产或者其他经济利益的一方缴纳税款。

（4）以划拨方式取得土地使用权，经批准转让房地产时，由房地产转让者补缴契税。其计税依据为补缴的土地使用权出让费用或者土地收益。

此外，对于成交价格明显低于市场价格并无正当理由的，或者所交换土地使用权、房屋价格的差额明显不合理并且无正当理由的，由征收机关参照市场价格核定计税依据。

（二）契税应纳税额的计算

契税应纳税额按照规定的计税依据和税率计算。其计算公式为：

$$应纳税额 = 计税依据 \times 税率$$

应纳税额以人民币计算。转移土地、房屋权属以外汇结算的，应当按照纳税义务发生之日的人民银行公布的人民币市场汇率中间价折合成人民币计算。

【案例 8-6】 某公司 2019 年发生两次互换房产业务，并已办理了相关手续。第一次换出的房产价值 400 万元，换进的房产价值 700 万元；第二次换出的房产价值 500 万元，换进的房产价值 300 万元。已知当地政府规定的契税税率为 3%，计算该公司应缴纳的契税。

【案例解析】 应纳税额 $= (700 - 400) \times 3\% = 9$（万元）

三、契税的会计核算

缴纳契税可通过"应交税费——应交契税"账户核算，也可以不通过"应交税费——应交契税"账户核算，可直接贷记"银行存款"账户。缴纳契税时，属受让土地使用权时就应缴纳的契税，借记"无形资产"，贷记"应交税费——应交契税"或"银行存款"账户，属购房屋产权和受赠房屋等，应交纳的契税借记"固定资产"账户，贷记"应交税费——应交契税"或"银行存款"账户。

【案例 8-7】 某公司 2019 年 12 月购买一栋写字楼，成交价格 6 000 000 元。契税税率为 3%。

【案例解析】 应纳税额 $= 6\,000\,000 \div (1 + 9\%) \times 3\% = 163\,636.36$（元）

借：固定资产   163 636.36

    贷：应交税费——应交契税   163 636.36

缴纳时：

借：应交税费——应交契税   163 636.36

    贷：银行存款   163 636.36

【案例 8-8】 某企业 2019 年 10 月以 980 万购得一块土地的使用权,当地契税税率为 3%。

【案例解析】 应纳税额 = 9 800 000 ÷ (1 + 9%) × 3% = 267 272.73(元)

计算应缴契税时：

借：无形资产   267 272.73

    贷：应交税费——应交契税   267 272.73

缴纳时：

借：应交税费——应交契税   267 272.73

    贷：银行存款   267 272.73

任务处理

任务情境中的问题你解决了吗?

(各小组讨论,小组推荐代表发言,其他小组提问,小组答辩,提交实训报告册,教师进行点评打分)

专项技能训练

一、职业选择能力训练

1. 下列行为中,不缴纳契税的是( )。

A. 以房产抵债   B. 房屋赠与

C. 以获奖方式取得房屋产权   D. 以自有房产作股投入本人经营企业

2. 按规定应缴纳契税的纳税人是( )。

A. 出让土地使用权的国土资源管理局   B. 销售别墅的某房地产公司

C. 承受土地、房屋用于医疗、科研的医院   D. 购买花园别墅的用户

3. 某外商投资企业 2019 年接受某国有企业以房产投资入股,房产的不含税市场价格为 50 万元,该企业还于 2019 年以自有房产与另一企业交换一处房产,支付差价款 200 万元,同年政府有关部门批准向该企业出让土地一块,该企业缴纳土地出让金 100 万元,按当地规定契税税率为 5%。2019 年该外商投资企业共计应缴纳的契税为( )万元。

A. 7.5   B. 12.5   C. 15   D. 17.5

二、职业描述能力训练

1. 简述契税的纳税人。

2. 简述契税的税收优惠。

 项目总结

　　本项目学习了房产税、车船税、印花税和契税四个税种的基础知识,要求了解各税种的概念、纳税义务人、税率,掌握应纳税额的计算和相关会计处理。

 综合考核

一、职业单项选择能力考核

1. 下列有关房产税纳税人的表述中,不正确的是(　　)。

A. 房屋产权出典的由出典人纳税

B. 产权属国家所有的由经营管理单位纳税

C. 外商投资企业是房产税的纳税人

D. 产权人不在房屋所在地的由房屋代管人或使用人纳税

2. 房产不在同一地方的纳税人,应(　　)的税务机关缴纳房产税。

A. 向户口所在地

B. 向纳税人居住的房产所在地

C. 按房产的坐落地,分别向房产所在地

D. 按房产的坐落地,选择同一处房产所在地

3. 按照我国《房产税暂行条例》,下列有关房产税纳税人的表述中,不正确的是(　　)。

A. 房屋出租的由承租人纳税

B. 房屋产权出典的由承典人纳税

C. 房屋产权未确定的由代管人或使用人纳税

D. 产权所有人不在房屋所在地的由房屋代管人或使用人纳税

4. 下列车辆中,应该缴纳车船税的是(　　)。

A. 非机动驳船　　　　B. 捕捞、养殖渔船　　　C. 电动自行车　　　　D. 武警专用车

5. 跨省、自治区、直辖市使用的车船,车船税纳税地点为(　　)。

A. 车船的购买地　　　　　　　　　B. 车船的使用地

C. 车船的生产地　　　　　　　　　D. 车船的登记地

6. 下列关于印花税征税对象的表述中,正确的是(　　)。

A. 财产保险合同包括财产、责任、保证、信用等保险合同

B. 借款合同包括银行同业拆借所签订的借款合同

C. 技术转让合同包括专利权转让所书立的合同

D. 只记载数量不记载金额的存货台账

二、职业多项选择能力考核

1. 根据我国《房产税暂行条例》的规定,纳税人转让旧房及建筑物,在计算房产税时,准予扣除的项目有(　　)。

　A. 转让环节缴纳的税金　　　　　　　B. 取得土地使用权所支付的地价款

　C. 评估价格　　　　　　　　　　　　D. 重置成本

2. 下列纳税主体中,属于车船税纳税人的有(　　)。

　A. 在中国境内拥有并使用船舶的国有企业

　B. 在中国境内拥有并使用车辆的外籍个人

　C. 在中国境内拥有并使用船舶的内地居民

　D. 在中国境内拥有并使用车辆的外国企业

3. 根据我国《车船税暂行条例》的规定,下列车船中,以辆数为依据的有(　　)。

　A. 摩托车　　　　　B. 机动车辆　　　　　C. 商用货车　　　　　D. 商用客车

4. 根据税收法律制度的规定,下列各项中,属于契税纳税人的是(　　)。

　A. 向养老院捐赠房产的李某　　　　　B. 承租住房的刘某

　C. 购买商品房的张某　　　　　　　　D. 购买商铺的林某

5. 下列车船税法定免税的有(　　)。

　A. 专项作业车　　　　　　　　　　　B. 警用车船

　C. 非机动驳船　　　　　　　　　　　D. 捕捞、养殖渔船

 **知识拓展**

上海、重庆已开征房产税试点对房价影响可以忽略不计?

在房地产税列上立法日程后,2011年在全国率先进行房产税试点的上海和重庆市就被外界当作未来房地产税推行的参考标本。

外界对两地试点效果褒贬不一,不过今年全国两会上,全国人大常委会预算工作委员会副主任刘修文给出了12字评价,"细致扎实、运行平稳、成效明显"。

2011年1月月底,国务院常务会议同意在部分城市进行对个人住房征收房产税改革试点,具体征收办法由试点省(自治区、直辖市)人民政府从实际出发制定。2019年1月28日,上海和重庆两地发布对个人住房征收房产税试点方案,并开始施行。

上海针对本市居民家庭在当地新购且属于该居民家庭第二套及以上的住房,家庭人均居住面积超过60平方米的,以及非本市居民家庭在本市新购的住房,适用税率暂定为0.6%。

重庆房产税的征收对象为个人拥有的独栋别墅(不论存量房还是增量房)、房价达到当地均价两倍以上的个人新购高档住房,以及在重庆市无户籍、无企业、无工作的个人新购二套及二套以上住房,税率为0.5%至1.2%之间。

两地开展房产税试点的4年多来,房产税对房价影响可以忽略不计,而房产税的收入甚微,对地方财政收入贡献较小。

据新华网报道,试点3年间,重庆的个人住房房产税征收额累计不超过4亿元,而上海据相关部门估算约6亿元。

不过,刘修文表示,两地改革试点是探索对个人住房在保有环节征税的宝贵经验,是符合房地产税制改革总体方向的,同时也为落实中共十八届三中全会提出的加快房地产税立法的要求并适时推进改革打下坚实的实践基础。

当然,正在立法进程中的房地产税情况比两地试点更加复杂。

房地产税能否成为外界所期待的调控房价、调节贫富差距的利器? 房地产税征税范围是由中央决定,还是由地方决定? 房地产税免征税额和免税对象将会如何确定? 各地情况千差万别,税率如何确定? 房地产税与现有的房产税、城镇土地使用税、土地增值税、契税、耕地占用税以及相关土地基金是怎样的关系?

上海财经大学朱为群教授认为,房地产税的立法,应该在征税目的和支出用途上确保其正当性,还要在纳税要素制度构建中体现公平、稳定和透明的原则,并在具体实施中持续努力,不断培育征纳双方的合作信任。唯此,房地产税才能被普通公众接受和认同,才能最终落地生根。

(来源:南方财富网 http://www.southmoney.com)

项目九　农业税类会计

知识目标

- 了解烟叶税和耕地占用税的概念与纳税义务人
- 理解烟叶税和耕地占用税的征税范围与纳税申报程序
- 掌握烟叶税和耕地占用税应纳税额的计算及会计处理

能力目标

- 能进行烟叶税和耕地占用税的计算及会计处理
- 能办理烟叶税和耕地占用税的申报与缴纳

素养目标

- 摒弃吸烟陋习,积极创造健康新时尚
- 人人参与控烟活动,共创健康无烟环境
- 土地是人类生存和发展的基础,耕地是土地的精华。耕地保护关系到国家的粮食安全和社会的稳定

项目全景

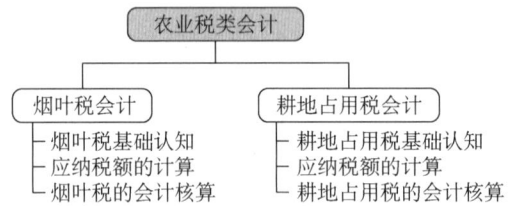

◇ **项目提示**:本项目主要学习烟叶税和耕地占用税的相关知识。通过本项目的学习学生能够对烟叶税和耕地占用税的相关规定、计算和会计处理有比较全面的理解,能够对烟叶税和耕地占用税的纳税申报和税款缴纳等工作环节有比较详细的认知。

任务一　烟叶税会计

 **任务情境**

【资料9-1】　某烟草公司从烟叶销售者处收购一批烟叶,除支付烟叶价款外还支付给烟叶销售者10%的价外补贴。

任务要求　请判断此案例中烟叶税的纳税义务人是谁,应该缴纳的烟叶税如何计算?

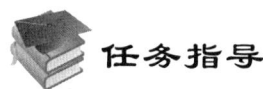 **任务指导**

一、烟叶税基础认知

烟叶税是对我国境内收购烟叶的行为,以实际支付的价款总额为征税依据而征收的一种税。

2006年4月28日,国务院公布了《中华人民共和国烟叶税暂行条例》,并自公布之日起实施;2017年12月27日第十二届全国人民代表大会常务委员会第三十一次会议通过《中华人民共和国烟叶税法》,该法自2018年7月1日起实施,《中华人民共和国烟叶税暂行条例》同时废止。

(一)纳税人

在中华人民共和国境内,依照《中华人民共和国烟草专卖法》的规定收购烟叶的单位为烟叶税的纳税人。

(二)征税范围

烟叶税的征税范围是指晾晒烟叶、烤烟叶。

(三)税率

烟叶税实行比例税率,税率为20%。

(四)征收管理

烟叶税的征收管理,依照《中华人民共和国烟叶税法》及《中华人民共和国税收征收管理法》的有关规定执行。

1.纳税义务发生时间

烟叶税的纳税义务发生时间为纳税人收购烟叶的当日,具体是指纳税人向烟叶销售者付讫收购烟叶款项或者开具收购烟叶凭据的当日。

2.纳税地点

纳税人收购烟叶,应当向烟叶收购地的主管税务机关申报纳税。

3.纳税期限

烟叶税按月计征,纳税人应当于纳税义务发生月终了之日起15日内申报并缴纳税款。

具体纳税期限由主管税务机关核定。

二、应纳税额的计算

（一）烟叶税的计税依据

烟叶税的计税依据为纳税人收购烟叶实际支付的价款总额。

（二）烟叶税应纳税额的计算

烟叶税的应纳税额按照纳税人收购烟叶实际支付的价款总额乘以税率计算。其计算公式为：

$$应纳税额 = 烟叶收购价款总额 \times 税率$$

烟叶收购价款总额包括纳税人支付给烟叶销售者的烟叶收购价款和价外补贴，按照简化手续、方便征收的原则，价外补贴统一按烟叶收购价款的10％计算。其计算公式为：

$$烟叶收购价款总额 = 烟叶收购价款 \times (1 + 10\%)$$

【案例 9-1】 某烟草公司是增值税一般纳税人，2020 年 2 月 15 日到临县收购烟叶，并支付烟叶收购价款 100 万元。请计算该烟草公司 3 月收购烟叶应纳烟叶税。

【案例解析】 应纳烟叶税 = 1 000 000 × (1 + 10％) × 20％ = 220 000(元)

三、烟叶税的会计核算

（一）账户设置

企业应当在"应交税费"账户下"应交烟叶税"明细账户，专门用来核算烟叶税的发生和缴纳情况，其贷方反映企业计算出的应交烟叶税，借方反映企业实际缴纳的烟叶税，余额在贷方反映企业应交未交的烟叶税。

（二）会计核算

根据现行增值税政策规定，2019 年 4 月 1 日后，纳税人从农业生产者购进农产品，按照农产品收购发票或者销售发票上注明的买价和 9％的扣除率计算进项税额。

根据我国《增值税暂行条例实施细则》第十七条规定，买价包括纳税人购进农产品在农产品收购发票或者销售发票上注明的价款和按规定缴纳的烟叶税。《财政部、国家税务总局关于收购烟叶支付的价外补贴进项税额抵扣问题的通知》（财税〔2011〕21 号）规定，烟叶收购单位收购烟叶时按照国家有关规定以现金形式直接补贴烟农的生产投入补贴（以下简称价外补贴），属于农产品买价，为我国《增值税暂行条例实施细则》第十七条中"价款"的一部分。烟叶收购单位，应将价外补贴与烟叶收购价格在同一张农产品收购发票或者销售发票上分别注明，否则价外补贴不得计算增值税进项税额进行抵扣。

购进烟叶准予抵扣的增值税进项税额 = 烟叶收购价款 × (1 + 10％) × (1 + 20％) × 9％

具体会计处理如下：

（1）烟叶尚未提回时，根据有关收购凭证等作账务处理：

借：在途物资

　　应交税费——应交增值税（进项税额）

　　　贷：银行存款

　　　　应交税费——烟叶税

（2）烟叶提回入库时，根据收货单等凭证作账务处理：

借：库存商品

　　　贷：在途物资

（3）缴纳烟叶税时，根据付款凭证作账务处理：

借：应交税费——烟叶税

　　　贷：银行存款

【案例 9-2】　承【案例 9-1】，该烟草公司 3 月 4 日将烟叶提回并验收入库，编制相关会计分录。

【案例解析】　（1）购进烟叶准予抵扣的增值税进项税额＝1 000 000×（1＋10%）×（1＋20%）×9%＝118 800（元）

（2）会计分录如下：

2 月 15 日，烟叶尚未入库时：

借：在途物资	1 201 200
应交税费——应交增值税（进项税额）	118 800
贷：银行存款	1 100 000
应交税费——烟叶税	220 000

3 月 4 日，烟叶入库时：

借：库存商品	1 201 200
贷：在途物资	1 201 200

3 月 15 日前，缴纳烟叶税时：

借：应交税费——烟叶税	220 000
贷：银行存款	220 000

 **任务处理**

任务情境中的问题你解决了吗？

（各小组讨论，小组推荐代表发言，其他小组提问，小组答辩，提交实训报告册，小组代表和教师进行点评打分）

 **专项技能训练**

一、职业判断能力训练

1. 烟叶税的计税依据为纳税人收购烟叶的收购价款。　　　　　　　　　（　　）

2. 烟叶税按月计征,纳税人应当于纳税义务发生月终了之日起 30 日内申报并缴纳税款。

　　　　　　　　　　　　　　　　　　　　　　　　　　　　　　　　（　　）

3. 纳税人收购烟叶,应当向烟叶收购地的主管税务机关申报纳税。　　　（　　）

二、职业选择能力训练

1. 2020 年 2 月,某烟草公司收购一批烟叶,支付给烟叶销售者的烟叶收购价款为 10 万元,则该烟草公司应缴纳的烟叶税为(　　)万元。

　　A. 2.2　　　　　　　B. 1.1　　　　　　　C. 1　　　　　　　D. 2

2. 2020 年 3 月,某烟草公司收购一批烟叶,支付给烟叶销售者的烟叶收购价款为 20 万元,价外补贴 2 万元,则该烟草公司收购烟叶准予抵扣的进项税额为(　　)元。

　　A. 21 600　　　　　　B. 23 760　　　　　　C. 19 800　　　　　　D. 18 000

任务二　耕地占用税会计

 **任务情境**

【资料 9-2】　某新办企业占用 10 000 平方米耕地用于工业厂房建设。

任务要求　(1)作为该企业税务会计,请判断该企业是否需要缴纳耕地占用税。

(2)如需缴纳,计算该企业的应纳税额。

 任务指导

一、耕地占用税基础认知

耕地占用税是对占用耕地建房或者从事其他非农业建设的单位和个人,按照其占用耕地的面积一次性定额征收的一种税,是我国土地税体系中的第一个重要税种。

2007 年 12 月 1 日,国务院公布《中华人民共和国耕地占用税暂行条例》,并自 2008 年 1 月 1 日起实施;2018 年 12 月 29 日第十三届全国人民代表大会常务委员会第七次会议通过《中华人民共和国耕地占用税法》,该法自 2019 年 9 月 1 日起实施,《中华人民共和国耕地占用税暂行条例》同时废止。

(一)纳税人

在中华人民共和国境内占用耕地建设建筑物、构筑物或者从事非农业建设的单位和个

人,为耕地占用税的纳税人。具体为:经申请批准占用耕地的,纳税人为农用地转用审批文件中标明的建设用地人;农用地转用审批文件中未标明建设用地人的,纳税人为用地申请人。未经批准占用耕地的,纳税人为实际用地人。

(二)征税对象

(1)耕地占用税的征税对象包括纳税人为建设建筑物、构筑物或者从事非农业建设而占用的国家所有和集体所有的耕地、园地、林地、草地、农田水利用地、养殖水面、渔业水域滩涂以及其他农用地。非农业建设是指因挖损、采矿塌陷、压占、污染等损毁耕地。

① 耕地,即用于种植农作物的土地。

② 园地,包括果园、茶园、橡胶园、其他园地。

③ 林地,包括乔木林地、竹林地、红树林地、森林沼泽、灌木林地、灌丛沼泽、其他林地,不包括城镇村庄范围内的绿化林木用地,铁路、公路征地范围内的林木用地,以及河流、沟渠的护堤林用地。

④ 草地,包括天然牧草地、人工牧草地。

⑤ 农田水利用地,包括农田排灌沟渠及相应附属设施用地。

⑥ 养殖水面,包括人工开挖或者天然形成的用于水产养殖的河流水面、湖泊水面、水库水面、坑塘水面及相应附属设施用地。

⑦ 渔业水域滩涂,包括专门用于种植或者养殖水生动植物的沿海滩涂和内陆滩涂。

(2)占用耕地建设农田水利设施的,不缴纳耕地占用税。

(3)占用园地、林地、草地、农田水利用地、养殖水面、渔业水域滩涂以及其他农用地建设直接为农业生产服务的生产设施的,不缴纳耕地占用税。

直接为农业生产服务的生产设施,是指直接为农业生产服务而建设的建筑物和构筑物。具体包括:储存农用机具和种子、苗木、木材等农业产品的仓储设施;培育、生产种子、种苗的设施;畜禽养殖设施;木材集材道、运材道;农业科研、试验、示范基地;野生动植物保护、护林、森林病虫害防治、森林防火、木材检疫的设施;专为农业生产服务的灌溉排水、供水、供电、供热、供气、通讯基础设施;农业生产者从事农业生产必需的食宿和管理设施;其他直接为农业生产服务的生产设施。

(三)适用税额

以县级行政区域(县、自治县、不设区的市、市辖区)为单位,按人均耕地面积分为四档:

(1)人均耕地不超过 1 亩的地区,每平方米为 10 元至 50 元。

(2)人均耕地超过 1 亩但不超过 2 亩的地区,每平方米为 8 元至 40 元。

(3)人均耕地超过 2 亩但不超过 3 亩的地区,每平方米为 6 元至 30 元。

(4)人均耕地超过 3 亩的地区,每平方米为 5 元至 25 元。

授权地方制定适用税额的为以下两种情形:

(1)省、自治区、直辖市人民政府根据人均耕地面积和经济发展等情况,确定本地区的耕地占用税的适用税额,但适用税额的平均水平不得低于耕地占用税法所附《各省、自治区、直辖市耕地占用税平均税额表(见表9-1)》规定的平均税额。

表 9-1

各省、自治区、直辖市耕地占用税平均税额表

地区	每平方米平均税额（元）
上海	45
北京	40
天津	35
江苏、浙江、福建、广东	30
辽宁、湖北、湖南	25
河北、安徽、江西、山东、河南、重庆、四川	22.5
广西、海南、贵州、云南、陕西	20
山西、吉林、黑龙江	17.5
内蒙古、西藏、甘肃、青海、宁夏、新疆	12.5

（2）占用园地、林地、草地、农田水利用地、养殖水面、渔业水域滩涂以及其他农用地建设建筑物、构筑物或者从事非农业建设的,适用税额可以适当低于本地区确定的适用税额,但降低的部分不得超过 50%。

在人均耕地低于 0.5 亩的地区,适用税额可适当提高,但提高的部分不得超过本地区确定的适用税额的 50%。

★小贴士

占用基本农田的,应当按照耕地占用税法确定的当地适用税额,加按 150% 征收。基本农田是指依据《基本农田保护条例》划定的基本农田保护区范围内的耕地。

（四）耕地占用税的税收优惠

1. 减征耕地占用税

（1）铁路线路、公路线路、飞机场跑道、停机坪、港口、航道、水利工程占用耕地,减按每平方米 2 元的税额征收耕地占用税。

（2）农村居民在规定用地标准以内占用耕地新建自用住宅,按照当地适用税额减半征收耕地占用税。

（3）2019 年 1 月 1 日至 2021 年 12 月 31 日,对增值税小规模纳税人,按照税额的 50% 减征资源税、城市维护建设税、房产税、城镇土地使用税、印花税、耕地占用税和教育费附加、地方教育附加。

2. 免征耕地占用税

（1）农村居民经批准搬迁,新建自用住宅占用耕地不超过原宅基地面积部分。

（2）军事设施、学校、幼儿园、社会福利机构、医疗机构占用耕地。

（3）农村烈士遗属、因公牺牲军人遗属、残疾军人以及符合农村最低生活保障条件的农村居民,在规定用地标准以内新建自用住宅。

（4）根据国民经济和社会发展的需要,国务院可以规定免征或者减征耕地占用税的其他情形,报全国人民代表大会常务委员会备案。

免征或者减征耕地占用税后,纳税人改变原占地用途,不再属于免征或者减征耕地占用税情形的,应自改变用途之日起 30 日内申报补缴税款,补缴税款按改变用途的实际占用耕地面积和改变用途时当地适用税额计算。

3. 退税

(1)因挖损、采矿塌陷、压占、污染等损毁、占用耕地的,自自然资源、生态环境等相关部门认定损毁、占用耕地之日起 3 年内依法复垦,恢复种植条件的,比照税法规定办理退税。

(2)纳税人因建设项目施工或者地质勘查临时占用耕地,应当缴纳耕地占用税。纳税人在批准临时占用耕地期满之日起 1 年内依法复垦,恢复种植条件的,全额退还已经缴纳的耕地占用税。

(五)征收管理

耕地占用税的征收管理,依照我国《耕地占用税法》及其实施办法的有关规定执行。

1. 纳税义务发生时间

耕地占用税的纳税义务发生时间为纳税人收到自然资源主管部门办理占用耕地手续的书面通知的当日。

未经批准占用耕地的,耕地占用税纳税义务发生时间为纳税人实际占用耕地的当日。

因挖损、采矿塌陷、压占、污染等损毁、占用耕地的纳税义务发生时间为自然资源、生态环境等相关部门认定损毁、占用耕地的当日。

2. 纳税期限

纳税人应自纳税义务发生之日起 30 日内申报缴纳耕地占用税。自然资源主管部门凭耕地占用税完税凭证或者免税凭证和其他有关文件发放建设用地批准书。

3. 纳税地点

纳税人占用耕地,应在耕地所在地申报纳税。

二、应纳税额的计算

(一)耕地占用税的计税依据

耕地占用税以纳税人实际占用的属于耕地占用税征税范围的土地面积为计税依据,按应税土地当地适用税额计税,实行一次性征收。

实际占用的耕地面积,包括经批准占用的耕地面积和未经批准占用的耕地面积。

(二)耕地占用税应纳税额的计算

耕地占用税的应纳税额按照应税土地面积乘以适用税额计算。其计算公式为:

$$应纳税额 = 应税土地面积 \times 适用税额$$

当地适用税额是指省、自治区、直辖市人民代表大会常务委员会决定的应税土地所在地县级行政区的现行适用税额。

按照《耕地占用税法》第六条规定,加按 150% 征收耕地占用税的计算公式为:

$$应纳税额 = 应税土地面积 \times 适用税额 \times 150\%$$

【案例9-3】 假设某企业新占用15 000平方米耕地用于企业建设,该地区耕地占用税适用税额为10元/每平方米。计算该企业应纳耕地占用税。

【案例解析】 应纳耕地占用税＝15 000×10＝150 000(元)

【案例9-4】 某农村村民新建住宅,经批准占用耕地200平方米。该地区耕地占用税适用税额为8元/平方米,计算该村民应纳耕地占用税。

【案例解析】 根据耕地占用税税收优惠政策,农村居民在规定用地标准以内占用耕地新建自用住宅,按照当地适用税额减半征收耕地占用税。

$$应纳耕地占用税＝200×8×50\%＝800(元)$$

三、耕地占用税的会计核算

由于耕地占用税是在实际占用耕地之前一次性缴纳的,不存在与征税机关清算和结算的问题,因此企业按规定缴纳的耕地占用税,可以不通过"应交税费"账户核算。企业为购建固定资产而缴纳的耕地占用税,作为固定资产价值的组成部分,先记入"在建工程"账户,将来固定资产达到预定可使用状态时,转入"固定资产"账户。

【案例9-5】 某高尔夫球俱乐部经批准占用耕地50公顷(500 000平方米),用于建设高尔夫球场。当地政府规定的耕地占用税税额为8元/平方米。

【案例解析】 按照规定,占用耕地建高尔夫球场应按规定征收耕地占用税,其应纳税额为:

$$应纳税额＝500 000×8＝4 000 000(元)$$

高尔夫球俱乐部按规定向征收机关进行纳税申报,并开出支票缴纳耕地占用税4 000 000元。

根据实际缴纳的耕地占用税作如下会计分录:

借:在建工程　　　　　　　　　　　　　　　　4 000 000
　　贷:银行存款　　　　　　　　　　　　　　　　4 000 000

 **任务处理**

任务情境中的问题你解决了吗?

(各小组讨论,小组推荐代表发言,其他小组提问,小组答辩,提交实训报告册,小组代表和教师进行点评打分)

 专项技能训练

一、职业判断能力训练

1. 耕地占用税实行按月计征,纳税人应于纳税义务发生月终了之日起15日内申报并缴纳税款。　　　　　　　　　　　　　　　　　　　　　　　( )

2. 占用耕地建设农田水利设施的,应依法缴纳耕地占用税。　　　　　　　　　(　　)

3. 未经批准占用耕地的,耕地占用税的纳税人为实际用地人。　　　　　　　　(　　)

二、职业选择能力训练

1. 下列各项中,减半征收耕地占用税的是(　　　)。

A. 纳税人临时占用耕地 　　　　　　　　B. 军事设施占用耕地

C. 农村居民占用耕地新建住宅 　　　　　D. 公路线路占用耕地

2. 某县房地产开发公司占用耕地 10 000 平方米用于住宅小区建设,其中 3 000 平方米将建设一所全日制中学,已知该区县耕地占用税每平方米税额为 9 元,该房地产公司应缴纳(　　　)元的耕地占用税。

A. 63 000 　　　　B. 70 000 　　　　C. 75 000 　　　　D. 90 000

 项目总结

　　本项目主要学习烟叶税与耕地占用税基础知识。具体包括烟叶税和耕地占用税的概念、纳税义务人、征税范围、税率、税收优惠、征收管理及应纳税额的计算和相关涉税会计核算。

 **综合考核**

一、职业单项选择能力考核

1. 在人均耕地低于 0.5 亩的地区,可适当提高耕地占用税的适用税额,但提高的部分不得超过规定税额的(　　　)。

A. 20% 　　　　B. 30% 　　　　C. 50% 　　　　D. 100%

2. 某烟草公司 2020 年 3 月 8 日到邻县收购烟草支付价款 88 万元,另向烟农支付了 10% 价外补贴。下列纳税事项的表述中,正确的是(　　　)。

A. 烟草公司 3 月收购烟叶应缴纳烟叶税 19.6 万元

B. 烟草公司 3 月收购烟叶应缴纳烟叶税 17.6 万元

C. 烟草公司应向公司所在地主管税务机关申报缴纳烟叶税

D. 烟草公司收购烟叶的纳税义务发生时间是 8 月 8 日

3. 某企业占用基本农田 15 000 平方米修建别墅,当地规定的耕地占用税适用税额为 15 元,该企业应该缴纳耕地占用税(　　　)元。

A. 225 000 　　　　B. 270 000 　　　　C. 337 500 　　　　D. 450 000

4. 下列耕地占用的情形中,属于免征耕地占用税的是(　　　)。

A. 医疗机构占用耕地 　　　　　　　　B. 建厂房占用鱼塘

C. 高尔夫球场占用耕地 　　　　　　　D. 商品房建设占用林地

二、职业多项选择能力考核

1. 下列关于烟叶税的说法中,正确的是(　　　)。

A. 烟叶税的纳税人为销售烟叶的单位和个人

B. 烟叶税的征税范围为晾晒烟叶、烤烟叶

C. 纳税人收购烟叶，应当向烟叶收购地的主管税务机关申报纳税

D. 纳税人应当自纳税义务发生月终了之日起15日内申报并缴纳税款

2. 下列关于耕地占用税的表述中，正确的有（　　　）。

A. 建设直接为农业生产服务的生产设施而占用农用地的，不征收耕地占用税

B. 获准占用耕地的单位或者个人，应当在收到自然资源主管部门的通知之日起60日内缴纳耕地占用税

C. 免征或者减征耕地占用税后，纳税人改变原占地用途，不再属于免征或者减征耕地占用税情形的，应当按照当地适用税额补缴耕地占用税

D. 纳税人临时占用耕地，应当依照规定缴纳耕地占用税，在批准临时占用耕地的期限内恢复原状的，可部分退还已经缴纳的耕地占用税

 知识拓展

《耕地占用税法》知多少？

新的《耕地占用税法》施行后，各地也敲定下辖市县具体税额，耕地越少地方税额越高，各地税额差异明显。耕地占用税2018年底从国务院暂行条例上升为法律后，2019年9月1日正式施行。这次《耕地占用税法》，基本延续现行税制框架和税负水平总体不变。

我国是人均耕地少、农业后备资源严重不足的国家。截至2015年年底，我国耕地面积只有约20.25亿亩，人均耕地面积仅有1.52亩，不到世界人均耕地面积的一半。征收耕地占用税目的在于促进土地资源被合理利用，保护耕地。除了对占用耕地征税外，对占用园地、林地、草地、农田水利用地、养殖水面、渔业水域滩涂以及其他农用地也一样征收耕地占用税。2018年全国耕地占用税收入达1 319亿元。

耕地占用税征税金额是纳税人实际占用耕地等面积乘以适用税额，一般来说，耕地越少的地方，税额越高。新税法确定了31个省（自治区、直辖市）份耕地占用税平均税额，各省耕地占用税适用税额的平均水平，不得低于平均税额标准。

具体来看，31个省份平均税额分为9档，其中上海适用最高的45元/平方米，内蒙古等6地适用最低的12.5元/平方米。

与此同时，法律也规定了各省耕地占用税额征收的上限，根据耕地占用税法，人均耕地低于0.5亩的地方征收耕地占用税，最高每平方米不超过60元/平方米。如果占用基本农田，则最高标准不得超过90元/平方米。

新税法在这一征税上下限额内，授权各省份根据人均耕地面积和经济发展等情况来确定具体征税额度。

目前，各省已经公布了下辖市县耕地占用税具体税额，不少地方最高税额高于法律规定的该省的平均税额，具体税额差异较大。北京耕地占用税额根据不同区分为3类，朝阳、海淀、丰台、石景山、通州五区适用最高的45元/每平方米，顺义等8区适用42元/每平方米，延庆区最低，为35元/平方米。上海耕地占用税除了崇明区每平方米33元外，其他各区每

平方米46元。广东省明确了全省124个市县(区)的耕地占用税具体税额,税额共有5类,分别是每平方米15元、25元、30元、40元、50元。其中,深圳全市9个区均适用最高的50元/平方米。耕地资源较为丰富的河南、黑龙江也公布了下辖市区耕地占用税标准。河南明确,各地区耕地占用税适用税额(基准税额)分为每平方米38元、31元、24元、22元四档,比如郑州、洛阳市市辖区耕地占用税适用最高的每平方米38元。其中人均耕地面积低于0.5亩的地区,耕地占用税适用税额在基准税额基础上提高30%。黑龙江则将耕地占用税按不同地区划分为5档,分别为每平方米30元、25元、20元、17元、15元。其中哈尔滨市道里等6个区执行最高的标准。

　　随着《耕地占用税法》以及相关配套文件正式施行,将从更高层级、以更大力度贯彻落实国家最严格的耕地保护制度,限制非农业建设无序、低效地占用农业生产用地,以经济手段保护有限的土地资源,尤其是耕地资源,促进土地资源合理配置。

(来源:第一财经)

项目十 资源和环境保护税类会计

知识目标

- 了解资源税、城镇土地使用税和环境保护税的概念与纳税义务人
- 理解资源税、城镇土地使用税和环境保护税的征税范围和纳税申报程序
- 掌握资源税、城镇土地使用税和环境保护税应纳税额的计算及会计处理

能力目标

- 能进行资源税、城镇土地使用税和环境保护税的计算及会计处理
- 能办理资源税、城镇土地使用税和环境保护税的申报与缴纳

素养目标

- 发展经济不能以牺牲环境为代价,树立青山碧水、蓝天白云的生态环境发展观
- 资源是有限的,珍惜资源,永续利用
- 节约从我做起,树立"取之有度,用之有节,则常足"的思想

项目全景

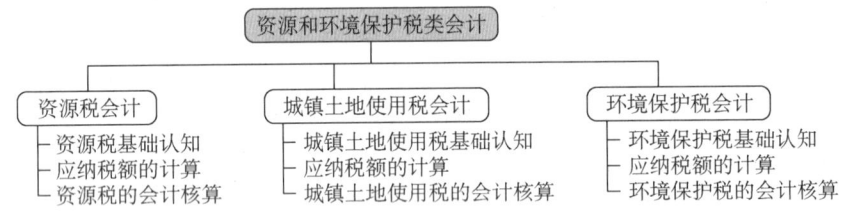

◇ **项目提示**:本项目主要学习资源税、城镇土地使用税和环境保护税的相关知识。通过本项目的学习,我们能够对资源税、城镇土地使用税和环境保护税的相关规定、计算和会计处理有比较全面的理解,能够对资源税、城镇土地使用税和环境保护税的纳税申报和税款缴纳等工作环节有比较详细的认知。

任务一　资源税会计

　任务情境

【资料10-1】　中海油渤海莱州公司10月份生产原油8万吨(单位售价4 000元/吨),其中销售6万吨,用于加热、修井的原油1万吨,待销售1万吨,当月在开采过程中还回收并销售伴生天然气1 000万立方米(单位售价3 000元/千立方米)。原油、天然气资源税税率为6%。

任务要求　假定你是该公司的税务会计人员,请计算该油田10月份应纳资源税,并填制记账凭证,交财务经理审核。

　任务指导

一、资源税基础认知

资源税是对我国境内开采应税资源的单位和个人,就其应税产品销售额或销售数量为计税依据而征收的一种税,属于对自然资源占用课税的范畴。资源税根据应税产品的品种、质量、开采方式以及企业所处地理位置和交通运输条件等客观因素的差异确定差别税率,能合理调节资源级差收入,促进企业平等竞争;同时我国确立国有资源有偿开采的原则,可以促进纳税人节约、合理地开发和利用自然资源。

2011年9月30日国务院公布了修改的《中华人民共和国资源税暂行条例》,2011年10月28日财政部、国家税务总局公布了《中华人民共和国资源税暂行条例实施细则》。

2016年7月1日起,我国开始全面推开资源税改革,在河北省开展水资源费改税试点,对取用地表水或者地下水的单位和个人试点征收水资源税,在地下水超采地区取用地下水、特种行业取用水和超计划用水适用较高税率,正常的生产生活用水维持在原有的负担水平不变,条件成熟后在全国推开,并逐步将其他自然资源纳入征收范围。不在全国范围统一规定对森林、草场、滩涂等资源征税,但对具备征收条件的,授权省级政府提出征收方案建议,报国务院批准后实施。2017年12月水资源税试点扩大到北京、天津等9个省(自治区、直辖市)。

2019年8月26日第十三届全国人民代表大会常务委员会第十二次会议通过《中华人民共和国资源税法》,该法自2020年9月1日起施行,1993年12月25日国务院发布的《中华人民共和国资源税暂行条例》同时废止。

(一)纳税人

《资源税法》规定在中华人民共和国领域和中华人民共和国管辖的其他海域开发应税资源的单位和个人为资源税的纳税人。单位是指企业、行政单位、事业单位、军事单位、社会团

体及其他单位;个人是指个体工商户和其他个人。其中其他单位和个人包括外商投资企业、外国企业和外籍人员。

中外合作开采陆上、海上石油资源的企业依法缴纳资源税,2011 年 11 月 1 日前已依法订立中外合作开采陆上、海上石油资源合同的,在该合同有效期内,继续依照国家有关规定缴纳矿区使用费,不缴纳资源税;合同期满后,依法缴纳资源税。

《资源税法》还规定,独立矿山、联合企业及其他收购未税矿产品的单位为资源税的扣缴义务人。

（二）征税范围

资源税的征税范围,从理论上包括一切开发和利用的国有资源,但受资源条件、征收条件等的限制,《资源税法》只将原油、天然气、煤炭、其他非金属矿原矿、黑色金属矿原矿、有色金属矿原矿和盐列入了征税范围。另外随着资源税的改革,水资源税已在河北等地改革试点,资源税的征收范围可以分为矿产品、盐和水资源三大类。

根据《资源税法》所附资源税税目税率表,资源税征税范围为能源矿产、金属矿产、非金属矿产、水气矿产和盐,应税产品为矿产品的,包括原矿和选矿产品。

（三）税目和税率

1. 税目

资源税的税目反映征收资源税的具体范围,是资源税课征对象的具体表现形式。

《资源税法》共设置原油、天然气、煤炭、非金属矿、金属矿、海盐和水资源 7 个大类税目。同时规定纳税人在开采主矿产品的过程中伴采的其他应税矿产品,凡未单独规定适用税额的,一般按主矿产品或视同主矿产品税目征收资源税。未列举名称的其他金属矿原矿和其他有色金属矿原矿,由省、自治区、直辖市人民政府决定征收或暂缓征收资源税,并报财政部和国家税务总局备案。

《资源税法》以正列举的方式统一规范了税目,将目前所有的应税资源产品都在税法中一一列明,共有能源矿产、金属矿产、非金属矿产、水气矿产和盐 5 大类、164 个税目,涵盖了所有已经发现的矿种和盐。

2. 税率

《资源税法》规定资源税实行从价计征或者从量计征,其中可以选择实行从价计征或者从量计征的以及实行幅度税率的,具体计征方式和适用税率由省、自治区、直辖市人民政府确定。征税对象为原矿或者选矿的,应当分别确定具体适用税率。

资源税税目税率幅度表、资源税税目税率表如表 10-1 和表 10-2 所示。

表 10-1

资源税税目税率幅度表

序号	税目		征税对象	税率幅度
1	原油		天然原油	6%～10%
2	天然气		专门开采或与原油同时开采的天然气	6%～10%
3	煤炭		原煤和以未税原煤加工的洗选煤	2%～10%

（续表）

序号	税目		征税对象	税率幅度
4	金属矿	稀土矿	轻稀土	地区差别比例税率
5			中重稀土	27%
6		钨矿		6.5%
7		钼矿		11%
8		铁矿	精矿	1%～6%
9		金矿	金锭	1%～4%
10		铜矿	精矿	2%～8%
11		铝土矿	原矿	3%～9%
12		铅锌矿	精矿	2%～6%
13		镍矿	精矿	2%～6%
14		锡矿	精矿	2%～6%
15		未列举名称的其他金属矿产品	原矿或精矿	税率不超过20%
16	非金属矿	石墨	精矿	3%～10%
17		硅藻土	精矿	1%～6%
18		高岭土	原矿	1%～6%
19		萤石	精矿	1%～6%
20		石灰石	原矿	1%～6%
21		硫铁矿	精矿	1%～6%
22		磷矿	原矿	3%～8%
23		氯化钾	精矿	3%～8%
24		硫酸钾	精矿	6%～12%
25		井矿盐	氯化钠初级产品	1%～6%
26		湖盐	氯化钠初级产品	1%～6%
27		提取地下卤水晒制的盐	氯化钠初级产品	3%～15%
28		煤层(成)气	原矿	1%～2%
29		粘土、砂石	原矿	每吨或立方米0.1～5元
30		未列举名称的其他非金属矿产品	原矿或精矿	从量税率每吨或立方米不超过30元;从价税率不超过20%
31	海盐		氯化钠初级产品	1%～5%
32	水资源	对水力发电和火力发电贯流式以外的取用水设置最低税额标准		地表水平均不低于平方米0.4元
33				地下水平均不低于平方米1.5元
34		水力发电和火力发电贯流式取用水		每千瓦小时0.005元

备注：
1. 铝土矿包括耐火级矾土、研磨级矾土等高铝粘土。
2. 氯化钠初级产品是指井矿盐、湖盐原盐、提取地下卤水晒制的盐和海盐原盐,包括固体和液体形态的初级产品。
3. 海盐是指海水晒制的盐,不包括提取地下卤水晒制的盐。

表 10-2

资源税税目税率表(资源税法)

税目		征税对象	税率
能源矿产	原油	原矿	6%
	天然气	原矿	6%
	煤	原矿或选矿	2%～10%
	煤成(层)气	原矿	1%～2%
	铀、钍	原矿	4%
	油页岩、油砂、天然沥青、石煤	原矿或选矿	1%～4%
	地热	原矿	1%～20%或者每立方米1～30元
金属矿产 黑色金属	铁、锰、铬、钒、钛	原矿或选矿	1%～9%
	铜、铅、锌、锡、镍、锑、镁、钴、铋、汞	原矿或选矿	2%～10%
金属矿产 有色金属	铝土矿	原矿或选矿	2%～9%
	钨	选矿	6.5%
	钼	选矿	8%
	金、银	原矿或选矿	2%～6%
	铂、钯、钌、锇、铱、铑	原矿或选矿	5%～10%
	轻稀土	选矿	7%～12%
	中重稀土	选矿	20%
	铍、锂、锆、锶、铷、铯、铌、钽、锗、镓、铟、铊、铪、铼、镉、硒、碲	原矿或选矿	2%～10%
非金属矿产 矿物类	高岭土	原矿或选矿	1%～6%
	石灰岩	原矿或选矿	1%～6%或者每吨(或者每立方米)1～10元
	磷	原矿或选矿	3%～8%
	石墨	原矿或选矿	3%～12%
	萤石、硫铁矿、自然硫	原矿或选矿	1%～8%
	天然石英砂、脉石英、粉石英、水晶、工业用金刚石、冰洲石、蓝晶石、硅线石(矽线石)、长石、滑石、刚玉、菱镁矿、颜料矿物、天然碱、芒硝、钠硝石、明矾石、砷、硼、碘、溴、膨润土、硅藻土、陶瓷土、耐火粘土、铁矾土、凹凸棒石粘土、海泡石粘土、伊利石粘土、累托石粘土	原矿或选矿	1%～12%
	叶蜡石、硅灰石、透辉石、珍珠岩、云母、沸石、重晶石、毒重石、方解石、蛭石、透闪石、工业用电气石、白垩、石棉、蓝石棉、红柱石、石榴子石、石膏	原矿或选矿	2%～12%
	其他黏土(铸型用粘土、砖瓦用粘土、陶粒用粘土、水泥配料用粘土、水泥配料用红土、水泥配料用黄土、水泥配料用泥岩、保温材料用粘土)	原矿或选矿	1%～5%或者每吨(或者每立方米)0.1～5元

（续表）

税目			征税对象	税率
非金属矿产	岩石类	大理岩、花岗岩、白云岩、石英岩、砂岩、辉绿岩、安山岩、闪长岩、板岩、玄武岩、片麻岩、角闪岩、页岩、浮石、凝灰岩、黑曜岩、霞石正长岩、蛇纹岩、麦饭石、泥灰岩、含钾岩石、含钾砂页岩、天然油石、橄榄岩、松脂岩、粗面岩、辉长岩、辉石岩、正长岩、火山灰、火山渣、泥炭	原矿或选矿	1%～10%
		砂石	原矿或选矿	1%～5%或者每吨（或者每立方米）0.1～5元
	宝玉石类	宝石、玉石、宝石级金刚石、玛瑙、黄玉、碧玺	原矿或选矿	4%～20%
水气矿产	二氧化碳气、硫化氢气、氦气、氡气		原矿	2%～5%
	矿泉水		原矿	1%～20%或者每立方米1～30元
盐	钠盐、钾盐、镁盐、锂盐		选矿	3%～15%
	天然卤水		原矿	3%～15%或者每吨（或者每立方米）1～10元
	海盐			2%～5%

（四）税收优惠政策

有下列情形之一的，免征资源税：

（1）开采原油以及在油田范围内运输原油过程中用于加热的原油、天然气。

（2）煤炭开采企业因安全生产需要抽采的煤成（层）气。

有下列情形之一的，减征资源税：

（1）从低丰度油气田开采的原油、天然气，减征20%资源税。

（2）高含硫天然气、三次采油和从深水油气田开采的原油、天然气，减征30%资源税。

（3）稠油、高凝油减征40%资源税。

（4）从衰竭期矿山开采的矿产品，减征30%资源税。

根据国民经济和社会发展需要，国务院对有利于促进资源节约集约利用、保护环境等情形可以规定免征或者减征资源税，报全国人民代表大会常务委员会备案。

有下列情形之一的，省、自治区、直辖市可以决定免征或者减征资源税：

（1）纳税人开采或者生产应税产品过程中，因意外事故或者自然灾害等原因遭受重大损失。

（2）纳税人开采共伴生矿、低品位矿、尾矿。

具体免征或者减征资源税的办法，由省、自治区、直辖市人民政府提出，报同级人民代表大会常务委员会决定，并报全国人民代表大会常务委员会和国务院备案。

纳税人的免税、减税项目，应当单独核算销售额或者销售数量；未单独核算或者不能准确提供销售额或者销售数量的，不予免税或者减税。

2019年1月1日至2021年12月31日,对增值税小规模纳税人可以在50%的税额幅度内减征资源税。

水资源税的税收优惠如下:

(1) 规定限额内的农业生产取用水免征水资源税。

(2) 取用污水处理再生水,免征水资源税。

(3) 除接入城镇公共供水管网以外,军队、武警部队通过其他方式取用水的,免征水资源税。

(4) 抽水蓄能发电取用水,免征水资源税。

(5) 采油排水经分离净化后在封闭管道回注的,免征水资源税。

(6) 财政部、税务总局规定的其他免征或者减征情形。

(五) 征收管理

1. 纳税义务发生时间

纳税人销售应税产品,纳税义务发生时间为收讫销售款或者取得索取销售款凭据的当日;自产自用的应税产品,纳税义务发生时间为移送使用的当日。

资源税纳税义务发生时间具体规定如下:

(1) 纳税人采取分期收款结算方式的,其纳税义务发生时间,为销售合同规定的收款日期的当天。

(2) 纳税人采取预收货款结算方式的,其纳税义务发生时间,为发出应税产品的当天。

(3) 纳税人采取其他结算方式的,其纳税义务发生时间,为收讫销售款或者取得索取销售款凭据的当天。

(4) 纳税人自产自用应税产品的纳税义务发生时间,为移送使用应税产品的当天。

(5) 扣缴义务人代扣代缴税款的纳税义务发生时间,支付首笔货款或首次开具支付货款凭据的当天。

对取用地表水或者地下水的单位和个人试点征收水资源税的,水资源税的纳税时间为纳税人取用水资源的当日。

2. 纳税地点

纳税人应当向应税产品开采地或者生产地的税务机关申报缴纳资源税。

3. 纳税环节

资源税在应税产品的销售或自用环节纳税。

4. 纳税期限

《资源税法》规定纳税人的纳税期限为1日、3日、5日、10日、15日或者1个月,由主管税务机关根据实际情况具体核定。不能按固定期限计算纳税的,可以按次计算纳税。纳税人以1个月为一期纳税的,自期满之日起10日内申报纳税;以1日、3日、5日、10日或者15日为一期纳税的,自期满之日起5日内预缴税款,于次月1日起10日内申报纳税并结清上月税款。但该规定与大多数税种的申报期限不统一、不衔接,增加了纳税人的办税负担。

《资源税法》规定资源税按月或者按季申报缴纳;不能按固定期限计算缴纳的,可以按次申报缴纳。纳税人按月或者按季申报缴纳的,应当自月度或者季度终了之日起15日内,向税务机关办理纳税申报并缴纳税款;按次申报缴纳的,应当自纳税义务发生之日起 15 日内,向税务机关办理纳税申报并缴纳税款。

二、应纳税额的计算

(一)资源税的计税依据

根据《资源税法》规定,资源税以开采或生产应税资源产品的销售额或销售数量为计税依据。纳税人开采或生产不同税目应税产品的,应当分别核算不同税目应税产品的销售额或销售数量;未分别核算或不能准确提供不同税目应税产品的销售额或者销售数量的,从高适用税率。

纳税人开采、生产应税产品,自用于连续生产应税产品的,不缴纳资源税;自用非生产项目和生产非应税产品的,视同销售,依法缴纳资源税。

1. 从价计征的计税依据——销售额

根据《资源税法》的规定,销售额是指为纳税人销售应税产品向购买方收取的全部价款和价外费用,但不包括收取的增值税销项税额。

价外费用,包括价外向购买方收取的手续费、补贴、基金、集资费、返还利润、奖励费、违约金、滞纳金、延期付款利息、赔偿金、代收款项、代垫款项、包装费、包装物租金、储备费、优质费、运输装卸费以及其他各种性质的价外费用。但下列项目不包括在内:

(1)同时符合以下条件的代垫运输费用:承运部门的运输费用发票开具给购买方的;纳税人将该项发票转交给购买方的。

(2)同时符合以下条件代为收取的政府性基金或者行政事业性收费:由国务院或者财政部批准设立的政府性基金,由国务院或者省级人民政府及其财政、价格主管部门批准设立的行政事业性收费;收取时开具省级以上财政部门印制的财政票据;所收款项全额上缴财政。

纳税人申报的应税产品销售额明显偏低并且无正当理由的、有视同销售应税产品行为而无销售额的,除财政部、国家税务总局另有规定外,按下列顺序确定销售额:

(1)按纳税人最近时期同类产品的平均销售价格确定。

(2)按其他纳税人最近时期同类产品的平均销售价格确定。

(3)按组成计税价格确定。

组成计税价格为:

$$组成计税价格 = 成本 \times (1 + 成本利润率) \div (1 - 资源税税率)$$

公式中的成本是指应税产品的实际生产成本。公式中的成本利润率由省、自治区、直辖市税务机关确定。

2. 从量计征的计税依据——销售数量

销售数量包括纳税人开采或者生产应税产品的实际销售数量和视同销售的自用数量。纳税人不能准确提供应税产品销售数量或移送使用数量的,以应税产品的产量或按主管税务机关确定的折算比换算成的数量为计征资源税的销售数量。

（二）应纳税额的计算

1. 实行从价计征

应纳税额按照应税资源产品（以下称应税产品）的销售额乘以具体适用税率计算。具体公式为：

$$应纳税额＝应税产品销售额×适用税率$$

【案例 10-1】 2020 年 1 月某煤炭开采企业本月销售煤炭 200 万吨，售价每吨 600 元，资源税适用税率为销售额的 6%，计算该企业本月应纳资源税税额。

【案例解析】 应纳税额＝200×600×6%＝7 200（万元）

【案例 10-2】 某油田 2020 年 3 月销售原油 3 000 吨，开具增值税专用发票取得销售额 2 000 万元，增值税额 260 万元，该原油适用资源税税率为 6%。请计算该油田 3 月份应纳资源税。

【案例解析】 原油按照从价计征的方法计算资源税，其应纳税额计算公式为：应纳税额＝销售额×适用税率，其中销售额中不包括收取的增值税销项税额。

$$应纳税额＝2 000×6%＝120（万元）$$

2. 实行从量计征

应纳税额按照应税产品的销售数量乘以具体适用税率计算。具体计算公式为：

$$应纳税额＝应税产品的销售数量×单位税额$$

【案例 10-3】 2020 年 3 月某砂石开采企业销售砂石 5 000 立方米，已知砂石资源税税率每立方米 2 元。

【案例解析】 应纳税额＝5 000×2＝10 000（元）

三、资源税的会计核算

（一）账户设置

企业缴纳的资源税，通过"应交税费——应交资源税"账户进行核算。该账户贷方反映企业应缴纳的资源税，借方反映企业已经交纳或允许抵扣的资源税，余额在贷方，表示企业应交而未交的资源税。

（二）资源税的会计处理方法

1. 企业销售应税产品的会计处理

（1）月份终了，企业计算出对外销售应纳资源税产品应纳的资源税时，应作如下会计分录：

借：税金及附加

　　贷：应交税费——应交资源税

（2）企业按规定实际缴纳资源税时，作如下会计分录：

借：应交税费——应交资源税

　　贷：银行存款

【案例10-4】　某煤炭开采企业,为增值税一般纳税人,2020年3月发生如下业务:开采原煤50万吨,其中20万吨销售给电力公司,不含税售价为0.07万元/吨(该售价为该企业销售原煤的平均售价),原煤的资源税税率为8%。计算该企业应纳资源税额并编制会计分录。

【案例解析】　应纳税额 $= 200\ 000 \times 0.07 \times 8\% = 1\ 120$(万元)

对外销售时:

借:税金及附加   11 200 000
　贷:应交税费——应交资源税   11 200 000

实际缴纳税款时:

借:应交税费——应交资源税   11 200 000
　贷:银行存款   11 200 000

2. 企业自产自用应税产品的会计处理

(1)对企业自产自用应税产品,其应纳资源税的会计处理与销售应税产品会计处理有所不同,即其应缴纳的税金不计入产品销售税金,而是计入产品的生产成本,即:

借:生产成本(或制造费用)
　贷:应交税费——应交资源税

(2)企业按规定实际缴纳资源税应纳税款时,作如下会计分录:

借:应交税费——应交资源税
　贷:银行存款

3. 收购未税矿产品代扣代缴资源税的会计处理

(1)为加强资源税的征管,税法对税源小、零散、不定期开采、易漏税等情况,由收购未税矿产品的单位在收购时代扣代缴资源税。企业在收购未税矿产品时,按实际支付的收购款:

借:材料采购
　贷:银行存款

(2)按代扣代缴的资源税,记:

借:材料采购
　贷:应交税费——应交资源税

(3)企业按规定缴纳代扣的资源税时:

借:应交税费——应交资源税
　贷:银行存款

4. 收购液体盐加工固体盐的会计处理

按照税法规定,纳税人以外购的液体盐加工固体盐,其加工固体盐所耗用的液体盐的已纳税额准予扣除。

(1)企业在购入液体盐时:

借：材料采购

    应交税费——应交资源税

    贷：银行存款

（2）企业将液体盐加工成固体盐出售时，按计算出的固体盐应交资源税：

借：税金及附加

    贷：应交税费——应交资源税

（3）企业按规定缴纳税金时，应按销售固体盐应纳资源税税额抵扣液体盐已纳资源税税额后的余额：

借：应交税费——应交资源税

    贷：银行存款

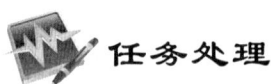 **任务处理**

任务情境中的问题你解决了吗？

（各小组讨论，小组推荐代表发言，其他小组提问，小组答辩，提交实训报告册，小组代表和教师进行点评打分）

 **专项技能训练**

一、职业判断能力训练

1. 资源税的纳税义务人包括进口应税资源的国有企业。　　　　　　　　　　（　　）

2. 从价计征资源税的计税依据为应税产品的销售额。　　　　　　　　　　（　　）

3. 开采原油以及在油田范围内运输原油过程中用于加热的原油、天然气免征资源税。

　　　　　　　　　　（　　）

二、职业选择能力训练

1. 下列企业既是增值税纳税人又是资源税纳税人的是（　　）。

A. 销售有色金属矿产品的贸易公司　　B. 进口有色金属矿产品的企业

C. 在境内开采有色金属矿产品的企业　　D. 在境外开采有色金属矿产品的企业

2. 资源税的纳税义务人不包括（　　）。

A. 在中国境内开采并销售煤炭的个人

B. 在中国境内生产销售天然气的国有企业

C. 在中国境内生产自用应税资源的个人

D. 进口应税资源的国有企业

三、职业操作能力训练

1.【任务资料】2020年3月，某油田生产原油5 600吨，当月销售5 000吨，每吨不含税售价为2 000元；另非生产性自用领用200吨，在开采原油过程中用于加热的原油为400吨，

已知原油适用税率为 6%。

【任务要求】计算该油田本月应纳资源税。

2.【任务资料】2020 年 2 月，某天然气开采企业开采天然气 200 万立方米，当月销售给甲企业 150 万立方米，不含税销售价格为 3 元/m³，本企业职工食堂使用 10 万立方米。已知天然气适用税率为 6%。

【任务要求】计算该天然气企业本月应纳资源税。

任务二　城镇土地使用税会计

【资料 10-2】　甲、乙两个人拟投资设立一家新企业，现在有三个地址可供选择：其一是设立在 A 地，其适用的土地使用税税率为每平方米 10 元；其二是设立在 B 地，其适用的土地使用税税率为每平方米 7 元；其三是设立在 C 地，其适用的土地使用税税率为每平方米 4 元。

任务要求　企业需要占地 10 000 平方米。不考虑其他因素，那么企业应当选择在何地设立？

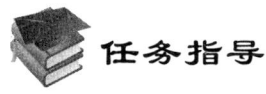

一、城镇土地使用税基础认知

城镇土地使用税是指国家在城市、县城、建制镇、工矿区范围内，对使用土地的单位和个人，以其实际占用的土地面积为计税依据，按照规定的税额计算征收的一种税。开征城镇土地使用税可以对浪费土地资源的行为起到很好的遏制，从而提高土地使用效益；对经济发展较快地区实行较高税率，对经济发展较慢地区实行较低税率，可以为土地使用者创造了公平的竞争环境；有利于理顺国家与土地使用者之间的分配关系，即土地为国有和集体所有，个人和企业只有使用权，而没有所有权。

现行城镇土地使用税的基本法律规范是 2006 年 12 月 31 日国务院修订的《中华人民共和国城镇土地使用税暂行条例》，自 2007 年 1 月 1 日起施行。

（一）纳税人

城镇土地使用税的纳税人是我国境内城市、县城、建制镇和工矿区范围内使用土地的单位和个人。单位包括国有企业、集体企业、私营企业、股份制企业、外商投资企业、外国企业以及其他企业和事业单位、社会团体、国家机关、军队以及其他单位；个人包括个体工商户以及其他个人。

城镇土地使用税的纳税人通常包括下列几类：

（1）土地属于国家或集体所有，纳税人为拥有土地使用权的单位和个人。

（2）拥有土地使用权的单位和个人不在土地所在地的，纳税人为实际使用人和代管人。

（3）土地使用权未确定或权属纠纷未解决的，纳税人为其实际使用人。

（4）土地使用权共有的，共有各方都是纳税人，由共有各方分别纳税。

（二）征税范围

城镇土地使用税的征税对象是在城市、县城、建制镇、工矿区内的国家和集体所有的土地。

上述城市、县城、建制镇和工矿区按以下标准确认：

（1）城市是指经国务院批准设立的市。

（2）县城是指县人民政府所在地。

（3）建制镇是指经省、自治区、直辖市人民政府批准设立的建制镇。

（4）工矿区是指工商业比较发达，人口比较集中，符合国务院规定的建制镇标准，但尚未设立建设镇的大中型工矿区企业所在地，工矿区须经省、自治区、直辖市人民政府批准。

建立在城市、县城、建制镇和工矿区以外的工矿区企业不需缴纳城镇土地使用税。

自 2009 年 1 月 1 日起，公司、名胜古迹内的索道公司经营用地，应按规定缴纳城镇土地使用税。

（三）税率

城镇土地使用税采用定额税率，即采用有幅度的差别税额，且每个幅度税额的差距为 20 倍。按大、中、小城市和县城、建制镇、工矿区分别规定每平方米土地使用税年应纳税额，具体规定如表 10-3 所示。

表 10-3

城镇土地使用税税率表

分类	大城市	中等城市	小城市	县城、建制镇、工矿区
税率	1.5～30 元	1.2～24 元	0.9～18 元	0.6～12 元

经省、自治区、直辖市人民政府批准，经济落后地区的土地使用税适用额标准可以适当降低，但降低额不得超过规定的最低税额的 30%。经济发达地区土地使用税的使用额标准可以适当提高，但须报经财政部批准。

（四）税收优惠

1. 法定免缴土地使用税的优惠

（1）国家机关、人民团体、军队自用的土地。

（2）由国家财政部门拨付事业经费的单位自用的土地。

（3）宗教寺庙、公园、名胜古迹自用的土地。

（4）市政街道、广场、绿化地带等公共用地。

（5）直接用于农、林、牧、渔业的生产用地。

（6）经批准开山填海整治的土地和改造的废弃土地，从使用的月份起免征土地使用税

5年至10年。

（7）对非营利性医疗机构、疾病控制机构和妇幼保健机构等卫生机构自用的土地，免征城镇土地使用税。

（8）企业办的学校、医院、托儿所、幼儿园，其用地能与企业其他用地明确区分的，免征城镇土地使用税。

（9）免税单位无偿使用纳税单位的土地，免征城镇土地使用税。纳税单位无偿使用免税单位的土地，纳税单位应照章缴纳城镇土地使用税。纳税单位与免税单位共同使用、共有使用权土地上的多层建筑，对纳税单位可按其占用的建筑面积占建筑总面积的比例计征城镇土地使用税。

（10）对行使国家行政管理职能的中国人民银行总行（含国家外汇管理局）所属分支机构自用的土地，免征城镇土地使用税。

（11）对石油、电力、煤炭等能源用地，民用港口、铁路等交通用地和水利设施用地，三线调整企业、盐业、采石场、邮电等一些特殊用地划分了征免税界限和给予政策性减免税照顾。

对石油天然气生产建设中用于地质勘探、钻井、井下作业、油气田地面工程等施工临时用地暂免征收城镇土地使用税；对企业的铁路专用线、公路等用地，在厂区以外、与社会公用地段未加隔离的，暂免征收城镇土地使用税；对企业厂区以外的公共绿化用地和向社会开放的公园用地，暂免征收城镇土地使用税；对盐场的盐滩、盐矿的矿井用地，暂免征收城镇土地使用税。

（12）自2016年1月1日至2021年12月31日，对农产品批发市场、农贸市场（包括自有和承租）专门用于经营农产品的房产、土地，暂免征收房产税和城镇土地使用税。对同时经营其他产品的农产品批发市场和农贸市场使用的房产、土地，按其他产品与农产品交易场地面积的比例确定征免房产税和城镇土地使用税。

（13）自2018年10月1日至2020年12月31日，对按照去产能和调结构政策要求停产停业、关闭的企业，自停产停业次月起，免征城镇土地使用税。企业享受免税政策的期限累计不得超过两年。

（14）自2019年1月1日至2021年12月31日，对国家级、省级科技企业孵化器、大学科技园和国家备案众创空间自用以及无偿或通过出租等方式提供给在孵对象使用的土地，免征城镇土地使用税。孵化服务指为在孵对象提供的经纪代理、经营租赁、研发和技术、信息技术、鉴证咨询服务。

（15）2019年1月1日至2021年12月31日，对增值税小规模纳税人，按照税额的50%减征资源税、城市维护建设税、房产税、城镇土地使用税、印花税、耕地占用税和教育费附加、地方教育附加。

2. 由省、自治区、直辖市税务局确定的减免税项目

（1）个人所有的居住房屋及院落用地。

（2）房产管理部门在房租调整改革前经租的居民住房用地。

（3）免税单位职工家属的宿舍用地。

（4）集体和个人办的各类学校、医院、托儿所、幼儿园用地。

（五）征收管理

1. 纳税义务发生时间

（1）纳税人购置新建商品房，自房屋交付使用之次月起，缴纳城镇土地使用税。

（2）纳税人购置存量房，自办理房屋权属转移、变更登记手续，房地产权属登记机关签发屋权属证书之次月起，缴纳城镇土地使用税。

（3）纳税人出租、出借房产，自交付出租、出借房产之次月起，缴纳城镇土地使用税。

（4）以出让或转让方式有偿取得土地使用权的，应由受让方从合同约定交付土地时间的次月起缴纳城镇土地使用税；合同未约定交付时间的，由受让方从合同签订的次月起缴纳城镇土地使用税。

（5）纳税人新征用的耕地，自批准征用之日起满 1 年时开始缴纳土地使用税。

（6）纳税人新征用的非耕地，自批准征用次月起缴纳土地使用税。

（7）自 2009 年 1 月 1 日起，纳税人因土地的权利发生变化而依法终止城镇土地使用税纳税义务的，其应纳税款的计算应截至土地权利发生变化的当月末。

2. 纳税地点

城镇土地使用税在土地所在地缴纳。

纳税人使用的土地不属于同一省、自治区、直辖市管辖的，由纳税人分别向土地所在地的税务机关缴纳土地使用税；在同一省、自治区、直辖市管辖范围内，纳税人跨地区使用的土地，其纳税地点由各省、自治区、直辖市地方税务局确定。

3. 纳税期限

城镇土地使用税实行按年纳税，分期缴征的征收办法，具体纳税期限由省、自治区、直辖市人民政府确定。

二、应纳税额的计算

（一）城镇土地使用税的计税依据

城镇土地使用税的计税依据为纳税人实际占用的土地面积，土地面积计量标准为每平方米。即税务机关根据纳税人实际占用的土地面积，按照规定的税额计算应纳税额，向纳税人征收土地使用税。

纳税人实际占用的土地面积按下列办法确定：

（1）由省、自治区、直辖市人民政府确定的单位组织测定土地面积的，以测定的面积为准。

（2）尚未组织测量，但纳税人持有政府部门核发的土地使用证书的，以证书确认的土地面积为准。

（3）尚未核发土地使用证书的，应由纳税人申报土地面积，据以纳税，待核发土地使用证书以后再作调整。

对在城镇土地使用税征税范围内单独建造的地下建筑用地，暂按应征税款的 50% 征收土地使用税。

（二）城镇土地使用税应纳税额的计算

城镇土地使用税应纳税额的计算公式为：

全年应纳税额＝实际占用应税土地面积(平方米)×适用税率

【案例10-5】 某企业2019年度拥有位于市郊的一宗地块，其地上面积为1万平方米，单独建造的地下建筑面积为4 000平方米(已取得地下土地使用权证)。该市规定的城镇土地使用税税率为2元/平方米。则该企业2019年度就此地块应缴纳多少城镇土地使用税？

【案例解析】 该企业应纳城镇土地使用税：10 000×2＋4 000×2×50％＝24 000(元)

三、城镇土地使用税的会计核算

应设置"应交税费——应交城镇土地使用税"账户。分期计提城镇土地使用税时，应借记"税金及附加"账户，贷记本账户；缴纳城镇土地使用税时应借记本账户，贷记"银行存款"账户。本账户期末贷方余额反映应交而未交的城镇土地使用税。

【案例10-6】 A公司位于某市繁华地段，企业土地使用税证上标明占地面积36 000平方米，其中经有关部门确认为一级地段30 700平方米，适用税额4元/平方米，三级地段5 300平方米，适用税额1元/平方米。

【案例解析】 年应纳城镇土地使用税＝30 700×4＋5 300×1＝128 100(元)

借：税金及附加　　　　　　　　　　　　　　　　128 100
　　贷：应交税费——应交城镇土地使用税　　　　　　128 100

 **任务处理**

任务情境中的问题你解决了吗？

(各小组讨论，小组推荐代表发言，其他小组提问，小组答辩，提交实训报告册，小组代表和教师进行点评打分)

 专项技能训练

一、职业判断能力训练

1. 城镇土地使用税采用有幅度的差别税额，且每个幅度税额的差距为30倍。　（　　）

2. 免税单位无偿使用纳税单位的土地，免征城镇土地使用税。纳税单位无偿使用免税单位的土地，纳税单位应照章缴纳城镇土地使用税。　（　　）

3. 城镇土地使用税的计税依据是税务机关认定的建筑面积。　（　　）

二、职业选择能力训练

1. 我国现行城镇土地使用税的税率形式为（　　）。

A. 统一比例税率　　　B. 差别比例税率　　　C. 定额税率　　　D. 累进税率

2. 城镇土地使用税的纳税人以（　　）的土地面积为计税依据。

A. 实际占用　　　　　　　　　B. 拥有

C. 自用　　　　　　　　　　　D. 被税务部门认定

3. 下列土地中，免征城镇土地使用税的是（　　）。

A. 营利性医疗机构自用的土地

B. 公园内附设照相馆使用的土地

C. 生产企业使用海关部门的免税土地

D. 公安部门无偿使用铁路企业的应税土地

三、职业操作能力训练

【任务资料】甲企业生产经营用地分布于某市的三个地域,第一块土地的土地使用权属于某免税单位,面积 6 000 平方米;第二块土地的土地使用权属于甲企业,面积 30 000 平方米,其中企业办学校 5 000 平方米,医院 3 000 平方米;第三块土地的土地使用权属于甲企业与乙企业共同拥有,面积 10 000 平方米,实际使用面积各 50%。假定甲企业所在地城镇土地使用税单位税额每平方米 8 元。

【任务要求】计算甲企业全年应缴纳的城镇土地使用税。

任务三　环境保护税会计

任务情境

【资料 10-3】　某段河道存在疑似大量猪血污染水体的情况,经初步调查,怀疑血水是从 A 公司排出流入圭塘河。经挖掘查实,未发现 A 公司存在暗管排污行为。在与 A 公司进一步核实的过程中,发现 A 公司与 B 公司签订长期供应猪血的购销合同。由于高速公路结冰,B 公司不能及时赶来,导致猪血变质。B 公司联系了 C 清洁公司进行处理,C 清洁公司派 D 司机开槽车拉 3 吨猪血到污水处理厂,结果司机图省事将猪血排放到雨水井,导致污染。

任务要求　请确定该案例中的环境保护税的纳税义务人。

任务指导

一、环境保护税基础认知

环境保护税是对在我国领域以及管辖的其他海域直接向环境排放应税污染物的企事业单位和其他生产经营者征收的一种税。《中华人民共和国环境保护税法》和《中华人民共和国环境保护税法实施条例》自 2018 年 1 月 1 日起同步实施,同时停征排污费,作为征收排污费依据的《排污费征收使用管理条例》同时废止。环境保护税的开征进一步完善了我国的绿色税收体系,其主要目的不在于增加政府财政收入,而是通过税收杠杆引导和促使企业加强排污治理,推进国家环境治理体系和治理能力现代化。

（一）纳税人

在我国领域和管辖的其他海域直接向环境排放应税污染物的<u>企业事业单位和其他生产经营者</u>为环境保护税的纳税人。

（二）征税范围

应税污染物是指环保税法所规定的大气污染物、水污染物、固体废物和噪声。

有下列情形之一的，不属于直接向环境排放污染物，不缴纳相应污染物的环境保护税：

（1）企业事业单位和其他生产经营者向依法设立的污水集中处理、生活垃圾集中处理场所排放应税污染物的。

（2）企业事业单位和其他生产经营者在符合国家和地方环境保护标准的设施、场所贮存或者处置固体废物的。

（3）达到省级人民政府确定的规模标准并且有污染物排放口的畜禽养殖场，应当依法缴纳环境保护税，但依法对畜禽养殖废弃物进行综合利用和无害化处理的，不属于直接向环境排放污染物，不缴纳环境保护税。

（三）税率

环境保护税采用定额税率，其中大气污染物和水污染物规定幅度定额。相关内容如表10-4 至表10-9 所示。

表10-4

环境保护税税目税额表

税目		计税单位	税额	备注
大气污染物		每污染当量	1.2～12 元	
水污染物		每污染当量	1.4～14 元	
固体废物	煤矸石	每吨	5 元	
	尾矿	每吨	15 元	
	危险废物	每吨	1 000 元	
	冶炼渣、粉煤灰、炉渣、其他固体废物（含半固态、液态废物）	每吨	25 元	
噪声	工业噪声	超标 1～3 分贝	每月 350 元	1. 一个单位边界上有多处噪声超标，根据最高一处超标升级计算应纳税额；当沿边界长度超过 100 米有两处以上噪声超标，按照两个单位计算应纳税额。 2. 一个单位有不同地点作业场所的，应当分别计算应纳税额，合并征收。 3. 昼、夜均超标的环境噪声，昼、夜分别计算应纳税额，累计计征。 4. 声源 1 个月内超标不足 15 天的，减半计算应纳税额。 5. 夜间频繁突发和夜间偶然突发厂界超标噪声，按等效声级和峰值噪声两种指标中超标分贝值高的一项计算应纳税额
		超标 4～6 分贝	每月 700 元	
		超标 7～9 分贝	每月 1 400 元	
		超标 10～12 分贝	每月 2 800 元	
		超标 13～15 分贝	每月 5 600 元	
		超标 16 分贝以上	每月 11 200 元	

表 10-5

第一类水污染物污染当量值

污染物	污染当量值(千克)
1. 总汞	0.000 5
2. 总镉	0.005
3. 总铬	0.04
4. 六价铬	0.02
5. 总砷	0.02
6. 总铅	0.025
7. 总镍	0.025
8. 苯并(a)芘	0.000 000 3
9. 总铍	0.01
10. 总银	0.02

表 10-6

第二类水污染物污染当量值

污染物	污染当量值(千克)
11. 悬浮物(SS)	4
12. 生化需氧量(BOD5)	0.5
13. 化学需氧量(COD)	1
14. 总有机碳(TOC)	0.49
15. 石油类	0.1
16. 动植物油	0.16
17. 挥发酚	0.08
18. 总氰化物	0.05
19. 硫化物	0.125
20. 氨氮	0.8
21. 氟化物	0.5
22. 甲醛	0.125
23. 苯胺类	0.2
24. 硝基苯类	0.2
25. 阴离子表面活性剂(LAS)	0.2
26. 总铜	0.1
27. 总锌	0.2
28. 总锰	0.2
29. 彩色显影剂(CD-2)	0.2

（续表）

污染物	污染当量值（千克）
30. 总磷	0.25
31. 元素磷（以 P 计）	0.05
32. 有机磷农药（以 P 计）	0.05
33. 乐果	0.05
34. 甲基对硫磷	0.05
35. 马拉硫磷	0.05
36. 对硫磷	0.05
37. 五氯酚及五氯酚钠（以五氯酚计）	0.25
38. 三氯甲烷	0.04
39. 可吸附有机卤化物（AOX）（以 Cl 计）	0.25
40. 四氯化碳	0.04
41. 三氯乙烯	0.04
42. 四氯乙烯	0.04
43. 苯	0.02
44. 甲苯	0.02
45. 乙苯	0.02
46. 邻-二甲苯	0.02
47. 对-二甲苯	0.02
48. 间-二甲苯	0.02
49. 氯苯	0.02
50. 邻二氯苯	0.02
51. 对二氯苯	0.02
52. 对硝基氯苯	0.02
53. 2.4-二硝基氯苯	0.02
54. 苯酚	0.02
55. 间-甲酚	0.02
56. 2.4-二氯酚	0.02
57. 2.4.6-三氯酚	0.02
58. 邻苯二甲酸二丁酯	0.02
59. 邻苯二甲酸二辛酯	0.02
60. 丙烯腈	0.125
61. 总硒	0.02

说明：

1. 第一、二类污染物的分类依据为《污水综合排放标准》（GB 8978—1996）。

2. 同一排放口中的化学需氧量（COD）、生化需氧量（BOD5）和总有机碳（TOC），只征收一项。

表 10-7

PH 值、色度、大肠菌群数、余氯量污染当量值

污染物		污染当量值
1. PH 值	1. 0～1，13～14 2. 1～2，12～13 3. 2～3，11～12 4. 3～4，10～11 5. 4～5，9～10 6. 5～6，	0.06 吨污水 0.125 吨污水 0.25 吨污水 0.5 吨污水 1 吨污水 5 吨污水
2. 色度		5 吨水·倍
3. 大肠菌群数(超标)		3.3 吨污水
4. 余氯量(用氯消毒的医院废水)		3.3 吨污水

说明：
1. 大肠菌群数和总余氯只征收一项。
2. PH5～6 指大于等于 5，小于 6；PH9～10 指大于 9，小于等于 10，其余类推。

表 10-8

禽畜养殖业、小型企业和第三产业污染当量值

类型		污染当量值
禽畜养殖场	1. 牛	0.1 头
	2. 猪	1 头
	3. 鸡、鸭等家禽	30 羽
4. 小型企业		1.8 吨污水
5. 饮食娱乐服务业		0.5 吨污水
6. 医院	消毒	0.14 床
		2.8 吨污水
	不消毒	0.07 床
		1.4 吨污水

说明：
1. 本表仅适用于计算无法进行实际监测或物料衡算的禽畜养殖业、小型企业和第三产业等小型排污者的污染当量数。
2. 仅对存栏规模大于 50 头牛、500 头猪、5 000 羽鸡、鸭等的禽畜养殖场征收
3. 医院病床数大于 20 张的按本表计算污染当量。

表 10-9

大气污染物污染当量值

污染物	污染当量值(千克)
1. 二氧化硫	0.95
2. 氮氧化物	0.95
3. 一氧化碳	16.7
4. 氯气	0.34
5. 氯化氢	10.75
6. 氟化物	0.87

（续表）

污染物	污染当量值（千克）
7. 氰化氢	0.005
8. 硫酸雾	0.6
9. 铬酸雾	0.000 7
10. 汞及其化合物	0.000 1
11. 一般性粉尘	4
12. 石棉尘	0.53
13. 玻璃棉尘	2.13
14. 炭黑尘	0.59
15. 铅及其化合物	0.02
16. 镉及其化合物	0.03
17. 铍及其化合物	0.000 4
18. 镍及其化合物	0.13
19. 锡及其化合物	0.27
20. 烟尘	2.18
21. 苯	0.05
22. 甲苯	0.18
23. 二甲苯	0.27
24. 苯并(a)芘	0.000 002
25. 甲醛	0.09
26. 乙醛	0.45
27. 丙烯醛	0.06
28. 甲醇	0.67
29. 酚类	0.35
30. 沥青烟	0.19
31. 苯胺类	0.21
32. 氯苯类	0.72
33. 硝基苯	0.17
34. 丙烯腈	0.22
35. 氯乙烯	0.55
36. 光气	0.04
37. 硫化氢	0.29
38. 氨	9.09
39. 三甲胺	0.32
40. 甲硫醇	0.04
41. 甲硫醚	0.28
42. 二甲二硫	0.28
43. 苯乙烯	25
44. 二硫化碳	20

（四）税收优惠

1. 暂免征税项目

下列情形，暂予免征环境保护税：

（1）农业生产（不包括规模化养殖）排放应税污染物的。

（2）机动车、铁路机车、非道路移动机械、船舶和航空器等流动污染源排放应税污染物的。

（3）依法设立的城乡污水集中处理、生活垃圾集中处理场所排放相应应税污染物，不超过国家和地方规定的排放标准的。

（4）纳税人综合利用的固体废物，符合国家和地方环境保护标准的。

（5）国务院批准免税的其他情形。

2. 减征税额项目

（1）纳税人排放应税大气污染物或者水污染物的浓度值低于国家和地方规定的污染物排放标准30%的，减按75%征收环境保护税。

（2）纳税人排放应税大气污染物或者水污染物的浓度值低于国家和地方规定的污染物排放标准50%的，减按50%征收环境保护税。

（五）征收管理

环境保护税由税务机关依照我国《税收征收管理法》和《环境保护税法》的有关规定征收管理。

1. 纳税义务发生时间

纳税义务发生时间为纳税人排放应税污染物的当日。

2. 纳税地点

纳税人应当向应税污染排放地的税务机关申报缴纳环境保护税。

3. 纳税期限

环境保护税按月计算，按季申报缴纳。不能按固定期限计算缴纳的，可以按次申报缴纳。

纳税人按季申报缴纳的，应当自季度终了之日起15日内办理纳税申报。纳税人按次申报缴纳的，应当自纳税义务发生之日起15日内办理纳税申报。

二、应纳税额的计算

（一）计税依据

（1）应税固体废物的计税依据，按照固体废物的排放量确定。

固体废物的排放量为当期应税固体废物的产生量减去当期应税固体废物的贮存量、处置量、综合利用量的余额。固体废物的贮存量、处置量，是指在符合国家和地方环境保护标准的设施、场所贮存或者处置的固体废物数量；固体废物的综合利用量，是指按照国务院发展改革、工业和信息化主管部门关于资源综合利用要求以及国家和地方环境保护标准进行综合利用的固体废物数量。

纳税人有下列情形之一的，以其当期应税固体废物的产生量作为固体废物的排放量：

① 非法倾倒应税固体废物。

② 进行虚假纳税申报。

（2）应税大气污染物、水污染物的计税依据，按照污染物排放量折合的污染当量数确定。

纳税人有下列情形之一的，以其当期应税大气污染物、水污染物的产生量作为污染物的排放量：

① 未依法安装使用污染物自动监测设备或者未将污染物自动监测设备与环境保护主管部门的监控设备联网。

② 损毁或者擅自移动、改变污染物自动监测设备。

③ 篡改、伪造污染物监测数据。

④ 通过暗管、渗井、渗坑、灌注或者稀释排放以及不正常运行防治污染设施等方式违法排放应税污染物。

⑤ 进行虚假纳税申报。

（3）应税噪声按照超过国家规定标准的分贝数确定。

（4）从两个以上排放口排放应税污染物的，对每一排放口排放的应税污染物分别计算征收环境保护税；纳税人持有排污许可证的，其污染物排放口按照排污许可证载明的污染物排放口确定。

<u>应税大气污染物、水污染物、固体废物的排放量和噪声分贝数的确定方法</u>按照下列方法和顺序计算：

① 纳税人安装使用符合国家规定和监测规范的污染物自动监测设备的，按照污染物自动监测数据计算。

② 纳税人未安装使用污染物自动监测设备的，按照监测机构出具的符合国家有关规定和监测规范的监测数据计算。

③ 因排放污染物种类多等原因不具备监测条件的，按照国务院环境保护主管部门规定的排污系数、物料衡算方法计算。

④ 按照省、自治区、直辖市人民政府环境保护主管部门规定的抽样测算的方法核定计算。

（二）环境保护税应纳税额的计算

1. 应税大气污染物应纳税额的计算

其计算公式为：

$$应税大气污染物的应纳税额 = 污染当量数 × 适用税额$$
$$污染当量数 = 该污染物的排放量 ÷ 该污染物的污染当量值$$

【案例 10-7】 某企业 2020 年 3 月向大气直接排放二氧化疏 95 千克，假设当地大气污染物每污染当量税额 1.2 元。请计算其应纳税额。

【案例解析】 二氧化硫污染当数量 = 95 ÷ 0.95 = 100

应纳税额 = 100 × 1.2 = 120（元）

2. 水污染物应纳税额的计算

其计算公式为：

$$水污染物的应纳税额 = 污染当量数 \times 适用税额$$

3. 应税固体废物应纳税额的计算

其计算公式为：

$$应税固体废物的应纳税额 = 固体废物排放量 \times 适用税额$$

$$固体废物排放量 = 当期固体废物的产生量 - 当期固体废物的综合利用量 -$$
$$当期固体废物的贮存量 - 当期固体废物的处置量$$

4. 应税噪声应纳税额的计算

其计算公式为：

$$应税噪声的应纳税额 = 超过国家规定标准的分贝数对应的具体适用税额$$

三、环境保护税的会计核算

企业应当在"应交税费"账户下"应交环境保护税"明细账户，专门用来核算环境保护税的发生和缴纳情况。计算出环境保护税时，借记"税金及附加"账户，贷记"应交税费——应交环境保护税"账户；实际缴纳税款时，借记"应交税费——应交环境保护税"账户，贷记"银行存款"账户。

【案例10-8】 某餐饮公司，通过安装水流量计测得2020年2月排放污水量为60吨，污染当量值为0.5吨。假设当地水污染物适用税额为每污染当量2.8元，请计算当月应纳环境保护税，并进行相应会计处理。

【案例解析】 水污染物当量数 = 60 ÷ 0.5 = 120

应纳税额 = 120 × 2.8 = 336(元)

会计分录如下：

(1) 计算应交税金时：

借：税金及附加   336

    贷：应交税费——应交环境保护税   336

(2) 缴纳税款时：

借：应交税费——应交环境保护税   336

    贷：银行存款   336

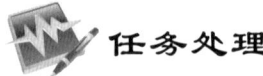 **任务处理**

任务情境中的问题你解决了吗？

（各小组讨论，小组推荐代表发言，其他小组提问，小组答辩，提交实训报告册，小组代表和教师进行点评打分）

专项技能训练

一、职业判断能力训练

1. 环境保护税一般采用比例税率,实行从价计征的办法。　　　　　　　(　　)

2. 纳税人应当向应税污染排放地的税务机关申报缴纳环境保护税。　　　(　　)

二、职业选择能力训练

1. 下列各项中,不征收环境保护税的是(　　)。

A. 光源污染　　　　B. 噪声污染　　　　C. 水污染　　　　D. 大气污染

2. 下列选项,不属于环境保护税计税依据的有(　　)。

A. 大气污染物的污染当量数　　　　　B. 水污染物的污染当量数

C. 固体废物的排放量　　　　　　　　D. 噪声分贝数

项目总结

本项目主要学习资源税、城镇土地使用税和环境保护税的基础知识。具体包括资源税、城镇土地使用税和环境保护税的概念、纳税义务人、征税范围、税率、税收优惠、征收管理及应纳税额的计算和相关涉税会计处理。

综合考核

一、职业单项选择能力考核

1. 根据《资源税法》,资源税纳税人按月或者按季申报缴纳的,应当自月度或者季度终了之日起(　　)日内,向税务机关办理纳税申报并缴纳税款。

A. 10 日　　　　B. 15 日　　　　C. 20 日　　　　D. 25 日

2. 甲房地产开发企业开发一住宅项目,实际占用面积 12 000 平方米,建筑面积 24 000 平方米,容积率为 2,甲房地产开发企业缴纳的城镇土地使用税的计税依据为(　　)平方米。

A. 18 000　　　　B. 24 000　　　　C. 36 000　　　　D. 12 000

3. 纳税人排放应税大气污染物或者水污染物的浓度值低于国家和地方规定的污染物排放标准30%的,减按(　　)征收环境保护税。

A. 30%　　　　B. 50%　　　　C. 70%　　　　D. 75%

二、职业多项选择能力考核

1. 企业的下列行为中,应当依法缴纳资源税的为(　　)。

A. 纳税人以应税产品投资　　　　　　B. 纳税人以应税产品分配

C. 纳税人以应税产品抵债　　　　　　D. 纳税人自用于连续生产应税产品

2. 下列各项中,属于法定免征城镇土地使用税的有(　　)。

A. 名胜古迹用地

B. 免税单位无偿使用纳税单位土地

C. 个人所有的居住房屋用地

D. 国家财政部门拨付事业经费的学校用地

3. 下列关于城镇土地使用税纳税义务发生时间的表述中,正确的有(　　)。

A. 纳税人新征用的非耕地,自批准征用次月起缴纳城镇土地使用税

B. 纳税人出租房产,自合同约定应付租金日期的次月起缴纳城镇土地使用税

C. 纳税人购置新建商品房,自房屋交付使用之次月起缴纳城镇土地使用税

D. 纳税人新征用的耕地,自批准征用之日起满 6 个月时开始缴纳城镇土地使用税

4. 下列选项中,免于征收环境保护税的有(　　)。

A. 规模化养殖排放应税污染物的

B. 船舶和航空器等流动污染源排放应税污染物

C. 学校直接向环境排放污水

D. 纳税人综合利用的固体废物,符合国家和地方环境保护标准

 知识拓展

《资源税法》新变化

《资源税法》是贯彻习近平生态文明思想、落实税收法定原则、完善地方税体系的重要举措,是绿色税制建设的重要组成部分,并于 2020 年 9 月 1 日起实施。

资源税自 1984 年开征以来,经过逐步的改革和完善,税制要素已基本合理,运行也比较平稳。按照落实税收法定的要求,《资源税法》保持了原税制框架和税负水平总体不变的原则,对不适应社会经济发展和改革的要求做了适当的调整,将《资源税暂行条例》上升到了《资源税法》。与原有资源税制度相比,《资源税法》主要有以下三个方面的变化:

一是统一了税目。按照原有制度的规定,中央层面列举了 30 多种主要资源的品目,没有列举的由省级人民政府具体确定。资源税法对税目进行了统一的规范,将目前所有的应税资源产品都在税法中一一列明,目前所列的税目有 164 个,涵盖了所有已经发现的矿种和盐。

二是调整了具体税率确定的权限。按照原有制度的规定,资源税按不同的资源品目分别实行固定税率和幅度税率,实行固定税率的包括原油、天然气、中重稀土等,其他资源实行幅度税率。对实行幅度税率的应税资源,由省级人民政府确定具体的税率。资源税法继续采用固定税率和幅度税率两类税率,对实行幅度税率的资源,按照落实税收法定原则的要求,明确其具体的适用税率由省级人民政府提出,报同级人大常委会决定。

三是规范了减免税政策。原有的资源税减免政策既有长期性的政策,也有阶段性的政策,对原有长期实行而且实践证明行之有效的优惠政策资源税法作出了明确的规定,包括对油气开采运输过程中自用资源,和因安全生产需要抽采煤层气,免征资源税。对低丰度油气田,高含硫天然气,三次采油、深水油气田、稠油、高凝油、衰竭期矿山减征资源税。同时为了更好地适应实际需要,便于调控,资源税法授权国务院对有利于资源节约集约利用,保护环境等情形可以规定减免资源税,并报全国人大常委会备案。对共伴生矿、低品位矿、尾矿以

及因意外事故和自然灾害等原因遭受重大损失的,税法授权各省、自治区、直辖市确定减免资源税的具体办法。

另外,相比《资源税暂行条例》,《资源税法》吸收了近年来税收征管与服务上的有效做法,践行了以纳税人为中心的服务理念,体现了深化"放管服"改革的要求,具体有以下三个新变化:

一是简并了征收期限,有利于减轻办税负担。原条例规定的纳税期限是1日、3日、5日、10日、15日或者1个月,具体期限还要由主管税务机关根据实际情况核定,与大多数税种的申报期限不统一、不衔接。新税法规定由纳税人选择按月或按季申报缴纳,并将申报期限由10日内改为15日内,与其他税种保持一致,这将明显降低纳税人的申报频次,切实减轻办税负担。

二是规范了税目税率,有利于简化纳税申报。新税法以正列举的方式统一规范了税目,分类确定了税率,为简化纳税申报提供了制度基础。税务部门将据此优化纳税申报表,提高征管信息化水平,为纳税人提供更加便捷高效的申报服务。

三是强化了部门协同,有利于维护纳税人权益。资源税征管工作专业性、技术性强,特别是对减免税情形的认定,需要有关部门的配合协助。例如,税法规定对衰竭期矿山开采的矿产品减征30%资源税,授权各省对低品位矿减免资源税,落实该政策的前提条件就是衰竭期矿山和低品位矿的认定。新税法明确规定,税务机关与自然资源等相关部门应当建立工作配合机制。良好的部门协作,有利于减少征纳争议,维护纳税人合法权益。

(来源:全国人大常委会办公厅新闻发布会 2019.8.26)

项目十一　特定目的税类会计

知识目标

- 了解城市维护建设税的概念及特点
- 了解船舶吨税的概念及征税范围
- 了解车辆购置税的概念及征税范围
- 掌握三税的基本规定

能力目标

- 能进行城市维护建设税应纳税额的计算
- 能进行船舶吨税应纳税额的计算
- 能进行车辆购置税应纳税额的计算
- 能进行三税的会计核算

素养目标

- 人人都是文明城市创建参与者,个个都是文明城市创建主力军
- 文明诚信、崇德向上,从初级的物质满足逐步向高层次的精神需求转化

项目全景

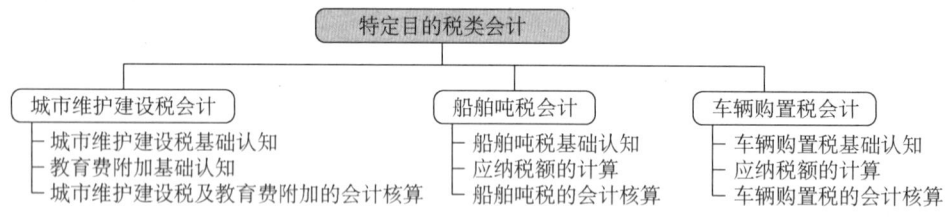

◇ **项目提示**:我国的特定目的税,是在经济体制改革过程中,根据宏观经济调控的需要而陆续设立的。特定目的税是为了达到特定的目的,对特定对象和行为发挥调节作用而征收的税种。主要包括城市维护建设税、船舶吨税、车辆购置税、烟叶税、耕地占用税。本项目主要学习城市维护建设税、船舶吨税、车辆购置税。烟叶税、耕地占用税在农业税类会计中学习。

任务一　城市维护建设税会计

【资料11-1】　山东红星有限责任公司是一家注册在市区的工业企业。假定你是公司的一名税务会计人员,请按照时间要求完成公司2019年11月份和12月份的涉税计算、凭证填制、交财务经理审核的相关工作。

(1) 11月份,企业计算的增值税为78 842.71元,假定无消费税,请计算城市维护建设税、教育费附加,并编制会计分录,填制记账凭证,交财务经理审核,登记明细账。

(2) 12月份,根据任务情境一的计算结果,填制补全原始凭证(凭11-1);根据凭11-1编制会计分录,填制记账凭证,交财务经理审核,登记明细账。

凭11-1

中华人民共和国
税收电子转账专用完税凭证

济南市税第11号(2019)
填发日期:2019年12月10日

税务登记代码	370704169354239		征收机关	济南市天桥区地方税务局
纳税人全称	山东红星有限责任公司		收款银行	中国银行济南市天桥区支行
税(费)种		税款所属时期		实　缴　金　额
城市维护建设税(　%)		2019.11.01 至 2019.11.30		¥
教育费附加　(　%)		2019.11.01 至 2019.11.30		¥
地方教育费附加(　%)		2019.11.01 至 2019.11.30		¥
金额合计		(大写)		
税务机关(盖章)　征税专用章		备注		中行济南天桥区支行上列款项已收妥并划款缴款单位2016.12.10 (银行转讫章) 收款单

电脑打印　　　　　　　　　　　　　　　　　　　　　　　手写无效

任务要求　假定你是公司税务会计人员,请计算该公司该宗消费品进口环节应纳的城市维护建设税和教育费附加,并填制记账凭证,交财务经理审核。

一、城市维护建设税基础认知

(一)概述、特点

1. 城市维护建设税的概念

城市维护建设税是对从事工商经营,缴纳消费税、增值税的单位和个人征收的一种税。

2. 城市维护建设税的特点

（1）税款专款专用。

按照财政的一般性要求，税收及其他政府收入应当纳入国家预算，根据需要统一安排其用途，并不规定各个税种收入的具体使用范围和方向，否则也就无所谓国家预算。但是作为例外，也有个别税种事先明确规定使用范围与方向，税款的缴纳与受益更直接地联系起来，我们通常称其为受益税。城市维护建设税专款专用，用来保证城市的公共事业和公共设施的维护和建设，就是一种具有受益税性质的税种。

（2）属于一种附加税。

城市维护建设税与其他税种不同，没有独立的征税对象或税基，而是以增值税、消费税"二税"实际缴纳的税额之和为计税依据，随"二税"同时附征，本质上属于一种附加税。

（3）根据城镇规模设计税率。

一般来说，城镇规模越大，所需要的建设与维护资金越多。与此相适应，城市维护建设税规定，纳税人所在地为城市市区的，税率为7%；纳税人所在地为县城、建制镇的，税率为5%；纳税人所在地不在城市市区、县城或建制镇的，税率为1%。这种根据城镇规模不同差别设置税率的办法，较好地照顾了城市建设的不同需要。

（4）征收范围较广。

鉴于增值税、消费税在我国现行税制中属于主体税种，而城市维护建设税又是其附加税，原则上讲，只要缴纳增值税、消费税中任一税种的纳税人都要缴纳城市维护建设税。这也就等于说，除了减免税等特殊情况以外，任何从事生产经营活动的企业单位和个人都要缴纳城市维护建设税，这个征税范围当然是比较广的。

（二）城市维护建设税基本规定

1. 征税范围

城市维护建设税的征税范围包括城市、县城、建制镇以及税法规定征税的其他地区。城市、县城、建制镇的范围应根据行政区划作为划分标准，不得随意扩大或缩小各行政区域的管辖范围。

2. 纳税义务人

按照现行税法的规定，城市维护建设税的纳税人是在征税范围内从事工商经营，并缴纳消费税、增值税的单位和个人。施工企业从事建筑、安装、修缮、装饰等业务，是增值税的纳税人，而施工企业从事工业生产，其所属预制构件厂、车间将预制构件用于企业所承包的工程等，按规定应当缴纳增值税，为增值税的纳税人。自然，施工企业也是城市维护建设税的纳税人

另外，施工企业代扣代缴增值税的，也应当代扣代缴城市维护建设税城市维护建设税的纳税人

自2010年12月1日起，外商投资企业和外国企业及外籍个人开始征收城市维护建设税。

3. 税率

城市维护建设税实行地区差别比例税率，共分三档，如表11-1所示。

表 11-1

城市维护建设税税率表

档　次	纳税人所在地	税　率
1	市区（包括撤县建市）	7%
2	县城、镇	5%
3	不在市、县、城、镇	1%

三个具体规定如下：

（1）由受托方代收、代扣"二税"的：以扣缴义务人所在地税率计算代收、代扣城市维护建设税。

（2）流动经营等无固定纳税地点的：按纳税人缴纳"二税"所在地的规定税率就地缴纳城市维护建设税。

（3）铁道部：鉴于其计税依据为铁道部实行集中缴纳增值税，难以适用地区差别税率，因此，特规定，税率统一为 5%。

4. 计税依据

城市维护建设税的应纳税额按照纳税人实际缴纳的增值税、消费税和出口货物、劳务或者跨境销售服务、无形资产增值税免抵税额乘以税率计算。

【案例 11-1】　某旅游开发公司总公司在市区，分公司在县城，总分公司均为增值税一般纳税人。2020 年 10 月，总公司自营业务应纳增值税 12 万元，分公司取得旅游景点门票收入 2 万元，歌舞厅收入 25 万元。2020 年 10 月该旅游开发公司应纳城市维护建设税共计多少？

【案例解析】　总公司按照市区 7% 的税率计算城建税，分公司按照县城 5% 的税率计算城建税。

应纳城市维护建设税 $= 12 \times 7\% + (2 \times 6\% + 25 \times 6\%) \times 5\% = 0.921$（万元）

5. 城市维护建设税减免税

（1）海关对进口产品代征增值税、消费税的，不征收城市维护建设税。

（2）对出口产品退还增值税、消费税的，不退还已缴纳的城市维护建设税；经总局审批的当期免抵的增值税税额应纳入城建税和教育费附加计征范围。

（3）对"二税"补罚，城市维护建设税也要补罚，但"二税"的滞纳金和罚款不作城市维护建设税的计税依据。

（4）"二税"减免，城市维护建设税也减免；对增值税、消费税"二税"实行先征后返、先征后退、即征即退办法的，除另有规定外，对随"二税"征收的城市维护建设税和教育费附加一律不予退（返）还。

（5）对下岗失业人员从事个体经营（除建筑业、娱乐业以及广告业、桑拿、按摩、网吧、氧吧外）的，自领取税务登记证之日起，3 年内免征城市维护建设税、教育费附加。

（6）2019 年 1 月 1 日至 2021 年 12 月 31 日，对增值税小规模纳税人，按照税额的 50% 减征资源税、城市维护建设税、房产税、城镇土地使用税、印花税、耕地占用税和教育费附加、

地方教育附加。

（7）其他优惠：减免增值税，同时减免城市维护建设税。

6. 应纳税额的计算

其计算公式为：

$$应纳税额＝（实纳增值税＋实纳消费税）×适用税率$$

【案例11-2】 某市区一企业2020年6月缴纳进口关税65万元，进口环节增值税为15万元，进口环节消费税为26.47万元；本月实际缴纳增值税49万元，消费税85万元。在税务检查过程中，税务机关发现，该企业所属宾馆上月隐瞒饮食服务收入50万元，本月被查补相关税金。本月收到上月报关出口自产货物应退增值税35万元。该企业6月份应纳城市维护建设税是多少？

【案例解析】 当月查补的增值税属于企业实际缴纳的增值税，应作为城市维护建设税的计税依据。

$$6月份应纳城市维护建设税＝（49＋85）×7\%＋50×5‰×7\%$$
$$＝9.38＋0.175＝9.555（万元）$$

7. 征收管理

（1）纳税人直接缴纳"二税"的，在缴纳"二税"地缴纳城市维护建设税。

（2）代扣代缴的纳税地点。代征、代扣、代缴"二税"的，同时代征、代扣、代缴城市维护建设税。

（3）银行纳税地点。各银行缴纳的增值税，均由取得业务收入的核算单位在当地缴纳。

（三）纳税申报

1. 城市维护建设税纳税地点

按照规定，城市维护建设税应当与"二税"同时缴纳，自然其纳税期限和纳税地点也与"二税"相同。比如，某施工企业所在地在A市，而本期它在B市承包工程，按规定应当就其工程结算收入在B市缴纳增值税，相应地，也应当在B市缴纳与增值税相应的城市维护建设税。

2. 城市维护建设税纳税期限

根据增值税发和消费税法规定，对于按规定以1日、3日、5日、10日、15日为一期缴纳"二税"的纳税人，应在按规定预缴"二税"的同时，预缴相应的城市维护建设税。

企业应当于月度终了后在进行"二税"申报的同时，进行城市维护建设税的纳税申报。

二、教育费附加基础认知

（一）含义、纳税义务人、征税率

1. 含义

教育费附加是对缴纳增值税、消费税的单位和个人，就其实际缴纳的税额为计算依据征收的一种附加费。

2. 纳费义务人

凡缴纳增值税、消费税的单位和个人，均为教育费附加的纳费义务人（简称纳费人），凡

代征增值税、消费税的单位和个人,亦为代征教育费附加的义务人。农业、乡镇企业,由乡镇人民政府征收农村教育事业附加,不再征收教育费附加。

自 2010 年 12 月 1 日起,外商投资企业和外国企业及外籍个人开始征收城市维护建设税和教育费附加。

3. 征税率

教育费附加征收率为"二税"税额的 3%,地方教育费附加征收率为"二税"税额的 2%。

（二）应纳教育费的计算

$$应纳教育费附加＝（实纳增值税＋实纳消费税）×3\%。$$

$$应纳地方教育费附加＝（实纳增值税＋实纳消费税）×2\%。$$

（三）减免规定

同城市维护建设税。

【案例 11-3】 某外贸公司（位于县城）2020 年 8 月出口货物退还增值税 15 万元,退还消费税 30 万元;进口半成品缴纳进口环节增值税 60 万元,内销产品缴纳增值税 200 万元;本月将一块闲置的土地转让,取得不含税收入 500 万元,购入该土地时支付土地出让金 340 万元、各种税费 10 万元。该企业本月应纳城市维护建设税、教育费附加和地方教育费附加是多少?

【案例解析】 出口退还流转税,不退还城市维护建设税和教育费附加,进口不征城市维护建设税和教育费附加。

$$\begin{array}{l} 应交纳城市维护建设 \\ 税和教育费附加 \end{array} ＝200×（5\%＋3\%＋2\%）＋（500－340）×9\%×（5\%＋3\%＋2\%）$$

$$＝21.44（万元）$$

三、城市维护建设税及教育费附加的会计核算

（一）城市维护建设税及教育费附加账户设置

企业缴纳的城市维护建设税及教育费附加,通过"应交税费——应交城建税"和"应交税费——应交教育费附加"账户核算。该账户的贷方发生额反映企业应缴纳的城市维护建设税及教育费附加,借方发生额反映企业已缴纳的城建税及教育费附加。该账户的期末余额在贷方,反映企业应交未交的城市维护建设税及教育费附加。

（二）城市维护建设税及教育费附加的会计处理

【案例 11-4】 承【案例 11-3】,编制城市维护建设税及教育费附加会计核算的主要会计分录（单位:万元）。

（1）月末提取时:

借:税金及附加	21.44
贷:应交税费——应交城市维护建设税	10.72
——应交教育费附加	6.432
——应交地方教育费附加	4.288

（2）月末结转时：

借：本年利润　　　　　　　　　　　　　　　　　　　　　　21.44

　　贷：税金及附加　　　　　　　　　　　　　　　　　　　　　21.44

（3）实际缴纳税款时：

借：应交税费——应交城市维护建设税　　　　　　　　　　　10.72

　　　　　　　——应交教育费附加　　　　　　　　　　　　6.432

　　　　　　　——应交地方教育费附加　　　　　　　　　　4.288

　　贷：银行存款　　　　　　　　　　　　　　　　　　　　　21.44

 **任务处理**

任务情境中的问题你解决了吗？

（各小组讨论，小组推荐代表发言，其他小组提问，小组答辩，提交实训报告册，小组代表和教师进行点评打分）

 **专项技能训练**

一、职业选择能力训练

1. 某城市税务分局对辖区内一家内资企业进行税务检查时，发现该企业故意少缴纳增值税 58 万元，遂按相关执法程序对该企业作出补缴增值税、城市维护建设税和教育费附加并加收滞纳金（滞纳时间 50 天）和罚款（与税款等额）的处罚决定。该企业于当日接受了税务机关的处罚，补缴的增值税、城市维护建设税及教育费附加合计为（　　　　）万元。

A. 116　　　　　　　B. 125.67　　　　　　C. 120.64　　　　　　D. 129.2

2. 下列纳税人中，应缴纳城市维护建设税的是（　　　　）。

A. 印花税的纳税人　　　　　　　　　　　B. 个人所得税的纳税人

C. 车船税的纳税人　　　　　　　　　　　D. 既交增值税又交消费税的纳税人

3. 下列各项中，符合城市维护建设税征收管理有关规定的有（　　　　）。

A. 海关对进口产品代征的增值税、消费税，征收城市维护建设税

B. 海关对进口产品代征的增值税、消费税，不征收城市维护建设税

C. 海关对出口产品退还增值税、消费税的，不退还已缴纳的城市维护建设税

D. 海关对进口产品退还增值税、消费税的，退还已缴纳的城市维护建设税

4. 城市维护建设税税率为地区差别比例税率，其地区的确定可以有（　　　　）。

A. 纳税人所在地适用税率

B. 缴纳"二税"所在地适用税率

C. 受托方代征代扣"二税"的，按委托方所在地适用税率

D. 经营地的适用税率

二、职业描述能力训练

1. 简述城市维护建设税法立法的必要性。
2. 简述城市维护建设税法的主要内容。

任务二　船舶吨税会计

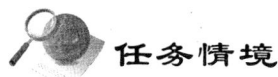 任务情境

【资料 11-2】　船舶代理是根据船舶经营人的委托办理船舶有关营运业务和进出港口手续的工作。船舶代理分国内水运船舶代理和国际海运船舶代理。国内水运船舶代理通常由各港务管理单位办理。国际海运船舶代理有船舶揽货总代理和不负责揽货的船舶代理两种形式。船舶代理单位办理的业务包括组织货物运输,如组织货载等;组织旅客运输;安排货物装卸;为船舶和船员服务,代办各种手续;代办财务有关业务和船舶租赁、买卖等,以及商办海事处理和海上救助等业务。

任务要求　作为即将毕业的你,很想从事与海运代理有关的业务,请查阅相关资料,对当前船舶代理行业发展水平、规模、经营业务类型及发展态势进行简要分析。

 任务指导

一、船舶吨税基础认知

（一）船舶吨税的概念

船舶吨税是根据船舶运载量课征的一个税种,源于明以后关税的"船料"。中英鸦片战争后,海关对出入中国口岸的商船按船舶吨位计征税款,故称船舶吨税。处海关外,内地常关也对过往船只征船料,直到 1931 年常关撤销时,船料废止。现行《中华人民共和国船舶吨税法》自 2018 年 7 月 1 日起正式实施。

船舶吨税是海关对自中华人民共和国境外港口进入境内港口的船舶征收的一种税,其征收税款主要用于港口建设维护及海上干线公用航标的建设维护。

（二）纳税人

船舶吨税由船舶使用人（船长）或其委托的外轮代理公司为纳税人。船舶吨税分为 1 年、90 日与 30 日期缴纳三种办法,由纳税人于申请完税时自行填报。海关根据纳税人的申报,经审核后,按其申报的缴纳期限计征船舶吨税。船舶吨税纳税人,在海关签发吨税缴款书之日起 15 日内向指定银行缴清税款。

（二）征税范围

征税范围,自中华人民共和国境外港口进入境内港口的船舶,应当依法缴纳船舶吨税。吨税的税目、税率依照《吨税税目税率表》（见表 11-2）执行。

表 11-2

吨税税目税率表

税目 （按船舶净吨位划分）	税率（元/净吨）						备注
	普通税率（按执照期限划分）			优惠税率（按执照期限划分）			
	1 年	90 日	30 日	1 年	90 日	30 日	
不超过 2 000 净吨	12.6	4.2	2.1	9	3	1.5	拖船和非机动驳船分别按相同净吨位船舶税率的 50%计征税款
超过 2 000 净吨，但不超过 10 000 净吨	24	8	4	17.4	5.8	2.9	
超过 10 000 净吨，但不超过 50 000 净吨	27.6	9.2	4.6	19.8	6.6	3.3	
超过 50 000 净吨	31.8	10.6	5.3	22.8	7.6	3.8	

注：拖船是指专门用于拖（推）动运输船舶的专业船舶。

（三）税率

船舶吨税设置优惠税率和普通税率。拖船、非机动驳船分别按照相同净吨位船舶税率的 50%计征船舶吨税。拖船按照发动机功率每千瓦折合净吨位 0.67 吨。

优惠税率：中华人民共和国籍的应税船舶；船籍国（地区）与中华人民共和国签订含有相互给予船舶税费最惠国待遇条款的条约或者协定的应税船舶。

普通税率：除了适用优惠税率的船舶之外的其他应税船舶，适用普通税率。

（四）税收优惠

1. 直接优惠

下列船舶免征吨税：

（1）应纳税额在人民币 50 元以下的船舶。

（2）自境外以购买、受赠、继承等方式取得船舶所有权的初次进口到港的空载船舶。

（3）吨税执照期满后 24 小时内不上下客货的船舶。

（4）非机动船舶（不包括非机动驳船）。非机动船舶是指自身没有动力装置，依靠外力驱动的船舶。非机动驳船是指在船舶登记机关登记为驳船的非机动船舶。

（5）捕捞、养殖渔船；捕捞、养殖渔船，是指在中华人民共和国渔业船舶管理部门登记为捕捞船或者养殖船的船舶。

（6）避难、防疫隔离、修理、终止运营或者拆解，并不上下客货的船舶。

（7）军队、武装警察部队专用或者征用的船舶。

（8）警用船舶。

（9）依照法律规定应当予以免税的外国驻华使领馆、国际组织驻华代表机构及其有关人员的船舶。

（10）国务院规定的其他船舶。本条免税规定，由国务院报全国人民代表大会常务委员会备案。

2. 延期优惠

在吨税执照期限内，应税船舶发生下列情形之一的，海关按照实际发生的天数批注延长吨税执照期限：

（1）避难、防疫隔离、修理，并不上下客货。

（2）军队、武装警察部队征用。

（五）纳税申报与征收管理

1. 纳税申报

应税船舶在进入港口办理入境手续时，应当向海关申报纳税领取吨税执照，或者交验吨税执照（或者申请核验吨税执照电子信息）。应税船舶在离开港口办理出境手续时，应当交验吨税执照（或者申请核验吨税执照电子信息）。

应税船舶负责人申领吨税执照时，应当向海关提供下列文件：

（1）船舶国籍证书或者海事部门签发的船舶国籍证书收存证明。

（2）船舶吨位证明。

应税船舶因不可抗力在未设立海关地点停泊的，船舶负责人应当立即向附近海关报告，并在不可抗力原因消除后，依照本法规定向海关申报纳税。

2. 征收管理

（1）吨税纳税义务发生时间为应税船舶进入港口的当日。

应税船舶在吨税执照期满后尚未离开港口的，应当申领新的吨税执照，自上一次执照期满的次日起续缴吨税。

（2）应税船舶负责人应当自海关填发吨税缴款凭证之日起 15 日内缴清税款。未按期缴清税款的，自滞纳税款之日起至缴清税款之日止，按日加收滞纳税款 0.5‰的税款滞纳金。

（3）应税船舶到达港口前，经海关核准先行申报并办结出入境手续的，应税船舶负责人应当向海关提供与其依法履行吨税缴纳义务相适应的担保；应税船舶到达港口后，依照《船舶吨税法》规定向海关申报纳税。下列财产、权利可以用于担保：

① 人民币、可自由兑换货币。

② 汇票、本票、支票、债券、存单。

③ 银行、非银行金融机构的保函。

④ 海关依法认可的其他财产、权利。

（4）海关发现少征或者漏征税款的，应当自应税船舶应当缴纳税款之日起 1 年内，补征税款。但因应税船舶违反规定造成少征或者漏征税款的，海关可以自应当缴纳税款之日起 3 年内追征税款，并自应当缴纳税款之日起按日加征少征或者漏征税款 0.5‰的税款滞纳金。

海关发现多征税款的，应当在 24 小时内通知应税船舶办理退还手续，并加算银行同期活期存款利息。

应税船舶发现多缴税款的，可以自缴纳税款之日起 3 年内以书面形式要求海关退还多缴的税款并加算银行同期活期存款利息；海关应当自受理退税申请之日起 30 日内查实并通知应税船舶办理退还手续。

应税船舶应当自收到上述通知之日起 3 个月内办理有关退还手续。

（5）应税船舶有下列行为之一的，由海关责令限期改正，处 2 000 元以上 3 万元以下的罚款；不缴或者少缴应纳税款的，处不缴或者少缴税款 50%以上 5 倍以下的罚款，但罚款不

得低于 2 000 元：

① 未按照规定申报纳税、领取吨税执照。

② 未按照规定交验吨税执照（或者申请核验吨税执照电子信息）以及提供其他证明文件。

二、应纳税额的计算

船舶吨税按照船舶净吨位和吨税执照期限征收。应纳税额按照船舶净吨位乘以适用税率计算。净吨位，是指由船籍国（地区）政府授权签发的船舶吨位证明书上标明的净吨位。吨税执照期限，是指按照公历年、日计算的期间。应税船舶负责人在每次申报纳税时，可以按照《吨税税目税率表》选择申领一种期限的吨税执照。其计算公式为：

$$应纳税额＝船舶净吨位×定额税率（元）$$

应税船舶在进入港口办理入境手续时，应当向海关申报纳税领取吨税执照，或者交验吨税执照。应税船舶在离开港口办理出境手续时，应当交验吨税执照。

【案例 11-5】 2019 年 3 月 20 日，B 国某运输公司一艘货轮驶入我国某港口，该货轮净吨位为 30 000 吨，货轮负责人已向我国该海关领取了吨税执照，在港口停留期为 30 天，B 国已与我国签订有相互给予船舶税费最惠国待遇条款。请计算该货轮负责人应向我国海关缴纳的船舶吨税。

【案例解析】 （1）根据船舶吨税的相关规定，该货轮应享受优惠税率，每净吨位为 3.3 元。

（2）应缴纳的船舶吨税＝30 000×3.3＝99 000（元）

三、船舶吨税的会计核算

（一）船舶吨税账户设置

因船舶吨税由船舶使用人（船长）或其委托的境内外轮代理公司为纳税人，所以在会计处理主体上应分境外港口进入境内港口的船舶纳税人（以下简称外籍船舶纳税人）和外轮代理公司纳税人两种情形，分别设置账户进行不同会计主体核算。外籍船舶纳税人应根据船籍所属国会计制度设置"税金及附加"类似会计账户核算船舶吨税，本教材不涉及此相关内容。我国外轮代理公司代理船舶吨税业务应设置"主营业务成本——代缴船舶吨税""主营业务收入——代缴所得税"账户进行会计核算。代扣代缴时计入"主营业务成本——代缴船舶吨税"账户的借方；向外籍船舶公司开具代缴税费发票时，确认代理收入，记入"主营业务收入——代缴所得税"和"主营业务收入——代理费"账户的贷方。

（二）船舶吨税的会计处理

外籍船舶公司委托境内外轮代理公司为纳税人的主要会计处理。

【案例 11-6】 新加坡南洋海运公司能提供船舶运输服务，在华没有注册机构及营业场所。在华的巴西外资古力矿业公司，确定需要南洋海运公司的船舶"大力神号"进行运输业务，船舶净吨位 80 000。双方找到船舶代理企业前海外轮代理公司协助办理相关税费业务。2019 年 11 月 11 日在深圳分别签订了合同。合同代理费用以人民币结算，船舶进入内港，起

始日期是2020年1月1日零时起,终止日期是2020年12月31日零时,港口停留期为1年,在华所缴纳的税费需要前海外轮代理公司为新加坡南洋海运公司代缴,代理费为人民币5 000元。新加坡与我国签订有相互给予船舶税费最惠国待遇条款,不考虑增值税、所得税影响。

【案例解析】　前海外轮代理公司相关计算如下:

(1) 根据船舶吨税的相关规定,该货轮应享受优惠税率,每净吨位为22.8元。

(2) 应缴纳的船舶吨税＝80 000×22.8＝1 824 000(元)

前海外轮代理公司相关会计处理如下:

(1) 代缴船舶吨位税时,因代扣缴的税费税票抬头为新加坡南洋海运公司,在会计账务处理上可以把代缴税款作为成本,但在计算增值税和企业所得税时应作相应纳税调整:

借:主营业务成本——代缴船舶吨位税　　　　　　　　　　　　　　　　　1 824 000

　　贷:银行存款　　　　　　　　　　　　　　　　　　　　　　　　　　1 824 000

(2) 向新加坡南洋海运公司开具代缴税费发票时:

借:应收账款——B公司　　　　　　　　　　　　　　　　　　　　　　　1 829 000

　　贷:主营业务收入——代缴船舶吨位税　　　　　　　　　　　　　　　1 824 000

　　　　主营业务收入——代理费　　　　　　　　　　　　　　　　　　　　　5 000

任务处理

任务情境中的问题你解决了吗?

(各小组讨论,小组推荐代表发言,其他小组提问,小组答辩,提交实训报告册,小组代表和教师进行点评打分)

专项技能训练

一、职业选择能力训练

1. 下列关于船舶吨税征收管理的说法中,正确的有(　　)。

A. 船舶吨税由地税机关负责征收

B. 应税船舶负责人应当自海关填发船舶吨税缴款凭证之日起15日内缴清税款

C. 吨税执照在期满前毁损或者遗失的,应当向原发照海关书面申请核发吨税执照副本,不再补税

D. 船舶吨税纳税义务发生时间为应税船舶进入港口的次日

2. 根据船舶吨税的相关规定,下列表述中,不正确的有(　　)。

A. 应税船舶在吨税执照期限内,因修理导致净吨位变化的,吨税执照继续有效

B. 吨税执照在期满前毁损或者遗失的,应当向原发照海关书面申请核发吨税执照副本,并补缴税款

C. 海关发现少征或者漏征税款的,应当自应税船舶缴纳税款之日起 1 年内,补征税款

D. 海关发现多征税款的,应当立即通知应税船舶办理退还手续,不计算银行同期存款利息

3. 下列关于船舶吨税的说法中,正确的有( )。

A. 船舶吨税只针对进入我国境内港口的外籍船舶征收

B. 拖船和非机动驳船分别按相同净吨位船舶税率的 50% 计征税款

C. 吨税的执照期限越长,适用的单位税额越低

D. 应税船舶在离开港口办理出境手续时,应当交验吨税执照

4. 2019 年 5 月,甲国某运输公司一艘发动机功率为 5 000 千瓦的拖船驶入我国大连港,拖船负责人已向我国该海关领取了吨税执照,在港口停留期限为 90 天,甲国已与我国签订有相互给予船舶税费最惠国待遇条款。已知超过 2 000 净吨,但不超过 10 000 净吨,吨税执照期限为 90 天,税率为 5.8 元/净吨。该拖船负责人应向我国海关缴纳船舶吨税( )元。

A. 19 430   B. 11 020   C. 14 500   D. 9 715

5. 下列从境外进入我国港口,免征船舶吨税的船舶是( )。

A. 拖船   B. 非机动驳船

C. 养殖渔船   D. 执照期满 24 小时内上下的客货船

二、职业描述能力训练

1. 应税船舶负责人申领吨税执照时,应当向海关提供的文件有哪些?

2. 简述免征船舶吨税的情形。

任务三　车辆购置税会计

任务情境

【资料 11-3】　李杨于 2020 年 4 月 23 日从乐东市威荣汽车销售公司购买一辆轿车供自己使用,支付车款 150 000 元(不含税)。另外支付的各项费用有:临时牌照费用 200 元,代收保险金 350 元,车辆购置税 15 000 元。上述费用合计 165 550 元,上述款项全部由汽车销售公司开具机动车发票,则应纳车辆购置税为 16 555 元(165 550×10%)。

任务要求　请思考上述税收计算合理吗?

任务指导

一、车辆购置税基础认知

(一)车辆购置税的概念

车辆购置税是以在中国境内购置规定车辆为课税对象、在特定的环节向车辆购置者征收的一种税。

现行《中华人民共和国车辆购置税法》于 2018 年 12 月 29 日第十三届全国人民代表大会常务委员会第七次会议通过,2019 年 7 月 1 日起实施。

（二）车辆购置税的征税对象及征税范围

车辆购置税以列举的车辆作为征税对象,未列举的车辆不纳税。其征税范围包括汽车、摩托车、电车(有轨、无轨)、挂车(全挂、半挂)、农用运输车(三轮、四轮)。

（三）车辆购置税的纳税义务人

车辆购置税的纳税人是指在我国境内购置应税车辆的单位和个人。车辆购置税实行一次性征收。购置已征车辆购置税的车辆,不再征收车辆购置税。

其中,购置是指购买使用行为、进口使用行为、受赠使用行为、自产自用行为、获奖使用行为以及以拍卖、抵债、走私、罚没等方式取得并使用的行为,这些行为都属于车辆购置税的应税行为。

（四）车辆购置税的税率

车辆购置税实行统一比例税率,税率为 10%。

根据财政部、国家税务总局《关于减征 1.6 升及以下排量乘用车车辆购置税的通知》,自 2017 年 1 月 1 日起至 12 月 31 日止,对购置 1.6 升及以下排量的乘用车减按 7.5% 的税率征收车辆购置税。自 2018 年 1 月 1 日起,恢复按 10% 的法定税率征收车辆购置税。车辆购置税法 2019 年 7 月 1 日正式实施,税率为 10%。

（五）车辆购置税的税收优惠

减税免税的具体规定如下:

（1）外国驻华使馆、领事馆和国际组织驻华机构及其有关人员自用车辆,提供机构证明和外交部门出具的身份证明。

（2）城市公交企业购置的公共汽电车辆,提供所在地县级以上(含县级)交通运输主管部门出具的公共汽电车辆认定表。

（3）悬挂应急救援专用号牌的国家综合性消防救援车辆,提供中华人民共和国应急管理部批准的相关文件。

（4）回国服务的在外留学人员购买的自用国产小汽车,提供海关核发的中华人民共和国海关回国人员购买国产汽车准购单。

（5）回国服务的留学人员用现汇购买 1 辆个人自用国产小汽车。

（6）长期来华定居专家进口自用小汽车,提供国家外国专家局或者其授权单位核发的专家证或者 A 类和 B 类外国人工作许可证。

（7）自 2004 年 10 月 1 日起,对三轮农用运输车免征车辆购置税。

（8）国务院规定的其他减免税。

已经缴纳车辆购置税的,纳税人向原征收机关申请退税时,应当如实填报车辆购置税退税申请表,除提供纳税人身份证明外,还应当按照下列情况分别提供以下资料:

（1）车辆退回生产企业或者销售企业的,提供生产企业或者销售企业开具的退车证明和退车发票。

（2）其他依据法律、法规规定应当退税的，根据具体情形提供相关资料。

二、应纳税额的计算

（一）车辆购置税的计税依据

1. 购买自用应税车辆计税依据的确定

纳税人购买自用的应税车辆的计税依据为纳税人购买应税车辆而支付给销售方的全部价款和价外费用（不含增值税）。

2. 进口自用应税车辆计税依据的确定

纳税人进口自用的应税车辆以组成计税价格为计税依据，组成计税价格的计算公式为：

$$组成计税价格＝关税完税价格＋关税＋消费税$$

3. 其他自用应税车辆计税依据的确定

现行政策规定，纳税人自产、受赠、获奖和以其他方式取得并自用的应税车辆的计税依据，凡不能或不能准确提供车辆价格的，由主管税务机关依国家税务总局核定的、相应类型的应税车辆的最低计税价格确定。因此，纳税人自产自用、受赠使用、获奖使用和以其他方式取得并自用的应税车辆一般以国家税务总局核定的最低计税价格为计税依据。

4. 最低计税价格作为计税依据的确定

现行《车辆购置税法》规定："纳税人购买自用或者进口自用应税车辆，申报的计税价格低于同类型应税车辆的最低计税价格，又无正当理由的，按照最低计税价格征收车辆购置税。"也就是说，纳税人购买和自用的应税车辆，先应分别按前述计税价格、组成计税价格来确定计税依据。当申报的计税价格偏低，又无正当理由的，应以最低计税价格作为计税依据。在实际工作中，通常是当纳税人申报的计税价格等于或高于最低计税价格时，按申报的价格计税；当纳税人申报的计税价格低于最低计税价格时，按最低计税价格计税。

最低计税价格由国家税务总局依据全国市场的平均销售价格制定。根据纳税人购置应税车辆的不同情况，国家税务总局对以下几种特殊情形应税车辆的最低计税价格规定如下：

（1）对已缴纳并办理了登记注册手续的车辆，其底盘和发动机同时发生更换，其最低计税价格按同类型新车最低计税价格的70%计算。

（2）免税、减税条件消失的车辆，其最低计税价格的确定方法为：

$$最低计税价格＝同类型新车最低计税价格×[1－（已使用年限÷规定使用年限）]×100\%$$

其中，规定使用年限为：国产车辆按10年计算；进口车辆按15年计算。超过使用年限的车辆，不再征收车辆购置税。

（3）非贸易渠道进口车辆的最低计税价格，为同类型新车最低计税价格。

车辆购置税的计税依据和应纳税额应使用统一货币单位计算。纳税人以外汇结算应税车辆价款的，按照申报纳税之日中国人民银行公布的人民币基准汇价，折合成人民币计算应纳税额。

（二）车辆购置税应纳税额的计算

车辆购置税实行从价定率的方法计算应纳税额。其计算公式为：

$$应纳税额＝计税依据×税率$$

由于应税车辆的来源、应税行为的发生以及计税依据组成的不同，因而，车辆购置税应纳税额的计算方法也有区别。

1. 购买自用应税车辆应纳税额的计算

在应纳税额的计算当中，应注意以下费用的计税规定：

（1）购买者随购买车辆支付的工具件和零部件价款应作为购车价款的一部分，并入计税依据中征收车辆购置税。

（2）支付的车辆装饰费应作为价外费用并入计税依据中计税。

（3）代收款项应区别征税。凡使用代收单位（受托方）票据收取的款项，应视作代收单位价外收费，购买者支付的价费款，应并入计税依据中一并征税；凡使用委托方票据收取，受托方只履行代收义务和收取代收手续费的款项，应按其他税收政策规定征税。

（4）销售单位开给购买者的各种发票金额中包含增值税税款，因此，计算车辆购置税时，应换算为不含增值税的计税价格。

（5）购买者支付的控购费，是政府部门的行政性收费，不属于销售者的价外费用范围，不应并入计税价格计税。

（6）销售单位开展优质销售活动所开票收取的有关费用，应属于经营性收入。企业在代理过程中按规定支付给有关部门的费用，企业已作经营性支出列支核算，其收取的各项费用并在一张发票上难以划分的，应作为价外收入计算征税。

2. 进口自用应税车辆应纳税额的计算

纳税人进口自用的应税车辆应纳税额的计算公式为：

$$应纳税额＝（关税完税价格＋关税＋消费税）×税率$$

3. 其他自用应税车辆应纳税额的计算

纳税人自产自用、受赠使用、获奖使用和以其他方式取得并自用应税车辆的，凡不能取得该型车辆的购置价格，或者低于最低计税价格的，以国家税务总局核定的最低计税价格作为计税依据计算征收车辆购置税：

$$应纳税额＝最低计税价格×税率$$

4. 特殊情形下自用应税车辆应纳税额的计算

（1）减税、免税条件消失车辆应纳税额的计算。

对减税、免税条件消失的车辆，纳税人应按现行规定，在办理车辆过户手续前或者办理变更车辆登记注册手续前向税务机关缴纳车辆购置税。

$$应纳税额＝同类型新车最低计税价格×［1－（已使用年限÷规定使用年限）］×100\%×税率$$

其中，规定使用年限为：国产车辆按 10 年计算；进口车辆按 1 年计算。超过使用年限的车辆，不再征收车辆购置税。

（2）未按规定纳税车辆应补税额的计算。

纳税人未按规定纳税的，应按现行政策规定的计税价格，区分情况分别确定征税。不能

提供购车发票和有关购车证明资料的,检查地税务机关应按同类型应税车辆的最低计税价格征税;如果纳税人回户籍地后提供的购车发票金额与支付的价外费用之和高于核定的最低计税价格的,户籍地主管税务机关还应对其差额计算补税。其计算公式为:

$$应纳税额＝最低计税价格×税率$$

5. 退税款的计算

(1) 因质量原因,车辆被退回的,自纳税人办理纳税申报之日起,按已缴纳税款每满1年扣减10%计算退税额。未满1年的按已缴税款额退税。

(2) 对公安机关车辆管理机构不予办理车辆登记注册手续的车辆,退还全部已缴纳税款。

【案例11-7】 某汽车制造厂2019年9月将自产轿车10辆向某汽车租赁公司进行投资,双方协议投资作价120 000元/辆,将自产轿车3辆转作本企业固定资产,将自产轿车4辆奖励给对企业发展有突出贡献的员工。该企业生产的上述轿车售价为180 000元/辆(不含增值税),国家税务总局对同类轿车核定的最低计税价格为150 000元/辆。

【案例解析】 自产轿车用于本企业固定资产应缴纳车辆购置税。由于轿车的销售价格高于最低计税价格,所以计税依据应是轿车的销售价格。(注意:车辆购置税的计算遵循"就高不就低"的原则,车辆购置税的征收实际上有两种计价基准,即购车价格和最低计税价格。哪个价格高就按哪个价格计算税额。)

$$应纳车辆购置税＝180 000×3×10\%＝54 000(元)$$

(三) 车辆购置税的征收管理

纳税人购置应税车辆,实行一车一申报制度,应向车辆登记注册地的主管税务机关申报纳税。购置不需要办理车辆登记注册手续的车辆,应向纳税人所在地的主管税务机关申报纳税。

纳税人应自购买日、进口日、受赠或获奖等取得日起,60天内进行纳税申报。车辆购置税为一次课征制,纳税人应一次缴清。

三、车辆购置税的会计核算

企业缴纳的车辆购置税应当作为所购置车辆的成本。由于车辆购置税是一次性缴纳,因此它可以不通过"应交税费"账户进行核算。在具体进行会计核算时,对于企业实际缴纳的车辆购置税,应当作如下会计分录:

借:固定资产
　　贷:银行存款

【案例11-8】 某公司5月份购进一辆小汽车,增值税专用发票所列价款为22万元,增值税额为3.74万元,6月份到主管税务机关缴纳车辆购置税。

【案例解析】 5月份作会计分录如下:

$$应交车辆购置税＝220 000×10\%＝22 000(元)$$

借：固定资产　　　　　　　　　　　　　　　　　　　　279 400

　　贷：银行存款、应付账款等　　　　　　　　　　　　　　257 400

　　　　应交税费——应交车辆购置税　　　　　　　　　　　 22 000

6月份作会计分录如下：

借：应交税费——应交车辆购置税　　　　　　　　　　　　 22 000

　　贷：银行存款　　　　　　　　　　　　　　　　　　　　22 000

任务情境中的问题你解决了吗？

（各小组讨论，小组推荐代表发言，其他小组提问，小组答辩，提交实训报告册，小组代表和教师进行点评打分）

 专项技能训练

一、职业判断能力训练

1. 车辆购置税计税依据含购买者随购买车辆支付的工具件和零部件价款。　　　（　　）

2. 车辆购置税计税依据含支付的车辆装饰费。　　　　　　　　　　　　　　（　　）

3. 车辆购置税计税依据：用代收单位（受托方）的票据收取的，计入计税依据；用委托方票据收取的，不计入计税依据。　　　　　　　　　　　　　　　　　　　　　（　　）

4. 车辆购置税计税依据含增值税。　　　　　　　　　　　　　　　　　　　（　　）

5. 车辆购置税计税依据含销售单位开展优质销售活动所开票收取的有关费用。　（　　）

二、职业选择能力训练

1. 某机关2019年4月购车一辆，随购车支付的下列款项中，应并入计税依据征收车辆购置税的有（　　）。

A. 以保险公司的票据为保险公司代收的保险费

B. 增值税税款

C. 零部件价款

D. 车辆装饰费

2. 下列各项中，属于车辆购置税应税行为的有（　　）。

A. 购买并自用行为　　　　　　　　　　B. 进口并自用行为

C. 受赠并自用行为　　　　　　　　　　D. 获奖并自用行为

3. 车辆购置税的征税范围包括（　　）。

A. 汽车　　　　　　　　　　　　　　　B. 有轨电车

C. 汽车挂车　　　　　　　　　　　　　D. 排气量超过100毫升的摩托车

4. 已经缴纳车辆购置税的车辆，准予纳税人申请退税的是（　　）。

A. 被盗的车辆

B. 因自然灾害被毁的车辆

C. 车辆退回销售企业

D. 车辆退回生产企业

5. 某公司购置一辆国产车自用,购置时因符合免税条件而未缴纳车辆购置税。购置使用4年后免税条件消失,若该车辆初次办理纳税申报时计税价格是25万元,则该公司应缴纳车辆购置税为(   )万元。

  A. 1.5   B. 2.28   C. 2.5   D. 3.8

 项目总结

  本项目主要学习城市维护建设税会计、船舶吨税会计、车辆购置税会计。城市维护建设税主要包括城市维护建设税基础、教育费附加基础、城市维护建设税及教育费附加会计核算;船舶吨税会计主要包括船舶吨税基础、应纳税额的计算、船舶吨税会计核算;车辆购置税会计主要包括车辆购置税基础、应纳税额计算、会计核算。

 综合考核

一、职业单项选择能力考核

1. 企业缴纳的下列税额中,应作为城市维护建设税计税依据的是(   )。

  A. 消费税   B. 房产税

  C. 城镇土地使用税   D. 关税

2. 单位或个人发生下列(   )行为,在缴纳相关税种的同时,还应缴纳城市维护建设税。

  A. 企业购置车辆   B. 科研单位取得技术转让收入

  C. 个人取得偶然所得   D. 商场销售货物

3. 设在县城的A企业代收代缴市区B企业的消费税,对B企业城市维护建设税的处理办法是(   )。

  A. 由B企业在市区按7%缴纳城市维护建设税

  B. 由B企业将7%的城市维护建设税交A企业代收代缴

  C. 由B企业按7%的税率自行选择纳税地点

  D. 由A企业按5%的税率代收代缴B企业的城市维护建设税

4. 某市化妆品厂委托某县城一化妆品厂加工一批高档化妆品,委托方提供原材料180 000元,支付不含增值税加工费24 000元,高档化妆品消费税税率为15%,受托方无同类化妆品市场价格。受托方代收代缴消费税时,应代收代缴的城市维护建设税和教育费附加(含地方教育费附加)为(   )元。

A. 3 060　　　　　　B. 3 176.47　　　　　C. 3 600　　　　　D. 4 320

5. 位于市区的某企业 2020 年 3 月份共缴纳增值税、消费税和关税 562 万元,其中关税 102 万元、进口环节缴纳的增值税和消费税 260 万元。该企业 3 月份应缴纳的城市维护建设税为(　　)万元。

A. 14　　　　　　　B. 18.2　　　　　　C. 32.2　　　　　　D. 39.34

6. 某生产企业坐落在市区,2020 年 3 月已缴纳增值税 15 万元,当月转让一幢办公楼,取得含增值税收入 2 940 万元,该房屋系 2013 年抵债所得,抵债时作价 1 050 万元(已纳营业税),对于办公楼转让行为企业选择简易计税。该企业当月应纳城市维护建设税和教育费附加(含地方教育费附加)(　　)万元。

A. 1.8　　　　　　　B. 18.6　　　　　　C. 10.08　　　　　D. 12.6

7. 位于市区的甲化妆品厂,2020 年 3 月实际缴纳增值税和消费税 362 万元,其中包括由位于县城的乙企业代收代缴的消费税 30 万元,进口环节增值税和消费税 50 万元,被税务机关查补的增值税 12 万元。补缴增值税同时缴纳的滞纳金和罚款共计 8 万元。则甲厂本月应向所在市区税务机关缴纳的城市维护建设税为(　　)万元。

A. 18.9　　　　　　B. 19.74　　　　　C. 20.3　　　　　　D. 25.34

8. 位于市区的甲企业 2019 年 7 月销售产品缴纳增值税和消费税共计 50 万元,此外被税务机关查补增值税 15 万元并处罚款 5 万元。甲企业 7 月应缴纳的城市维护建设税为(　　)万元。

A. 3.25　　　　　　B. 3.5　　　　　　　C. 4.55　　　　　　D. 4.9

9. 位于市区的某公司 2019 年 12 月应缴纳增值税 170 万元,实际缴纳增值税 210 万元(包括缴纳以前年度欠缴的增值税 40 万元)。当月因享受增值税先征后退政策,获得增值税退税 60 万元。则该公司当月应缴纳的城市维护建设税和教育费附加(含地方教育费附加)合计为(　　)万元。

A. 18　　　　　　　B. 20.4　　　　　　C. 25.2　　　　　　D. 63.6

10. 下列关于城市维护建设税纳税地点的表述中,不正确的有(　　)。

A. 纳税人应在增值税和消费税的纳税地缴纳

B. 纳税人跨地区提供建筑服务的,在建筑服务发生地缴纳

C. 跨省开采的油田,下属单位与核算单位不在一个省内的,在核算单位所在地纳税

D. 无固定纳税地点的流动经营者应随同增值税和消费税在经营地缴纳

二、职业多项选择能力考核

1. 下列船舶中,免征船舶吨税的有(　　)。

A. 养殖渔船　　　　　　　　　　　　B. 非机动驳船

C. 军队征用的船舶　　　　　　　　　D. 应纳税额为人民币 100 元的船舶

2. 下列行为中,需要缴纳城市维护建设税和教育费附加的有(　　)。

A. 事业单位出租房屋行为

B. 企业购买房屋行为

C. 煤矿开采原煤并销售的行为

D. 超市销售蔬菜的行为

3. 下列各项中,符合城市维护建设税计税依据规定的有(　　)。

A. 偷逃增值税而被查补的税款 　　B. 偷逃消费税而加收的滞纳金

C. 出口货物免抵的增值税税额 　　D. 出口产品征收的消费税税额

4. 下列关于城市维护建设税计税依据的表述中,正确的有(　　)。

A. 对出口产品退还增值税的,同时退还已缴纳的城市维护建设税

B. 纳税人违反增值税法规定被加收的滞纳金应计入城市维护建设税的计税依据

C. 纳税人被查补消费税时应同时对查补的消费税补缴城市维护建设税

D. 经国家税务局正式审批的当期免抵的增值税应计入城市维护建设税的计税依据

5. 下列关于城市维护建设税计税依据的表述中,正确的有(　　)。

A. 免征"两税"时应同时免征城市维护建设税

B. 对出口产品退还增值税的,不退还已缴纳的城市维护建设税

C. 纳税人被查补"两税"时应同时对查补的"两税"补缴城市维护建设税

D. 纳税人违反"两税"有关税法被加收的滞纳金应计入城市维护建设税的计税依据

6. 某市餐饮中心为增值税一般纳税人,2019年12月取得含增值税餐饮收入68.9万元,其中现场酿制啤酒12.5吨,价值10万元;当月进项税额为3万元。该啤酒消费税税率为250元/吨。下列关于餐饮中心税务处理的表述中,正确的有(　　)。

A. 应缴纳增值税9 000元 　　B. 应缴纳消费税3 125元

C. 应缴纳增值税49 265元 　　D. 应缴纳城市维护建设税848.75元

7. 某纳税人按税法规定增值税先征后返。其城市维护建设税的处理办法是(　　)。

A. 缴纳增值税同时缴城市维护建设税

B. 返增值税同时返城市维护建设税

C. 缴增值税时,按比例返还已缴城市维护建设税

D. 返还增值税时不返还城市维护建设税

8. 下列关于城市维护建设税减免税规定的表述中,正确的有(　　)。

A. 城市维护建设税随"两税"的减免而减免

B. 对国家重大水利工程建设基金免征城市维护建设税

C. 对由海关代征的进口产品增值税和消费税应减半征收城市维护建设税

D. 因减免税而对"两税"进行退库的,可同时对已征收的城市维护建设税实施退库

9. 某机关2019年4月购车一辆,随购车支付的下列款项中,应并入计税依据征收车辆购置税的有(　　)。

A. 以保险公司的票据为保险公司代收的保险费

B. 增值税税款

C. 零部件价款

D. 车辆装饰费

10. 已经缴纳车辆购置税的车辆,准予纳税人申请退税的是(　　)。

A. 被盗的车辆 　　B. 因自然灾害被毁的车辆

C. 车辆退回销售企业　　　　　　　　D. 车辆退回生产企业

三、职业计算能力考核

【任务资料】2020 年 8 月李杨从汽车 4S 店购置了一辆排气量为 1.8 升的乘用车,支付购车款(含增值税)226 000 元并取得机动车销售统一发票,支付代收保险费 5 000 元并取得保险公司开具的票据,支付购买工具件价款(含增值税)1 130 元并取得汽车 4S 店开具的普通发票。

【任务要求】李杨应缴纳的车辆购置税是多少?

 知识拓展

关于《中华人民共和国城市维护建设税法(征求意见稿)》的说明

为落实税收法定原则,按照党中央、国务院决策部署,财政部、税务总局会同有关部门起草了《中华人民共和国城市维护建设税法(征求意见稿)》(以下简称《征求意见稿》)。现说明如下。

一、立法的必要性

1985 年 2 月,国务院公布《中华人民共和国城市维护建设税暂行条例》(以下简称《暂行条例》),规定自 1985 年起征收城市维护建设税。城市维护建设税以纳税人实际缴纳的增值税、消费税为计税依据,按纳税人所在地在市区、县城和镇或者其他地区,分别适用 7%、5% 和 1% 的税率。《暂行条例》自实施以来,运行比较平稳。2000 年至 2017 年,全国累计征收城市维护建设税 35 350 亿元,年均增长 15%,其中 2017 年征收城市维护建设税 4 362 亿元。城市维护建设税对组织财政收入、加强城市维护建设发挥了重要作用。

《中共中央关于全面深化改革若干重大问题的决定》提出"落实税收法定原则",制定城市维护建设税法是重要任务之一,已列入全国人大常委会和国务院立法工作计划。制定城市维护建设税法,有利于完善城市维护建设税法律制度,增强科学性、稳定性和权威性,有利于构建适应社会主义市场经济需要的现代财税制度,有利于深化改革开放和推进国家治理体系和治理能力现代化。

二、立法的总体考虑

从实际情况看,城市维护建设税税制要素基本合理,运行比较平稳,可基本保持现行税制框架和税负水平总体不变,将《暂行条例》上升为法律。同时,根据实际情况,对城市维护建设税的部分规定作相应调整。

三、《征求意见稿》的主要内容

(一)关于纳税人。

《征求意见稿》规定:城市维护建设税的纳税人为在中华人民共和国境内缴纳增值税、消费税的单位和个人(第一条)。

(二)关于计税依据和应税范围。

与《暂行条例》及现行相关规定保持一致,《征求意见稿》规定:城市维护建设税的计税依据为纳税人实际缴纳的增值税、消费税,以及出口货物、劳务或者跨境销售服务、无形资产增值税免抵税额。同时,明确对进口货物或者境外单位和个人向境内销售劳务、服务、无形资

产缴纳的增值税、消费税,不征收城市维护建设税(第二条)。

(三)关于税率。

《征求意见稿》规定:纳税人所在地在市区的,税率为7%;纳税人所在地不在市区的,税率为5%(第三条)。

与《暂行条例》相比,《征求意见稿》取消了"纳税人所在地不在市区、县城或镇的,税率为1%"的规定。主要理由是:适用1%税率的纳税人中,许多注册登记在非城镇地区,但其生产经营地在城镇,造成企业税负不公平。为促进公平竞争,避免产生税收洼地,不再设置1%的税率。考虑到适用1%税率的企业户数少且纳税规模很小,取消该档税率对企业负担影响不大。

(四)关于特殊情形的处理规定。

对实行增值税期末留抵退税的纳税人,为避免额外增加其附加税负担,《征求意见稿》延续了现行规定,明确向纳税人退还的增值税允许从城市维护建设税的计税依据中扣除(第五条)。与现行规定保持一致,《征求意见稿》明确,对出口货物、劳务和跨境销售服务、无形资产以及因优惠政策退还增值税、消费税的,不退还已缴纳的城市维护建设税(第六条)。

(五)关于税收减免。

考虑到城市维护建设税以纳税人实际缴纳的增值税、消费税税额为计税依据,减免增值税、消费税的,相应减免城市维护建设税,一般不单独规定城市维护建设税的减免税情形。对特殊情形需要免征、减征城市维护建设税的,由国务院规定(第七条)。

此外,《征求意见稿》还对城市维护建设税的纳税义务发生时间、纳税期限、申报纳税地点等征收管理事项作了规定。

(来源:国家税务总局 http://www.chinatax.gov.cn)